LES PYRÉNÉES FRANÇAISES

II

LE PAYS BASQUE
ET LA
BASSE-NAVARRE

PAR

PAUL PERRET

ILLUSTRATIONS PAR E. SADOUX

LIBRAIRIE H. OUDIN, ÉDITEUR

PARIS — POITIERS
51, RUE BONAPARTE, 51. — 4, RUE DE L'ÉPERON, 4.

MDCCCLXXXII

LES

PYRÉNÉES FRANÇAISES

LES PYRÉNÉES FRANÇAISES

II

LE PAYS BASQUE

ET LA

BASSE-NAVARRE

PAR

PAUL PERRET

ILLUSTRATIONS PAR E. SADOUX

LIBRAIRIE H. OUDIN, ÉDITEUR

PARIS | POITIERS
51, RUE BONAPARTE, 51 | 4, RUE DE L'ÉPERON, 4

MDCCCLXXXII

LE PAYS BASQUE

LA CÔTE

BAYONNE.

BAYONNE ET L'ADOUR.

BAYONNE

I

LA VILLE

Bayonne peut rappeler beaucoup de souvenirs d'ancienne prospérité et d'ancienne gloire. Riche cité commerciale autrefois, et forte place de guerre, la tradition de ses échanges avec les pays d'outre-mer fera peut-être bien danser des sacs d'écus devant les yeux d'un négociant, et la mémoire de son importance militaire pourra faire battre le cœur d'un soldat et bouillonner la cervelle d'un ingénieur.

Moi, simple touriste, je n'ai point l'imagination si vive. Bayonne m'a causé seulement une grande impression d'aise et de plaisir. Après les landes, le sable volant en tourbillon, la poussière aveuglante, les marais desséchés ou croupissants, les pins maigres, les bruyères grises, la chaleur dévorante de la route, je franchis le pont qui relie le faubourg de Saint-Esprit à la ville. Enfin, voilà de la vraie verdure, et de l'eau, beaucoup d'eau.

C'est même étonnant le nombre de choses qui se voient du haut de ce pont, et l'on ne rencontre pas souvent pareille variété d'aspects. — Derrière moi, j'ai laissé la citadelle de Saint-Esprit, construite par Vauban; au-dessous, un bassin où sont mouillés de grands navires, quelques-uns en radoubage au bord d'un chantier; — j'ai devant moi, à l'extrémité opposée du pont, une ancienne porte de la ville — ouverte autrefois sous un ouvrage fortifié, depuis coupé d'un côté pour tracer une rue et livrer passage aux voitures qui ébranlaient ces vieilles voûtes; — de l'autre se prolongeant en une ligne sombre de ruines encore fières, puisqu'elles se tiennent debout. J'observe pour la première fois en ce pays d'orages la chaude couleur des murs fouettés par les pluies, séchés ensuite et calcinés par les grands soleils.

Mais de quelle drôle d'architecture moderne on a coiffé la porte abandonnée? Cela sert à un café, si j'ose le croire. Tout ce coin branlant en certaines parties, et en d'autres si singulièrement rabistoqué, s'appelle le *Réduit*.

En amont, le fleuve descend entre deux rives déjà montueuses. Les coteaux s'élèvent par étages, quelques-uns couronnés de parcs et de villas; au plus haut point de la ville, sur la rive gauche, se profilent les vastes bâtiments de l'hôpital militaire. De ce côté aussi est le Château-Neuf, plus loin l'arsenal; le jardin public borde le fleuve; — en aval, la vue est plus belle. D'abord, sur cette même rive gauche, voici les immenses Allées Marines, formées de quatre, et, en quelques endroits, de six rangées de vieux arbres; elles aboutissent à la dune de Blanc-Pignon. Le long de la rive droite, courent de jolies bandes de prairies, cachant un méandre de l'Adour. Au fond, une forêt de pins couronne la barre du fleuve.

Toutes ces teintes diverses se marient sous mes yeux : le vert tendre des prairies, la verdure sombre des pins, les blancheurs pailletées des sables, la couleur ardoisée de l'eau. — Par-dessus les cimes de la forêt, j'aperçois une vapeur dont les tons changent comme feraient les plis d'un grand voile flottant sous des jeux de lumière et d'ombre. — C'est la mer — la mer bleue, qui parfois envoie son souffle orageux dans l'air, sans se laisser troubler elle-même, et qui balance son miroir brillant jusque sous le gros temps et les brumes.

Je passe le pont, je m'engage sous la voûte du Réduit; me voici dans le Petit Bayonne. C'est comme un autre faubourg placé entre l'Adour et la Nive. De ce dernier nom, je ne pense pas qu'il soit nécessaire de donner l'étymologie : tout ce qui, en haut pays pyrénéen, s'appelle des *Gaves*, prend le nom de *Nives* en bas pays. Par les Nives et par les Gaves, tout ce qui vient des glaciers et des neiges retourne à la mer, en descendant d'abord aux fleuves qui les y portent. Seulement, comme ces Nives sont honnêtes et sages auprès de leurs cousins de la Montagne !

Elles s'abandonnent bien quelquefois à des irruptions indiscrètes hors de leur lit; mais ce n'est plus l'humeur toujours furieuse de ces Gaves sauvages. Celle-ci est la première de toutes les Nives, comme le Mississipi, dans un autre monde, est le premier de tous les fleuves. Elle n'a pas moins de soixante-six kilomètres de parcours, la gaillarde !

Et il faut voir comme elle porte les « galupes », grands bateaux plats, flanqués à l'arrière d'un gouvernail d'une longueur prodigieuse, ce qui tendrait à prouver qu'ils n'obéissent pas facilement. Ces *galupes* vous ont, d'ailleurs, l'air le plus stupide qu'on puisse voir à des bateaux. Ils sont amarrés le long du quai de la rive droite, et ce quai est fort curieux, bordé dans toute sa longueur de galeries couvertes qui ont un nom :

Les arceaux de la Galuperie. Ce sont les habitants du Grand Bayonne qui ont fait le baptême, et ce sont des parrains ironiques !

Tout ce Petit Bayonne a des parties pittoresques; il en a de charmantes, puisqu'il contient deux promenades ombreuses : le jardin public, comme je l'ai déjà dit, et les allées de Boufflers. Mais voilà ! il n'est pas considéré ! On ne demeure pas au Petit Bayonne !

Ce n'est pas reçu, ça ne se fait pas. C'est comme, à Paris, de demeurer aux Batignolles. Sans doute, il y a des gens très bien qui les habitent, ces Batignolles; elles renferment encore de grands jardins; elles sont longées ou traversées par de fort belles voies toutes neuves; mais ce n'est pas un quartier de bel air. Être des Batignolles, ce n'est pas être de Paris. De même, si l'on est du Petit Bayonne, on n'est pas de Bayonne.

Dans la ville, les plaisanteries ne cessent pas sur le « petit quartier ». Une circonstance les entretient : c'est que, sur cette rive droite, il se trouve précisément en face du centre des élégances dans le « grand quartier ». On franchit le pont Mayou, on est sur la place de la Liberté. Un très beau nom, — et le lieu, précisément, où l'on conteste le plus la chose aux voisins de l'autre bord. Si pourtant ils veulent être « petits Bayonnais », ces braves gens, ils devraient le pouvoir ! Eh bien, oui ! ils le peuvent ; mais ils ne le devraient pas.

Cette place de la Liberté est dominée par un énorme édifice carré, entouré d'une galerie à arcades, et c'est tout ce qu'il a de gracieux. Au-dessus des arcades, le bâtiment s'élève, lourd, pataud, maussade. On y a concentré l'administration, la littérature et les arts; ce doit être une réduction de Babel. La bibliothèque et le musée y avoisinent la mairie, qui confine aux douanes, qui se heurte aux comédiens et comédiennes, chanteurs et chanteuses, — car le théâtre aussi est logé dans l'immense maison carrée. Si l'ordre est troublé dans la salle, le maire n'a qu'à ceindre son écharpe et descendre de son cabinet, entouré de la force publique. MM. les employés des douanes rencontrent mesdames les comédiennes; certainement ils les considèrent comme du fruit défendu; et ils pensent que, pour cette raison-là même, elles devraient payer un droit. Entre les marchandises prohibées, le douanier ne distingue pas : question de tarifs.

LES QUAIS DE LA NIVE.

La place de la Liberté est bordée de cafés; on y parle trois langues : le français, l'espagnol et le basque. On y voit trois sortes d'habits, dont l'un est le plus plat et le plus sot du monde : c'est l'habit français, c'est le nôtre. Les deux autres sont pittoresques : la cape espagnole, la veste courte et l'immense berret basque. Les physionomies sont caractérisées, les conversations ressemblent à des feux croisés; et le langage donc! d'un bout à l'autre du café on s'interpelle. Quel bruit! que cela est bien méridional! Quelle pétulance de gestes et d'allures! Les tables chargées de verres et de flacons tremblent; la chute doit être fréquente, et cela explique qu'il y en ait tant de boiteuses. Je n'ai vu aucune prescription particulière affichée ; je l'ai cherchée pourtant, et je l'aurais rédigée en deux mots pour le compte du limonadier : « Ici, on paye la casse ».

Mais non ! ce commerçant a l'âme généreuse, apparemment ; d'autant qu'il ne saurait se rattraper sur la consommation, ayant affaire à des peuples sobres : Basques et Espagnols brisent beaucoup, mais ne boivent guère.

A droite de la place de la Liberté, derrière le bâtiment à tout loger et à tout faire que je viens de décrire, voici la Place-d'Armes. Je puis la traverser, prendre à son extrémité inférieure la porte Marine, qui me conduirait aux allées du même nom. Je peux encore suivre la rue du Gouvernement, plantée d'arbres, bordée d'hôtelleries, qui monte au Château-Vieux et à la Poste. Mais, à gauche, une vieille rue m'attire. D'un côté, seulement, elle forme une galerie couverte, au fond de laquelle s'ouvrent des boutiques. Ces arcades très basses, très sombres, et ces réduits noirs vous reportent à un autre âge. L'air est plus que rare sous les *arceaux du Port-Neuf*; aussi les habitants des boutiques sortent pour aller respirer un peu au bord de la galerie.

On reconnaît des types israélites très purs ; il faut bien qu'ils le soient pour qu'on les distingue au milieu de tant de visages accusés qui se rencontrent partout dans la ville. Bayonne est, en effet, après Paris et Bordeaux, le centre de population juive le plus nombreux qui soit en France, depuis que nous n'avons plus l'Alsace.

Cette « rue du Port-Neuf » monte à la cathédrale. C'est bien le cœur de la vieille ville. L'ombre immense de cette église la couvre, l'ombre du vieux château est prochaine. Des rues se croisent avec celle-ci, — fort étroites, maussades, si le ciel est gris ; mais, à l'embellie, tout ce quartier assez enfumé s'éclaire ; l'été, le fond de la combe cuit au soleil. Ici, l'été est long. Aussi les couleurs d'ambre et d'or se répandent sur les visages. Les filles de Bayonne sont vives et charmantes, avec leur teint bistré, et leurs yeux brillants, leurs cheveux d'un noir mat, sous le petit madras noué au sommet de la tête. Il s'y tenait, autrefois, par grâce d'Etat ;

LA CATHÉDRALE.

maintenant l'industrie moderne a fourni, pour le fixer, toutes sortes d'engins et d'épingles. Il n'est plus à l'envolée, il y perd un peu de sa crânerie.

D'ailleurs, le madras devient rare ; le chapeau le remplace, pesant, banal sur ces têtes alertes. Telle fillette a l'air, sous ces « toquets » stupides, d'un singe habillé ; elle était libre et intéressante sous le mouchoir. Que voulez-vous ? C'est le progrès qui s'accuse, c'est le nivellement universel. Quand ce sera fait, personne ne sera bête, mais personne n'aura d'esprit ; personne ne sera ignorant, mais personne ne sera instruit. Aucune femme n'aura plus la laideur chétive, mais aucune n'aura plus la beauté originale. Dans le pays particulier où nous sommes, il y aura, pour obtenir le « nivellement », beaucoup à combattre avec la nature. Et pourquoi n'aplanirait-on pas les monts, et ne comblerait-on pas les vallées ? Plus de montagnes, plus de plaines : tout en plateaux.

Cette belle période n'est pas encore arrivée, car la dernière partie de la rue du Port-Neuf est d'une terrible raideur. La cathédrale couronne la cime du coteau. C'est un édifice très vaste, assez disparate en ses diverses parties, mais, en résumé, une superbe église, fondée sur les ruines d'un monument très ancien, qui aurait été incendié. Le chœur, l'abside, la chapelle appartiennent au commencement du xiiie siècle, et dès les premiers pas dans la nef, on s'aperçoit que chaque âge est venu apporter des agrandissements ou des reconstructions. Cette nef, précisément, est du xive siècle. De la même époque, les deux tours de l'ouest et le maître-portail. Les clochers, du xve, n'ont été achevés que de nos jours, par une de ces « restaurations » qui se proclament « intelligentes ».

Dans la restauration actuelle de la cathédrale de Bayonne, les architectes ont bien causé quelque dommage. Voyez plutôt le chœur peint à neuf, en des tons criards. Même cela fait pis que de crier, ça hurle. Je demande à la Commission des monuments historiques d'instituer un prix pour récompenser celui qui aura tranché le problème suivant qu'elle posera :

« — Cathédrale de Bayonne. *Travaux d'art* exécutés dans le

chœur : Une médaille d'or à qui pourra dire à quoi sert ce badigeon ? »

Le principal honneur et la plus rare curiosité de l'édifice, c'est le cloître qui l'enveloppe. Il s'appuie au côté sud de l'église, et, malheureusement, cache la belle porte du transept méridional ; il est formé de chaque côté par six travées de voûte que supportent des faisceaux d'élégantes colonnes, aux chapiteaux à crochet. Les arcs qui regardent la cour sont ouverts et divisés par trois colonnettes supportant de petites ogives et de belles roses ; les arcs intérieurs sont nus. Aucune décoration.

Quant à moi, je professe pour les cloîtres un goût qui n'est pas absolument répandu sur le boulevard des Italiens ; je me flatte même de comprendre le plaisir lent et sûr qu'il y avait à vivre sous ces grands arceaux.

La méditation y naît comme naturellement ; elle s'impose au visiteur même, et le bruit de ses pas sur les dalles le berce d'une cadence sonore. Le soleil rit par les roses des croisées ; ses flèches viennent frapper plusieurs tombes monumentales accolées à la muraille du fond. Ah ! le beau décor, doux et grave ! Deux de ces sépultures sont gothiques, une autre est de la Renaissance ; elles ne portent pas d'inscriptions et ne sont pas ornées de figures, mais seulement d'un écu dont les armes ont été brisées et grattées. Dans la même muraille, un peu plus loin, est encastrée une pierre tombale d'évêque ; la statue du prélat a la face rongée, les mains se sont détachées ; elle est du xiiie siècle. Un autre tombeau s'élève encore à l'entrée d'une chapelle assez vaste, formée de plusieurs travées du cloître, et qui communique avec la basse nef de l'église, où nous allons rentrer.

Ces mutilations des tombes, comme celles des sculptures de la porte septentrionale et de la façade de l'ouest, ont une date : c'est 1793. La porte du sud est la seule partie de la cathédrale où les anciennes sculptures ont subsisté. Le tympan représente à droite le Christ montrant ses plaies, entouré d'anges chargés des instruments de la Passion ; à gauche, la Vierge et l'Enfant divin, également escortés d'anges ; mais ceux-ci portent les instruments de musique qui servent aux concerts célestes. Les deux côtés sont décorés de statues d'apôtres ; le sommet et la base, des attributs des Evangélistes. Le drame de la Résurrection se déroule aux arcatures du tympan.

J'ai dit que l'église était immense. Elle est formée de trois nefs divisées par des piliers formant un faisceau serré d'admirables colonnettes. Détail historique très remarquable : les léopards d'Angleterre sont sculptés aux clefs de voûte. A l'extérieur, nous trouvons la contre-partie : des fleurs de lys semées à profusion sur les contreforts des tours. C'est que de 1295 à 1451, comme nous le verrons plus loin, Bayonne fut une place anglaise. Ces fleurs de lys sont le signe de la reprise de possession par la France, Dunois, en cette année 1451, ayant arraché la ville aux Anglais. Les travaux de l'édifice étaient alors en cours d'exécution et furent continués ; la voûte de la nef est française. Egalement françaises les verrières ; l'une est un don de François Ier. Passant à Bayonne en 1526, au sortir de sa prison d'Espagne, il était en humeur riante et magnifique. Cette verrière a été restaurée.

Et, d'ailleurs, presque toutes les parties de l'église l'ont été, puisqu'elles avaient malheureusement besoin de l'être. Un riche Bayonnais, bienfaiteur de sa ville, a légué à la cathédrale une rente de trente-cinq mille francs qui doivent être incessamment employés à réparer et embellir sa vénérable légataire. Hélas ! l'objet de cette libéralité posthume n'a pas toujours été rempli suivant les vues du testateur, puisque nous devons penser qu'il n'avait pas moins de goût que de générosité. On a, par exemple, acheté de ces deniers Lormand un maitre-autel en marbre blanc, flanqué de dorures, et l'on a dallé le chœur en mosaïques modernes d'Italie. L'autel est banal ; la mosaïque excite au plus haut point l'admiration de la plupart des voyageurs ; la for-

CLOÎTRE DE LA CATHÉDRALE.

mule admirative a même été trouvée : — On dirait un « tapis de Turquie ».

Hélas !... Mais ce n'est pas tout : je vois dans quelques chapelles des vitraux modernes. Ces couleurs crues et violentes me déchirent les yeux... Je me demande s'il n'y a point entre les fabricants des verrières modernes et les médecins oculistes quelque accord secret et perfide ?...

Je quitte, enfin, l'église, je cherche un chemin par le dédale des rues qui se croisent au-devant du côté oriental, je me trouve bientôt sur une petite place où s'élève un monument entouré d'une grille. C'est un mausolée consacré à la mémoire de deux Bayonnais, étudiants à Paris, qui furent tués pendant les journées de juillet 1830. Fort bien. Ce n'est pas cette piété des amis politiques qui est étonnante, c'est l'inscription : — « Les révolutions justes sont le châtiment des mauvais rois ».

Nous revenons au chevet de la cathédrale; nous prenons une longue rue qui descend au marché par une pente assez raide et de là vers la Nive. C'est une des voies les plus suivies; elle n'est pas moins pittoresque que la rue du Port-Neuf; elle relie le Grand au Petit Bayonne. Là est l'église neuve de Saint-André, décorée de deux clochers. Tout y est fraîchement moderne, même les peintures des chapelles dans l'une desquelles se voit une œuvre de Bonnat.

Au-dessus de Saint-André, entre l'Adour et la Nive, nous rencontrons le Château-Neuf et l'Arsenal. Le premier qui a de vieilles parties du XVe siècle ne sert plus que de prison militaire et de caserne; l'Arsenal est vide.

LE CHATEAU VIEUX.

II

HISTOIRE ET LÉGENDES

Bayonne fut évidemment resserrée, dans un temps lointain, entre la base de la colline qui porte la cathédrale et la rive gauche de la Nive. D'anciennes fortifications ont dû commander le confluent des deux rivières ; c'est de ce point que nous allons partir pour suivre l'enceinte actuelle, œuvre de Vauban. A cet endroit, l'Adour jette son flot montant dans le fossé, rempli de grands roseaux. Un pont dormant fait communiquer la ville aux superbes boulevards plantés de vieux arbres qui l'encadrent tout entière ; on arrive au pont par la Porte-Marine. Le front des murailles a ce bel aspect sévère des ouvrages de ce XVIIe siècle, qui se ressemblent tous un peu, ayant tous la correction et « l'air grand ». Une courtine de Vauban rappelle les terrasses de Versailles ; ce sont deux ordres de choses très différents, mais il y a proche parenté dans l'exécution. Aucune époque n'eut ce caractère d'unité ; on le trouve à présent monotone, et pourtant, en regard de la disparate actuelle, il a son prix.

Les soleils de Bayonne sont cuisants, mais aucune ville n'a plus d'ombre. Si les bourgeois bayonnais n'étaient point contents de ce promenoir touffu autour des remparts, ce seraient des gens chagrins. Or, c'est une population de belle humeur. J'imagine que les amoureux ne se plaignent pas non plus de cette grande ramure propice. — Le boulevard se continue, et passe au-dessous du Château-Vieux.

C'est par opposition, apparemment, aux fortifications du temps de Louis XIV, que ce choquant édifice a reçu le nom de vieux. Il est plus âgé, c'est vrai, mais de si peu, du moins à première vue. Les quatre tours rondes dont il est flanqué ne remontent pas au delà du XV° siècle ; l'édifice fut apparemment reconstruit après un siège soutenu par les Bayonnais, en 1523 ; et voici pourquoi je me permets de le trouver choquant pour les yeux : c'est qu'il a été enduit de chaux blanche. On n'a même pas épargné la matière, la couche en est épaisse ; la couleur n'en est que plus affreusement crue.

Pourtant, à y regarder de plus près, ces tours du XV° siècle — rondes, coiffées de poivrières — paraissent accolées à un corps principal de bâtiment plus ancien qui, lui-même, aurait été construit au XII° siècle sur un débris de l'enceinte romaine. Les Romains avaient une forte citadelle à Bayonne : seulement quels Romains ? Ceux de la première période, des Jules et des Antonins ? ou les Romains de la dernière heure ? Le vieil historien Marca, d'abord puissance laïque et président du Parlement de Pau (1621), puis archevêque de Toulouse, a laborieusement démontré que Bayonne, ville des Boates, faisait partie des douze cités de la Novempopulanie, et qu'une cohorte, la *Novempopulane*, y fut entretenue jusqu'à la fin de l'Empire, sous le commandement d'un tribun. Il s'agit sans doute d'une de ces cohortes auxiliaires composée de provinciaux, et qui portaient ordinairement le nom de la province qui les avait fournies.

Par malheur pour les érudits bayonnais qui prêtent à leur ville une antiquité si vénérable, il est à peu près démontré que la cité des Boies n'était point Bayonne, mais la Teste de Buch, pauvre bourgade aujourd'hui située sur la rive méridionale du bassin d'Arcachon. J'ai trouvé dans un mémoire adressé à la Société des Arts et des Sciences de Bayonne une argumentation très forte, appuyée sur des faits et des textes, et d'où il résulterait que si les Romains ont occupé Bayonne dès les premiers siècles de l'Empire, ils n'y eurent de grand poste de défense que sous Théodose, à la fin du IVe siècle. Ce grand Empereur était né en Galice, terre espagnole assez voisine du *Labourd*; il connaissait toutes les positions militaires des Pyrénées, et quant à l'importance de celle-ci, il avait pu l'apprécier lui-même. C'est lui qui aurait fondé la première forteresse, sur les assises de laquelle s'élève encore le Château-Vieux.

Cependant il demeure certain qu'un centre de population indigène, apparemment mêlé d'éléments romains, vivait à l'embouchure de l'Adour, dans un lieu appelé Baï-une (port), et que Baï-une était la bourgade la plus importante du pays situé entre l'Adour et la Bidassoa, le Laphur-duy ou *Labourd* — nom français qui prête à une équivoque, et semble dire tout le contraire de ce qu'il veut exprimer, puisque, dans la langue basque ou « escualdunaise », Laphur-duy signifie désert, solitude, pays inculte et sauvage. Le Labourd a d'autres villes : Ustaritz, Saint-Jean-de-Luz, Hendaye; il est fertile aujourd'hui et mérite sa dénomination française. Bayonne, sous les Romains, en fut considéré comme la capitale; ils l'appelèrent Lapurdum. Et la « cité Labourdine » garda son nom, — du moins dans les actes publics — jusqu'au XIIe siècle; mais il est infiniment probable qu'elle n'en eut jamais d'autre dans le langage populaire que Baï-une — Bayonne. Je demande pardon pour cette incursion rapide sur le champ de l'érudition; il est semé de pièges; on ne peut le comparer qu'à certaine musique savante dont la beauté a pour mesure celle de l'angle ouvert par le bâillement qu'elle cause.

Les traditions bayonnaises sont opiniâtres et contradictoires. Elles donnent saint Léon, qui vivait au ix° siècle, pour premier évêque à la ville, ce qui retrancherait quatre cents ans pour le moins à sa fabuleuse antiquité. Saint Léon aurait été martyr de persécutions mystérieuses qui se seraient élevées vers ce temps-là : on l'aurait décapité. Le saint, qui connaissait la grande aventure de son devancier, saint Denis, aurait pris sa tête dans ses mains, l'aurait portée jusqu'à un endroit voisin de la cité, où descendent à présent les glacis. Le sang naturellement en coulait, et d'une goutte répandue sur la terre une source jaillit. Longtemps elle fut miraculeuse; le charme divin est dissipé à cette heure. — Cette légende consacre tout bonnement une usurpation, car, décidément, ce n'est pas saint Léon qui fut le premier évêque; cette grande qualité paraît avoir appartenu au prêtre Iscassic — en latin Iscassicus — qui n'a pas été sanctifié. Théodose, ayant institué un commandement militaire, voulut un contre-poids au pouvoir redoutable qu'il conférait à l'un de ses officiers; en face du tribun il plaça l'évêque. Cette politique fut constamment celle des Empereurs dans les provinces. Il faut que les antiquaires bayonnais en prennent leur parti, tout dans « Lapurdum » paraît avoir été fait de la main de Théodose; et avant lui Baï-une n'était rien.

Une preuve en existe : c'est le tracé connu de la voie romaine qui, descendant de Burguète, bourg espagnol situé dans la vallée de Roncevaux, passait à Saint-Jean-Pied-de-Port, traversait le pays de Soule, autre subdivision du pays Basque français, et par Sauveterre, gagnait d'Acqs *(Aquæ Augustæ)*, aujourd'hui Dax, se dirigeait vers Bordeaux. Le port de Baï-une ne les avait point fixés, ces Romains qui ne furent jamais navigateurs, à qui l'Océan fit toujours peur avec ses tempêtes, son étendue infinie, son éternel inconnu. Leur mer, c'était la Méditerranée; celle-là, du moins, a des bords.

Les Northmans qui — eux — furent les plus intrépides des marins, puisque c'étaient des pirates — affrontent l'Océan jusqu'à la côte cantabrique ; la barre de l'Adour n'arrête point leurs barques légères. Ils brûlent Lapurdum sans pitié et sans façon. La ville avait alors des vicomtes relevant des ducs de Gascogne. Les seigneurs, qui relevaient à leur tour des vicomtes, paraissent avoir été des étrangers sur la terre basque — dominateurs d'une autre race, comme les Magyars en Hongrie. — Leurs noms indiquent des Gascons navarrais : Lôp ou Lupus, Garsie, Aner, Sanz ou Sanchez, Lobaner, Fortaner — les mêmes que nous retrouvons en pays béarnais, vers le commencement du XII° siècle. Les gens de Bayonne obtiennent leur charte d'affranchissement, grâce à la complicité de Raymond de Martre, leur évêque. Déjà, ils étaient passés sous la domination anglaise, leur suzeraine, Aliénor d'Aquitaine, femme répudiée du roi de France Louis VII, ayant épousé, en 1152, Henri Plantagenest, roi d'Angleterre. L'épouseur royal avait dix-neuf ans, l'épousée en avait trente ; elle employa le temps de jeunesse qui lui restait à donner à son mari quatre fils, qui le firent mourir de chagrin. De ces quatre méchants princes, l'un fut Richard Cœur-de-Lion. Aliénor est donc le premier auteur du célèbre opéra comique de ce nom, dont Grétry fit la musique. — L'histoire ne perd pas autant qu'on pourrait le croire à être mise en chansons.

Du XII° au XV° siècle, Bayonne jouit d'une de ces constitutions vagues, élastiques, qui ne sont écrites nulle part, qui ne reposent que sur des coutumes, et qui, par cela même, sont les meilleures. La ville payait le cens par moitié au roi d'Angleterre, par moitié à l'évêque. Or, qu'était-ce que le cens ? C'était la redevance féodale au seigneur du fief par le possesseur du domaine utile. Or, ce possesseur ici, c'est le Maire, président le conseil des cent pairs élus par le peuple ; Bayonne s'est érigée tout simplement en république municipale. Les prud'hommes, devenus riches, prêtent de l'argent au roi, qui ne rendra peut-être pas le capital, mais payera l'intérêt en « libertés nécessaires ».

LE CLOITRE DE LA CATHÉDRALE DE BAYONNE.

Les prêteurs s'en vont le trouver à Londres, quand ils ont un compte à régler ; il leur fait fête et leur offre des présents : — Donnez à Amise, prud'homme de Bayonne, une robe de vair ! Et cet Amise reparait en sa fourrure dans sa cité. Quel honneur !

Bayonne traite d'égale à égale avec la monarchie anglaise. Bayonne a des traités particuliers avec les cinq ports anglais : Hastings, Rommey, Hythe, Douvres et Sandwich. En France, elle a pour cités et ports rivaux Bordeaux et La Rochelle, et déclare, en son nom et pour son compte, la guerre aux marins flamands et normands. Elle fait en grand le commerce des vins avec l'Angleterre, et la pêche de la baleine dans le golfe de Gascogne. Intérieurement, elle est bien un peu déchirée par les factions, comme toutes les Républiques ; il y a l'aristocratique et la populaire. La première ne souffre que malaisément la liberté malpropre des petites gens ; le maire prend des arrêtés contre les vagabonds qui font leur cuisine en plein vent, mais il en rend aussi contre les abus commis par les bourgeois ; il fait des lois somptuaires — particulièrement contre certain manteau noir à capuchon, nommé le paillet ou palhet, vêtement de deuil trop élégant que portent les veuves, et qui du veuvage ferait un plaisir. Il est interdit de porter le paillet plus d'un an et un jour.

Cependant les Anglais étaient chassés de France, pied à pied, et n'y gardaient plus que deux villes, Bayonne et Calais. En 1451, Dunois investit la ville. D'abord, il ne conduisait que 400 lances et 4,000 francs archers ; mais Chabannes lui amena de grands renforts. Une flotte en même temps arrivait, commandée par Jehan Le Bouchier. Les Bayonnais tentèrent une sortie du côté de la mer ; mais douze pinasses armées de couleuvrines remontaient l'Adour, et d'autres embarcations portaient les grosses bombardes. Il n'y eut bientôt qu'à se rendre ; l'évêque Lasègue négocia la capitulation, et les Français firent leur entrée le 11 août. Dunois, armé tout en blanc, monté sur un cheval houssé de cramoisi, était précédé de douze cents archers, suivi de six cents lances. —

La ville était bien prise. Depuis, elle fut assiégée souvent, jamais emportée. Aussi se pare-t-elle d'une fière devise : *Nunquam polluta*. Il n'y a que Dunois qui pourrait protester et dire : Permettez, Messieurs de Bayonne!... — Mais vous verrez qu'il ne sortira pas de sa tombe pour faire cette malice aux Bayonnais.

Un Dunois avait violé la cité orgueilleuse, un autre Dunois la défendit, François, son gouverneur, le premier comte de Longueville et le fils du héros, compagnon de Jeanne d'Arc. C'était en 1523 : une armée de Charles-Quint, unie à des troupes fournies par Henri VIII d'Angleterre, assiégeait Bayonne. Les savants bayonnais vous diront que ce furent les assiégés qui, en ce moment-là, inventèrent la baïonnette. N'allez pas disputer, ils n'en voudraient pas démordre. Et puis, je vous le dis entre nous, s'ils n'ont pas de preuves à vous fournir, vous n'en auriez pas à leur opposer. La baïonnette, d'où qu'elle vienne, a eu pour métier de tuer; elle a joliment fait son métier, et c'est le principal.

Quatre ans après le siège par les Aragonais, en 1527, le Château vieux restauré vit s'accomplir une cérémonie fort agréable pour ce même empereur Charles, qui gouverna tant d'empires et qui devait finir par régler des horloges. Le maréchal de Montmorency y compta à ses envoyés la somme ronde de cent vingt mille écus ; c'était la partie sonnante, et la seule effective, de la rançon de François Ier, prisonnier à Madrid. François avait cédé la Bourgogne à son ennemi ; mais céder et livrer sont deux. Charles n'eut jamais que l'argent.

En 1565, arrive à Bayonne toute une corbeille de princes et princesses, souverains et souveraines. Catherine de Médicis avait résolu de faire voyager par toute la France son fils Charles IX. Le voyage dura près de deux ans. Le cortège royal s'en alla d'abord de Paris en Lorraine, puis de là par la Bourgogne, le Lyonnais, le Dauphiné, la Provence, le Languedoc, la Guyenne. Dans les cinq dernières provinces, les huguenots étaient nombreux ; le passage de cette Cour somptueuse et galante, toujours en fête, toujours remplie de scandales, et semant, dit un vieil auteur du temps, — « les fleurs du plaisir teintées de pourpre sanglante », excitait les colères et les méfiances de ces religionnaires sombres. Arrivés au pied des Pyrénées, le jeune roi et la reine-mère firent une halte à Bayonne, où ils donnèrent de grands galas ; la ville aussi se mit en frais d'hospitalité magnifique. La reine Elisabeth d'Espagne, fille de Catherine et sœur du roi Charles, arriva bientôt, menée par le duc d'Albe. C'est cette entrevue qui a fait dire à beaucoup d'historiens que la Saint-Barthélemy avait été complotée à Bayonne, — c'est-à-dire sept ans avant son exécution. C'est ridicule. Si ces mêmes historiens s'étaient bornés à établir qu'un plan de restauration catholique fut discuté à Bayonne, ils auraient eu peut-être raison.

Ce plan même est connu, d'après l'*Histoire des guerres civiles de Rome*, par l'Italien Davila, et d'après les Mémoires du maréchal de Tavannes : il consistait tout simplement à rendre de plus en plus difficile, en dépit des édits de tolérance, l'exercice du culte réformé, afin d'en dégoûter le peuple ; la noblesse huguenote se trouvant alors isolée, on l'aurait ramenée par la corruption à l'orthodoxie. Conception tout italienne, sortie de la tête subtile de Catherine, et qui fut médiocrement approuvée par le duc d'Albe. Celui-ci, tout plein de la vraie simplicité espagnole, aimait mieux qu'on tuât — d'abord les grands ; — après quoi, on aurait aisément raison des petits. — « Une tête de saumon, disait-il, vaut mieux que deux mille grenouilles. » — Il y avait passablement de protestants à Bayonne — surtout des grenouilles. Cependant, quelque vingt ans plus tard, en pleine guerre de la Ligue, on y vit un saumon. Il se nommait Château-Martin, huguenot de qualité ; il menait un complot qui devait livrer la ville aux Espagnols. Il fut découvert ; on le roua.

En 1659, après une guerre de plus de trente ans entre la France et l'Espagne, le traité dit des Pyrénées étant accepté dans son ensemble comme instrument de paix, il restait en juillet 1659 à échanger les ratifications. Le 20 de ce mois, le premier ministre d'Espagne, don Luis de Haro, était à Saint-Sébastien ; le cardinal Mazarin part de Chambord, et s'étant arrêté quelques jours au château de Bidache, chez le maréchal de Gramont, arrive le 24 juillet à Bayonne. La Cour devait l'y joindre ; l'histoire du voyage de Louis XIV aux Pyrénées se rapporte surtout, comme nous le verrons, à Saint-Jean-de-Luz.

Bien d'autres voyageurs couronnés ou découronnés : Philippe V se rendant en Espagne pour y prendre possession de son nouveau royaume, la reine douairière Anne de Neubourg, veuve de Charles II, chassée de Madrid, ont encore passé par Bayonne et séjourné dans la ville. Le plus glorieux de ces hôtes modernes c'est Napoléon. Il y avait été précédé, en novembre 1807, d'un redoutable appareil militaire, car le général Dupont y rassemblait une armée de trente mille hommes pour soutenir les généraux Junot et Moncey, déjà entrés en Espagne. A Madrid, une insurrection populaire a emprisonné Godoï, le favori du vieux roi Charles IV, qui vient d'abdiquer en faveur de son fils Ferdinand, l'âme du complot et de la révolte. Napoléon était bien préparé à quelques changements en Espagne, mais il ne voulait qu'y faire triompher despotiquement l'influence française par Charles et son ministre ; le nouveau roi Ferdinand était l'ennemi passionné de la France. Ce ne devait pas être une raison pour le dépouiller ; mais les conquérants ont une morale particulière, et ils sont bien forcés de l'avoir.

L'Empereur avait donc résolu d'aller lui-même conduire des affaires si délicates ; il part en avril 1808 pour Bayonne, y appelle Charles et Ferdinand, qui ont la simplicité de s'y rendre. On peut croire que Napoléon voulait un théâtre discret et sûr, pour les scènes outrageuses qu'il prévoyait entre le père, le fils et le favori délivré à Madrid par Murat, car il avait acheté le château de Marrac, situé à dix kilomètres de la ville, sur la oute d'Espagne. C'est là qu'il reçoit les deux princes; l'abdication de Ferdinand sort de ces abominables querelles. Napoléon se fait céder par Charles tous ses droits au trône. On sait le reste, et comment Joseph Bonaparte devint roi. — Plus tard, Napoléon a dit : « La guerre d'Espagne a été une véritable plaie et la cause première des malheurs de la France. L'injustice était par trop cynique, et l'attentat parut dans sa nudité. C'est ce qui m'a perdu. » — En 1825, le château de Marrac a été incendié.

LA FONTAINE DE SAINT LÉON.

LE RÉDUIT.

III

L'ADOUR

Bayonne a quatre portes correspondant aux quatre routes qui aboutissent à la ville, et dont l'une court vers Bordeaux et Toulouse au nord, la seconde au sud vers l'Espagne, la troisième à l'est vers le Béarn et le cœur du pays basque; ce sont les portes de France ou du *Réduit*, de l'Espagne et de Mousserolles.

La route du Béarn traverse le Petit Bayonne, et laisse à sa gauche les allées de Boufflers, le jardin public, l'hôpital militaire, vaste bâtiment élevé sur l'emplacement autrefois occupé par les couvents des Carmes et des Jacobins. La route de France — ayant franchi le grand pont jeté sur l'Adour — contourne d'abord la base de la montagne de Saint-Esprit, qui porte la citadelle, œuvre de Vauban, puis du coteau de Saint-Étienne, chargé de villas et de châteaux, d'où la vue est admirable; — la même, d'ailleurs, qu'on peut embrasser du haut de la citadelle sur le fleuve, la mer et les monts.

Ne me demandez point de la décrire, un plus habile que moi s'en est donné la peine et s'est servi d'un instrument plus sûr que la plume : c'est Carl Vernet dans sa collection des Ports de France. Vous pourrez voir cette toile au Louvre.

Au nord de la citadelle, est une curiosité de l'espèce la plus mélancolique. On ne la connaît point, beaucoup de Bayonnais même l'ignorent; mais on rencontre sur le chemin des troupes d'Anglais qui grimpent; ces gens-là vous frappent tout de suite par certain complément de solennité ajouté à la raideur nationale; ils vous ont enfin un air de circonstance qui vous engage à les suivre, et bien vous en prend, car ils vont tout simplement en pèlerinage. Après la montée, ils glissent sur la pente, toujours raides, comme si c'était sur la glace. Bientôt, en les suivant, on aperçoit une plantation d'arbres et des tombes. C'est le « cimetière des Anglais ».

Nous sommes en février 1814. Wellington occupe avec soixante-dix mille hommes les routes de Saint-Jean-de-Luz et de Saint-Jean-Pied-de-Port à Bayonne, c'est-à-dire les avenues du pays basque et d'Espagne. Soult, qui ne conduit que soixante mille hommes, a sa droite à Bayonne, son centre sur l'Adour, sa gauche sur la Bidouze, affluent du fleuve sur la rive gauche. Le 26, Wellington attaque nos lignes; Soult recule, Bayonne est abandonné. Le général anglais suit l'armée française, mais laisse vingt mille hommes devant la ville; et la fortune des combats y devient singulièrement capricieuse : le général Hope, qui commandait les assiégeants, passe l'Adour près de son embouchure, et tente de nouveau d'enlever la place; la garnison fait une sortie malheureuse, perd un millier d'hommes; seulement elle prend le chef anglais. Le temps s'était écoulé, nous étions au 14 avril, et c'est le prisonnier qui apprend aux défenseurs de Bayonne la capitulation de Paris. Cependant, ils tiennent encore, le drapeau tricolore flotte toujours sur la citadelle, que les Anglais vont essayer d'occuper par surprise. — Et voilà où j'en reviens au cimetière anglais, dans le petit vallon.

Il était et il est encore des plus sauvages : — de grands genêts, des arbres épineux ; la combe en est profonde. Trois régiments anglais s'y cachèrent. Braves gens que ces Anglais ! mais j'ai beau vouloir me les représenter en affaires d'embuscade, je vois toujours nos petits voltigeurs de ce temps-là, nos petits chasseurs à pied d'à présent, souples, agiles, passant partout ; je ne me représente pas ces habits rouges. Ils furent dépistés ; nous en tuâmes bon nombre. — Seize ans plus tard, en 1830, le consul anglais eut l'idée d'une souscription parmi ses nationaux en résidence aux Pyrénées ; il s'agissait d'honorer les restes de leurs morts ; le terrain du combat fut acheté, et des tombes commémoratives s'élevèrent.

La citadelle est proche ; elle ne saurait guère intéresser que les gens du métier. J'ai dit la vue qu'on embrassait du haut de ses bastions. Lorsqu'on en a joui suffisamment, il n'y a plus qu'à repasser la rivière. Le mieux alors, c'est de traverser la ville, de joindre la porte d'Espagne par les allées Paulmy, qui descendent à la Porte-Marine — la quatrième de la ville, celle qui ouvre l'accès de la basse rivière et de la mer ; — on gagnera les Allées-Marines, et l'on aura suivi dans sa plus belle partie la longue promenade qui longe les fossés, décrivant les mêmes courbes que les remparts. L'idée de ces boulevards magnifiques est vieille ; on les a plantés pour la première fois au commencement du xviiie siècle, et les arbres allaient être séculaires, quand le siège de 1814 les abattit ou les saccagea. Leurs successeurs n'ont encore que soixante-dix ans environ ; pour ces géants-là, c'est la petite adolescence.

Leur ramure est si serrée et si profonde, que la pluie d'orage met plusieurs minutes à la percer ; le soleil y use ses rayons verticaux au milieu du jour ; il n'y a que les flèches obliques du couchant qui pénètrent par-dessous les basses branches. L'effet est charmant : ces feux dorés s'élèvent au tronc des arbres et se jouent aux premiers feuillages ; la lumière monte, au lieu de glisser d'en haut. A midi, l'ombre est pleine, la fraîcheur est délicieuse. Le

LES ALLÉES MARINES.

promeneur a ce dôme superbe au-dessus de la tête ; il ne voit rien que d'un côté la muraille et l'herbe du rempart, une végétation curieuse et variée d'amaranthes et de grandes orties, de roseaux au fond du fossé ; de l'autre, des champs de maïs, puis les jardins de quelques villas, où l'ombre n'est pas moins tranquille et lente ; plus loin, par-dessous une nouvelle et quadruple rangée d'arbres, la clarté de l'eau. Il est alors à la Porte-Marine, et devant lui s'étendent ces belles allées qui ont reçu le même nom. Les Allées-Marines descendent le long de l'Adour jusqu'à la forêt de pins qui ferme le paysage et donne au fleuve la figure d'un lac.

A gauche, les allées sont bordées de maisons, au pied desquelles passe une route carrossable conduisant à la mer. La liberté de l'architecture s'est donné carrière franche ; les villas prétendues italiennes coudoient de prétendus castels à pignons, même à clochetons et tourelles. Tout cela — ou à peu près — est laid à plaisir, mais d'une laideur qui disparait dans la calme beauté du cadre et dans la majesté de ces grands ombrages. Au-devant de ces maisons construites en style de pâtissier, le fleuve coule ; derrière, du côté du midi, court la chaîne des monts. C'est ainsi que la nature écrase partout le goût bourgeois et l'architecte son complice.

La route se poursuit, et de loin parait devoir se heurter à une haute dune blanche que nous connaissons déjà : c'est le Blanc-Pignon. Ici deux chemins vont s'ouvrir : l'un à travers la *pignada*, l'autre qui suit encore la rive. Le premier a bien du charme. On marche perdu, comme enseveli sous cette grande colonnade maigre et muette ; on entend parfois un soupir prolongé qui s'enfle peu à peu pour arriver à une sorte de cadence mugissante, et l'on s'arrête, cherchant d'où vient le bruit. Est-ce un coup de vent qui passe sur la tête des pins ? Est-ce la plainte de la mer déjà prochaine ?

Cette *pignada* est un lieu romantique ; le malheur, c'est que, lorsqu'on y est enfermé, on ne voit qu'elle. L'autre route est semée, au contraire, de curiosités changeantes. Et d'abord, avant de la suivre, il est bon de jeter un regard en arrière; les yeux remontent le cours du fleuve jusqu'à Bayonne Là il semble se perdre au milieu des maisons et comme sous une forêt d'arbres nus : ce sont les mâts des navires. Aux approches du soir, la ligne violacée des monts rejette en avant tout ce tableau. La ville se détache en une vigoureuse silhouette au premier plan.

De l'autre côté, descendant toujours, on rencontre une ruine : c'est l'ancien lazaret, puis une caserne de douaniers. On est près alors de l'embouchure. Sur la rive opposée se montre un curieux petit port, le Boucau, dont les destinées ont été capricieuses, puisqu'elles ont été réglées sur celles du fleuve. Il est à peu près certain que l'Adour a plusieurs fois changé de lit; le dernier de ces redoutables caprices est fixé à l'an 1367; une tradition le fait coïncider avec une tempête fameuse qui aurait détruit la flotte d'Édouard III d'Angleterre. Je cherche dans les auteurs, je ne trouve en 1367 qu'une bataille parfaitement terrestre dans les régions pyrénéennes, en effet, — sur l'Ebre; le Prince Noir eut même l'honneur d'y faire Duguesclin prisonnier. En 1372, je vois une autre bataille, — navale celle-ci, — où la flotte du roi de Castille, unie à celle des Rochelais, battit vigoureusement la flotte anglaise, commandée par Pembrocke. Je lis même qu'à cette nouvelle le vieux roi Édouard, s'arrachant aux sortilèges d'Alice Pierce, sa favorite, s'embarqua sur d'autres vaisseaux avec le Prince Noir, son fils, et vingt mille hommes, pour s'en aller reprendre en France ses provinces perdues, et que des vents furieux le rejetèrent en Angleterre. Je ne trouve point d'autres tempêtes, et c'est fâcheux pour la tradition.

Ce qui paraît établi, c'est que, vers la fin du xive siècle, l'Adour s'avisa de rouler au nord, partant du Boucau, s'ouvrant un chemin dans le sable au pied des dunes, pour s'aller jeter dans la mer, entre Boucau-Vieux et Cap-Breton. Là existait déjà un havre d'une profondeur considérable, que des courants balayent sans cesse, et qui défie les atterrissements. Derrière le vieux Boucau est un vaste étang dont le barrage fut emporté, si bien qu'une superbe rade s'y creusa d'elle-même ; les navires de guerre y pouvaient mouiller. En quelques années, des chantiers de construction s'y étaient établis, une ville s'y élevait, ville toute maritime, qui prit une importance si rapide qu'au bout d'un siècle, le vieux Boucau comptait ses marins par centaines. Pendant ce temps, Bayonne pleurait sa méchante rivière qui s'en allait là-bas, dessinant entre deux longues montagnes de sable ce coude perfide ; Bayonne se trouvait ensevelie au fond d'une lagune. Les barques y remontaient à peine.

Le salut lui vint d'Espagne, au bout d'un autre siècle ; celui qui se manifesta pour commander aux flots était pourtant un Français, et même un Parisien. En ce temps-là, on ne distinguait point l'ingénieur de l'architecte, et Louis de Foix ne prit jamais que cette dernière dénomination. Il arrivait de Madrid, où il avait eu part à l'édification de l'Escurial sur le modèle fameux du gril de Saint-Laurent. Il s'appelait Louis de Foix ; c'est lui qui plus tard construisit la tour du Cordouan, à l'embouchure de la Gironde.

Tout ce peuple de marchands éplorés l'arrête au passage ; il eut pitié de leur misère, et peut-être eut-il tort de se mettre à l'œuvre, car il pourrait bien n'avoir obligé que des ingrats. La légende bayonnaise, en effet, vous dira que « l'architecte » n'aurait point réussi sans le secours d'un nouveau cataclysme qui, d'ailleurs, est décrit dans les auteurs contemporains. Il paraît qu'après un orage qui avait duré plusieurs jours, les Pyrénées se mirent à verser du haut de leurs cimes la prodigieuse quantité d'eau qu'elles avaient reçue. Ce fut comme une trombe qui faillit ensevelir la ville, mais qui, en s'écoulant vers la mer, rejeta les sables à droite. Le port se trouva subitement rouvert, et le canal naturel qui portait l'Adour vers le vieux Boucau, aussi soudainement obstrué : le fleuve avait repris son cours. Mais il demeure douteux pour les Bayonnais qu'ils en aient eu obligation au

« Parisien »; ils aiment mieux tenir ce bienfait de leurs Pyrénées et d'un regard favorable de la Providence, qui les trouvait suffisamment punis par un carême de deux cents ans. L'historien de Thou, en ce temps-là commissaire royal en Guyenne pour y restaurer la justice, et aussi pour l'y rendre, a partagé leur opinion ; ce grave magistrat ne croyait point à tant d'habileté chez les ingénieurs ; — ce n'était pas un moderne. — Ce qui le prouve, c'est qu'il écrivait en latin.

Quant à nous, mettons que la restitution de l'Adour à son ancien lit a surtout été due à un caprice de la nature ; mais ce caprice n'aurait pas suffi à l'y maintenir, car le fleuve est vagabond. Une immense digue a été construite au XVIIIe siècle ; elle n'a empêché qu'en partie l'amoncellement des sables, et pourtant a quelque peu déplacé la barre, l'a rejetée en avant, avec une légère inclinaison de la passe vers le sud. Au commencement de notre siècle, d'autres travaux ont été entrepris, et des jetées colossales ont resserré ce lit éternellement mobile. Le résultat ayant été directement contraire à celui qu'on se proposait, et l'ensablement faisant de nouveaux progrès, on a changé de systèmes, il y a quelque quarante ans. On remarquera que le mot de systèmes est employé, ici, au pluriel.

Et ce pluriel dit ce qu'il veut dire : il y a eu d'abord les jetées basses inférieures au niveau des marées, par opposition aux jetées hautes d'autrefois ; puis les jetées à claire-voie. Ces dernières allaient réussir, et l'on avait gagné un mètre environ en profondeur, quand, il y a cinq ou six ans, une tempête les dispersa. Pendant quelques semaines, l'entrée et la sortie du port ayant cessé encore une fois d'être praticables, Bayonne se crue revenue aux jours douloureux du XVe siècle.

Le passage de l'embouchure, quoi qu'on fasse, demeurera toujours difficile, et le seul moyen de vaincre ces difficultés a été trouvé par l'industrie moderne. Un puissant remorqueur stationne en face du Boucau neuf, dans ce vaste bassin si superbement encadré que forme le fleuve. Quelquefois, par les hautes marées, les navires peuvent remonter ou descendre sans son secours ; encore faut-il que la direction du vent soit favorable et la brise pleine. Alors le navire, chargé de son immense toile blanche, glisse au milieu de cette verdure vigoureuse des rives, et, portât-il cinq cents tonneaux, il danse comme une barque au milieu des brisants, à la pointe des lames, lorsqu'enfin il s'est engagé dans cette terrible passe. La mer, longtemps vaincue par les marchands bayonnais, prend sa revanche, et battant tous les barrages qu'on lui oppose, menace sans cesse de rendre sa splendeur à Cap-Breton.

La passe orageuse a des bords charmants ; c'est une ironie de plus. Tout près de la barre, un champ de courses a été installé. La piste, de 2,400 mètres, s'allonge sur le sol le plus doux, le plus élastique, le plus favorable au galop. Aussi, les courses de Bayonne sont-elles très suivies ; elles se donnent au mois de septembre, et toute la colonie de Biarritz se fait une loi de s'y rendre. On ne peut se figurer ce qu'il y a de ces lois mondaines, dans ce lieu archimondain. Ici, le plaisir récompense la peine. Ce champ de courses est certes l'un des plus magnifiquement pittoresques qu'il y ait au monde. Cette piste moelleuse contourne un petit lac naturel creusé au milieu des sables. Des tribunes, où s'agite le public le plus bigarré, en présence d'une élite très aristocratique, formée de la belle société parisienne et surtout madrilène, on découvre les Pyrénées et l'Océan.

Mais ce merveilleux tableau, nous le verrons surtout de Biarritz, où l'on peut se rendre en suivant les dunes. On atteindrait ainsi le cap Saint-Martin, que domine un phare de première grandeur, et de là on embrasserait tout le panorama de la chaîne cantabrique dominant les montagnes basques, la Rhune et la Haya qui couronnent Saint-Jean-de-Luz. Quant à nous, revenons sur nos pas ; nous prendrons la route bourgeoise pour joindre Biarritz, — le moyen de locomotion prosaïque, court et sans fatigue, — le *tramway*.

Au retour, nous revoyons les Allées-Marines; nous examinons à loisir les demeures qui les bordent; ce sont de beaux abris qui défient les atteintes des deux saisons : — rafraîchis l'été par le souffle de l'Adour et la brise de mer, qu'ils reçoivent du nord et de l'ouest, attiédis l'hiver par les soleils du midi. Charmantes retraites, à deux pas de tout ce qui a le mouvement et la vie : — une ville populeuse et l'Océan; — vers le sud, regardant ce qui est éternellement immobile : les monts. Toujours cheminant sous les ombrages, et dérobant, sans qu'ils le sachent, une part du rêve tranquille que les habitants de ces heureuses villas doivent poursuivre, nous atteignons les abords de la Porte-Marine, puis une ruelle qui fait suite au pont dormant, conduisant par cette porte à la Place-d'Armes. Là, dans un jardin, s'élève un kiosque d'une chinoiserie supportable : c'est un café. La gare y touche, — une toute petite gare, dont l'encombrement donne à toute heure le même tableau qu'offre, les dimanches d'été, la gare de Saint-Cloud. La foule y est seulement bien plus pittoresque et diverse : la bourgeoisie bayonnaise va prendre son bain à Biarritz, dans les après-midi : il en coûte moins de dix sous, et pour aller voir le beau monde de là-bas, ce n'est pas cher.

Le peuple abonde, — tous les peuples : basque, béarnais, espagnol. Une servante oloronnaise, — race éclatante et vigoureuse, au profil antique, — lance ses lazzis, que relève un petit peloton d'artilleurs en goguette. — La garnison à Bayonne est nombreuse. On se presse, on se pousse, on se chamaille. Dans le pli de toutes les ceintures espagnoles ou basques, il y a des couteaux. Heureusement, ils dorment. Les portes des salles viennent enfin à s'ouvrir; tout le monde court, se bouscule, s'empile dans des wagons à deux étages. Ce chemin de fer est qualifié « d'intérêt local ». Et s'il n'avait point d'intérêt pour la localité qu'il dessert, pour qui en aurait-il donc? La drôle de langue industrielle que nous parlons à présent !

Le train part ; la voie ferrée laisse à gauche la route de Cambo, et de ce côté, les montagnes se profilent sur un joli ciel que de légères vapeurs pâlissent à l'horizon ; à droite, elle est bordée de villas. Bientôt on atteint la petite station des Cinq-Cantons, qui dessert Anglet ; — puis à travers les parcs d'autres villas, à travers de petits bouquets de bois de pins, la mer se découvre.

Cinq minutes encore, et nous serons à Biarritz.

LE PAVILLON DES BAINS.

BIARRITZ

I

LA STATION

L'entrée dans Biarritz présente un contraste parfait avec ce facile et riant voyage. On descend du chemin de fer par une pente rapide et une allée noire. D'un côté des maisons basses, de l'autre un haut mur aveugle. Après les maisons un autre mur, dominé par de grands arbres maigres, et couvert d'affiches rouges, roses, vertes, jaunes. Dans ces arbres un écriteau qui se balance : Café du Helder !

Seigneur Dieu ! avoir fait plus de deux cents lieues pour retrouver les enseignes du boulevard des Italiens ! Malgré soi on recule — non d'horreur, comme dans les tragédies classiques — mais d'impatience, comme il arrive trop souvent dans la comédie humaine.

De l'angle de ce deuxième mur part une ligne lumineuse, l'œil naturellement la suit. On aperçoit au loin comme un coin de miroir bleu et mobile. Serait-ce la mer? Est-ce vraiment ici Biarritz ? Ce pourrait aussi bien être Enghien.

Cependant les affiches ne laissent pas de doute. Elles annoncent un concert suivi de bal, le soir, au « palais Biarritz ». Soit! Nous y sommes. Ce n'est pas sous ces traits-là que nous nous figurions ce lieu d'enchantements. C'est une déception assez plaisante que de s'être mis en route pour le paradis, et de trouver devant soi, à l'arrivée, quoi ? la porte du café du Helder.

Cependant, ne nous décourageons point. Nous voici dans une sorte de carrefour. Derrière nous la rue noire, au-devant la ligne bleue; c'est sûrement le chemin de la mer. A droite, une avenue très sombre également; mais, du moins, cette obscurité est due aux arbres qui l'ombragent; elle est bordée de chalets. A gauche, une autre rue monte. Ah ! celle-ci est bruyante, animée, remplie de monde.

D'abord des cafés, plutôt des buvettes. Des Espagnols en veste et culotte de velours ornées de grelots de laine jaune, des Basques assis aux tables extérieures, devant des verres vides qu'ils ne songent pas à remplir. Ils parlent, et c'est leur babil étourdissant qui les grise. Chacun de ces groupes forme un tableau plein de couleur et d'amusement. Les Basques ici sont les maîtres, ils sont chez eux ; toutes les fois qu'il y a tapage et débordement de vie quelque part, c'est le Basque qui mène le branle. Race étrange et mystérieuse, qui porte assez joyeusement ce mystère de ses origines. Ce sont des Basques qui conduisent ces landaux de louage qui passent attelés de chevaux maigres d'une vigueur extraordinaire ; il leur faut du bruit comme à leurs conducteurs ; les harnais sont garnis de sonnettes. Si le cocher n'écoutait que son humeur, il irait toujours d'un train d'enfer; mais les promeneurs sont nombreux. Les équipages de maitres se mêlent à ces grandes boîtes roulantes des loueurs, et voici un embarras de voitures, ni plus ni moins qu'à Paris, en cet endroit célèbre qui a reçu le nom de « Carrefour des écrasés ».

Cette grande presse donne tout d'abord l'idée du nombre d'étrangers en résidence dans cette villette étonnante. — Les cochers s'injurient, les maîtres se lèvent du fond de leurs calèches, dans la louable intention de mettre le holà, et reconnaissant à l'instant la profonde inutilité de cette tentative, ils prennent le parti de se rasseoir. Les dames s'agitent avec impatience sur les coussins; on reconnait des visages espagnols; mais pourquoi ne sont-ils pas encadrés de la mantille nationale ?

La rue monte; à gauche, elle est coupée par une petite place ombragée d'arbres, bordée de maisons basques, reconnaissables à leur forme pointue et à leurs grandes traverses de bois peint dans le crépi de chaux blanche; à droite, elle s'ouvre brusquement. L'échappée est soudaine et magnifique sur le flot bleu. Ce chemin de la mer, on ne se demande pas si on doit le prendre; on s'y jette avec une sorte d'avidité; c'est l'instinct de l'éblouissement. On arrive sur une assez étroite esplanade, et d'abord on ne pense qu'à plonger ses yeux dans cette étendue infinie et brillante.

Et puis on regarde autour de soi. Au loin, des dunes et des roches grises : c'est le cap Saint-Martin, que domine un phare. Une falaise rocheuse court le long de la mer et borde des hauteurs couronnées de bois de pins et de quelques villas : c'est la côte du Coût, ou côte du Château, se prolongeant jusqu'à un grand bâtiment de briques, sans style et sans grâce, qui ressemble à ce que, dans certaines stations balnéaires, on appelle « l'établissement ». C'est en effet le palais Biarritz, — aujourd'hui une hôtellerie, un lieu de fêtes publiques et banales ; — ce fut autrefois la villa Eugénie.

De ce pesant édifice, à l'endroit où nous sommes placés, s'étend une vaste plage, décrivant une courbe légère, où s'élèvent les bains. Au-dessus, la falaise monte par étages, portant d'autres villas précédées de terrasses et de jardinets assez maigres. L'aspect n'en est pas moins charmant, car ces demeures sont coquettes ; le feuillage délié du tamarin, qui est plutôt un plumage, se balance au-devant des balcons ; on ne songe point à demander d'autre verdure à ce sol sablonneux. On n'a d'yeux que pour ce clair soleil qui rit sur ces murailles blanches, et pour cette mer aux teintes molles et profondes.

Cette colline demi-circulaire, qui s'élève au-dessus de la grande grève, s'appelle la côte du Moulin. A nos pieds, elle vient aboutir à un amas de rochers, sur lesquels une plate-forme a été conquise. C'est là qu'est le casino, avec sa célèbre terrasse, où l'aristocratie Madrilène et les baigneurs de France passent, en septembre et en octobre, la fin des après-midi. La terrasse est pourtant orientée au nord ; mais ici les soleils sont encore dans toute leur force, quand, à Paris, les calorifères s'allument. Au-dessous des rochers de la Chicaougue — c'est le nom de ce petit chaos marin — se trouve le Port aux pêcheurs, avec son bassin de refuge, et de l'autre côté du port le promontoire de l'Attalaye.

Un autre chemin y conduit, la grande et l'on pourrait dire l'unique rue de la petite ville. Certes, il existe en peu d'endroits au monde une voie si diverse et bigarrée. On y voit toutes les recherches de la boutique parisienne, de *vrais* tailleurs, de *vrais* bijoutiers, et des marchands d'objets d'art, à côté de taudis enfumés où se vendent les denrées de consommation quotidienne et les produits du pays. Mais bientôt le mouvement se ralentit, la rue devient moins populeuse, puis à peu près déserte, et cependant elle va toujours bordée de maisons moins neuves, moins pimpantes, mais précédées de terrasses que décorent de grands arbres, malheureusement taillés en boule. C'est le vieux Biarritz, le coin le plus frais, le plus tranquille, mais le moins recherché ; il n'est pas mondain.

La voie suit une pente rapide et aboutit au Port-Vieux, c'est-à-dire à une anse étroitement resserrée entre des rochers ; la

BIARRITZ.

mer se brise aux deux pointes. On ne peut souhaiter de plage plus tranquille et plus sûre. Aussi, là s'élève un autre établissement de bain, disposé en trois énormes corps de bâtiment; on me dit que Biarritz a souvent dix mille baigneurs; je n'en suis pas étonné. A l'établissement de Port-Vieux, la foule est énorme à l'heure du jusant, — car, si étroite que soit l'ouverture, le flux y jette encore quelques lames.

De la terrasse des bains, nous voyons devant nous l'autre versant du promontoire de l'Attalaye (en vieil espagnol, lieu de guet). Il supportait jadis un donjon dont on retrouve l'emplacement avec quelques pans de murailles. La base en était apparemment moins branlante alors qu'aujourd'hui, car elle ne consiste plus qu'en des roches rongées, percées par le flot. Les ingénieurs ont voulu renchérir sur ces jeux de la nature; ils ont pratiqué un tunnel dont la voûte du moins est solide; son utilité n'est pas évidente. Le faîte est maintenant chargé d'un sémaphore. On y grimpe par un sentier en colimaçon, à travers les éternels tamarins; et l'ascension serait-elle rude, qu'arrivé au but, on oublierait sa peine. C'est qu'en effet, du haut de ce promontoire la vue ne rencontre plus d'obstacles sur la grande mer. A gauche, elle embrasse la chaîne espagnole, qui part de l'embouchure de la Bidassoa, pour se développer vers le sud, — la superbe côte cantabrique. Ces colosses, radieux pendant le jour, grandissent encore quand vient le soir et qu'ils se découpent à la fois en masses d'ombres sur les clartés du ciel et sur celles de l'eau.

En face de l'Attalaye est un cône de roches éventrées, formant arcade à jour: c'est le Cucurlon; il est surmonté d'une statue de la Vierge. Au reste, entre les rochers on aperçoit, en y regardant de plus près, des blocs artificiels; ce sont les débris d'une digue qui devait relier le promontoire de l'Attalaye à quelques masses rocheuses, et opposer ainsi une forte digue — œuvre de la nature pour moitié, et pour l'autre « travail d'art », — aux turbulences du flot. Seulement la partie *d'art* est renversée, la partie de nature s'est désagrégée chaque année un peu davantage. L'ingénieur propose, la tempête dispose. Il n'y a que l'ingénieur qui en soit étonné.

Au-dessus du Port-Vieux, un autre promontoire se dresse; il était coiffé jadis d'une petite tour qu'on appelait le fanal de Port-Hart. Un *fanal*, entendez-vous bien? ce n'était pas un phare. L'appareil — peu mathématique — consistait en une chambre pourvue d'une cheminée énorme, où l'on jetait une charretée de broussailles. La fumée et les étincelles faisaient reconnaître au pêcheur l'entrée du port. Maintenant, de la tour, il ne reste rien, pas même le sol qui la portait. Une route y passe, dans une tranchée, au-dessus d'une affreuse et pittoresque crevasse, où le flot s'engouffre avec des plaintes étranges et une furie diabolique. Les touristes de Bretagne, en villégiature à Biarritz, y viennent curieusement; cet accident leur rappelle ce qui se voit partout sur leurs côtes, ils se croient chez eux. Un pont traverse ce petit abîme; le chemin conduit à la côte des Basques. — J'allais oublier de donner le nom de ce pont rustique — car il l'est. On l'appelle le pont du Diable. Parbleu!

C'est un beau lieu que cette « côte des Basques ». Aussi est-il presque entièrement négligé par les baigneurs. On y rencontre bien quelques promeneurs deci, delà, et même, à l'extrémité du quai bordant le flot, on voit un troisième établissement de bains. D'un coup d'œil, on reconnaît que ces promeneurs font partie de la colonie de Biarritz, — mais partie extérieure : ils *n'en sont pas*.

Ils n'ont pas même l'air de se soucier d'en *être*. Ce sont des récalcitrants à ce *qui se fait*; or, fréquenter la côte des Basques, ça ne se fait pas. Cependant la perspective des monts espagnols y est plus large encore et plus belle que de l'Attalaye. On y découvre en plus une ligne rude et coquette de falaises qui se poursuivent jusqu'à Saint-Jean-de-Luz. Elles paraissent rudes à cause de l'escarpement de leurs flancs; elles sont coquettes par leur belle coueur qui passe, suivant les heures, du blanc d'argent au gris de plomb.

Quant aux bains, on ne saurait s'étonner qu'ils soient peu suivis, car la côte des Basques est sans défense contre la grosse mer. Il semble que des courants arrivent du large et que, se brisant d'abord aux récifs du cap Figuier, qui s'allonge là-bas à la pointe de la côte espagnole, ils forment de puissants remous dans cette sorte de baie en demi-cercle, dont l'autre pointe est le Cucurlon. Le flot bondit en superbes jets d'écume contre la côte des Basques; il n'y a que des nageurs éprouvés qui puissent, sans péril, passer à travers ces furieuses colonnes d'eau, dont la force est redoutable. C'est un amusement pour les Basques, vigoureux, agiles, intrépides. A de certaines époques de l'année, ils se rendent à cette côte par centaines, par milliers; la troupe est précédée des instruments nationaux, le fifre et le tambourin. Ils se jettent à l'eau; ils connaissent tous les dangers, dont le principal est le fond des basses roches aiguës qui suit la grève; ils se jouent à éviter ou à fendre la lame, et se donnent en spectacle à toute la population accourue pour les voir; ils ne sont pas venus pour autre chose. Qui dit Basque, dit un peu fanfaron.

D'ailleurs, ce peuple a un proverbe très sage qui dit : « Le monde ressemble à la mer : on voit s'y noyer ceux qui ne savent pas nager ». Il est vrai que les proverbes ayant été faits pour se contredire entre eux, l'*Escuara* (la langue basque) en a un autre : « La mer n'a point de branches auxquelles on puisse se raccrocher quand on se noie; la femme du marin est mariée le matin, et veuve le soir ».

PORT HART ET LA CÔTE DES BASQUES.

II

LES DEUX SAISONS

Biarritz a deux saisons : une d'hiver qui commence en novembre, une d'été qui s'ouvre en août. La première est aux Anglais ; ils y règnent à peu près sans partage. Il aime cela, ce peuple insulaire et isoliste. La seconde appartient à l'aristocratie madrilène. Appartenir est le verbe qui convient; mais les Espagnols sont moins exclusifs, n'étant que péninsulaires. Ils tiennent à Biarritz le haut du pavé, et seraient sincèrement désolés que la société française et parisienne ne vînt point en tenir le bas. Ils la souhaitent, ils la recherchent et ils l'aiment. Il leur plaît très fort qu'elle soit représentée par ses diverses catégories, surtout l'aristocratique et la galante.

L'hiver, c'est la saison muette. Plaisirs rares. Mais, après avoir médit de l'Anglais, on peut bien lui rendre justice : ce qu'il aime, lui, ce qu'il adore, c'est le changement de lieu; il ne vient pas chercher, dans les stations balnéaires et thermales, les agitations de la vie extérieure et mondaine. Voyageur à outrance et avant tout, il satisfait volontiers son goût en la compagnie des siens, qui lui suffit; il va par le monde, flanqué de sa fidèle épouse et des fruits d'une union sans orages, — même à la montagne, où l'électricité est abondante et soudaine. L'image de cette existence un tant soit peu extravagante, mais infiniment morale, pourrait être une locomobile traînant un omnibus de famille.

En décembre, à Biarritz, comme en août, au bord du lac de Genève, passent des tribus : jeunes misseses aux cheveux flottants, jeunes garçons en veste courte et au grand col plat; — la troupe est tout à fait semblable à un jeu de quilles, — sauf que ces quilles sont de hauteur inégale. Par quel miracle d'optique cette jeunesse d'Albion trouve-t-elle le moyen de paraître longue même quand elle est petite? Tout cela, d'ailleurs, est propre et frais à plaisir, tout cela sent l'eau froide — et, comme disait Byron, la tartine de beurre. Les parents suivent, la mère avec des restes de beauté quelquefois, toujours avec des raideurs solennelles et une maigreur qui les justifie, — le bois ne saurait ployer; — le père avec cette barbe saxonne dont toute l'Europe connaît à présent les ondes sévères. C'est une mode toute neuve; plus un Anglais est terriblement barbu, plus il est Anglais.

On va sur le vieux port, à l'abri du vent; c'est dans ce coin de la station que la saison est surtout clémente. Le soir, on dépense le temps chez soi : ce qui serait aux yeux des Parisiens et des Madrilènes une ressource de carême. L'Anglais s'en contente. Une lumière plus vive s'échappant par les interstices des rideaux, des sons de piano traversant le silence de la rue, font reconnaître les maisons habitées par la colonie.

Et cette paisible colonie d'hiver s'en est allée depuis longtemps,

4

quand arrive celle d'été, bruyante, impatiente d'amusements. Ce n'est encore que le commencement d'août : point d'Espagnols — du moins de qualifiés. Les Bordelais, autrefois, ouvraient cette marche du carnaval d'été ; ils vont maintenant à Saint-Jean-de-Luz. C'est moins coûteux ; et puis, il vaut mieux briller là-bas au premier rang, que de venir ici se faire effacer au troisième. Qui croirait, d'ailleurs, que cet effacement ait jamais pu être silencieux, ne connaîtrait point Bordeaux ! — Dans les premiers jours d'août, les petits Parisiens arrivent, je dis les petits — parce que les personnes grandement classées — ou brillamment déclassées, — vont d'abord à la côte normande, et ne descendent à Biarritz que vers la première semaine de septembre.

C'est aussi le moment où s'abat sur la station la haute volée madrilène. Il faudrait avoir l'honneur d'être admis à la résidence royale d'Alphonse XII pour voir réunis tant de grands d'Espagne. La famille du maréchal Serrano se trouvait à Biarritz, l'an dernier, tout entière : l'une des charmantes filles de la duchesse Della Torre y introduisit même le goût d'un bijou vraiment nouveau, un collier d'argent, à clous et à pointes, tout à fait semblable à ceux qu'on met au cou des dogues favoris. Fantaisie castillane. La griffe espagnole est partout imprimée sur Biarritz ; là-haut, au sommet de la côte du Coût, s'élève, parmi les pins, la villa du duc de Frias. Il est vrai qu'une autre villa, appartenant à la marquise de Noailles, en est voisine ; mais les Noailles ne sont-ils pas aussi grands d'Espagne ? Je n'ai point le grand livre de l'histoire ouvert devant moi ; je crois pourtant me souvenir qu'ils reçurent cette dignité à l'occasion de l'avènement de notre duc d'Anjou au trône d'Espagne, et en même temps que les Saint-Simon, — ce dont le chef de cette dernière maison, l'auteur des fameux Mémoires, ne fut pas satisfait : lui non plus n'aimait pas le partage.

Ainsi, tout à Biarritz est à l'Espagne. Pourquoi donc les dames espagnoles n'y veulent-elles pas arborer le plus romantique et le plus beau des pavillons nationaux, la capricieuse, la coquette, l'irritante, la pittoresque, l'amoureuse mantille ? Est-ce par courtoisie envers les Français résidants qu'elles se coiffent de nos chapeaux parisiens ? Se proposent-elles d'honorer la France en ses modistes ? ou seulement de n'être pas différentes des grandes dames françaises qu'elles coudoient ? Quelle discrétion et quelle indulgence !

Sur la terrasse du Casino, un homme passe; son air, qui, d'ailleurs, n'est pas farouche, dit assez clairement qu'il serait aise de demeurer solitaire, et il y a dans toute sa personne un je ne sais quoi qui commande de ne point déranger ses volontés. C'est un homme d'Etat, savez-vous ? me dit un député belge, qui ne veut pas être venu de si loin pour paraître mal informé. Si je le savais ! C'est M. Canova del Castillo, ancien premier ministre du roi Alphonse XII. S'il aime l'isolement, il a peut-être ses raisons. Peut-être veut-il épargner à certains... oublieux l'embarras qu'ils auraient à l'aborder. En écartant tout le monde, on se défait des vilains. On a été tout-puissant, on a éprouvé la servilité des hommes, on ne veut pas connaître leur ingratitude ; d'autant que leur bassesse reparaîtrait à l'instant, si l'on redevenait ministre, et qu'on serait alors embarrassé soi-même pour se servir d'eux à nouveau. Or, cela pourrait être utile. La conduite de l'homme d'Etat déchu m'a donc paru, quant à moi, très politique et très fière; elle repose sur l'expérience, elle a son parfum castillan.

A Biarritz, il y a, d'ailleurs, de grands exemples de fidélité politique. On me montre le marquis de la R., carliste quand même. Ces belles devises comportent certaines mélancolies que le marquis n'aime point à faire partager aux autres. L'an passé, il était le grand organisateur des fêtes, où l'on ne veut pas de « mélange ». Il présida surtout un bal qui amena, si l'on en croit la petite chronique, bien des orages dans des paradis cachés ; chaque cavalier avait le droit d'y amener une dame — sous sa responsabilité.

C'est un mot menaçant et une chose très claire. Tant pis pour les intruses et pour leurs paravents! Beaucoup de ces derniers se replièrent, de là ces querelles : Vous n'avez donc pas de courage? Vous ne m'aimez donc point? Vous craignez donc de braver pour moi des interdictions ridicules ? — Cette fête avait naturellement l'attrait du fruit défendu; et, ne pouvant y mordre, ce fut à l'organisateur que les exilées donnèrent le coup de dent.

L'heure des élégances sur cette terrasse — moins large que le trottoir de nos boulevards, mais longue de deux cents mètres environ, et suspendue au-dessus des flots — est celle qui précède le dîner. Plus tôt, on y vient surtout pour regarder de loin sur la grande plage, au pied de la côte du Coût, se prendre les « bains à la lame ». C'est un des spectacles de Biarritz : il est assez gai, car il a sa partie comique. Ces grandes lames qui arrivent en demi-cercle ont une grâce qu'égale seulement leur brutalité; elles renversent les files de baigneuses, qui ne réussissent à se relever que pour retomber un peu plus lourdement sous le flot qui suit, et les culbutes sont accompagnées de cris perçants et de grimaces amusantes qui se voient à la lorgnette. Mais, vers cinq heures, c'est une autre harmonie qui domine le bruit des vagues. Un excellent orchestre à l'entrée du Casino, dans un kiosque, fait entendre des valses et des ouvertures d'opéra.

Les promeneurs arrivent en foule, et déjà les chaises placées au bord de la terrasse, et celles qui entourent les tables disposées au pied du bâtiment, sont occupées. Une chose étonne toujours le Parisien : c'est d'étudier les appétits d'Espagne, qui ne craignent point le chocolat deux heures avant le principal repas de la journée. Des Parisiennes imitent ces robustes Castillanes, mais elles ne nous tromperont point : ce chocolat c'est leur dîner, elles n'en feront pas d'autre. Par le Cid Campéador, en Espagne c'est autre chose; la vaillance des estomacs féminins ne le cède pas à celle des cœurs masculins.

Les deux nations se passent en revue sur cette terrasse. Ces belles Madrilènes ont le teint doré, avec des traits réguliers que l'âge empâtera. La griffe malhonnête des ans gâtera ce joli coloris;

LE PHARE SAINT-MARTIN.

l'or n'y sera plus que du bistre, quelque chose comme la fumée d'une flamme qui va s'éteindre. Mais quel éclat dans la jeunesse !

Quelle hardiesse de tournure qui, chez nous, friserait les témérités damnables ! Nos Françaises pourtant, et surtout nos Parisiennes, soutiennent victorieusement cette concurrence redoutable. Elles ont le fameux je ne sais quoi, si les Espagnoles ont le ce qu'on sait bien. La colonie française est de « qualité » : des princesses, des marquises — et même des chanoinesses.

C'est le plus joli état du monde, il n'a de comparable que celui de chevalier de Malte pour les hommes. L'un et l'autre ne sont point gênés par des obligations positives ; tout y est de convention idéale par le temps qui court. On est chanoinesse ou chevalier de Malte, comme on serait fée ou génie ; c'est aussi loin de la réalité, et cela nous conduit au rêve. Quel aimable temps nous rappelle la chanoinesse blonde qui passe en une adorable toilette fleur de mauve, — couleur discrète, couleur presque religieuse, livrée légère de demi-deuil ! Et vous savez, le demi-deuil ne défend point qu'on fasse sa partie dans le concert du monde ; ce sera seulement une harmonie voilée. Il n'y a d'interdit que les plaisirs à l'évent — par exemple la danse...

Au reste, l'habit modeste et délicat de *Madame* la chanoinesse ne sert plus de repoussoir aux toilettes fringantes sur la côte de Biarritz. L'an dernier, la mode, c'était la simplicité. Les grands noms et les grands millions défilaient sur la terrasse en des ajustements si simples que les spectateurs mal initiés n'en voulaient point croire leurs yeux. C'était d'ailleurs une bonne occasion pour eux de les exercer ; dans ces ensembles savants et très discrets aussi, il faut apprendre à voir le détail. Fort chère, cette simplicité, et très parisienne ! On assure qu'elle désespère les dames espagnoles. Ah ! si elles voulaient apporter dans la lutte leurs armes naturelles ! si elles revenaient à la mantille !... surtout à l'enivrante mantille blanche !...

Le dimanche n'est sûrement pas le jour aristocratique au Casino ; mais c'est la grande journée. Dans l'après-midi, bal d'enfants. Ah ! les babys, par exemple, on les pare tant que l'on peut : de petites châsses. Ils ne s'en amusent pas mieux, et ils amusent bien moins ceux qui les regardent. — Le dimanche, à neuf heures, comme, d'ailleurs, presque tous les soirs, les « grandes personnes » dansent. Les sons de l'orchestre se mêlent à d'autres flonflons qui arrivent du dehors. Dans tous les coins de Biarritz, on saute. Sur la petite place, devant le Casino, des couples basques tricotent des jambes au soupir de la flûte, au grognement et aux sonnettes du tambourin : c'est leur musique nationale.

En ces soirées dominicales, le spectacle vraiment n'est pas au Casino, il est dans la ville. Un autre orchestre joue sous un autre kiosque, sur une étroite promenade, faisant suite aux méandres de la terrasse publique, en retour des rochers de la Chicaougue, au-dessus du Port aux pêcheurs. Un théâtre de Guignol remet en scène, pour les enfants, le duel antique de Polichinelle et du commissaire. Les hôtels qui enserrent la promenade regorgent de dîneurs et de dîneuses ; c'est l'image de Babel qu'une table d'hôte à Biarritz. Sur la promenade se presse la foule la plus diverse et la plus pittoresque : Espagnols et Basques, le « petit monde » de Bayonne mêlé aux baigneurs, le « casque » anglais entouré du voile blanc, dominant les toques des muletiers, et le petit madras des Bayonnaises, qui fendent les groupes en se tenant par le bras, avec des rires éclatants qui forment la note aiguë dans ce furieux tapage. Et toute cette bagarre avance, recule, se disperse, se resserre et se refoule. Un flot épais remonte la Grand'-Rue, un autre flot la descend. Il y a des poussées terribles, avec des cris qui, ailleurs, seraient inhumains ; mais, ici, presque toutes les voix sont musicales. Ce n'est que du bruit, ce n'est point un charivari insupportable. De grands bourdonnements s'élevant en ondes presque régulières, que les tambourins accompagnent de leurs notes joyeuses et sourdes à la fois, sortent de toutes les guinguettes.

Cette soirée du dimanche à Biarritz est si tumultueuse, que la matinée du lundi est un délassement. Pour le touriste libre, qui n'attend point les « parties montées », très fréquentes parmi les baigneurs, c'est le jour des excursions, qui achèveront de lui faire connaître ce coin singulier, charmant, attachant, — d'ailleurs, sans beauté qui lui soit propre ; car c'est à son cadre qu'il doit tout. Il n'y en a que deux prochaines : au midi et au nord; rien de plus simple. La première pourrait être faite pendant la nuit, car un point lumineux la guide. C'est le phare de première grandeur dominant de près de cinquante mètres le cap Saint-Martin, qui s'allonge à droite de l'Adour. Le cap est élevé lui-même de plus de soixante pieds au-dessus du niveau de la mer, dans les marées moyennes. On s'y rend à pied, en suivant la plage ; on peut pourtant abréger le chemin en contournant les bâtiments de la villa Eugénie et en gravissant alors les falaises. Je ne sais pourquoi, et c'est peut-être parce que je me trouve en humeur peu philosophique, cette résidence, qui vit tant de fêtes souveraines, me cause une impression pénible. C'est maintenant un lieu de galas à six francs par personne, et de diners à cent sous par tête ; une sorte de deuxième Casino inférieur, non pour les bourses moins pleines, mais pour les situations moins établies. Ici la souveraine, à présent, c'est la galanterie. — Je ferais plus lentement le tour de l'édifice, si je menais avec moi M. Prudhomme. La vanité des choses de ce monde lui fournirait un beau thème, et je trouverais sans doute, en enregistrant ses développements, quelques occasions de me dérider.

Je ne quitte point la plage, et j'ai bientôt joint le pied du phare. Le gardien vient au-devant de moi ; l'étrange vie que celle de ce brave homme ! Encore celui-ci a-t-il un poste envié. Songez-vous à ceux de ses pareils qui logent dans une tour édifiée sur un îlot formé d'un seul roc que battent les vagues ? Une barque leur apporte des vivres, et souvent elle ne peut aborder ; il faut que le misérable enlève les paniers au bout d'une corde. Ce misérable est un héros, car il atteint les limites où peut arriver l'effort de la patience humaine ; eh bien ! il n'a pas même le sentiment de son courage. — Ici notre gardien mène à peu près une existence de civilisé, à quelques kilomètres de Bayonne, à deux pas de Biarritz. On vient le visiter et, par Saint-Martin, dont le cap est à lui, comme la France jadis était au Roi, il reçoit poliment les visiteurs. L'intérieur du phare est propre, ciré, « astiqué » comme les cabines d'un grand navire. Voici le livre des voyageurs ouvert sur une table ; vous pouvez y inscrire votre nom. Qui sait ? Pour arriver à la postérité il y a de si drôles de chemins !

— Dans une des salles, deux bustes ont été placés, et du moins ils sont à leur place, ce qui n'est pas l'ordinaire des bustes : Fresnel, l'inventeur, avec François Arago, des phares lenticulaires ; Beautemps-Beaupré, l'hydrographe, qui fit la carte des mers. — Un escalier monte au sommet de l'édifice : il n'a que 256 marches ! et dans cette cage étroite, n'ayez point l'espoir, Mesdames, qu'on installe jamais un ascenseur. Mais quel dédommagement sur la plate-forme ! Quelle perspective magique sur l'embouchure de l'Adour et les Landes au nord, sur la côte d'Espagne et ses monts superbes au midi, sur la mer roulant son immensité sous un ciel radieux, estompé à l'horizon de teintes violettes comme les ciels d'Orient !

La promenade ne serait pas complète, si du phare on ne descendait point à la *Chambre d'amour*. C'est la curiosité banale de ce coin du pays ; il faut s'y prêter, comme tout le monde. Une grotte qui n'est pas une grotte, mais une anfractuosité assez profonde dans un massif de roches, et presque ensevelie par les sables. Naturellement, la Chambre d'amour a une légende : un couple amoureux s'y laissa surprendre ; cet accident arrive aisément à des amants occupés. Le lendemain, on les trouva enlacés tous deux. Leur mort a donc été à l'image de leur vie ; ne les plaignons pas trop, puisqu'ils ont fini en plein bonheur. Mais quand s'accomplit cette fin poétique et lamentable ? — Qui le sait ? disent les enfants qui vous guident.

De la Chambre d'amour se voient les hauteurs d'Anglet; là est un établissement de filles repenties : à deux pas de la *Chambre d'amour*, voilà le contraste.

L'autre excursion, qui se peut faire de Biarritz en marchant au sud, va nous conduire vers Saint-Jean-de-Luz.

LA ROCHE PERCÉE.

GUETHARY.

LA COTE BASQUE

Du Port-Vieux de Biarritz, descendons à la grève de sable miroitant, où la vue se trouve bornée au sud par la chaîne cantabrique. Une belle muraille qui vaut mieux que celle de la Chine.

Vous pouvez également y arriver du Haut-Biarritz en suivant la pente des falaises qui forment ce qu'on a plus spécialement appelé la côte des Basques. Seulement, il faudra, dans la dernière partie du chemin, vous laisser glisser sur de terribles rampes. Même, il adviendra peut-être que vous emporterez un morceau de ce chemin qui, en se détachant sous vos pas, accélérera votre course au delà de vos désirs. Ces falaises, constamment rongées par la pluie, sont en un état de décomposition qui n'est ni honnête, ni rassurant. Il est vrai que vous vous en iriez rouler sur un lit de sable fin qui s'avance bien loin sous le flot, ici tout uni, là semé de rochers, hérissé de pointes. La continuelle agitation de la mer dans cette baie trompeuse indique suffisamment la situation profonde de ces roches. Une forêt sous-marine, formée de blocs d'anthracite, court sous le bouillonnement des lames. La mer, de ce côté, a dévoré ses rivages.

On marche sur ces couches de sable brillant, brûlant aussi par les grands soleils, et tout à coup une brusque tranchée coupe la falaise. D'abord on est au fond du trou, on n'aperçoit rien que de nouvelles roches lisses soutenant une masse de terre bleuâtre; mais, à gauche, un sentier grimpe, et l'on reconnaît qu'il serpente jusqu'au faîte de la hauteur. C'est là qu'est situé Bidart, le premier village basque, sur la route d'Espagne, depuis Bayonne.

Des maisons blanches à volets bruns, ornées de grandes traverses de bois, brun également ou vert, formant une équerre ou un losange, sont dispersées sur le plateau. C'est le caractère des villages basques : point d'agglomérations; mais des groupes d'habitations isolées. Leurs toits en auvents achèvent de les rendre pittoresques; elles sont ombragées de tamarins, si, encore une fois, ce singulier arbre à plumes est un ombrage. Au fond du vallon est une petite église ronde, si petite qu'elle donne l'idée de ces chapelles d'un sou renfermant une vierge, que les marchands d'objets de piété vendent aux enfants. On y descend par une double allée bordée de noyers. Ce n'est point là du tout le modèle de l'église basque que nous rencontrerons tout à l'heure; c'est une fantaisie locale.

De Bidart, la vue est d'une grande étendue : à droite, les monts d'Espagne toujours; au-devant, les monts nationaux, la Rhune; plus loin, la Haya ou les Trois-Couronnes. La Rhune est d'une couleur étrange; l'argile rouge y est partout à fleur de sol entre les roches. C'est le mont Sacré, quelque chose comme le Sinaï du pays basque.

Elle tient sa place aussi dans les annales de la gloire française, cette crâne petite montagne, qui a de grands airs et, pourtant, ne s'élève pas à mille mètres. Un jour, il y a maintenant soixante-neuf ans, les pâturages rocheux qui la couronnent se couvrirent de fumée et de feu. Le maréchal Soult, dans sa retraite d'Espagne, en 1813, lui avait fait l'honneur de la choisir comme centre de ses opérations militaires. Le général Clauzel, depuis maréchal à son tour, — un Pyrénéen, — occupa le sommet, et y tint douze heures, avec une poignée de conscrits, contre la masse des vieux régiments anglais de Wellington ; il leur fit même voir que c'était un rude sommet.

La Rhune est pourtant d'une ascension facile — en temps de paix. Aussi les ascensionnistes modérés se laissent-ils tenter par une opération relativement si douce et la proposent-ils à leur famille; mais, pour peu que la famille renferme des caractères aventureux, elle refuse. Dans l'hôtellerie de Guethary, bourgade voisine de Bidart, il m'a été donné d'assister à l'un de ces drames domestiques. Deux jeunes filles déjeunaient avec leur père à la table la plus près de la mienne, — deux jolies et fines Parisiennes, qui ne rêvaient que l'assaut des grands monts. Le père ne résistait point; il parla d'une montagne d'où l'on verrait un panorama superbe : la triple chaîne des Pyrénées, depuis le pic du Midi de Bigorre où le général de Nansouty a établi son fameux observatoire, jusqu'à la dent ébréchée de la Haya, au-dessus d'Irun et de l'embouchure de la Bidassoa, en Espagne. Il avait bien son guide en tête, il eut une tirade enthousiaste sur le général et son dévouement à la science. Il disait sc-i-ence. Seulement, quelle montagne ?...

Parbleu ! il ne la nomma qu'à la dernière extrémité. C'était la Rhune. Alors il fallut voir la mine de Mademoiselle l'aînée, et le beau cri de Mademoiselle la jeune qui était plus vive :
— Mais, père, ce n'est pas plus haut que le mont Valérien ! Elle le croyait de tout son cœur. Et la querelle continua. L'aînée se mit à parler vaguement des glaciers du Vignemale. A la bonne heure ! La cadette redressa la tête : Où étaient-ils

situés, ces glaciers ? Sa sœur lui répondit : Près de Cauterets. Et le regard d'intelligence qui suivit m'éclaira. Peste ! elles se souciaient bien du Vignemale et des glaces éternelles, mes Parisiennes ! — Elles avaient envie d'un lieu mondain dans le désert, et voulaient aller à Cauterets.

C'est ainsi que la plupart des touristes s'en vont toujours donner en pleines Pyrénées connues et décrites dans vingt livres. Quant à nous, on sait assez que nous avons surtout la curiosité des Pyrénées qu'on ne connait pas.

Je suis, après le déjeuner, mes Parisiennes fringantes, et leur bonhomme de père, qui s'acheminent vers la petite station de bains de mer de Guethary. Là est une halte de la voie ferrée ; le train montant ramènera vers Bayonne mes compagnons de table ; — et ces deux colombes mondaines — et ce gros pigeon docile prendront leur vol — vers la vallée de Cauterets.

Quant à moi, allant toujours pédestrement et lentement, laissant à ma gauche un coteau boisé, j'entre dans un vallon romantique qu'arrose l'Ouhabia. Voilà un type de rivière agreste, l'été sans eau, l'hiver sans pont. Le paysage qui l'encadre est d'une variété amusante : ici des champs cultivés, là des coins de lande, de l'herbe rase et des bruyères sur les pentes, mais tout cela d'une couleur chaude à plaisir ; puis des bouquets de bois ; — et toujours, au second plan, le fier rempart de la côte basque, la Rhune, les Trois-Couronnes que domine l'Ursouya, le pic d'Anie, le mont Aran, et plus loin d'autres masses noyées dans les vapeurs déjà violacées du soir.

Guethary est, comme Bidart, un village entièrement basque ; les hôtelleries même y ont été construites sur le modèle national ; mais plus près des flots, en plein éblouissement du grand miroir, ce village a, plus encore que son voisin, ce caractère simple et pittoresque, et cette coquetterie primitive, qui est le charme de la vieille « Euskarie ». Les maisons apparaissent éparses sur deux coteaux que sépare une nouvelle coupure de la falaise. La pente, d'une raideur prodigieuse, descend presque verticalement à un petit havre creusé dans le sable entre deux murailles de roches, qui se prolongent dans la mer comme deux jetées naturelles. Sur la plage bizarrement pavée de larges dalles, deux chaloupes hissées à force de bras dorment sous l'abri de leurs filets suspendus aux mâts, et qui ont séché au soleil du jour. Les hommes sont tous marins ou pêcheurs à Guethary. C'étaient autrefois les matelots de la grande pêche ; ils allaient s'engager à Saint-Jean-de-Luz, pour l'expédition de Terre-Neuve, ou pour la campagne de la baleine dans les mers polaires. Maintenant ils vivent de la pêche du thon, qui ne se rencontre qu'à plusieurs lieues au large, et il n'y a que le Basque, comme le pirate normand d'autrefois, pour affronter la course en haute mer dans des barques non pontées. La baie de Biscaye, hérissée d'écueils, traversée de courants et de remous profonds, que la tempête change en abîmes, est l'une des plus dangereuses du monde. Qui le dirait, à la voir bercer son grand cristal bleu par les temps calmes ?

Au sommet de la falaise court la voie ferrée qui, dans ce cadre charmant et resserré, ajoute à l'attrait du paysage; ce n'est pas l'habitude des chemins de fer, ce n'est pas non plus leur métier. Celui-ci, qui va couper la route d'Espagne, passe au-dessus d'une suite de petites baies sablonneuses, toutes blanches et toutes rondes, qui échapperaient peut-être aux yeux, sans ce bruit et cette fumée. De loin en loin, de singuliers édicules s'élèvent au-dessus de ces cavités qui offrent des retraites si sûres aux baigneurs. Ce sont de petites tours de guet; du moins c'est leur apparence du côté de la mer; mais si l'on y arrive par la falaise, on s'aperçoit qu'ils n'ont que la façade d'une tour. De l'autre côté ils sont ouverts, et l'on y monte par un escalier que les tamarins ont envahi; leurs rameaux légers sortent des pierres disjointes.

A Guethary, les baigneurs ne sauraient être nombreux, bien que toutes les maisons se louent pour la saison des bains ; mais le village n'a que six cents habitants à peine. Les « étrangers », ici, sont des gens d'habitudes patriarcales, surtout si on les compare aux grands mondains et internationaux de Biarritz. En général, ce sont des Bordelais, venus en famille. Le séjour y est entouré d'une paix profonde et d'agréments très variés, car les ombrages y sont abondants, si la mer y est belle. Le vallon de l'Ouhabia fournit des abris pleins de fraîcheur contre le midi cuisant des jours d'été. Guethary est un lieu bourgeois, à ce qu'on dit à Biarritz ; — quant à moi, je m'accommoderais d'une de ces maisons basques qui regardent le flot à l'ouest, au sud et à l'est les monts ; — et quant à ceux qui se donnent tant de peine pour s'amuser là-bas, je les narguerais, peut-être. Lorsqu'on jouit du plaisir des yeux et du repos de l'esprit, on a de ces impertinences.

Le soin d'un colis égaré (colis, style moderne. Nos pères, Racine, Voltaire et Châteaubriant disaient : paquet, et croyaient parler assez noblement le français), — ce soin fastidieux va me ramener pour un moment à Biarritz. Je rejoins la *halte* de Guethary. Le train montant me conduira à la gare de la Négresse. Un tunnel me dérobe bientôt la vue du joli coteau de Bidart. La voie ferrée, au sortir de ces ténèbres, décrit une courbe au-dessus d'un petit lac dominé par un bois assez maigre. Est-ce pour cette raison de maigreur qu'on l'a nommé le bois de Boulogne ? Ce taillis court sur des pentes très rapides ; le lac occupe le fond de l'entonnoir. A cette heure, déjà crépusculaire, la lumière de l'eau est éteinte ; on ne voit plus qu'un miroir d'étain qui se balance. La pelouse, assez étroite, qui forme la berge, est remplie de promeneurs attirés par la beauté du soir, et qui préfèrent sans doute le clair de lune dans le feuillage au grand miroitement qu'il jette sur les flots. Le croissant de la lune monte, en effet, derrière les arbres. Voilà cette deuxième promenade de Biarritz, dont j'ai parlé ; elle exige qu'on tourne le dos à la mer, et ne donne peut-être pas une compensation suffisante ; mais quoi ! C'est ici le « bois de Boulogne ! » Quel attrait !

Un loueur trop engageant vient à moi, au moment où je descends à la gare. Je peux bien dire qu'il m'enveloppe. Ces loueurs sont généralement béarnais, et le Béarn est encore un pays de langage doré. Celui-ci m'enguirlande à la Russe : il a trois calèches ; il ne sait, en vérité, laquelle des trois est la plus douce. Et moi de lui répondre : Il y a des omnibus, et cela me suffira. — Ouais! me dit-il, des omnibus, il y en a, c'est sûr, mais c'est tout comme s'il n'y en avait pas. — Mais les cochers sont sur leur siège, ils font claquer leurs fouets. — Ça n'est pas une raison ; ils n'en partiront pas davantage. — C'est vous qui le dites. — Et vous qui allez le voir. — J'attends. Un quart d'heure se passe. Les omnibus vraiment ne s'ébranlent pas. L'impatience me gagne, j'accepte les offres de mon loueur, qui me dit en m'ouvrant la portière de sa calèche : — C'est la même chose.

La même chose, sauf le prix. J'ai fait à l'arrivée l'épreuve de la différence.

La calèche part, la route monte doucement à travers le coteau tapissé de bruyères et d'ajoncs. Au faîte, je regale mes yeux d'un panorama superbe : la mer, l'embouchure de l'Adour.

Me voilà revenu à Biarritz.

Demain, au matin, le train descendant me ramènera au-dessus des dunes de Guethary — voie d'Espagne — et me conduira à Saint-Jean-de-Luz.

LA MAISON LOUIS XIV.

I

SAINT-JEAN-DE-LUZ

En ce temps-là, il y avait un jeune roi qui était déjà le plus grand et le plus beau roi de la terre, et qui, aimant une méchante et séduisante Italienne, point du tout jolie et d'extraction fort louche, s'en vint à Saint-Jean-de-Luz épouser une Espagnole infiniment vertueuse, qui était infante et petite-fille de Charles-Quint, mais n'en était pas plus belle. Est-ce la peine d'être un prince si puissant et si accompli, pour diriger d'abord si mal son cœur et ses yeux, et pour les sacrifier ensuite à la raison d'État?

Voici le portrait physique de Marie de Mancini tracé par Mme de Motteville, confidente de la reine Anne d'Autriche : « Elle était si maigre et ses bras et son col paraissaient si longs et si décharnés, qu'il était impossible de la pouvoir louer sur cet article. Elle était brune et jaune ; ses yeux, qui étaient grands et noirs, n'ayant point de feu, paraissaient rudes. Sa bouche était grande et plate, et, hormis les dents, qu'elle avait très belles, on la pouvait dire alors toute laide. » Cette bouche grande et plate inspira de malins couplets faussement attribués à Bussy-Rabutin :

> . . . . . Ce bec amoureux
> . . . .
> Qui d'une oreille à l'autre va,
> Alleluia !

Voilà maintenant le portrait moral de la nièce de Mazarin par Mme de La Fayette : — « De beauté, Mlle de Mancini n'en avait aucune ; il n'y avait nul charme dans sa personne et très peu dans son esprit, quoiqu'elle en eût infiniment. Elle l'avait hardi, résolu, emporté, libertin, éloigné de toute sorte de civilité et de politesse. »

Il y a un dicton raffiné, suivant lequel on aime plus fortement les laides, parce que, pour en arriver à les aimer, on est venu de plus loin. C'est peut-être l'aventure de Louis XIV avec cette vilaine charmeresse d'Italie qui a donné naissance à une remarque si subtile. — Enfin telle était cette amoureuse et bien-aimée Marie, qui par sa puissance fondée sur de si mystérieuses raisons faillit entraver la paix de l'Europe, en empêchant le traité des Pyrénées. — Je peux bien faire ici un peu d'histoire ; c'est le lieu, il en est tout plein. Celle de ce mariage royal qui eut de si grandes suites pour la France est même la seule reposant sur des faits certains qu'on rencontre à Saint-Jean-de-Luz, avec l'histoire des baleiniers du port.

Les archéologues du pays avouent que l'origine de cette crâne villette est tout à fait inconnue : ils sont plus modestes que leurs voisins les Bayonnais, dont la principale gloire, au reste, ne les a jamais laissé dormir. Eux aussi, ils veulent avoir inventé leur instrument de guerre, et de même que Bayonne soutient mordicus qu'elle a trouvé la baïonnette, Saint-Jean se fâcherait tout rouge si on lui disait qu'il n'a pas inventé le harpon.

Saint-Jean-de-Luz était évidemment marqué pour faire de hardis marins. Point de port, — une rade. Point d'abri, — un mouillage. Ce devait être un nid d'explorateurs, de pêcheurs proches cousins des pirates, et de francs corsaires en temps de guerre avec les Espagnols ou les Anglais. Bayonne devenue d'une part ville féodale, siège d'une vicomté qui relevait des ducs de Gascogne, d'autre part s'emplissant d'étrangers, d'Anglais surtout, dans les siècles qui suivirent, par son commerce naissant, se séparait de plus en plus du pays basque. La capitale du Labourd, la petite cité nationale fut Ustaritz, et Saint-Jean-de-Luz devint son port, son débouché sur cette mer que les Basques navigateurs et émigrants voulaient voir toujours ouverte devant leur audace aventureuse.

La ville appartint aux Anglais, comme tout le pied des Pyrénées, mais détesta ses maîtres. Aussi acclame-t-elle Dunois qui vient de prendre Bayonne, et le vainqueur, au nom du roi son maître, le roi d'Agnès Sorel, si heureux contre les Anglais sans l'avoir jamais mérité, confirme aux habitants de Saint-Jean tous leurs privilèges. Quelques années après, Louis XI visite Saint-Jean-de-Luz; il venait de Gascogne, où il avait voulu s'assurer par lui-même du plein succès de sa proscription contre les Armagnac. Ce n'était pourtant pas encore le maniaque sanglant qui, dans sa vieillesse, trainait de Paris à Plessis-les-Tours son ombre chétive et menaçante; c'était le roi agréable au peuple parce qu'il abattait les grands. Aussi savait-il bien se faire valoir auprès de ce peuple! « Les hauts seigneurs gagneraient à ma mort, mais les petits sires seraient désappointés de tout, peut-être pendus! » Plus tard, il les fit bien pendre lui-même; petits et grands, il faucha tout.

Les marins de Saint-Jean-de-Luz craignaient peu les méchants rois; ils n'avaient guère eu de seigneurs que les capitaines anglais. On est libre, quand on ne craint point d'affronter la mer, où la liberté est sans bornes. Il paraît certain que ces intrépides compagnons osèrent bien les premiers se servir du harpon pour attaquer la baleine ; ils avaient exploré les bancs de Terre-Neuve dès le commencement du xv° siècle. Cent ans plus tard, ils découvraient à l'embouchure du Saint-Laurent une île qu'ils appelaient le Cap-Breton. Du moins ils s'en vantent, et ils sont bien capables de l'avoir fait. Je sais que la découverte est généralement attribuée à Cabot, Vénitien d'origine, qui s'était fait Anglais ; mais les géographes se divisent, et beaucoup tiennent pour les marins basques de Saint-Jean. Vers le même temps, ceux-ci armaient en corsaires pendant la guerre de François Ier et de Charles-Quint. Les Espagnols se vengèrent ; en 1558, un corps de milices navarraises passe la Bidassoa, s'avance rapidement jusqu'à Saint-Jean-de-Luz, pille la cité, qui valait le pillage alors, et la brûle.

Nous avons donc l'âge des maisons basques si curieuses que nous allons y voir ; elles furent reconstruites dans la seconde moitié du xvi° siècle. De la même époque est le « château de Louis XIV », bâti vraisemblablement sous Henri III.

Saint-Jean-de-Luz dessine sur la mer un arc dont les deux pointes sont occupées au nord par les rochers de Sainte-Barbe, où l'on distingue les ruines d'un fort, au sud par une jetée rustique et colossale et par la vieille tour ronde de Socoa. La ville est construite sur une dune, dont la Nivelle — petite Nive — baigne le pied d'un côté, tandis que de l'autre la mer le ronge profondément. Sur le bord opposé de la Nivelle est assis le petit Saint-Jean, — Ciboure, — au-dessous de la colline de Bordagain, qui porte une vieille église et des villas. Leurs ombrages font envie lorsqu'on s'avance sur cette plage nue, immense fer à cheval, au sable uni, d'une blancheur éclatante, qui brûle les yeux. La mer, au grand soleil, étincelle comme la grève ; de longs sillages d'argent courent sur les lames, et des éclairs jaillissent de la courbure du flot. Ce rivage est plus méridional encore que celui de Biarritz; il est d'une forme régulière; le tableau est bien plus large, et ce vieux cadre a du charme. — A gauche, ce fortin rond et trapu qui, pourtant, est d'une élégance rare avec ses créneaux, dont les

LE FORT DU SOCOA.

dents saillissent au-dessus de jolies consoles de granit travaillé;— droite, deux vieux phares, ronds aussi, ressemblant à deux grands moulins sans ailes.

Si vous vous retournez alors, vous n'apercevez qu'un amphithéâtre planté de vignes, de maïs ou de bouquets de bois, parsemé d'habitations, naturellement blanches, puisque ce sont des maisons basques. Quant à la ville, vous ne la verrez point, ensevelie comme elle est entre ces hauteurs et la dune. Il faut revenir sur vos pas pour aller la chercher; vous joindrez et remonterez la Nivelle, en suivant un quai. Les guides ont pu vous dire que la *Maison de l'Infante* ou maison *Joanoënia* était située à l'angle de ce quai précisément; vous cheminez, songeant au roman de cette pauvre Marie-Thérèse, qui commença dans ce logis d'emprunt. Il ne fit que s'allumer et s'éteindre, placé entre deux autres romans qui ont laissé des traces bien plus brillantes, — celui de Marie de Mancini et celui de Louise de La Vallière. La fidélité de Louis XIV devait durer tout juste un an.

On se figure l'émotion d'orgueil et de tendresse qui, le 6 juin 1660, devait agiter la jeune reine avant la cérémonie solennelle du mariage. Reine, elle l'était déjà. Le 2 juin, ce mariage avait été célébré par procuration à Fontarabie. Don Louis de Haro, ministre d'Espagne, avait épousé l'Infante au nom du roi de France, en présence de l'évêque de Fréjus, l'Italien Ondedei, « témoin » de son souverain. Ce jour-là, Louis XIV, qui essayait loyalement d'être amoureux pour tout de bon, passa furtivement la Bidassoa et fit dans l'assistance princière une irruption tout à fait romanesque, à la mode du temps. Mazarin était dans la confidence du projet de son jeune maître; il s'approche de Philippe IV et de la nouvelle reine, et, avec son fin et caressant sourire d'Italie, leur dit qu'un cavalier inconnu est à la porte et demande qu'on veuille bien lui ouvrir. Et la porte s'entre-bâilla seulement, et le prince incognito parut. Il était plus grand que Mazarin et que Lionne, l'autre négociateur de la paix et du mariage; la jeune reine le vit et put constater qu'il ressemblait aux portraits qu'on lui avait donnés de ce brillant époux. On ne l'avait point trompée; elle devint toute rouge. Le Roi d'Espagne, Philippe IV, se prit à rire et dit en espagnol : J'ai un beau gendre !

Le Roi, aussi, avait vu son épousée. Elle n'était pas mise à son avantage en ce grand jour. On l'avait affublée d'une robe en épaisse soie blanche brodée en même couleur, car l'argent, à cette époque, était défendu en Espagne ;— elle était coiffée « d'une manière de bonnet blanc plus propre à la défigurer qu'à lui donner de l'ornement ». On l'avait couverte de pierreries. Dans cet habit raide, ruisselant de perles et de rubis, elle ressemblait à ces vierges habillées qui se voient dans les églises d'Espagne. Mme de Motteville, qui a décrit cette première cérémonie de Fontarabie, regrette surtout le bonnet, qui cachait « les beaux cheveux » de l'Infante. Elle assure que ces cheveux étaient d'un blond argenté; mais les *Mémoires* de la grande Mademoiselle la contredisent, et nous apprendraient, si nous ne le savions point, qu'ils étaient seulement d'un blond fade.

Marie-Thérèse était franchement laide, avec de grosses joues d'une blancheur maladive, des lèvres assez fraîches mais épaisses, des yeux bleus sans rayons, la taille toute petite et mal prise, la démarche lourde et embarrassée. Ce qui aurait dû racheter tout cela, aux yeux de Louis XIV, si l'amour se fondait jamais sur le devoir et la reconnaissance, c'est qu'elle l'aimait. De tout temps elle l'avait aimé; encore enfant, elle demeurait en extase devant ses portraits; elle était persuadée qu'étant la première princesse de la terre, elle ne devait épouser que le premier roi du monde. Sa mère, fille de notre Louis XIII, la confirmait dans des espérances si exclusives, et lui disait que si elle se rendait la justice que se devait une Infante, elle porterait ou la couronne de France ou le voile. Il faut avouer que l'alternative était sévère, et qu'il lui était bien permis de préférer la couronne.

A cette heure, elle était donc arrivée à l'accomplissement de vœux si longs et si beaux. Est-ce que vous ne la voyez pas dans cette maison de Saint-Jean-de-Luz attendant la dernière formalité qui va la conduire dans celle que là-bas occupent la Reine-mère,

Anne d'Autriche, et le jeune roi, et qui devait s'appeler désormais la maison de Louis XIV? Peut-être rêve-t-elle à cette rivale qui, bientôt, lui sera présentée dans sa nouvelle cour; elle ne peut méconnaitre que son mariage a été traversé par cet amour du Roi, encore plus que par la guerre, puisque les deux gouvernements et les deux nations espagnole et française voulaient également la paix. On lui a tout dit : elle sait que dans un séjour à Lyon, l'année précédente, le Roi ne sortait point du logis de « Monsieur le Cardinal »; qu'il causait tout le jour, et le plus souvent en tête à tête, avec Mlle de Mancini, qu'il faisait la « collation » avec Marie et ses sœurs Hortense et Marie-Anne; que le

LA MAISON DE L'INFANTE.

soir, par les beaux temps, il les promenait en carrosse, s'amusant d'abord à leur servir de cocher, mais ne tardant point à se mettre dans le carrosse avec les promeneuses. Elle sait qu'un jour, dans un des jardins royaux, marchant à côté de cette Marie, sous une allée d'arbres, il avait voulu lui prendre la main, et que son mouvement ayant été trop vif, il avait eu la mauvaise grâce de heurter du pommeau de son épée cette main si chère. Alors, tirant brusquement du fourreau l'épée brutale, il l'avait jetée au loin «·avec une colère toute charmante, et d'un geste qu'aucune parole ne saurait exprimer ». Elle savait tout cela, la Reine toute neuve, et par-dessus tant de sujets de jalousie et d'alarme, elle savait encore qu'il n'avait tenu qu'à une Mancini d'occuper sa place, et d'être reine au lieu d'elle.

Mais enfin, c'est elle qui l'était, et si quelque amertume restait au fond de son triomphe disputé, à une si grande princesse, par une intrigante venue de rien, si elle gardait aussi quelque source d'alarme au fond du cœur, à la pensée que le Roi la reverrait, cette Mancini qu'on disait sorcière, elle pouvait bien jouir du présent. Vous la voyez donc dans la maison basque, la « maison de l'Infante ». Peut-être tient-elle ouvert devant elle le « grand coffre en bois de Calembourg garni d'or » que le Roi lui a envoyé, et qui contenait tant de merveilles. « Il y avait tout ce que l'on peut imaginer de bijoux d'or et de diamants, comme des montres, des heures, des gants, des miroirs, boites à mouches, à mettre des pastilles, petits flacons de toutes sortes, d'étuis à mettre des ciseaux, de petits tableaux de miniature à mettre dans un lit, des croix, des chapelets, des bagues, des bracelets..... un petit coffre où étaient des perles, des pendants d'oreilles, des diamants, et *une boîte pour les pierreries de la couronne*, car elles ne sortent point du royaume..... »

Depuis que l'épousée était en terre de France, à Saint-Jean-de-Luz, la « boîte » avait reçu son précieux et glorieux contenu ; elle avait été remplie, et Marie-Thérèse venait d'y puiser le dernier ornement de sa parure de mariée royale. — Elle en était maintenant décorée de ces fameux « joyaux de la première couronne du monde ». — C'est en ce moment-là, en ce suprême épanouissement de l'orgueil, que nous allons surprendre dans la vieille maison l'ombre de l'heureuse Infante, qui fut une si triste reine.

Mais quoi ! Tout d'abord quelle déception ! la maison est neuve. Du moins elle le parait sous son revêtement tout frais de pierres blanches et de briques. C'est une construction à peu près carrée, qui, sur la façade regardant la Nivelle, montre des galeries à jour. L'entrée est sur l'autre façade qui regarde une petite place plantée d'arbres, où se tient un marché et dont la maison de Louis XIV occupe l'extrémité opposée, du côté du nord. Au-dessus de la porte se voit une plaque de marbre avec cette inscription :

*L'Infante je reçus l'an mil six cent soixante.
On m'appela depuis le château de l'Infante.*

En ce « chasteau » j'entre par une allée malpropre. Les guides m'ont averti « que la maison était ouverte à tout venant». C'est de l'hyperbole. L'allée, oui ; la maison, point. A gauche, par l'entre-bâillement d'une porte basse, mais assez large, je distingue je ne sais quels objets luisants. Seraient-ce d'anciennes dorures aux murailles ? Je crois plutôt que ce sont des casseroles. Je pousse l'un des vantaux. Je ne me trompais point ; c'est bien une cuisine, et voilà toute la batterie. La cuisinière s'avance d'un air méfiant et dolent, comme une pauvre créature sans défense, qui croit que j'en veux à ses chaudrons et va essayer de me désarmer par la prière. Quant à moi, je lui expose en riant l'objet de mon désir, qui est tout simplement de visiter la maison. La maritorne est ronde comme une tour, et la tour s'agite : Visiter la maison ! dit-elle. Ça ne se peut plus. Elle est achetée ! — Eh bien, bonne femme, que l'acheteur se rassure ; je ne viens point pour une surenchère. — Oui, mais monsieur a défendu qu'on laissât entrer personne. Il faudrait lui écrire. — Fort bien. Où est-il, monsieur ? — Il doit être à Paris. — Je vous remercie, ma bonne ; vous direz à votre maître qu'on n'achète pas des maisons historiques pour soi tout seul. C'est le comble de l'égoïsme. Qui est monsieur ? — C'est monsieur ! — Vous parlez d'or, ma mie. Vous direz aussi à votre maître qu'il fera bien de lire Proudhon. Connaissez-vous Proudhon ? — Pas du tout. — C'était un homme qui aimait à faire des sentences, et qui a dit : La propriété c'est le vol ! Cette appréciation est évidemment exagérée quand il s'agit d'une propriété ordinaire, mais quand c'est la « maison de l'Infante »... Enfin, je me comprends. Vous, par exemple, vous ne me comprenez pas le moins du monde... C'est ce qui fait la différence. Bonsoir.

Et me voilà hors la cuisine. Je me hasarde vers l'escalier. La maritorne m'avait suivi et se met à pousser des cris de volaille, croyant que j'allais violer la consigne. C'eût été dommage! Cette consigne est si juste et si sensée !... Au tympan de cet escalier, je crois voir peintes les armes de France ; — c'est tout ce que j'ai vu du « chasteau de l'Infante ». Un habitant de la ville m'assure qu'il ne contient rien autre chose, si ce n'est pourtant des fresques, mais modernes, exécutées apparement, sur le désir d'un propriétaire antérieur, aussi jaloux d'honorer son logis, fût-ce par une petite fraude, aux yeux des visiteurs, que celui-ci est soucieux de le tenir fermé.

Ce château n'est pas heureusement la seule demeure historique à Saint-Jean-de-Luz ; on sait qu'il y a la « maison de Louis XIV ». Je traverse la place ; j'espère cette fois être plus heureux. Je m'arrête devant un petit mais curieux édifice construit sous Henri II ou ses fils. Cependant le *style* étant toujours en retard dans les provinces reculées, et la détermination des époques devenant, pour cette raison-là et pour d'autres, assez difficile, on peut supposer que ce joli « hostel » date seulement de Henri IV. — Il a été construit peut-être par un riche armateur basque qui avait voyagé et connaissait les modèles ; on l'appelle aussi la « maison Lohobiague ». La construction, très simple mais très élégante, et d'assez grand air, est flanquée de deux ravissantes tourelles en encorbellement. Je pénètre sous la voûte d'une grande porte cintrée, je vois un superbe escalier volant en chêne d'une légèreté, d'une hardiesse étonnante, et cela me met en goût. A qui m'adresser pour obtenir la permission de visiter cette maison? On m'a fait voir la boutique qui en occupe le rez-

SAINT-JEAN-DE-LUZ.

de-chaussée, et j'y entre, sans m'arrêter à considérer que ce nid de royales amours est déshonoré à cette heure par une boutique. Une femme assise derrière un comptoir se lève.

Elle est encore assez jeune, brune comme la nuit, maigre, très nerveuse. Cependant elle a le costume basque, et ce petit mouchoir rouge planté derrière la tete, en équilibre sur le chignon, ne sera jamais une coiffure menaçante. Provocante, à la bonne heure. Tout en exposant l'objet de ma démarche, je regarde autour de moi. C'est une Babel que cette boutique : des bonbons, des jouets, des rubans, des chapelets, des pipes, des journaux, des images; — diableries, bergeries, sucreries mêlées.— La voix de la marchande n'est pas engageante : — Monsieur, sous aucun prétexte on ne visite la maison. — Aucun prétexte, aucun ! La peste ! c'était dur ! — C'est peut-être, dis-je d'un air insinuant, qu'il n'y a rien à visiter ? — Il y a la chambre de Louis XIV. — Et de quoi se compose cette chambre ? — D'un lit et de plusieurs fauteuils anciens. — Anciens ? mais alors ?... — Alors, on n'entre pas ! répond cette femme ironique et inflexible. — Je hausse les épaules et je sors. J'ai manqué de courtoisie. Dame! on peut en avoir une bonne réserve; mais on n'en a pas toute une provision.

La chambre de Louis XIV ! Le lit du roi ! Ce n'est peut-être qu'un assemblage de vieilleries banales; ce n'est peut-être rien qu'une fausse relique. Mais avouez que la mention en est imposante et attrayante ! Un bourgeois de la ville vient à passer. Je l'aborde, je l'interroge sur les motifs de cette étrange interdiction opposée aux visiteurs. Il me répond que la propriétaire de la maison Lohobiague est récemment morte dans cette chambre. Il me regarde, effaré, quand je lui réplique à mon tour : Monsieur, on ne meurt pas dans la chambre de Louis XIV; — et il me plante là. Moi, je me souviens du récit de Mme de Motteville et de ce qui arriva dans cette chambre.

« Leurs Majestés et Monsieur soupèrent en public, sans plus de cérémonie qu'à l'ordinaire, et le Roi, aussitôt, demanda à se coucher. La Reine dit à la Reine sa tante (Anne d'Autriche), avec des larmes aux yeux : Es muy temprano (c'est trop tôt), qui fut, depuis qu'elle fût arrivée, le seul moment de chagrin qu'on lui vit et que sa modestie la força de sentir. Mais enfin, comme on lui dit que le Roi était déshabillé, elle s'assit à la ruelle du lit, sur deux carreaux, pour en faire autant... Elle se déshabilla sans faire nulle façon, et comme on lui eût dit que le Roi l'attendait, elle prononça les mêmes paroles : Presto, presto que el Rey m'espera (vite, vite, le Roi m'attend). Après une obéissance si ponctuelle, qu'on pouvait déjà soupçonner être mêlée de passion, tous deux se couchèrent, avec la bénédiction de la Reine, leur mère commune. »

Mais, enfin, il n'est pas permis de la voir, cette chambre où l'amoureuse et naïve enfant s'endormit dans la sécurité de son bonheur; pas plus que l'autre chambre de l'autre « chasteau », où elle berça tant et de si belles espérances. Voilà comme on entend dans la ville les satisfactions à donner à la curiosité des voyageurs. Ah! si j'étais maire de Saint-Jean-de-Luz, comme je saurais bien combattre les caprices de ces propriétaires ombrageux! Seulement, je ne suis pas maire.

Simple visiteur éconduit, je tourne autour de cette maison de Louis XIV. Elle s'ouvre au nord sur la place du marché, comme je l'ai déjà dit, — au midi sur la place d'armes, et de ce côté présente deux autres tourelles sans caractère, surmontant de lourdes arcades espagnoles. Sous ces voûtes sombres est le *Café SUISSE*, rempli d'officiers de différentes armes : il y a garnison à Saint-Jean-de-Luz. Mélancolique et irrité, je rejoins le marché ; je m'engage dans une longue et large rue qui monte vers l'est, j'arrive à la place de l'église. — Là, du moins, une compensation m'attend ; je m'arrête, charmé, devant la plus vaste et la plus pure des constructions basques qu'il m'ait encore été donné de voir dans ce coin des Pyrénées.

L'édifice a la forme générale d'un chalet, mais il est bien supérieur aux chalets suisses par l'originalité et l'allure ; il a trois corps de logis, chacun à trois étages, tous trois surplombant; du haut en bas, il est orné de ces grands colombages peints en vert qui le rayent verticalement et lui donnent cet aspect unique de

UNE RUE A SAINT-JEAN-DE-LUZ.

gaieté pittoresque, l'un des amusements principaux que rencontrent les yeux dans toute l'*Euskarie*. Il est probable que cette maison fut une de celles qui échappèrent miraculeusement à l'incendie allumé en 1558 par les mauvais voisins d'Espagne. Des boutiques en occupent le rez-de-chaussée; de l'une d'elles je vois sortir, droite et fièrement campée, une grande fille basque de vingt ans. Elle est blonde, très blonde même, de ce vrai blond d'argent que le zèle de Mme de Motteville a voulu prêter à l'Infante Marie-Thérèse, qui ne l'avait point; elle a des yeux et des sourcils noirs, le teint naturellement bistré; le hâle de la mer et les grands soleils ont imprimé une couleur plus chaude à ce charmant visage aux traits fins et mobiles. Ce bistre, c'est presque de l'or. Et quelle tournure ! Elle porte haut, la fille ! elle a raison, car elle appartient à la variété la plus rare de sa race — et la plus belle.

L'église, qui fait face à la maison aux trois corps de logis, est dédiée à saint Jean-Baptiste. Le patron de Saint-Jean-de-Luz est un *précurseur*; c'est pourquoi on a toujours vu ses paroissiens en avant, montrant le chemin aux marins des autres ports, dans leurs entreprises de mer. La façade méridionale de l'édifice, et les deux portes très fouillées qui s'ouvrent de ce côté, appartiennent au XIIIe siècle; mais des remaniements considérables ont été apportés dans tous les temps à la construction primitive. Dans les diverses parties du monument, on ne reconnaît plus que deci, delà, quelques fenêtres ogivales; les autres sont d'une époque postérieure, et plusieurs même presque modernes. L'entrée est sous un porche très sombre, et l'on se demande qui peut bien avoir eu la pensée de reléguer là quelques peintures anciennes, par exemple un tableau à légende du Jugement dernier. Ce fut sans doute un des curés de la paroisse qui n'aimait point l'art primitif, ou qui voulait épargner à ses ouailles les épouvantes que cause toujours un sujet si redoutable. Un autre tableau de Restout, présent de Monsieur frère du roi à l'occasion du mariage de son Auguste aîné, décore une des chapelles. Ces peintures ne sont point la curiosité de l'édifice, et les détails de son architecture même n'en font pas le caractère. Ce qui frappe surtout le visiteur, c'est la disposition intérieure ; pour la première fois, nous voyons une église basque.

Des galeries à deux étages l'encadrent sur trois côtés, le quatrième étant occupé par le chœur. C'est là que les hommes vont prendre place, commodément, se prélassant sur les sièges qui garnissent sur deux rangs ces tribunes peu profondes. Le pavé de la nef est réservé aux femmes. A celles-ci, la piété est plus rude. Point de chaises ; un simple carreau de drap noir, brodé d'une croix blanche, posé sur la dalle ; c'est là qu'elles s'agenouillent aux moments solennels de l'office, se tenant debout dans les autres. Les fils d'Adam regardent d'en haut les filles d'Ève ; c'est en bas qu'est la source du péché, mais ce sont eux qui aident à le commettre. Il y a dans les usages basques plusieurs traces de cette infériorité religieuse et morale de la femme. Signes certains de l'antiquité de la race. Ce matin d'août, par lequel nous sommes entrés dans l'église, était radieux ; l'éclat du soleil au dehors rendait sous ce porche les ténèbres plus épaisses ; en face, au maitre-autel, les cierges étaient allumés pour une cérémonie funèbre. Dans la nef, une lumière grise glissait à peine, et dans cette pénombre que les reflets de ces hauts lumignons tremblants piquaient çà et là de pointes de feu, se dessinaient des ombres noires et rigides. C'étaient les femmes agenouillées sous leurs capuces de deuil.

Les tribunes étaient pleines d'hommes qui s'agitaient, se levaient, se penchaient au bord de ces balustres de vieux bois sans cesse gémissant ; d'autres montaient l'escalier conduisant aux galeries. Sous leurs pieds, les marches vermoulues craquaient ; le prêtre officiant se retourna par un mouvement d'impatience. Voilà le défaut de ces églises basques : le décor y est étrange et curieux ; l'ombre répandue y est mystique à souhait ; mais point de silence.

En quittant le sanctuaire dédié à Jean-Baptiste, je retrouve encore un souvenir du mariage de Louis XIV. La porte par laquelle les fiancés royaux y entrèrent a été murée. C'est l'une des deux portes qui regardaient le nord ; ce côté septentrional s'est ainsi trouvé borgne, et c'est depuis ce temps que la façade du sud est devenue la principale. Une boutique de menuisier s'adosse maintenant à cette ouverture, condamnée par une flatterie vraiment raffinée des magistrats municipaux de la ville : là où le Roi est passé, nul ne passera plus. Saint-Jean-de-Luz se croyait après cela invinciblement logé dans la faveur royale, et neuf ans après, déchanta.

Un édit de 1669, sur la levée des matelots pour le service de la flotte, y souleva une rébellion ; mais il fallut bien se soumettre, et les marins de Saint-Jean-de-Luz furent si bien décimés par quatre guerres maritimes, qu'au commencement du xviiie siècle, le nombre des pêcheurs au long cours avait diminué des trois quarts : Saint-Jean armait vingt navires au lieu de quatre-vingts. La France, par le traité d'Utrecht, avait perdu Terre-Neuve ; ce fut un coup funeste. Où était le temps de Louis XIII, père de cet ingrat Louis XIV ? Les Anglais alors bloquaient l'île de Rhé ; Buckingham menait des troupes de débarquement au secours des protestants de France. Saint-Jean-de-Luz arme, en quelques jours, quinze pinasses de guerre et vingt-six navires en flûte, chargés de vivres, pour secourir et approvisionner les armées du roi. Moins de cent ans après, c'en était fait de cette prospérité si fière. Et, comme si ce n'était pas assez de tant de pertes et de mécomptes, de la méchanceté du sort et de l'injustice des gouvernements, la mer se mit de la partie, bouleversa la rade et commença de dévorer le rivage.

C'est vers ce beau rivage que je remonte par l'une des rues de la vieille ville, presque toutes parallèles, et courant, perpendiculairement à la grève, entre deux rangées de maisons basques du petit modèle, — des maisonnettes, si l'on veut, mais bien pittores-

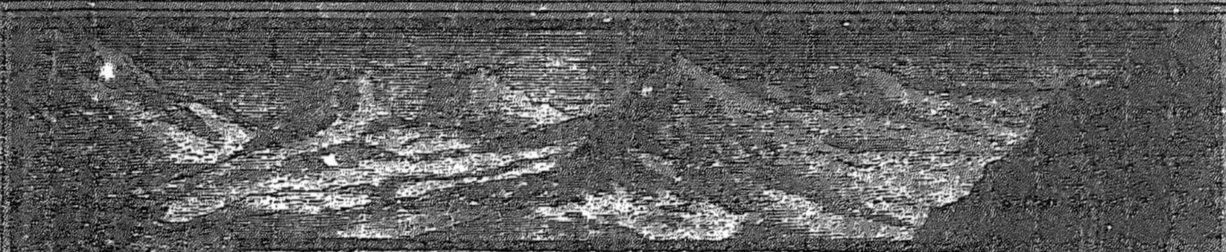

LES PYRÉNÉES FRANÇAISES

II

LE PAYS BASQUE
ET LA
BASSE-NAVARRE

PAR

PAUL PERRET

ILLUSTRATIONS PAR E. SADOUX

LIBRAIRIE H. OUDIN, ÉDITEUR

PARIS — POITIERS
61, RUE BONAPARTE, 61 — 4, RUE ST LOUIS, 4

MDCCCLXXXII

parce que l'architecte y a dépensé un peu de tous les styles : cette cacophonie est supportable. Un deuxième Casino a été ouvert l'an passé à Saint-Jean-de-Luz ; l'entreprise en est faussement attribuée au restaurateur Brébant.

LA FONTAINE DE CIBOURE.

Il faut pourtant bien que je m'arrache à mon indienne fleurie, à mon sirop glacé, et à mon Espagnole qui voudrait, à nouveau, remplir mon verre. Elle me dit à ce sujet en son baragouin, qui doit singulièrement défigurer la noble langue de Castille, des choses très engageantes qui n'amollissent point mon courage. Je me remets en marche, je suis le quai qui court au-dessus de la grève, je passe au pied du Casino neuf, de plusieurs hôtelleries, de quelques villas bigarrement accolées aux dernières maisons rustiques qui, bientôt, auront disparu. La marée est basse, et, vraiment, je reconnais l'exactitude des plaintes qui s'élèvent depuis un siècle et demi dans Saint-Jean; la mer donne l'assaut à cette jolie rade. La mer est entrée par une brèche de sa façon, dans cette conquête qu'elle convoitait, l'insatiable! Là-bas, à l'entrée de la baie, a dû se dresser un barrage naturel, qui brisait l'effort des lames; ces furieuses auront pris leur revanche et l'auront enlevé. Je m'avance jusqu'à l'extrémité des quais, et m'aventure sur la grande jetée qui s'avance à l'ouest. Là, je rencontre un douanier dans sa guérite; il me raconte la légende; il l'a reçue toute vive encore de son père, témoin de la terrible tempête de 1822, qui dura plus d'une semaine, qui emporta toutes les digues opposées depuis un siècle à la méchanceté du flot. Il paraît que la mer, véritablement rejetée hors de son lit, détruisit plusieurs maisons du quai et même de courtes rues adjacentes, situées entre la grève et la Nivelle. Et cependant, ces travaux, déjà vieux et repris par les ingénieurs modernes, étaient « ce qu'il y a de mieux ». — C'est mon douanier qui parle. — Les premiers ouvrages étaient de Vauban.

Il connaît le nom de Vauban, ce brave homme. Il connaît même le nom de l'ingénieur militaire qui édifia ce joli fortin de Socoa, qui termine ici la vue; et il a cette supériorité sur moi qui ne le connaissais pas. Le fortin porte huit canons; le douanier en est assez fier! Je l'écoute; ce qu'il dit a une saveur de vieille crânerie française qui m'amuse. D'ailleurs, mes yeux sont occupés, tandis qu'il parle : à mes pieds est l'embouchure de la Nivelle, et cette tranquille bourgade maritime de Ciboure tapie dans le flanc du Bordagain. Quelques bateaux de pêche sont à l'ancre dans la rivière. La colline ombreuse que je regarde tranche par sa verdure épaisse sur le prodigieux ensoleillement de tout le reste du tableau.

Voilà le coin béni de Saint-Jean-de-Luz. D'abord, Ciboure est abrité, par la hauteur même, des grandes rafales de l'ouest et des grands coups de mer. Et puis il a la double vue enchanteresse, sur les monts lointains et sur le flot.

Je remarque en passant qu'il y aurait encore des retraites pour les philosophes. Seulement, il n'y a plus de philosophes pour se confiner dans ces paradis.

VUE D'HENDAYE.

II

HENDAYE

La route de Saint-Jean-de-Luz à Hendaye, dernière bourgade française sur la frontière espagnole, vaut la peine qu'on la fasse à pied. D'abord, on a le plaisir d'une petite ascension, — ce qui prépare toujours à l'escalade des pics. Il s'agit de gravir cette jolie colline ombreuse de Bordagain. La récompense est immédiate, car on a devant les yeux l'étendue de la mer ; — plus près, les falaises de Socoa, faites de roches bleuâtres, disposées en lames verticales, que le flot ne peut entamer. D'énormes jets d'écume blanche battent cette muraille sombre ; à la basse marée, ce sont les schistes eux-mêmes, encore humides, qui reluisent au soleil. La jetée de Socoa et le fort aux huit canons se détachent au-dessous du coteau. La vieille église en couronne le faîte, elle est en ruines; une ancienne tour à signaux s'écroule pierre à pierre. Sous le porche de l'église, je rencontre une étrange fillette. Elle est d'une maigreur invraisemblable, coiffée d'un buisson de cheveux crépus, et donne l'idée d'une quenouille garnie de laine noire; mais deux yeux brûlants percent cette toison, qui se rabat jusque sur son visage, et la couleur olivâtre de ses joues dépasse de bien loin les teintes brunes des filles du pays. Sûrement, c'est une *cascarote*.

Les récits de mon douanier, sur le môle de Saint-Jean, me reviennent à la mémoire. Une troupe de bohémiens se serait établie, il y a quelque cinquante ans, à Ciboure, d'où l'aversion des habitants ne les a point chassés. C'est un exemple encore unique de tolérance; c'est aussi une marque de sagesse : il vaut mieux tenir l'ennemi chez soi, que de l'écarter, pour le retrouver ensuite affamé et désespéré au coin du bois. Ces bandes de bohémiens sont l'unique danger du haut pays basque; dans la *Soule*, vers Mauléon, au fond des grandes ravines tapissées de halliers qui bordent les routes, on voit quelquefois briller des feux qui ne disent rien de bon au voyageur isolé. Cependant il n'y a point de crimes; mais il y a la peur, et le désagrément de la rencontre.

Sous ce couvert de feuilles, dans la combe profonde, les bohémiens font tout simplement leur maigre cuisine; les vieilles femmes, accroupies auprès de leurs marmites, ont des museaux de sorcières; les enfants, plus d'à moitié nus, qui dansent dans les reflets de la flamme, des airs amusants de diablotins. Quant aux hommes, ils sont athlétiques, et l'on n'a jamais vu un bohémien sans bâton.

De quoi vivent, en terre civilisée, ces fils sauvages de la nature? C'est là qu'est le mystère! Et que voulez-vous que les gendarmes leur disent? Ils ont des papiers — qu'ils ne savent pas lire — mais des papiers enfin. On ne saurait leur disputer l'herbe, les racines et l'eau, l'air et l'espace; mais le soupçon de l'éternelle rapine pèse sur ces misérables. Si une poule disparaît au poulailler dans une ferme, c'est le bohémien qui l'a prise. On accuse le bohémien, plutôt que le renard. Repoussés, haïs, méprisés, ces pauvres gens vont à travers les solitudes, les forêts et la lande, traînant leur campement pittoresque, et s'ils le dressent quelque part, l'alarme se met dans le canton.

LA TOUR DE BORDAGAIN.

Eux-mêmes voudraient-ils fixer leur demeure? Il paraît que oui, puisqu'ils se sont implantés à Ciboure, et qu'on les y voit soumis désormais à la règle commune, travaillant aux métiers et gagnant leur vie. Il n'y a que la charrue et la mer qui fasse peur au cascarot. La liberté des flots n'est pas entière; on est enfermé dans la barque, c'est une prison flottante. Quant à cultiver un champ, quant à s'attacher à la glèbe, le bohémien n'y consentira jamais. Dans le peu d'idées que contient sa cervelle primitive, et qui sont des idées très vieilles, la bêche est un instrument de servitude. Volontiers, il sera pâtre. La fillette que je rencontre sous le porche de l'église branlante de Bordagain, surveille de loin, et avec l'indifférence vraiment caractéristique de sa race à la propriété d'autrui, deux chèvres qui broutent effrontément la haie d'un jardin. Je lui parle, elle me répond en basque ; je mets dans ma main une pièce blanche, elle présente la sienne ouverte ; mais ses yeux ne quittent point la poche de mon habit, d'où sort le coin d'un mouchoir à bordure rouge.

Ces deux escarboucles luisent d'un feu si éloquent que je tire le mouchoir ; cette fois, elle joint ses mains au bout de ses longs bras en fuseau. Elle a treize ans peut-être, et jamais la pauvre créature n'a rien vu qui lui causât un si furieux appétit que cette bande rouge. Je lui donne l'objet de son envie ; elle sourit et me montre deux belles rangées de perles tranchantes, qu'une Parisienne paierait bien cher, si les dents s'achetaient comme les cheveux ; puis tout à coup, prise de honte, elle ramasse une houssine qu'elle a laissé tomber à terre, rejoint ses chèvres, et se met à les frapper de toute sa force, pour les faire courir devant elle. Ah ! le présent que leur maîtresse vient de recevoir vaut à ces malheureuses bêtes une belle volée !

Je redescends vers Ciboure, et me rends tout droit à la maison de la Douane. Ce n'est pas pour y *déclarer* une marchandise prohibée ; ce n'est plus pour les douaniers, c'est pour les moines. Cette caserne, c'est l'ancien couvent des Récollets ; on y trouve quelques débris peu attachants, sauf une délicieuse fontaine de style Renaissance, bien qu'elle porte, inscrite, une date postérieure. Des herbes et des mousses ont envahi la vasque, et des branchages légers sortent de la fissure des pierres et du couronnement. Elle décorait une cour extérieure entourée des débris du cloître.

Je m'achemine, après cette courte visite, vers la route que traverse la voie ferrée : c'est toujours la route d'Espagne. A gauche, à deux kilomètres environ, Urrugne se dessine en silhouette, sur une hauteur. Une masse curieuse de bâtiments m'apparaît, solidement assise à quelques centaines de pas en avant de la bourgade,

VUE D'URRUGNE.

dans le vallon. C'est le château d'Urtubie, autrefois résidence de seigneurs assez puissants, puisqu'ils menèrent une longue querelle à main armée contre ceux de Saint-Pée, leurs rivaux. Il s'agissait de la possession d'une charge, celle de bailli du Labourd. Bailli d'épée. Les deux factions se paraient de noms étranges : les « ventres blancs », les « ventres rouges », les *Sabelchourri*, les *Sabelgorri* —

noms tirés apparemment de la couleur de leurs habits de guerre.

Louis XI vint à Urtubie, dans le même temps qu'à Saint-Jean-de-Luz. Il y eut même une entrevue avec le roi d'Aragon, mécontent et déconfit, parce que son cousin de France avait méchamment occis ou jeté dans ses prisons les sires d'Alberet, et les puissants seigneurs d'Armagnac ses alliés — surtout parce que, grâce à cette exécution féroce, le roi de France mettait décidément le pied sur ce midi pyrénéen, qu'Aragon avait toujours regardé comme sa terre.

Aussi ce ne fut point la paix qui sortit de l'entrevue d'Urtubie. Le roi espagnol sema la révolte, non loin de là, dans le Roussillon, qu'il fallut reconquérir.

Maintenant le château garde encore quelques anciennes parties debout, pour témoigner de sa puissance. Sur la façade du midi se dessine une légère tourelle à encorbellement. Deux autres tourelles flanquent la porte d'entrée; mais on oublie bientôt ces restes intéressants pour le paysage qui les encadre. D'abord, un parc superbe, puis des métairies et des bois; au fond, la Rhune et les Trois-Couronnes fermant le tableau; des ombrages séculaires, une fraîcheur délicieuse, un riche domaine où l'on voudrait vivre — n'en fût-on pas le maître. — Si on l'était pourtant, le charme du lieu n'en serait point gâté; nous ne vivons pas en un temps où de bons revenus incommodent le Sage.

Sur le monticule, Urrugne montre son église, dont la grosse tour en façade nous attire. Pas un voyageur qui n'ait commencé par là sa visite de la bourgade, et qui n'ait reçu, d'abord en souriant, la leçon religieuse et philosophique que porte l'inscription de l'horloge. Ce cadran marque les heures et nous dit ce qu'elles nous coûtent en s'envolant :

Vulnerant omnes,
Ultima necat.

« Toutes elles nous blessent, la dernière nous tue. »

C'est une vérité déplaisante. Le sourire s'éteint sur des lèvres qui l'avaient dessiné trop vite. Le premier mouvement de nos âmes françaises contre ces avertissements-là est une bravade ; et puis on songe. Oui, toutes les heures que nous avons vécues nous ont blessés, et combien peu ont apporté le baume qui apaise, s'il ne guérit pas ! Pour une caresse de la fortune, combien de coups de griffe de la destinée ! Les heures, ces méchantes ouvrières du temps, emportent d'abord notre jeunesse, et bientôt après jusqu'à la mémoire vivante des joies que nous avaient données l'amour et les vingt ans ; elles ne nous laissent que la vision tardive et trop claire des mensonges qui ont nourri ces ivresses. Nous ne pouvons plus nous tromper nous-mêmes ; nous n'avons été heureux le plus souvent que par notre propre sottise, et désormais nous le savons. Et pourquoi avons-nous dépensé notre cœur et notre sang à ces folies qui nous semblaient si belles ? Pourquoi maintenant déchantons-nous si fort, après avoir si haut chanté ? Pour rien, moins que rien, puisque la dernière de toutes ces heures si vaines accourt et va mettre fin à tout : illusions et amertumes, plaisirs et regrets. *Ultima necat.*

Qui a fait graver cette inscription sur cette horloge ? Le curé du temps où l'on a construit la tour, sans doute. Eh bien ! c'était un philosophe et un excellent latiniste ; car cette devise est de la meilleure langue parlée par Horace ; — mais c'était un curé désobligeant.

L'église date du xv° siècle ; la nef, terminée par une abside hexagonale, en est assez belle. L'abside est éclairée par d'étroites fenêtres à lancettes que surmonte un oculus, et présente des voûtes largement dessinées, dont les nervures rayonnant au centre sont supportées par de longues colonnes à chapiteaux. Tout cet ensemble est d'une remarquable élégance ; mais la nef est la curiosité de l'édifice : la partie supérieure en est masquée par un plafond de bois, et les côtés garnis des trois étages de tribunes, qui s'avancent jusqu'à l'ouverture de l'abside. Cette disposition que nous connaissons déjà, et que nous allons retrouver à Hendaye, est exactement celle d'une salle de spectacle ; le chœur figure la scène. Sur les dalles de la nef, se trouvent partout ces carreaux de laine noire bordés de blanc qui servent aux femmes. Là, comme à Saint-Jean-de-Luz, point de chaises. — Nous appelons l'attention sur un de nos dessins qui reproduit un bénitier d'une forme très rare, placé dans l'église.

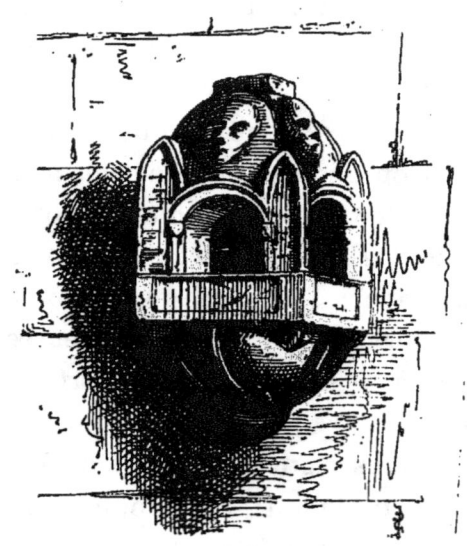

BÉNITIER A L'ÉGLISE D'URRUGNE.

La partie extérieure du monument est intéressante : d'abord la grosse tour, puis un joli porche, addition postérieure à la construction de deux siècles pour le moins. — En différents endroits de la muraille de l'église, on reconnaît des meurtrières, évidemment percées pour se défendre pendant les guerres de religion. La population se réfugiait dans le sanctuaire, en cas d'alerte; et c'était une forteresse suffisante contre un coup de main. La bourgade, à l'ombre de cette tour, descend sur les flancs du coteau, vers deux ruisseaux qui en contournent le pied, et se réunissent au fond du vallon. Les maisonnettes à pignon, bâties souvent en planches et en torchis, mais toujours recrépies au printemps, et repeintes à neuf, semblent glisser sur la pente, au milieu de la verdure ; le faite du monticule est couronné d'un bois, qu'on appelle la Croix des Bouquets, qui vit, en 1793, un engagement assez vif entre les troupes espagnoles et nos bataillons français. La Rhune et la Haya forment encore le fond du tableau.

Le chemin qui d'Urrugne conduit à Hendaye tourne vers les monts espagnols et n'a plus de perspective sur la mer. On doit se rappeler que nous avons suivi, pour arriver au bourg et au château d'Urtubie, la route d'Espagne qui, un peu plus loin, franchit le chainon de hautes collines bordant, de ce côté, le bassin de la Bidassoa, pour la traverser à six kilomètres de là, au pont de Béhobie ; nous cheminons entre des coteaux couverts de cultures et le pied boisé de la montagne. Un coude assez brusque nous rapproche de la rivière ; le chemin s'engage dans une coupure profonde, et bientôt, débouchant au-dessus d'Hendaye, nous revoyons la mer, et nous avons devant les yeux le versant occidental du Jayzquibel, dominant la rive gauche de la Bidassoa, en terre d'Espagne, et s'abaissant par degrés, pour former enfin une longue pointe au milieu des flots : c'est le cap du Figuier.

Le village d'Hendaye dessine un carré, dont la base ou le quatrième côté est formé par des habitations de plaisance bordant la rivière ; à droite, une rue courant entre des maisons bourgeoises ou des masures entourées de jardins ; à gauche, la rue marchande, qui est le chemin de la grève ; au sommet, une sorte de place que domine l'église. Là, est le jeu de paume ; en face, se dresse un arbre de la liberté : anciennes coutumes, idées nouvelles. L'arbre est mort.

Au fond de la place est une hôtellerie espagnole, *fonda Española* ; et regardant la campagne et les monts, l'hôtel Imatz, très français, l'un des meilleurs de ce coin des Pyrénées. Nous y arrivons à la nuit close. La table d'hôte est bien garnie ; mais, l'appétit que donne une longue route une fois apaisé, je me prends à regarder les convives. La composition en est un peu plus que bigarrée : à ma gauche, un prêtre ; à la droite de mon compagnon de voyage, assis près de moi, deux hommes qui causent à voix basse. Mon compagnon, tout bas aussi, me dit : Ce sont des joueurs, ils ont une martingale. Et, sur le même ton, je lui réponds : Il n'y a pas qu'eux ! D'ailleurs, tous les joueurs ont une martingale. Ecoutez ! — Mais un monsieur, de l'autre côté de la table, se met à parler tout haut des travaux en cours d'exécution sur la plage d'Hendaye, qui transformeront ce village en un rival heureux de Biarritz ; sa voix couvre ces chuchotements étranges ; il s'adresse de préférence à une vieille dame placée près de lui, et qui a posé un gros sac noir devant son assiette. Elle ne l'écoute point et regarde son sac d'un air qui nous fait songer aux beaux yeux qu'avait la fameuse cassette d'Harpagon. Une autre femme la lorgne, — et il faut prendre ce mot au propre, car celle-ci a sur le nez un binocle d'écaille qui couvre des paupières pendantes et lasses. Elle n'est qu'en son automne encore, — mais un automne terriblement replâtré pour se donner des mines de printemps. Une perruque jaune, un demi-centimètre de blanc et de rouge au visage, un pot de carmin aux lèvres. Elle parle à son voisin ; il s'agit de la vieille dame. Parbleu ! l'envie que l'Automne porte à l'Hiver ne me surprend plus. Savez-vous ce que contient le sac noir de la bonne dame Hiver ? Dix-huit mille francs. Neuf cents louis gagnés de l'autre côté de la Bidassoa, au petit Casino de Fontarabie, où la mise pourtant est mince. Un minimum de quarante sous. Jeu de famille.

Le monsieur qui occupe le haut bout de la table continue d'énumérer les bienfaits que la construction d'un véritable établissement de bains va répandre sur le pays. Il en est. Il pourrait bien même n'en être jamais sorti, et il croit avoir bien fait, puisque, d'une part, il n'a point troublé son repos ; que, d'autre part, il s'est intéressé à cette bonne affaire, et que la Fortune va venir le trouver chez lui. C'est une attention qu'elle n'a pas ordinairement; cette coureuse éternelle n'aime pas les sédentaires. Notre monsieur est un bourgeois du crû : cheveux ras sous le large berret, veste courte et ronde; tout le costume n'est guère différent de celui que les cultivateurs mettent le dimanche. Le bourgeois, seulement, le porte tous les jours; et sa veste est de drap plus fin. Ce sont de beaux parleurs que ces messieurs cossus du franc pays basque : graves, la phrase empesée; celui-ci développe, développe !...

Tout à coup, un bruit infernal retentit sous le porche de l'hôtel : de grands rires à gorge déployée, des voix profondes et assez rauques, qui sont des voix de femmes, des répliques aiguës fournies par des hommes; deux couples espagnols se précipitent dans la salle. Si la nature souffrait qu'on l'interrogeât, je lui demanderais pourquoi, dans cette Espagne du nord, notre proche voisine, elle a donné la basse au beau sexe, et le soprano au sexe fort ? — A cette brusque irruption, tous les dîneurs lèvent la tête; on a reconnu deux paires de jeunes mariés : deux brunes rondes, de fier corsage; noirs sourcils et des yeux sombres, un soupçon de moustache estompant la lèvre, des dents à croquer des hidalgos moins chétifs que les seigneurs et maîtres qu'elles se sont choisis. Ils sont minuscules, ces deux maris tout neufs, habillés à la française, ce qui ne rehausse point leur mine. L'une des épousées a la mantille, l'autre porte un chapeau rose. Il est peut-être de saison, ce chapeau, mais point de circonstance, car la pluie en ce moment fouette les vitres. Les deux couples s'installent au bas bout de la table, menant toujours le même bruit; ils demandent du champagne.

Pour les autres convives, le dîner est terminé. La dame au sac noir demeure à table; elle n'aimerait pas à s'aventurer dans l'ombre avec son magot, les lumières la rassurent. Et puis, qui sait? Ces amoureux sablant le champagne l'amusent peut-être; cette liqueur blonde coulant dans ces gosiers bruyants lui rappellerait-elle d'autres plaisirs que ceux de la roulette? Ces vieilles joueuses ont dans leur passé de vieux replis. — Le reste des dîneurs s'est dispersé : nous descendons la rue, qui coupe à angle droit la place où l'hôtel est situé ; une petite bruine assez serrée a remplacé la grande pluie, et cependant le ciel au-dessus de nos têtes est d'un gris léger qui ne répand point trop de ténèbres. Au-dessus d'une boutique faiblement éclairée, nous apercevons un balcon en forme de « mirador » ; mode d'Espagne. En face est une maison éventrée ; trois murs seulement debout. Puis un logis basque à pignons, dont les hôtes sont en devoir de souper dans la salle basse ; puis une autre ruine, d'autres murailles croulantes, dont la crête se couronne d'herbes...

Je me souviens qu'en 1793, la bourgade d'Hendaye et le fortin qui la défendait ont été bombardés méchamment par les gens d'en face. Ceux de Fontarabie, à force de les regarder, eurent l'idée de bourrer leurs canons. Peu après, un capitaine français tira une jolie revanche de cette férocité espagnole, si parfaitement inutile. Les ruines des maisons demeurent, comme pour témoigner de l'attentat ; du fortin même, il n'y a plus de traces. Au bout de cette rue est le terre-plein qui le porta, et qui domine une petite jetée s'avançant dans la rivière ; de cet observatoire commode, nous distinguons sur l'autre bord de la Bidassoa une ligne sombre, des dentelures de pierre se découpant sur un fond brumeux : c'est le château de Fontarabie, d'où partirent les boulets.

Le vent, qui souffle du large, commence décidément à disperser les nuées ; sous la demi-clarté flottante, c'est un endroit charmant que cette petite jetée d'Hendaye, où l'on reçoit l'haleine tiède de l'eau. Vers l'ouest, l'immensité qui s'ouvre ; à quelques centaines de mètres, une sorte de grande muraille blanche qui se dresse au milieu des plis de vapeurs : c'est la barre de sable qui marque l'embouchure de la Bidassoa ; au delà, c'est la mer. — En face, au midi, ce noir profil de Fontarabie et de son château gigantesque ; si l'on se tourne vers l'orient, on suit le ruban argenté de la rivière, courant entre des hauteurs chargées de grandes ombres mouvantes, qui sont des bois. Sur cette rive d'Hendaye où nous sommes, des villas bordent le flot. La première maison à droite de la jetée est pourtant une petite usine en miniature. C'est ici que se fabrique l'excellente liqueur d'Hendaye, dont la réputation a précédé d'un demi-siècle celle de la Chartreuse. A gauche, est un vaste bâtiment carré, hermétiquement clos du grenier à la cave. C'est le « Casino »; et, bien qu'il soit si tristement abandonné, ne dites pas que c'est un fantôme de Casino, car la maison est solide et neuve. Ce fut un essai, il n'a point réussi. Il y a des joueurs et des baigneurs à Hendaye, seulement les baigneurs ont été jusqu'à présent des gens tranquilles, ne recherchant point les lieux de fêtes; les joueurs vont à Fontarabie.

Après cette pluie d'été, la nuit est d'une mollesse pénétrante; on ne se lasserait pas d'en jouir. Un grand effort nous est nécessaire pour regagner l'hôtellerie. Le matin, par un soleil déjà vif et cuisant, j'ouvre ma croisée. La petite place m'apparait; voici les ruelles qui s'enfoncent derrière l'auberge espagnole; voilà le jeu de paume et l'église. Ma première visite est pour elle. J'entre en passant sous un large porche que surmonte une tour carrée. Le pavé est formé de pierres tombales sur lesquelles se lisent des noms basques. Le monument est du XVe siècle; on reconstruisit alors dans ce pays beaucoup d'églises, entre la grande guerre des Anglais, qui en avait endommagé ou brûlé un bon nombre, et les guerres de religion qui allaient en détruire de nouvelles.

Celle-ci présente encore un parfait modèle de la disposition nationale : trois étages de galerie; elles sont de bois ciré, avec un luxe de propreté inouïe, et, certes, il faut que les servants du sanctuaire y prennent de la peine. La chaire est à gauche, regardant l'autel; en face, un grand crucifix de bois. La voûte est peinte de couleurs voyantes, que les Basques ne dédaignent point. Sur les dalles de la nef traînent les carreaux de laine noire destinés aux femmes; les ornements ici — la croix au centre, les cœurs aux quatre coins — sont brodés en jaune; à Saint-Jean-de-Luz, nous les avions vus brodés en blanc. Une des chapelles latérales du chœur contient de belles tapisseries anciennes.

LE PORCHE DE L'ÉGLISE.

Je quitte l'église; mon compagnon de voyage, qui m'avait précédé, m'appelle à grands cris, dans une prairie qui borde la ruelle occidentale du bourg et s'étend jusqu'à la mer. L'invitation est si pressante que j'y cours. Étrange prairie, au sol mamelonné; je reconnais tout de suite que ces bosses énormes, auxquelles des cavités succèdent, ne sont point l'ouvrage de la nature. De longues assises de murailles courent sous mes pieds; d'ailleurs, à l'extrémité du tapis vert, une ruine s'élève encore à quinze ou vingt mètres de terre : c'est celle d'une grosse tour. Mon compagnon est plongé dans un ravissement que d'abord je ne partage point. — Eh! faut-il dépenser tant de joie pour de vieilles pierres qui ont été un donjon? — Un donjon! Dites un ouvrage militaire d'une importance rare! Au reste, voyez!

LE CHATEAU D'HENDAYE.

J'ai vainement recherché l'histoire du château d'Hendaye. Seigneurs et capitaines de cette orgueilleuse maison forte n'ont point laissé de traces. Il est probable que la ruine en a commencé dès longtemps, et que les boulets de Fontarabie, au siècle passé, se seront fait un jeu de l'achever de l'autre rive. D'énormes murailles défendaient le château du côté de la mer, deux tours en flanquaient les deux extrémités ; un gros fragment de l'une sub-

UNE TOUR DU CHATEAU.

siste encore, penché sur le flot, dans lequel il s'effondrera au premier jour. Entre les deux tours, une terrasse a dû régner, bordée, en retrait de quelques mètres, d'un rempart formidable qui arrivait à la hauteur du sol de la première cour. Là, s'ouvraient des souterrains glissant sous le donjon, se prolongeant jusqu'à la mer, et qu'il serait encore aisé de déblayer et de suivre. Perpendiculairement à cette façade, deux larges fossés sont taillés, en rejoignant un troisième qui court au nord, du côté de la campagne, et formant ainsi une enceinte parfaitement carrée; les escarpes en sont faites de puissante maçonnerie. Les architectes militaires, en ce temps-là, n'épargnaient point la matière.

Le morceau capital de cette construction gigantesque est en partie debout; ce fut le donjon — formé de deux voûtes en plein cintre, dont l'une tient encore; elles étaient séparées par un étroit corridor pratiqué dans l'épaisseur de la pierre, et sur lequel s'ouvraient deux vastes salles. La masse de débris qui gisent à l'entour donne une idée de la grandeur de l'édifice. L'enceinte était double; un second carré de fossés entourait le donjon, dessiné parallèlement au grand carré enveloppant toute la place. Au nord, c'est-à-dire sur la face opposée à la mer, s'élevait un ouvrage avancé, flanqué aussi de deux tours, dont les fortes traces sortent de l'herbe. L'ouvrage tout entier s'élevait sur un monticule, présentant la même disposition que celui qui, de l'autre côté de la rivière, porte la ruine de Fontarabie. Ainsi ces deux forteresses se regardaient. L'histoire de Fontarabie est mêlée de si près à celle d'Hendaye, qu'il nous est impossible de ne pas visiter la première de ces deux belliqueuses villettes, bien qu'elle soit assise sur le bord d'Espagne.

De l'emplacement de l'ancienne terrasse, je suis des yeux, en le remontant, le cours de la rivière, et je me promets de rechercher l'historien qui, le premier, a dit que la Bidassoa était sans eau.

MAISON A HENDAYE.

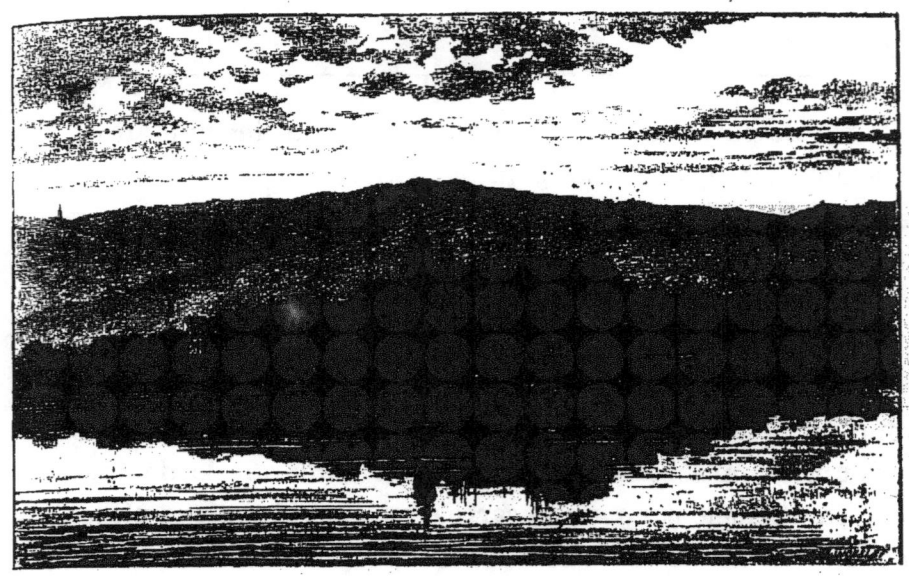

FONTARABIE.

LA BIDASSOA

I

FONTARABIE

Sans eau? Le bateau glisse au contraire sur une large nappe, le flux a recouvert tous les sables, la marée est presque pleine. Deux vigoureux gaillards manient les avirons. L'un d'eux a la poitrine à peu près nue, car il n'est vêtu que de ses culottes de velours et de sa chemise, et cette chemise est un haillon. Les Basques d'Hendaye sont très grands. Celui-ci a le torse d'un

Achille. Forte tournure et fier visage sous son large berret. Il a été matelot : pourquoi ne l'est-il plus? C'est qu'il avait fait son temps à bord des navires de l'État, il n'a pas trouvé d'enrôlement chez un armateur. Encore une fois, la grande pêcherie ne donne plus ; on n'entend que cette plainte tout le long de la côte : — Monsieur, on n'arme plus pour Terre-Neuve. — Reste la pêche de la baie et de la rivière : le saumon, le thon, la lubine. Mais les grands marchés sont loin, le poisson devient rare, les pêcheurs n'y trouvent plus leur compte. Au contraire, le métier de passeur est bon.

Il est même très bon entre Hendaye et Fontarabie quand, dans cette dernière ville, le Casino n'est pas fermé ; seulement, c'est au petit bonheur et au gré des caprices de l'autorité espagnole. Est-elle prise de scrupules? à l'instant elle les manifeste par un arrêté sonore d'interdiction des jeux ; les passeurs chôment. A l'ordinaire, ils font d'excellents profits : le passage est d'un franc par personne pour l'aller et le retour, pendant la journée. Le tarif s'élève quand il faut traverser la rivière pendant la nuit, surtout à marée basse, en contournant les sables ; et le matin, quand il s'agit de ramener au bord français, sous l'haleine de la rivière condensée en brume épaisse, les joueurs transis. Mais ils ont la main ouverte, si la partie a été bonne.

Pour le moment, le Casino est ouvert ; les barques se succèdent et volent sur le flot montant. Ce n'est pas seulement le jeu qui attire tout ce monde ; il y a fête à Fontarabie. Au flanc du Jayzquibel qui domine la ville, on voit descendre des troupes d'hommes et de femmes ; des mulets portent les enfants. Une foule est amassée sur la rive, au pied du donjon, — et des sons d'orchestre traversent l'air. Le temps est léger, bien que le ciel soit estompé de quelques vapeurs ; un vent assez fort par moment les disperse ; la rafale ramène les jeux du soleil sur la montagne ; et, sur ce fond changeant, la ligne chaude et sombre formée par le château et l'église se détache immobile et menaçante. A mesure qu'on approche, on distingue les brèches qui, de toutes parts, y sont ouvertes. Toute la partie basse du château n'est plus qu'une ruine. Ce sont les batteries d'Hendaye qui l'ont faite, servant la réplique à celles de Fontarabie. Le mal que le canon espagnol faisait, le canon français a essayé de le rendre; — il n'a que trop bien réussi.

La barque file devant le stationnaire espagnol tout pavoisé; nous abordons, et sous une allée de platanes longeant la vieille enceinte, nous allons joindre la porte de la ville. La foule a quitté la rive et remonte, en courant et en jetant de grands cris, cette allée dont la pente est assez rude. Il paraît que la curiosité peut être internationale, car nous voilà, nous aussi, pressant le pas pour suivre ces agités d'Espagne. Que peut-il bien se passer là-haut, au faite de la pente? Grand Dieu! c'est un taureau qu'on amène pour la *course*.

La pauvre bête!

Un petit taureau, un pauvre petit taureau, vraiment indigne des bords qui l'ont vu naître, et qui nourrissent d'autres compagnons de son espèce, mais si différents. Ce misérable quadrupède, à l'air si pacifique, un champion furieux des arènes, allons donc!

Eh! non, il n'aura point une destinée si glorieuse et si tragique; et c'est ce qui explique l'indigence de sa tournure. La fête de Fontarabie comporte une course de taureaux, et point un *combat*. On le poursuivra dans l'arène, on lui jettera des *banderillas* qui déchireront un peu le cuir maigre plaqué sur ses os; mais voilà tout. L'*Espada* finale ne l'attend pas. Si on taquine la bête, on ne l'achève point. Pourquoi? — Je gage tous les ducats d'Espagne que l'humanité est étrangère à cette pratique clémente.

Et voyez un peu: tous les Français au nord de la Garonne sont unanimes à condamner les combats de taureaux. Je suis de ces Français, et quand j'apprends qu'il s'agit de voir seulement exciter la bête, et point de regarder couler le sang, le spectacle cesse de m'intéresser à l'instant même. Je n'ai plus envie de suivre cette foule qui s'engage sous la voûte de la porte et remplit devant moi une longue rue. Ces demi-férocités ne me touchent point! O logique! — Je m'arrête, et, du moins, j'ai le loisir de considérer cette porte, et son couronnement pompeux. Il est du XVI° siècle espagnol, et du plus mauvais. La porte est debout tout entière,

LA PORTE DE FONTARABIE.

isolée maintenant entre deux brèches de la muraille démantelée. Sous cette voûte, elle-même croulante, on s'avance..... puis, j'imagine que beaucoup de voyageurs, entrant dans Fontarabie, ont ressenti la même impression de surprise et de ravissement qui m'arrête là, encore une fois, mais tout court.....

Ce que je vois a l'air d'un rêve.

La longue rue monte devant moi en deux rangées de maisons peintes, ornées de balcons, prolongeant leurs toits en auvents sculptés. Sur ces balcons, il y a des femmes coiffées de mantilles, qui s'y glissent un instant comme des oiseaux curieux, et disparaissent derrière des jalousies, dont les lames vertes ou brunes tremblent comme des feuillages. C'est le décor du *Barbier de Séville*, c'est la comédie espagnole — un morceau de l'Espagne du XVIe siècle pieusement conservé par des archéologues, — apparemment payés pour cela par le roi Alphonse XII, et dona Isabelle sa mère, avant lui. Et je me mets à songer qu'en bas, au bord de la rivière, il y a un *Casino !* Les jeux du diable moderne au pied du coteau et l'éblouissement de l'or sur le tapis vert ; les jeux du vieux diable à mes côtés, et derrière ces jalousies des étincellements de prunelles.

Eh bien, non ! Ce ne sont point des archéologues qui ont conservé cette curieuse relique vivante. Il y a ici un centre de population attaché de cœur et de passion à ce lieu pittoresque. Ce qui double le caractère extraordinaire de cette rue du miracle, c'est qu'elle est unique, et, comme la porte qui la commande, isolée au milieu d'un champ de ruines. La vie y est d'autant plus intense et agissante ; toutes ces maisons sont remplies de monde, les habitants y sont pressés. Mais plusieurs méritent mieux que ce nom de maisons ; il faut dire des *palacios*, comme à Séville. Un seul est abandonné et sert de magasin. Presque tous portent encore des armoiries ; il est évident qu'un nid de noblesse militaire s'est naguère établi sur ce flanc du Jayzquibel, regardant la terre ennemie sur l'autre bord, et toujours prête à franchir la rivière. Et qui n'était pas noble, qui n'était point soldat dans la vieille Espagne ? Les sièges que Fontarabie a soutenus racontent assez son ancienne importance de place de guerre. François Ier la prit, Condé l'assiégea, mais point le grand Condé : il s'agit ici de son père, et c'est pourquoi il fut épouvantablement battu là où le fils aurait été victorieux. Il partageait le commandement du siège avec le duc de la Valette, et les deux généraux étaient en guerre plus ardente entre eux que les deux nations. Les assiégés attaquent nos lignes, partout les rompent et jettent nos soldats dans la Bidassoa ; nous en perdîmes deux mille. Fontarabie n'en devint pas une cité plus modeste ; et cela se voit bien à ces restes de fière tournure. Combats, duels, amours, vengeances, elle redit tout, cette rue orgueilleuse et discrète ; elle remet sous nos yeux toute la vieille vie espagnole, avec ses aspects sombres, ses in-

LES VIEUX REMPARTS.

trigues cachées, ses ardeurs furtives et profondes ; c'est tout le passé qui se réveille.

Ces auvents peints de couleurs chaudes, qui ne sont pourtant pas des couleurs vives, reposent sur des consoles assez grossièrement sculptées ; mais on n'a point voulu la finesse de l'exécution, on n'a recherché que le décor. Les balcons sont en fer forgé d'un travail rare. Quant aux armoiries qui ornent les façades et marquaient autrefois les demeures de « qualité », il y en a de colossales — apparemment comme la vanité du maître. L'un de ces palacios est devenu la maison de ville, la « Casa consistorial ». Ce fut le logis d'un grand seigneur. On en peut juger par l'inscription suivante :

EL. EX^{mo}. S^{r}. D^{n}. GABRIEL.
JOSEPH. DE. ZULOAGA. THEN^{te}
GEN^{l}. DIOS. EXER^{tos}. D. S. M.

L'écusson placé au-dessous de l'inscription est surmonté d'un casque et d'une couronne comtale, flanqué de faisceaux de drapeaux, et suffisamment chargé, comme on va le voir.

Au 1er, un ange tenant une clef; au 2e, un lion passant; au 3e, un dauphin portant un navire ; au 4e, deux hommes nus portant une massue ; en abîme sur le tout, une tour.

Ce Zuloaga était un personnage. Ce n'est pas un nom inconnu dans les annales espagnoles ; il a été porté par des généraux et des diplomates. Celui-ci était apparemment gouverneur de la place ; mais comme il devait l'être aussi du château, on s'explique mal qu'il n'en fît point sa demeure. Peut-être préférait-il ce palacio qu'il s'était construit dans la ville, et qui était en effet le plus vaste et le plus opulent. Pourtant d'autres dans le voisinage méritent encore de fixer longtemps les yeux. Sur le balcon de l'un d'eux voici venir deux senoritas jouant de l'éventail, et toujours se glissant comme à la dérobée. Espagne ! Espagne ! L'horloge de l'église vient à sonner trois heures ; le son passe, solennel, lugubre, au-dessus des toits : n'est-ce pas la cloche placée par Victor Hugo dans son *Hernani* ? Le poète aurait bien fait de réserver sa fameuse qualification de « vieille ville espagnole » donnée à Besançon par son caprice tout-puissant. La dénomination eût été mieux appliquée à Fontarabie, qui n'a qu'une rue, — on ne saurait trop le redire. Mais quelle rue !

Cette cloche sévère m'appelle à l'église; obéissons. L'extérieur du monument ne me retiendra guère ; du côté de la rue, dont il occupe à droite la partie haute, il n'a rien de particulier; c'est encore du XVIᵉ siècle espagnol et rien de plus. L'église a l'âge des palacios. Fontarabie fut prise en 1521 par le sire de Lesparre, général de François Iᵉʳ. Charles-Quint venait alors de quitter l'Espagne, s'embarquant pour les Pays-Bas; une révolte derrière lui éclatait bientôt en Castille, gagnait l'Aragon et la Navarre. Les Castillans avaient même formé une junte qui confia le commandement de l'insurrection à Juan de Padilla, et s'étant emparé de la personne de Jeanne la Folle, mère de l'empereur, essaya de gouverner sous son nom. Les Français, qui n'avaient sur les frontières d'Espagne que quelques milliers d'hommes, entrèrent pourtant en Navarre, avec la pensée de donner la main aux *Communeros*; mais ceux-ci fournirent un grand exemple de patriotisme en s'unissant au parti royal contre l'étranger : Lesparre fut rejeté au delà des Pyrénées. Dans sa marche en avant, il avait enlevé Fontarabie; il est probable que ce ne fut pas sans dommage pour la ville; et la rue, — la rue *noble*, — les gentilhommières et la façade de l'église durent être reconstruites vers ce temps-là.

L'intérieur est, en effet, de style plus ancien, — du gothique; mais les sculptures du maître-autel sont de la Renaissance; elles sont surchargées, ainsi que plusieurs des chapelles latérales, d'une si prodigieuse et si massive quantité de dorures que l'œil ne saurait voir autre chose. Au reste, c'est à peine si le jour pénètre dans la nef; les fenêtres sont étroites, la partie inférieure des ogives a été murée, et des grilles placées aux croisées de l'abside, du côté de la rivière. Dans cette obscurité qui remplit tout l'édifice, la lumière est surtout projetée par ces grands revêtements d'or, dont les reflets détachent en vigueur quelques statues de saints et de saintes en robes voyantes, blanches ou rouges. Le lieu est opulent et mystique; mais on peut lire dans plusieurs guides ou récits de voyage que l'église de Fontarabie est le type des églises espagnoles. C'est bientôt dit. Il convient d'y regarder de plus près, et l'on reconnaîtra plutôt la disposition commune des

FONTARABIE. — LA GRANDE RUE.

églises basques. Voici les tribunes réservées aux hommes. Le sanctuaire est riche en reliques ; des polissons découplés comme de jeunes écuyers de cirque et qui baragouinent quelque français, offrent de donner l'explication des reliquaires pour une piécette. Ils proposent aussi au visiteur de le conduire sur la plate-forme du clocher ; c'est un piège auquel on ne se laisse pas prendre, si l'on est entré dans la ville par la Bidassoa, car alors on sait que cette plate-forme est moins haute que la terrasse du donjon, à laquelle on a vu la pointe du clocher accolée, en glissant sur le flot.

L'église est pourtant séparée du château par un chemin planté de beaux arbres, qui descend à la berge ; mais de loin les coupures ne se trahissent point, dans cette masse prodigieuse de pierres ; on n'aperçoit rien qu'un profil colossal.

L'entrée du château est située sur une place rectangulaire assez vaste, et pour le moment entourée d'une palissade ; c'est là qu'étaient les arènes improvisées ; mais la cérémonie est terminée, grâce à Dieu ! la foule s'est écoulée par le chemin ombragé qui conduit à la rivière où se donnent des régates. Le pauvre petit taureau a été ramené dans son étable, où sans doute il se laisse arracher les banderillas, avec autant de philosophie qu'il en a mis à se les laisser planter. Cette place est encadrée de logis assez pauvres, qui forment un contraste frappant avec les palacios de la grande rue. Ici a toujours habité le peuple, là se prélassaient les nobles gens. Ces maisonnettes sont toutes à pignons, construites sur un modèle plus ou moins rapproché de celui qu'on voit sur la route d'Espagne, dans les vallées françaises, et sur l'autre bord à Hendaye. Quelques-unes sont ornées pourtant de miradors à la cage vermoulue. — Le château regarde et domine de toute sa hauteur écrasante ce coin des petites gens.

De ce côté — le couchant — la maison forte de *Jeanne la Folle* présente un énorme mur qui n'est pas tout à fait aveugle, mais que percent seulement d'étroites fenêtres irrégulièrement placées, et dont le dessin ne paraît pas indiquer un grand âge. Encore le seizième siècle. Mais les constructions plus anciennes vont apparaître. D'abord on pénètre sous une voûte, et une inscription en langue anglaise frappe les yeux. Le sens en est très moderne ; on

L'ENTRÉE DU CHATEAU.

fait « assavoir » au visiteur qu'il devra payer cinq réaux. Mais pourquoi lui annoncer cette mauvaise nouvelle en anglais ? Sans doute parce que les nationaux qui parlent cette langue ont été jusqu'à présent plus résignés à se laisser tarifer que les autres. Cinq réaux — en monnaie française, un franc cinquante. Encore, si pour ce prix-là le cicerone féminin — car c'est une virago qui se présente — nous disait en langage naïf et populaire la vraie légende de cette pauvre reine Jeanne — le modèle des épouses tendres, puisqu'elle aimait tant son mari qu'elle en perdit la raison !

La façade de la cour est du XIVe siècle. Il est probable que les assises en appartiennent à une antiquité bien plus respectable.

Le premier château de Fontarabie fut construit, par un roi de Navarre, au commencement du xe siècle. C'était Sanche le Fort, grand vainqueur des Arabes ; il eut un fils qui ne dut lui ressembler guère, puisqu'on l'appela Sanche le Courbé ; il en eut un autre qui était droit, et il fit un roi de celui-ci,—de celui-là un comte. Or, le pays de la Bidassoa relevait du comté de Gascogne, apanage du « Courbé » ; sur les deux rives, la dynastie des Sanche était chez elle. Il n'en était plus ainsi au temps de Jeanne la Folle ; le bord espagnol de la rivière regardait en ennemi le bord français. La légende veut que Charles-Quint soit venu souvent au château de Fontarabie. Il y a bien des récits de cette royale vie toujours errante de Tolède ou de Burgos aux Pays-Bas, de Bruxelles ou de Gand en Allemagne, et des Etats allemands à Milan ou à Naples. La grandeur de Charles, faite de tant de royaumes divers, n'était point de celle qui « attache au rivage » ; elle l'en détachait plutôt. Dans cette merveilleuse histoire, rien ne nous apprend qu'il aimât à vivre au bord de la Bidassoa; l'aurait-il aimé, il n'en aurait pas eu le loisir. Il est probable que, s'il résida jamais à Fontarabie, ce fut au temps de son enfance et de la reine Jeanne, aux côtés de cette mère tragique.

Au-devant du donjon, les pieds dans la rivière, est un bâtiment si lamentablement ruiné par les boulets d'Hendaye, qu'il n'est plus aisé d'en bien reconnaître l'époque et le style. Deux fenêtres croulantes semblent indiquer pourtant la fin du xve siècle. Cette partie fut peut-être construite pour la pauvre reine insensée; on la confinait loin de Burgos et de Tolède, loin des capitales espagnoles, dans ce beau désert, encadré par la montagne verdoyante et le fleuve bleu. Les guerres modernes ont éventré la noble demeure, toute remplie de dramatiques souvenirs. Est-ce à nous, Français, à nous en plaindre? Les canons espagnols avaient commencé.

Au reste, nous prîmes une jolie revanche du bombardement d'Hendaye. Il y eut un jour un jeune capitaine français qui réunit trois cents hommes — le même nombre justement que les Spartiates de Léonidas. Le détachement français débarque nuitamment sur le bord espagnol, contourne, puis gravit la montagne, hissant derrière lui quelques canons; et qui fut étonné au petit jour? Parbleu ! ce furent les Fontarabiens apercevant en l'air ces trois cents intrépides compagnons qui se préparaient à les foudroyer tout net. Les militaires étaient vexés, et comprenant l'inutilité de la résistance, ils ne voulaient pourtant point aller traiter de la reddition. Deux capucins furent envoyés en parlementaire. — Le capitaine Lamarque leur répondit qu'il était le maître, qu'il donnait une demi-heure à la ville pour capituler, sans quoi il l'écraserait d'abord, y entrerait après, et passerait au fil de l'épée tous les habitants, y compris les capucins. Il ajouta que c'était le droit de la guerre. On ne peut discuter sur la beauté de son action patriotique; sur le *droit*, c'est peut-être différent. Fontarabie se rendit. Le capitaine Lamarque devint, comme on sait, un général en grande réputation; il l'avait bien méritée. Les Français occupèrent le donjon pendant une semaine, puis se retirèrent.

C'est bien l'image de la domination souveraine, et le type de la force, que ce donjon superbe. La tour est carrée, appuyée sur des contreforts massifs; les murs ont quatre mètres et demi, tout simplement, d'épaisseur. Les voûtes confondent le regard; leurs croisements savants et indestructibles devraient faire le désespoir de nos architectes modernes. Nous avons élevé beaucoup de murs en carton, et ne leur avons pas pour cela donné plus de grâce, bien que la matière fût légère. Ces formidables voûtes forment deux étages, divisés ensuite en quatre à l'aide de planchers supportant l'immense terrasse du faite. Toute la construction a été conçue comme celle de notre Chambord, bien plus tard, en vue de la terrasse; — pourtant, avec cette différence que l'on recherchait ici un lieu d'observation et, là-bas, une œuvre d'art. De cette plate-forme, large de quarante pas environ, longue de plus de cent, on découvre sur la mer Saint-Jean-de-Luz, Biarritz et l'embouchure de l'Adour à gauche, — à droite tout le cours de la Bidassoa, au-devant la triple ligne des monts et les vallées françaises. La vue n'est fermée qu'au couchant par la croupe du Jayzquibel, qui s'incline vers le cap du Figuier, se prolongeant en un barrage de roches jusqu'au port du Passage, que l'on rencontre plus loin, sur la route de Saint-Sébastien.

Sur la rive droite de la Bidassoa, rive française, les bois et les combes cultivées, les coteaux couverts de vignes se succèdent, formant un paysage d'une variété charmante. Des villas et des châteaux s'élèvent de toutes parts dans cette fraîche campagne. Malheureusement, il y en a qui la déparent. N'est-ce pas une chose étrange que le faux goût ose se produire même en ces contrées de montagnes et de mer, en face de tout ce que la nature offre de plus saisissant et de purement beau ? Voici un castel moderne, flanqué de tours, hérissé de clochetons, le chef-d'œuvre du style de pâtissier, l'horrible et lamentable imitation du gothique anglais. Il a de la réputation dans le pays; il est entouré de superbes ombrages qu'il déshonore. Sur le bord même de la Bidassoa, j'aperçois un autre ouvrage du même genre, un second castel à dents aiguës, qui donne en effet l'idée d'un dentier ébréché. Quelle misère ! — Un peu plus loin, heureusement, sur ce même rivage d'Hendaye, voici les ruines de ce robuste donjon que connaît déjà le lecteur.

De la « terrasse de Charles-Quint », les yeux plongent naturellement dans la ville. La plate-forme du clocher de l'église est placée en contre-bas, comme on l'a déjà dit, mais le clocher lui-même la domine. Les débris de la vieille enceinte viennent se relier au château. On s'oublie à tous ces détails pittoresques; on se prend à rêver, en suivant machinalement les méandres des grands lierres qui couronnent toutes les crêtes des murailles ruinées. La végétation parasite est plus épaisse que partout ailleurs, sur la partie qui renferma les appartements royaux. La malheureuse reine Jeanne était conduite sans doute sur la terrasse, dans les beaux jours, épouvantant de ses cris inhumains les soldats cantonnés dans les salles du donjon, et les vigies qui guettaient en haut. Elle appela sans cesse, pendant vingt ans, cet ingrat Philippe, ce mari sans entrailles qui l'avait délaissée ; et depuis longtemps ce n'était plus que l'ombre du plus beau des hommes et du plus puissant des princes de son temps, qu'elle l'appelait encore. Cette orgueilleuse demeure était, d'ailleurs, la plus riante que l'on pût donner à une folle d'un tel rang dans le monde. Il n'était triste et ce n'était une prison que pour ses gardiens. Voyez-vous les soldats errant dans ces salles immenses et sombres, qu'éclairaient seulement des embrasures pratiquées dans la redoutable épaisseur de la muraille ? Celles de ces ouvertures dérisoires qui donnaient au nord, laissaient pourtant encore embrasser une admirable perspective sur les flots, quand on se glissait jusqu'à la meurtrière.

D'une autre qui regarde l'ouest, on apercevait le flanc de la montagne, et, là-haut, à la cime, le couvent de *Nuestra senora de Guadalupe*, qui renferme un sanctuaire vénéré ; mais il est probable que les soldats aimaient mieux chercher des yeux dans la ville les formes gracieuses qui se glissaient dans les rues sous la mantille noire. Les Fontarabiennes, issues des croisements du pur sang basque et du sang espagnol, ont encore la plus vive tournure et une finesse remarquable de traits. Je les ai admirées, un dimanche, gravissant les marches de l'église à l'heure des vêpres. Je n'ai pourtant point revu, comme à Saint-Jean-de-Luz, de ces blondes aux yeux noirs et au teint doré, la plus rare variété de la race basque, et la plus belle.

J'allais terminer ce chapitre, quand j'ai reçu une brochure intéressante, *Les Recherches historiques sur le siège de Fontarabie en 1638*, par M. Ducéré. Ce travail est extrait du *Bulletin de la Société des Sciences et Arts de Bayonne*. J'y trouve la description de l'enceinte de la ville au XVIIe siècle : « Percée de deux portes : « au sud, la porte Santa-Maria, et à l'ouest, la porte San-

« Nicolas, la ville était défendue par un large fossé, mais n'ayant
« pas de chemin couvert; les murailles, couronnées de parapets,
« étaient protégées par de solides tours, principalement celles
« de la Madeleine et de *los Cestones*; deux vastes boulevards,
« ceux de la Reine et de Saint-Philippe, ayant de 27 à 30 pieds de
« large et de 60 à 70 pieds de hauteur, servaient pour ainsi dire
« de bastions de forteresses; enfin, un château dont on fait
« remonter la construction à don Sancho Abarca, roi de Navarre,
« couronnait l'ensemble des défenses de la ville; ce château
« était lui-même protégé par un mur d'enceinte percé de meur-
« trières. Enfin, un petit fortin récemment construit défendait
« la rade du Figuier. »

Telle était la place que Richelieu avait commandé de prendre. Mais Richelieu lui-même n'était pas toujours obéi.

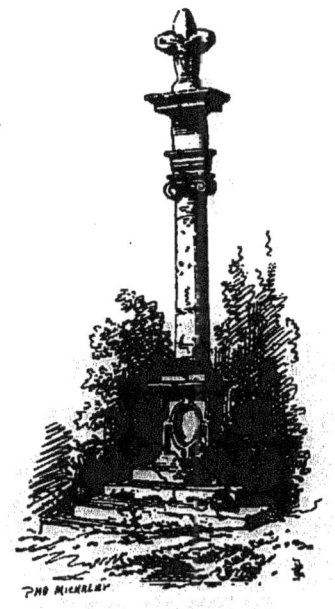

CROIX A FONTARABIE.

LE PONT D'HENDAYE.

II

L'ILE DES FAISANS

Puisque j'ai entrepris de réhabiliter la Bidassoa dans l'histoire et contre l'histoire, je dois la faire bien connaître. Suivons-la donc ensemble depuis son embouchure jusqu'au point où elle se perd dans les roches, — servant toujours de frontière entre la France et l'Espagne, et où les contrebandiers, gens vraiment internationaux, peuvent la franchir en trois bonds.

Si vous alliez prendre vos informations au Ministère du Commerce ou à l'Administration générale des douanes, on vous dirait certainement qu'au pied des Pyrénées, aussi bien, d'ailleurs, que dans toute la France, la contrebande est morte. Cependant, si vous voyagez ici dans la montagne, vous rencontrerez un soir dans quelque défilé un grand gaillard, vêtu d'une manière de carmagnole en gros drap, d'un pantalon de velours brun, serré au-dessus des hanches par une ceinture rouge, coiffé d'un

LES ROCHERS DE SAINTE-ANNE.

berret bleu, chaussé de sandales en corde tressées. Dans la main droite il a son bâton, sur les épaules son ballot, et son couteau planté dans sa ceinture. Si la contrebande est morte, voilà un revenant, car c'est un contrebandier. S'il fait froid, il a par-dessus sa veste une peau de mouton noire, ajustée en forme de casaque, ce qui lui donne un air superbe de barbare. L'homme est fort, car le ballot est lourd. Pourtant n'ayez peur; vous n'êtes point douanier, il ne vous veut pas de mal. Si vous avez le goût des sermons, vous pourriez même en entamer un qu'il écouterait, au cas où il entendrait le français, — et lui faire de la morale. Il en rirait de tout son cœur. Je reviendrai sur ces contrebandiers.

A cette hauteur, la Bidassoa donne raison aux historiens, soit! — Mais, sur l'espace de douze kilomètres pour le moins, elle leur a donné tort. On sait déjà qu'entre Hendaye et Fontarabie cette rivière « sèche », comme ils disent, n'a pas une largeur de moins de quatre kilomètres. A la marée pleine, ce vaste estuaire aux bords romantiques porterait des frégates.

Il est vrai que cet amas immense de sable, qu'on appelle la Barre, le ferme presque tout entier du côté de la mer, qui monte par un étroit canal, le long de la rive espagnole. Ces grands vallonnements s'élèvent de dix à quinze mètres à marée basse, et c'est là que les quelques baigneurs de l'été en résidence à Hendaye vont prendre leurs bains; il n'y a point de plage plus douce et plus sûre. Elle est à peine inclinée; le sable, que le flot trop souvent déplace sur d'autres grèves, demeure ici ferme sous le pied; c'est que les lames très longues, peu brisantes, et presque régulières, le fouettent lentement. La nouvelle station sera certainement recherchée et se remplira du trop-plein de Biarritz et de Saint-Sébastien même. L'établissement en construction sera placé au-dessous de la pointe de Sainte-Anne, qui borne la rive française, et que font reconnaître de loin deux belles roches semblables à de gigantesques menhirs celtiques. En face s'allonge la pointe du Figuier, portant un phare à feu rouge, et toute hérissée d'écueils, et qui a l'honneur géographique d'être classée parmi les caps.

Au milieu de la barre, à distance égale des vieux débris du donjon d'Hendaye, et du royal château de Fontarabie, est campée une colonne frontière. Je voudrais supposer que la barque sur laquelle nous allons remonter la rivière est venue me chercher là ; ainsi nous aurons fait le parcours en conscience, sans perdre un pouce de l'espace à parcourir. Mais je suis obligé d'avouer que cette barque, je la prends au pied de la petite jetée d'Hendaye ; elle suit la rive droite, puis un coude assez brusque du fleuve ; nous passons sous le pont du chemin de fer qui relie la France à l'Espagne, et repose sur cinq arches. Un petit garde-côte français est amarré à notre bord. Devant nous, une île sépare la Bidassoa en deux bras ; l'un coule vers Irun, première ville espagnole. Je distingue de vieilles maisons à galeries, tout un bas quartier qui se serre autour de l'église, dont le clocher rappelle celui de Fontarabie. J'aperçois des soldats, surtout. Que de militaires ! Et quelle armée versicolore ! Voici des tuniques bleues ; en voilà des rouges, en voilà des noires. Il est évident que l'ancienne monarchie de Charles-Quint ne tend pas du tout, comme la République de France, à unifier l'habit de ses soldats. On ne modifie point les fils du Cid ; les héros ont toujours aimé les galons et les panaches : c'est leur faiblesse. Les officiers me paraissent dorés sur toutes les tranches, et ces dorures reluisent au soleil. Deux gendarmes s'avancent bien plus près de nous, deux tout petits gendarmes, coiffés de tout petits bicornes, la poitrine ornée de petites manières de petits baudriers en cuir qui ressemblent aux courroies avec lesquelles nous attachons nos couvertures de voyage. Je ne peux m'empêcher de penser que les dépositaires de la force publique ne sont guère imposants dans un pays où les brigands sont si... fiers... Mais que nous importe ? Ce sont choses d'Espagne !

La barque glisse, le tableau est charmant. A quinze cents mètres environ, une ile émerge du flot, couverte de grands ombrages. La voilà ! c'est elle ! c'est l'ile à jamais diplomatique ! l'ile des Faisans ! En arrière sont assis les deux Béhobie — Béhobie de France, Béhobie d'Espagne, reliés par un long pont au milieu duquel se voit encore une borne frontière. Au fond,

IRUN.

des montagnes pelées repoussent en avant la riche verdure et les clartés de l'eau.

« Au-dessus d'Irun, l'Espagne et la France ne sont plus séparées que par une rivière dont le lit ne dépasse point la largeur de quelques mètres.... » Quel historien a dit cela ? Oh ! ne cherchez pas ! Tous les historiens l'ont dit, les anciens comme les modernes ; les premiers seulement, au lieu de « mètres », ont parlé de « pieds »... Aussitôt après ils se contredisent en ajoutant : —

Là s'élève une ile d'une longueur de cent vingt pas environ, d'une largeur de quarante à cinquante. Comment se peut-il faire qu'une rivière « large à peine de quelques mètres » porte une île qui en a cinquante; sans compter qu'en 1659 on a pu y aborder en barques de gala des deux côtés? — La vérité vraie — celle qui est si rarement historique — c'est que Béhobie marque précisément le point où la Bidassoa s'élargit. Les bancs de sable de l'embouchure y font place à d'autres bancs vaseux que le jusant découvre; c'est la lèpre de ce paysage, que gâtent ces longues taches noirâtres ou d'un gris morne; le flot, heureusement, remontera bientôt, déployant de nouveau son miroir d'argent.

Une chose que les diplomates ne savent point, quoique, tout en dépréciant à plaisir la Bidassoa, ils la regardent comme leur bien, c'est que l'île sert de théâtre à des rencontres assez différentes de celles de Mazarin et de don Luis de Haro en 1659. On vient se couper la gorge, ou en faire mine, sur ces verts gazons, sous ces vieux arbres; c'est la mode fine de Bordeaux. Une querelle s'allume-t-elle à la Bourse, autour d'une table à jeu ou à la porte d'un boudoir, dans cette capitale des Gascons, et a-t-il été résolu qu'on en devait découdre, les témoins des deux parties belligérantes arrêtent que le combat aura lieu dans l'île des Faisans.

On part, on couche à Hendaye : il y a deux hôtels, en sorte que les deux adversaires peuvent ne se point voir avant l'heure tragique; on n'a pas à craindre que les deux lions se dévorent. Au petit jour, sous les longues écharpes de brume qui s'élèvent de la rivière ou qui glissent du haut des monts, on prend place en deux barques qui vont remonter la Bidassoa. C'est crâne et romantique; ainsi l'on traversait la Seine au temps des Valois, pour aller jouer de la rapière et de la dague au Pré-aux-Clercs; la traversée seulement était plus courte. Le soleil se lève au-dessus des montagnes arides de Béhobie. Sur l'autre rive, le Jayzquibel est sombre. Presque au faîte de ce dernier, niché dans un pli du mont, est un oratoire, et par un étroit sentier pratiqué à travers le roc et les pins, on aperçoit une file d'hommes et de femmes qui grimpent. Ceux-ci s'en vont en pèlerinage. Les deux petites troupes qu'emportent les barques vont s'exterminer, tout simplement. Quel contraste ! Et comme tout cela sent bien l'opéra comique et la terre des Gascons ! C'est grand dommage que ces fiers spadassins et leurs seconds portent le chapeau de soie moderne, au lieu du feutre à panache, et le veston ou la redingote, au lieu du justaucorps de buffle ou du pourpoint tailladé.

Je n'ai pu savoir si l'on ramenait de l'île des Faisans beaucoup de terribles morts recouverts de leur manteau, comme on rapporte l'invincible Comminges; misérablement tué par Mergy, dans l'opéra d'Hérold.

Le 13 août 1659, le cardinal de Mazarin partit de Saint-Jean-de-Luz à dix heures du matin, avec sa suite en trente carrosses et deux cents gentilshommes qui lui faisaient escorte. Il arriva le premier au rendez-vous, et, comme il s'engageait sur le pont de bateaux qu'on avait construit pour accéder à l'île du côté de France, il vit venir vers l'autre pont, accédant du côté d'Espagne, don Luis avec un cortège aussi fastueux que le sien.

C'était la paix qui s'avançait en grande pompe imposante. Le même lieu avait vu la guerre se ruer en avant. C'est là précisément qu'en 1521, les Français marchant contre Fontarabie, le comte de Guise s'était intrépidement jeté à l'eau, et l'infanterie l'avait suivi, la pique ou l'arquebuse au poing. D'abord les petites « salades » françaises (soldats coiffés d'un casque léger en forme de saladier); puis les lourds Allemands eux-mêmes, qui composaient une partie de l'armée d'attaque. Ce comte de Guise était Claude, père du grand François, aïeul d'Henri, le roi des barricades de Paris. C'est Claude qui fonda la fortune de la race; ce fut le premier des trois.

L'arrangement du théâtre qui allait servir à discuter le traité des Pyrénées est peut-être la machine la plus diplomatique qu'on ait jamais imaginée. Les deux impresarios de cette grande représentation étaient pour l'Espagne le baron de Watteville, gentilhomme franc-comtois, et pour la France le marquis de Chouppes. Ces deux galants seigneurs procédèrent au partage de l'ile et à son aménagement. Ils y firent « bâtir des logements égaux » et une chambre — la chambre des conférences pour les deux ministres — « dans une distance égale des deux logements ». Elle avait deux portes, l'une du côté de la frontière espagnole pour don Luis, l'autre du côté de la frontière

L'ÎLE DES FAISANS.

française pour le cardinal. Les ponts de bateaux qui permettaient aux deux hauts plénipotentiaires d'arriver, le premier par le côté sud, le second par le côté nord, étaient comme des dépendances de leurs appartements respectifs. Jamais, au grand jamais, on ne vit cérémonie si infiniment bien réglée.

L'histoire de ce grand traité qui sortit des délibérations ouvertes entre ces deux puissants ministres est racontée par un monument funèbre qu'élevèrent à frais communs sur l'ile les gouvernements français et espagnol en 1861. Pourquoi est-il funèbre, ce monument? Je n'en sais rien. Le fait est qu'il a l'air d'un mausolée. Sur une de ses faces, il porte une inscription française :

« En mémoire des conférences de 1659, dans lesquelles Louis XIV et Philippe IV, par une heureuse alliance, mirent fin à une longue

LE MONUMENT DE L'ÎLE.

guerre entre les deux nations, Napoléon III, empereur des Français, et Isabelle, reine des Espagnes, ont rétabli cette île, l'an 1861 ».

Sur l'autre face, la même inscription est répétée en espagnol.

Elle ne dit rien de trop, sur aucun point, et, par exemple, il est bien vrai que les deux souverains « rétablirent » l'île qui s'en allait en morceaux. Chaque crue de la rivière, chaque haute marée emportait un peu de ce sol consacré; une sorte de digue, qui n'est plutôt qu'un grand perré solidement construit, la défend à présent contre l'envahissement des eaux. Les beaux arbres qui la couronnent ne sont plus en danger d'être abattus par quelque courant aveugle. On peut se demander si des ombrages y existaient au temps de sa gloire, et si le baron de Watteville et le marquis de Chouppes se virent obligés de les abattre ; car il est bien certain que, pour qu'on y pût implanter les bâtiments de la conférence, il fallait que l'île fût rase. Et si c'est eux qui la rasèrent, ces deux seigneurs ont commis peut-être un grand crime contre l'art et contre le génie.

Philippe IV, en effet, avait envoyé Velasquez à la Bidassoa ; ce grand homme dirigea la décoration de la galerie de parade qui, du côté espagnol, précédait la chambre du conseil ; et c'est là qu'il prit la fièvre dont le souffle s'exhale en automne des bancs vaseux de la rivière. Or, s'il n'y avait plus de feuillage pour pomper cette haleine empestée, elle n'en était que plus perfide, et les conférences se poursuivirent au plein moment des influences paludéennes, d'août à novembre. Velasquez y aspira le germe de sa mort, qui eut lieu l'année suivante. Il n'avait que soixante ans. L'Espagne, alors, goûtait la paix si nécessaire à une si riche monarchie devenue besogneuse, mais elle avait perdu son plus grand peintre.

J'aime à me le figurer, le puissant artiste, au milieu de ces seigneurs espagnols dont la faveur de Philippe IV l'avait fait presque l'égal, et dont il rendit si crânement la haute allure ; nous en avons de superbes portraits de sa main dans notre Louvre. Songez qu'aux abords de cette île minuscule ils étaient deux cents hidalgos !

De l'autre côté, deux cents Français de la même qualité, mais de figure et de tournure bien différentes, promenaient leurs rubans et leurs canons sur ces ponts de bateaux, et s'ennuyaient de tout leur cœur, eux qui ne négociaient point. Quelques-uns de ces beaux entre les beaux tremblaient bien aussi la fièvre ; mais ils savaient se raidir sous l'habit de cour, comme ils auraient fait sous l'habit de guerre. La mode arrivait déjà des élégances pompeuses et sévères dont le jeune roi avait le goût et donnait l'exemple; le superbe chapeau Louis XIII, si fièrement retroussé, faisait place au chapeau « marquis » rond, à bords plats et galonnés d'or, qui se portait sur la perruque. Tous ces grands ajustements de gala n'étaient peut-être pas bien de mise dans un lieu si sauvage; mais nos courtisans n'y étaient que de fait, point de pensée; leurs yeux retournaient bien plutôt vers les cercles galants de Paris, les terrasses de Saint-Germain et les galeries du Louvre, qu'ils ne s'amusaient à considérer l'espace bleu se déployant là-bas, au-dessus de la mer, et à suivre le cours sinueux de la Bidassoa s'enfonçant entre les monts.

De ces ponts diplomatiques conduisant à l'île, la vue était la même qui charme le voyageur à présent du haut du pont rustique de Béhobie. La rivière, à l'est, se rétrécit presque subitement, coule sur la rive française, au pied d'une haute rampe de roches presque verticales, dont la crête, entièrement nue, est curieusement calcinée par le soleil; du côté de l'Espagne, s'ouvre une petite plaine cultivée, coupée de terrains marécageux. Ici les hauteurs sont verdoyantes; ce sont les dernières ramifications de plus en plus escarpées de la Haya — ou les Trois-Couronnes — qui les dépasse toutes et qui est elle-même dominée par les pics d'Orrhy et d'Anie. Quelques-uns de ces escarpements montrent des ruines; là les ouvrages de défense ont été nombreux; au midi, perché comme un nid d'aigle, est un édicule singulier; on ne sait d'abord si l'on voit un fortin ou un oratoire.

C'est l'ermitage de Saint-Martial, élevé en l'honneur d'une victoire jadis remportée par un général espagnol sur les Français, que commandait l'amiral Bonnivet. Saint Martial est-il bien le patron qui convenait à ce monument consacrant des souvenirs de guerre? Je sais bien que son nom peut le faire croire; pourtant ce saint était un évêque.

Toute cette rive espagnole est terriblement garnie de douaniers, fusil au bras. Les contrebandiers n'en passent pas moins la nuit, souvent par longue file de cinquante, de soixante hommes. Ils subissent bien deci, delà, quelques mésaventures. Si, par exemple, un chef nouveau est arrivé parmi les *habits verts*, il voudra faire

BIRIATOU.

du zèle, et il commandera une expédition sérieuse. Autrefois, de véritables batailles s'ensuivaient, avec des blessés et des morts; mais, à cette heure, on n'aime plus le carnage. Les contrebandiers savent très bien que les douaniers en veulent à leurs marchandises, point à leur vie. Un homme tué, cela engendre des représailles; l'*habit vert* ne s'en soucie point. Aussi les *ceintures rouges* laissent à la dernière extrémité tomber leur ballot et filent. Quand les délinquants n'ont plus rien sur les épaules, les douaniers ne les voient plus se glisser à travers les roches : le chef a beau leur crier qu'ils sont aveugles. — La rive française est un peu moins hérissée que le bord espagnol de ces défenseurs prudents mais utiles. Nous sommes bien près de la frontière. Une route part de Béhobie, court vers Biriatou, pour conduire ensuite en terre d'Espagne, à Vera et Alzate. Parfois elle s'éloigne et parfois se rapproche de la rivière, suivant le caprice de la montagne, qu'elle ne cesse de contourner. Les bords de la Bidassoa, tapissés de roseaux énormes, ont des fraîcheurs ravissantes. Son lit est semé de belles roches grises émergeant de l'eau limpide ; et dans l'écartement des coudes qu'elle dessine, des terrains d'alluvions se sont formés, portant des cultures, surtout des maïs, d'une prodigieuse hauteur. A l'un des tournants, Biriatou apparaît, dernier village français au nord-est, édifié sur un amoncellement de roches boisées. Les maisons se sont pittoresquement groupées sur ce sol inégal ; l'église me paraît vieille, et j'y monte. A l'instar de toutes les églises basques, elle est garnie de ses tribunes obligatoires.

En la quittant, je m'arrête à considérer, sur la rive espagnole, les jeux d'une troupe d'enfants. Ils sont là, dans la rivière, à moitié nus, barbotant entre les pierres ; sur un quartier de roc plus élevé est assis un douanier, près d'une fille en robe dépenaillée, à la chevelure noire flottante, qu'il lutine sans façon.

Il y a des amusements pour tous les âges ; il y a aussi plusieurs sortes de contrebande.

Après Biriatou, la Bidassoa se rétrécit encore ; les roseaux s'avancent plus serrés jusqu'au milieu de son lit, hérissé de roches désormais si nombreuses qu'une barque y passe à peine ; puis la rivière va décidément entrer dans la vallée de Bastan, en terre d'Espagne.

Stop ! batelier.

LE PAYS DE LABOURD

LA RHUNE ET LA NIVELLE.

LA VALLÉE DE LA NIVELLE

A quoi sert un désir ? A en amener un autre. Cela est vrai surtout en voyage — et bien plus encore dans le grand voyage de la vie. Cette course en barque sur la Bidassoa, que je crois avoir suffisamment vengée des mauvais traitements de la diplomatie et de l'histoire, nous donne envie de remonter le cours de la Nivelle par la même voie tranquille et lente. La Rhune nous attire par sa belle forme en pyramide tronquée et l'étrangeté de sa couleur rouge. Or, la Nivelle court au pied de la montagne. Nous revenons à Saint-Jean-de-Luz pour joindre la rivière. Malheureusement, l'inscription de l'horloge de l'église d'Urrugne n'est que trop judicieuse : Les heures nous dévorent. — Les heures aussi nous trompent : nous avons mal calculé celle de la marée, et, pour arriver à la Rhune, il nous faut prendre le chemin de terre.

Naturellement, ce chemin suit et remonte la vallée. Le mont s'élève à droite ; à gauche voici des hauteurs boisées. Ce sont les halliers de *Fagossou*. Dieu pardonne à l'amour-propre des gens du pays qui disent: la forêt! Nous faisons une courte halte au moulin de Billitorte. La vallée se déroule à nos pieds ; la Nivelle, déjà bien moins large, dessine des courbes assez brusques et glisse doucement, quand son cours se redresse; la Rhune nous apparaît tout entière avec l'un de ses flancs profondément raviné ; et nous voyons au-dessus du ravin serpenter un chemin dans l'argile rouge de la montagne ; c'est celui que nous prendrons tout à l'heure. — Auparavant, nous devons atteindre Ascain sur l'autre rive.

Un vieux pont y conduit. Ascain est un joli village situé dans un pli de la vallée, à la rencontre de la Nivelle avec le ruisseau de l'Uhaitz; toutes les maisons sont de vieille construction basque, et cela suffirait à l'amusement des yeux. Un clocher de fine tournure domine l'église qui, par elle-même, n'a point de caractère. Ascain a un autre charme : c'est qu'il est comme noyé dans des flots mouvants de verdure. Partout des vergers, çà et là des bouquets de grands arbres ; le pied de la Rhune de ce côté est tapissé d'énormes fougères. Le village pourrait devenir une station d'eaux, comme beaucoup de ses frères, car il possède une source ferrugineuse; mais sa véritable richesse, c'est d'être le point naturellement indiqué pour y commencer l'ascension de la montagne. On y trouve des guides qui sont utiles, car l'entreprise est plus ardue qu'elle n'en a l'air. Neuf cents mètres à gravir, cela paraît un jeu à ceux qui cheminent commodément en terre plate. Cependant nous allons voir que le premier sentier à suivre ici et qui remonte le cours de l'Uhaitz est déjà rude.

Avant de quitter Ascain pour les régions aériennes, jetons un dernier coup d'œil sur cette plaine si riante : au delà du bourg, elle se soulève en gracieux vallonnements couverts de bois; les parties basses sont plantées de maïs, dont le vert tendre, à certaines époques de l'année, fait ressortir plus vigoureusement la verdure sombre des hauteurs. Par-dessus les arbres nous apercevons au sud les cimes nues des monts espagnols les plus proches. L'un d'eux porte un fortin, jadis occupé par des carlistes.

Le guide nous attend; nous montons vers cette grande cavité béante au versant de la Rhune, et bientôt nous rencontrons une vieille ruine qui nous retient un moment. Il n'est pas aisé de déterminer à quoi ont servi ces murs dont on ne voit plus que des débris recouverts d'une énorme végétation parasite. — Ce fut un poste de guet, peut-être. — Le chemin s'élève au-dessus du ravin; nous marchons sur un sol rougeâtre et friable qui s'atttache à nos guêtres, — traversant quelques ombrages, ici une chênaie rabougrie, plus loin des massifs de châtaigniers. Ce n'est pas la Rhune elle-même que nous suivons; nous marchons au flanc de l'Hucelhaya, son voisin, qui lui sert de contrefort, et déjà nos yeux peuvent se reporter en arrière sur la plaine. Tout à coup la mer paraît : voici Guethary, Bidart, Biarritz, les monts Cantabres à l'ouest. Le sentier s'élève, parallèle à une gorge où bondit un joli ruisseau en cascatelles brillantes; la montée devient plus douce. Un petit vallon herbu se déroule, parsemé de cabanes de bergers gardant des troupeaux de brebis. Ces pâturages se terminent par une sorte de premier plateau tapissé des mêmes fougères gigantesques que la base du mont. Puis un chalet se présente dans la haute partie de ce vallon qui sépare l'Hucelhaya de la Rhune, sa grande sœur. L'escarpement redevient terriblement rude. Cependant des pâturages l'encadrent encore; voici des coins de tapis vert entre les roches. Il n'y a plus qu'à monter — toujours monter — par des rampes en zigzag, dont les guides nous font sentir le mérite en nous assurant que ces détours les adoucissent. Ils le croient peut-être! Cette dernière ascension ne demande guère moins d'une heure. Des débris de construction militaire marquent le faîte du mont. J'ai parlé de cette redoute et de la bataille que soutint, le 7 octobre 1813, le maréchal Soult contre Wellington et ses Anglais, deux fois supérieurs en nombre. Ce sommet de la Rhune porte une couronne de gloire.

La vue qu'on y rencontre est d'une étendue prodigieuse ; de bien plus hauts monts ne l'offrent point si belle ni si variée. Songez que, sauf son contrefort de l'Hucelhaya qu'elle dépasse, la Rhune est isolée. Un seul obstacle au regard : c'est, au sud-ouest, les Trois-Couronnes (ou la Haya); encore cette montagne laisse-t-elle découvrir, en avant, tout le cours inférieur de la Bidassoa, le port si pittoresque du Passage, Saint-Sébastien, toute la côte Cantabrique. Au sud, l'œil plonge sur une affreuse région de croupes nues et brûlées, de défilés et de précipices; de ce côté, celui de l'Espagne encore, la montagne offre une pente presque verticale. De l'ouest au nord, nous embrassons la mer, du cap du Figuier jusqu'aux Landes, à Cap-Breton ; à l'est, nous distinguons et pouvons compter les pics de la grande chaîne, et dans cette armée de colosses, le pic du Midi d'Ossau forme l'avant-garde. Plus près, voici les vallées de la Nivelle et de l'Adour, avec leurs pittoresques bourgades et les hameaux perdus dans les bois, Ascain, Sare, Saint-Pée; de l'autre côté, la baie étincelante de Saint-Jean-de-Luz; — à l'est, les vallées du Béarn.

La descente de la Rhune se fait par le village de Sare, c'est-à-dire par le versant oriental, ou vers le nord-est, à travers des escarpements revêtus de bois de chênes, et par le village d'Olhette. La voie de Sare est la plus courte; elle contourne la pointe de la montagne et descend rapidement jusqu'à un nouveau reste de la journée du 7 octobre 1813, la redoute Mouis, à 550 mètres environ d'altitude. De là le chemin vers Sare est aisé; on y rencontre un ancien ermitage. L'ermite fut aussi magister, car il faisait l'école aux enfants du bourg, qui s'y rendaient avec des vivres pour six jours, du lundi au samedi; le dimanche, ils rentraient chez leurs parents. On voit que, dans ce pays perdu des Pyrénées, le zèle de l'instruction primaire était ardent, si les instruments en étaient primitifs et rudes. A Sare, on avait beaucoup simplifié toutes choses, faute, sans doute, de moyens pour les compliquer : c'est ainsi qu'on y voit encore l'auberge dans la Maison commune. Cette confusion

AINHOË.

date apparemment d'un temps où l'aubergiste était maire. Il mariait chez lui et servait le repas ; de la salle des mariages, la noce passait dans celle du festin, — à moins que ce ne fût la même.

L'entrée dans Sare ressemble au vestibule d'un paradis rustique. C'est la plus délicieuse et la plus fraîche des vallées, dans un beau cadre de montagnes ; des ruisseaux la coupent de toutes parts, des villas et des métairies sont assises au bord des eaux claires. Ce lieu charmant, où se voit à peine une agglomération autour de la mairie et de l'église, où les maisons sont éparses de tous côtés dans les feuillages, nous semble pourtant fort peuplé, et ne compte pas, en effet, moins de trois mille bienheureux qui l'habitent. Je dis bienheureux, parce que je considère toujours que c'est le paradis. — Il paraît même que ces élus-là sont riches ! Ils fabriquent quantité de choses très diverses : du chocolat, des sandales, des clochettes pour le bétail. Les vaches et les brebis s'en vont dans les hauts pâturages, portant au cou cet appendice toujours sonnant qui guide le pâtre à leur recherche. La même précaution est prise dans tous les pays de montagne. Dans le Jura, cette clochette a gardé son vieux nom latin : c'est la *Campaine*. Par analogie, on nomme « Campaines » les commères des villages, dont la langue va toujours battant et tintant contre le prochain, à la veillée.

Ainsi, voilà qui est convenu, Sare est un paradis pour les hommes ; c'est l'enfer pour d'autres bipèdes. Là est une terrible passe pour les palombes. Ces gracieux emplumés arrivent en vols nombreux aux premières froidures d'automne ; leur instinct les conduit en hivernage sur les pentes des monts espagnols qui courent vers le midi et que de grandes hêtrées tapissent ; leur route est tracée entre le petit mont que je voudrais vous faire voir là-bas, au-dessous de la Rhune, le mont Fague, et le pic Harria, l'une des hauteurs qui dominent le bourg. Le pic Sayberry, beaucoup plus élevé au sud, et placé à l'extrémité d'un défilé de rochers énormes, nus ou plantés de chênes, interdit aux pauvres palombes un mouvement tournant qui les sauverait. Il faut se rappeler que leur vol est bas — soixante mètres de terre au plus.

— S'enlever au-dessus des pics est une entreprise que ne leur permet point la lourdeur de leurs ailes. Les chasseurs les guettent quand elles arrivent en rangs pressés, ayant pris ordinairement pour point de mire le clocher d'un village. Le filet les attend si elles descendent ; le fusil, si elles s'élèvent. Mais un seul coup de fusil les porte à descendre, la frayeur les jette en bas ; elles ne se dispersent guère, et viennent donner en bande dans ces méchants filets suspendus à tous les arbres. Cet appareil de pièges s'appelle une « pantière ». Un grand massacre suit ces victoires faciles des chasseurs. On trouvera tout ce tableau très curieusement développé par M. Germond de Lavigne, dans son petit livre excellent : *Biarritz et autour de Biarritz*.

Sare, qui a des industries particulières, a donc aussi son plaisir local, — un peu féroce, et que le sixième des péchés capitaux ne justifie point, car la chair de la palombe n'est guère délicate.

Le sort malheureux de ces palombes devait donner lieu à des rapprochements poétiques. On ne fait point la chasse qu'à ces innocences pourvues d'ailes. Plusieurs chansons basques, dans les deux dialectes labourdin et souletin, racontent l'histoire de pauvres jeunes filles poursuivies par des seigneurs libertins. Le ravisseur croit avoir bien pris sa victime dans un défilé sombre ; mais, hardiment, elle se met à courir sur la pointe des rochers, où il n'ose la suivre. D'en bas, il lui dit doucement, le perfide : — Rassure-toi, ma colombe, ma tourterelle, je ne veux point te faire de mal. Elle répond : Seigneur, j'ai confiance en vos paroles, mais bien plus encore dans mes ailes. — Et, comme elle ne rencontre point de « pantières », elle s'échappe.

On fait des chansons à Sare ; il y a des poètes, il y a même eu des savants : deux linguistes, deux prêtres, l'oncle et le neveu, les deux Axular, qui vécurent au dernier siècle. Leurs tombeaux sont dans l'église, d'ailleurs, toute pavée de pierres tumulaires. Ils sont curieux à lire ces noms basques, à la tournure crâne et sonore; l'église offre, à l'intérieur, la disposition basque sans mélange.

Les « pantières » attirent des baigneurs de Saint-Jean-de-Luz et de Cambo, à la fin de septembre, et les curiosités des alentours, assez nombreuses, engendrent une industrie de plus, l'industrie nationale des Pyrénées, celle des guides. Ils sont nécessaires pour l'ascension du pic de Sayberry et la visite du trou d'Urioa, dont je ne vous dissuaderai point; je ne voudrais pas nuire à ces braves guides.

Quant à moi, ils m'ont bien pris : c'est que l'appareil qu'ils me montraient me parut imposant. Des cordes! des torches! Auriez-vous résisté? Point. Nous nous mettons en route; mes compagnons d'aventure étaient assez nombreux. Nous étions six vaillants explorateurs. Au pied du mont, nous arrivons au « Trou ». C'est peut-être celui de l'enfer, car l'orifice en est large. Ne me dites point que je n'ai pas vu la porte de l'enfer! — Je songe à toutes les voies qui y conduisent; elles sont si nombreuses et il doit arriver tant de monde à la fois, que si cette porte n'était pas large, il y aurait encombrement. Or, j'ai toujours entendu parler du diable comme d'un personnage très pressé de recevoir ses hôtes; donc, si la porte du paradis est étroite, celle de l'enfer doit être large.

Peste, le trou d'Urioa est un fier trou! c'est même une superbe grotte. La nature en a tendu l'entrée d'une tapisserie brillante de saxifrages; ces grappes blanches ou pourpres recouvrent la roche grise, qui se présente toute droite comme une grande muraille. Nous passons sous une double arcade, d'une ouverture de quarante à cinquante mètres; la grotte a deux étages. Les torches sont allumées, et nous pouvons admirer une vaste salle qui communique à d'autres salles voisines. Ces cryptes colossales se prolongeraient, dit-on, jusqu'à l'autre versant de la montagne, où la grotte aurait une autre issue qu'on n'a pu encore découvrir. Les torches des guides semblent donc nous inviter à pousser en avant, toujours en avant; mais ils agitent leurs cordes, qui nous rappelleraient à la prudence, si nous pouvions l'oublier dans un lieu naturellement si noir. Le chemin n'est point sans péril, on y connaît des cavités profondes, et les cordes sont là pour repêcher les aventureux, s'ils y donnaient inconsidérément... L'opération vous semble-t-elle si sûre ?

Après tout, les beautés du trou d'Urioa, — où ne se rencontre pourtant aucun vestige tendant à faire croire qu'elle ait été habitée par des animaux ou des hommes primitifs, qui n'en différaient guère que parce qu'ils étaient à la fois moins bien armés et plus méchants, — ces beautés sont faites surtout pour charmer les savants ; quant à moi, j'y préfère une autre grotte que la complaisance d'un guide m'a fait découvrir, car celle-là semble avoir été disposée par un décorateur sublime pour le plaisir des yeux de l'artiste. Mon guide, au retour, m'engage dans un sentier qui longe la base du petit mont de Lehoura, appelé dans le pays « la petite Rhune ». Tout à coup je m'arrête devant une arcade immense que forme une haute roche isolée. Ai-je dit que c'était une grotte ? C'en est une, si l'on veut, mais une grotte percée à jour, et sous sa voûte d'une élévation de plus de cent pieds, un ruisseau bondit en nappes écumeuses. Je me prends à regretter que mon compagnon de voyage ne soit point, ce jour-là, près de moi avec son fidèle crayon. Le mien ne ferait que des sottises. — Quel décor d'opéra que cette grotte de Zugarramudi ! Il s'en faut de peu que je ne cède à un autre regret qui ne serait pas trop sage : celui de ne point voir fuir de cette roche sauvage quelque carliste en haillons, son vieux fusil au dos. Le pays est toujours plein de ces enfants perdus de la dernière guerre.

Sur le chemin d'Urioa, nous avons, en effet, touché la frontière ; mais, bien que revenant seul vers Sare, à la nuit tombante, avec mon guide, je ne fais point de mauvaise rencontre. Je prends, en rentrant au bourg, une voiture qui me ramène à Ascain, où je suis rappelé pour une heure. La route est bonne, bien qu'un peu raide : jolie route de montagne. A mesure que je descends, j'aperçois, dans la nuit assez claire, de riches maisons basques où tout est endormi. Pas une lumière ; ma carriole, en passant, ne réveille que les chiens, dont les aboiements retentissent bien loin derrière moi, dans ce grand silence aux ondes sonores. — Le lendemain, à huit heures, je quitte Ascain et prends le chemin de Saint-Pée. — Je retrouve la Nivelle.

CHATEAU DE SAINT-PÉE.

Saint-Pée a gros et grand air ; ce maître bourg sent la tradition et l'opulence. Mais l'heure où j'y fais mon entrée n'est pas la bonne pour examiner à loisir ces maisons de bois, aussi vastes que celles de Saint-Jean-de-Luz. En voici une qui me paraît peinte en rouge ; la couleur est vive, les tons ne sont point crus. D'autres à côté ont été peintes en brun, et les grandes traverses qui décorent la façade, en vert tendre. Ici encore, rien de criard ; les barbouilleurs basques ont le secret de l'harmonie. Ces constructions sont de la bonne époque, de la fin du XVIIe siècle ; leur élégance simple est vraiment frappante. Mais, aujourd'hui, les colombages disparaissent à demi sous des tentures blanches; les galeries, au-devant des croisées, sont décorées de verdure, et des guirlandes de fleurs pendent aux auvents, au-dessus des portes. Les cloches sonnent à l'église, et dans le cimetière qui l'entoure, je vois s'avancer une longue file de capulets blancs : c'est une procession.

Ces capulets, je les ai célébrés suivant leur mérite, dans la première partie de cet ouvrage; ils vous ont une étonnante grâce antique. Dans le pays basque, le capulet est surtout d'usage pour les cérémonies religieuses; il est réservé aux jeunes filles. Aussi cette première file blanche est suivie d'une deuxième file plus longue et toute noire. Ce sont les femmes qui portent le capulet de deuil. Les hommes viennent derrière, vêtus tout de noir également; puis les servants de l'église, les chantres, les prêtres sous leurs ornements sacerdotaux. Les capulets blancs vont chantant des cantiques, les femmes égrenant des chapelets, les hommes roulant leurs berrets entre leurs mains. Les chantres entonnent une hymne, et le « serpent » qui les accompagne mugit ou grogne. La procession sort du cimetière, déroule ses longs anneaux sur la place, puis s'enfonce dans le décor que forment les vieilles rues aux maisons peinturlurées, drapées, enguirlandées. Ce n'est pas une rencontre médiocrement pittoresque que celle d'une procession en terre basque.

Je ne fais que traverser le cimetière redevenu désert; nous étudierons mieux les sépultures dans les vallées de la Soule, où les vieux usages sont plus intacts qu'au voisinage de la mer.

L'église de Saint-Pée a des dimensions peu ordinaires, qui témoignent de l'antique importance du bourg. Je franchis le portail ouvert tout au large pour le passage de la procession, et je reconnais d'abord les trois étages de tribunes. La nef est carrée; point de voûte, un plafond plat, et revêtu de couleurs éclatantes. Au maître-autel, qui s'appuie à la muraille de fond, un rétable curieux, à panneaux soutenus par des colonnes torses, encadrés de feuillages, le tout redoré à neuf.

Je sors de l'église et m'arrête sous le porche, examinant le paysage qui m'environne. A gauche, au-dessus d'une route que je crois être celle de Cambo, voici de lourdes ruines, les débris d'un manoir carré, presque ensevelis sous un grand manteau de lierres. Ce fut la maison forte des marquis de Saint-Pée, grands seigneurs en Euskarie, rivaux ordinaires, jusqu'en plein xvie siècle, des seigneurs d'Urtubie, près d'Urrugne. Mais le château acquit peu après une bien autre renommée que celle qui lui venait de ses seigneurs. C'est là que siégea longtemps messire Pierre de l'Ancre, conseiller au Parlement de Bordeaux et délégué en 1609, avec un conseiller du roy « en son conseil d'Etat », le sieur d'Espaignet, « pour la recherche du crime de sorcellerie au pays de Labourd et lieux circonvoisins ». Pierre de l'Ancre fit brûler et pendre une effroyable quantité d'hommes, et surtout de femmes, avec la conscience intime de la parfaite inutilité de ces rigueurs. « Le nombre des sorciers est si grand en ce pays de Labourd, écrit-il dans son discours sur *l'incrédulité et mescréance du sortilège plainement convaincue, où il est amplement et curieusement traicté de la* VÉRITÉ OU ILLUSION *du sortilège, de la fascination et de l'attouchement*, etc., — le nombre des sorciers, donc, est si grand et se trouve en ce pays tant d'âmes dévoyées, que de penser les ramener ou déterrer par la voye de la justice il est du tout impossible. »

Et parce que c'était « du tout impossible », messire le conseiller alluma de nouveaux bûchers et fit tresser de nouvelles cordes. Voici comment il peint les sorcières qu'il faisait « ardre ou brancher » : « Ce sont des Eves, vivant parmy les montagnes en toute liberté et naïveté comme faisoit Eve dans le Paradis terrestre. Elles escoutent hommes et démons et prestent l'oreille à tous serpens qui les veulent séduire. Elles sont là, assises ou croupies à troupes, caquettant, devisant de ce qu'elles ont veu la nuict précédente et du plaisir qu'elles ont prins au Sabbat, l'aspreté et hauteur de ces montagnes, l'obscurité des antres qui s'y rencontrent, les cavernes, grottes et chambres d'amour qui s'y trouvent le long de cette coste de mer laquelle de son escume jadis engendra Vénus... Ce meslange de grandes filles et de jeunes pescheurs qu'on voit à la coste d'Anglet, se pesle meslant dans les ondes, fait que l'amour les prend par le filet..... »

On voit que dans les accusations portées par le conseiller tortionnaire, l'amour et la sorcellerie, ou la sorcellerie et l'amour se marient et s'engendrent. Comment? De l'Ancre ne le dit pas. Parmi ces choses obscures, il y en a deux claires : c'est l'imbécillité de la rhétorique alors en usage et la férocité d'un esprit court. Le conseiller de l'Ancre, son assesseur d'Espaignet et les membres de la « commission » royale, les sieurs d'Urtubie et d'Amou, décimèrent le Labourd; ils se transportèrent dans vingt-sept paroisses, bien que le château de Saint-Pée demeurât le centre de leurs « opérations »; ils multiplièrent les exécutions sanglantes, envoyèrent tant de pauvres gens aux prisons de Bordeaux qu'elles devinrent trop étroites, et s'attaquèrent même aux prêtres qui défendaient leur troupeau. Aussi de l'Ancre dit nettement que les premiers sorciers dans le pays basque c'étaient les curés. L'un d'eux, qui avait voulu arracher une malheureuse femme au supplice, fut convaincu de complicité diabolique, car, au moment où « le bourreau détachait la condamnée du gibet pour la jeter au feu, une affreuse éruption de crapauds sortit de dessous sa tête ». De l'Ancre affirme « qu'il en a été témoigné ». Il ajoute que ce sont les prêtres qui ont enseigné aux femmes damnées à recueillir, pour en faire des remèdes qu'elles vendent à prix d'or, « un lichen qui croît sur le crâne des morts ».

Il parait certain que, vers ce temps où de l'Ancre « opéra », le pays basque, et surtout le Labourd, connut un singulier état de la santé publique, — santé du corps et santé de l'esprit. La race est demeurée l'une des plus superstitieuses du monde, et, de nos jours, elle est encore en proie à des variétés surprenantes de maladies nerveuses dont l'épilepsie est la plus commune. On l'appelle trop souvent « possession ». Les femmes en ont sans cesse été tourmentées plus que les hommes, et les Basques ont toujours attribué à des influences surnaturelles les maux dont ils sont affligés. Aussi l'art chimérique des conjurations, des pratiques mystérieuses contre les maléfices, est-il encore très répandu dans la contrée. C'est ce que de l'Ancre appela *la vérité* ou *l'illusion* du sortilège. Nous rencontrerons des *possédés* dans le Souletain et la Basse-Navarre, où maintenant ils sont plus nombreux que dans le Labourd; la proportion est renversée. Il n'y a pas plus de vingt ans qu'un homme fut condamné judiciairement pour avoir violé une sépulture, à seule fin de se procurer cette fameuse mousse que fait germer la tête des morts, et qui est le seul remède efficace contre les « convulsions ». Les « jeteurs de sorts » continuent à remplir les villages. La justice ne les inquiète plus, mais les habitants les maltraitent. Il est parfaitement reconnu qu'une correction appliquée à la sorcière guérit le malade que la méchanceté de la vieille diablesse a cloué dans son lit. Il est probable que lorsque de l'Ancre et sa « commission » parcouraient le Labourd, suivis du bourreau toujours prêt, une partie de la population leur faisait aussi cortège, applaudissant aux atrocités des commissaires. De l'Ancre, dans un de ses « discours », assure qu'il aurait fallu exterminer trente mille personnes pour purger cette terre des abominations infernales. On n'en tua guère que trois à quatre mille. La moitié fut jugée à Saint-Pée, par ces juges dérisoires, plus ignorants que leurs justiciables et bien plus méchants. Ces vieux murs devraient encore garder une odeur de sang et de tisons; on assure que, la nuit, ils sont hantés.

Pourtant, voici un joli chemin, honnête et gracieux, qui passe sous les ruines et descend à la Nivelle.

Un vieux pont traverse la rivière; le chemin incline à gauche et me conduit au petit village d'Olha; j'en laisse à droite un autre qui mène à Sare; la Nivelle a fait un coude et me présente un nouveau pont; celui-ci est de bois, tout à fait rustique. La grande vallée qui s'en va serpentant vers Sare, en replis d'une fraîcheur délicieuse, est désormais à mes pieds; je m'élève à travers des bouquets de bois de chênes, au feuillage noir et serré. Singuliers petits arbres trapus, qui ombragent, deci, delà, la cour d'une métairie] jonchée de paille, où des poules pi-

L'ÉGLISE D'AINHOUE.

corent; au centre, dans un trou vaseux, des canards barbotent. Petite nature de couleur très chaude, de tons pourtant un peu sombres, qui rappelle les tableautins du peintre Jacques. Le métayer est sur sa porte : chemise blanche, espadrilles blanches, ceinture bleue, grand berret bleu, un mouchoir au cou, la veste noire à l'épaule, culotte noire.

Le chemin monte entre cette bordure de chênes; la montée même est assez raide. Les ombrages cessent, et je me trouve placé au-dessus d'un cercle de vastes prairies ; la Nivelle y trace un joli croissant d'eau brillante. La route se resserre de nouveau et me présente un court défilé, au sortir duquel Ainhoue m'apparaît, se dessinant en silhouette dominée par une église qui porte un clocher alerte. Je rejoins la grande route d'Espagne, venant à Bayonne par Cambo ; je revois encore une fois la frontière espagnole. Ainhoue est, de ce côté, le dernier village français.

La rue principale, c'est tout simplement la route, bordée, sur un parcours de trois à quatre cents mètres, de ces mêmes belles maisons de bois qui réjouissent les yeux à Saint-Pée. Celles-ci sont en partie décorées de balcons de fer ; le balcon, c'est usage d'Espagne. Ainhoue est dans une situation charmante, assis sur ce plateau, environné de prairies et de cultures. Le petit mont d'Axulay domine le bourg ; là est un ermitage, Notre-Dame-de-l'Aubépine, où se fait un grand pèlerinage à la Pentecôte ; mais le temps de l'aubépine est passé ; il vaut mieux descendre vers la Nivelle, jusqu'à la frontière même, marquée par le pont Danchariaénea, où se trouve une étonnante auberge.

Etonnante, d'abord parce qu'elle est propre comme une hôtellerie suisse. Tout y est peint à l'huile, les murailles en jaune, avec des lambris bruns, les poutrelles du plafond en blanc ; le plancher est soigneusement ciré. Les sièges, les tables, les buffets de la salle à manger sont en sapin verni ; au mur, des estampes représentant des scènes de mœurs espagnoles, et les costumes de ces proches voisins ; — dans un des angles, encombrant même passablement le centre de la pièce, le meuble le plus inattendu en un lieu pareil — un piano à queue. — Je n'ai rien à dire contre ces grandes machines à musique, si ce n'est qu'elles tiennent de la place. Mais, après tout, la présence de cet instrument énorme s'explique ici par le nom même de *Danchariaénea*. Il paraît qu'en langue basque, ce mot, qui n'en finit point, veut dire le pays des gens qui dansent.

L'hôtelière paraît ; elle est vêtue à la française, — *en dame ;* —

elle connaît Paris, elle y a vécu. J'aime assez à rencontrer en voyage de ces anciens damnés du grand enfer qui ont eu le bonheur d'en sortir. Le plus amusant, c'est qu'ils croiraient se manquer à eux-mêmes, s'ils ne témoignaient point tout de suite que le souvenir en est resté, saignant et frémissant, dans leur cœur. — Ah! Monsieur, on ne vit qu'à Paris! — Eh, oui! c'est en-

AINHOUE, LE PORCHE DE L'ÉGLISE.

tendu, ça se dit d'un bout à l'autre de la province de France et même des autres pays d'Europe et d'Amérique. On ne vit qu'à Paris; seulement, c'est partout ailleurs qu'on asseoit paisiblement son existence et qu'on la prolonge. L'hôtelière de Danchariaénea a des soupirs à fendre l'âme, quand elle parle de la « grand'ville ».
— Le jardin de l'hôtellerie, où je plonge par la croisée ouverte, est remplie de l'ombre des figuiers; la vigne s'accroche aux arbres; le jardin est fort bien soigné, planté de toutes sortes de fleurs, et des senteurs fraiches et pénétrantes s'en élèvent. Au pied même de

la maison, un ruisseau clair se jette dans la Nivelle. — Je n'ai pas songé à demander à la dame de Danchariaénea quel quartier elle habitait à Paris. La rue du Mail, peut-être, ou quelque autre sentine bordée de maisons puantes. Et voilà ce qu'elle regrette!

Deux jeunes filles entrent dans la salle; elles sont vives et gracieusement tournées. L'hôtelière me les présente : ce sont ses nièces. Elles causent très joliment, ces fauvettes du pays sauvage. Et vous allez voir comme elles méritent bien ce nom d'oiseau mélodique. L'une d'elles se met au piano. Une excellente musicienne, ma foi, qui me régale de la valse de *Faust*, tandis que je dévore une truite, en l'arrosant d'un vin d'Espagne, du Rancio authentique, un flot d'or. Seulement la liqueur est chaude, et il est heureux qu'on ait mis sur la table une carafe remplie d'une eau claire et glacée.

Parbleu! on fait d'aimables repas sur cette frontière espagnole; car il n'y a pas à dire non, j'y suis, je la touche, je la vois indiquée par un poteau au milieu du pont qui est neuf, et s'élève à côté de son devancier dont les arches s'affaissent et dont le tablier croule. A l'extrémité, voici un poste de soldats castillans. Une route bordée de peupliers va toute droite: c'est le vestibule de l'empire de Charles-Quint. Tableau très varié, dont le fond est occupé par une série de petits monts coniques, pelés, arides, au sommet desquels s'élèvent de méchants petits fortins, avec des airs de vouloir nous faire peur, à nous autres Français. C'est la ligne de la frontière — hérissée plus que de raison.

Cette route aux peupliers, c'est celle de Bayonne à Pampelune. Elle suit la vallée de Bastan, la plus riche de la Navarre. C'est l'Espagne verte; ce n'est donc pas encore la véritable Espagne. Du côté de France, la route d'Ainhoue remonte à Ustaritz. Je la suis au retour; elle descend par des pentes rapides. De chaque côté, le fond du vallon se tapisse de bocages épais et capricieux. Végétation puissante et folle. Le soleil inonde les parties basses; il y a des feuillages sombres qui reluisent violemment, d'autres qui s'imprègnent d'une lumière grise et molle. Tous les tons ont une valeur dans ce pays de la couleur vivante.

Je passe à Espelete, au pied du Mondarrain, une montagne verte. Le village est gracieux, dans sa situation isolée, au-dessus d'une plaine fertile. Le cimetière me retient un moment ; je me le représente au mois d'avril comme un nid éclatant, lorsque les iris qui bordent toutes les tombes sont en fleur. En face de l'église, que ce cimetière environne, suivant l'invariable usage basque, un petit mamelon porte les ruines du château des comtes d'Espeleta, famille espagnole. Espelete possède un des jeux de paume les plus renommés du pays.

Après Espelete, la route de Cambo s'ouvre à droite. Le paysage qui la borde a le même caractère que toute cette partie du cours de la Nivelle : des bois, de riches cultures, des eaux abondantes, et sans cesse, au midi, les monts espagnols au fond du tableau.

MAISONS BASQUES.

LA NIVE A BAYONNE.

LA VALLÉE DE LA NIVE

Si vous voulez que nous remontions ensemble la vallée de la Nive — comme nous avons fait de la Nivelle — depuis son confluent avec l'Adour jusqu'au cœur du pays basque, il faut que nous rentrions à Bayonne. La route à suivre est d'abord celle de Saint-Jean-de-Luz, qui continue les vastes allées d'arbres contournant les remparts. Nous passons au pied des bâtiments neufs qui remplacent le château de Marrac. Au-dessus, et sur une hauteur qui domine le cours des deux rivières, des fortifications s'élèvent, revêtues des gazonnements accoutumés. Ce sont des ouvrages avancés complétant le système général de défense de la place. Sans savoir pourquoi, je pense à la joyeuse bouffonnerie du marquis de Mascarille, dans la comédie de Molière. Il se vante d'avoir enlevé une demi-lune. — Bon! lui répond le vicomte de Jodelet, c'était bien une lune tout entière!

Préférons-nous aller à pied? alors suivons le bord de la Nive jusqu'à ces fortifications. Nous trouvons à droite le premier village basque, Bassussary, nous traversons le ruisseau de l'Urdains, laissant derrière nous le château qui porte ce nom, qui présente de belles terrasses et un parc très ombreux. Désormais, nous allons suivre la ligne de faîte des coteaux qui dominent la rive gauche de la Nive, et nous traversons le bois de Berriots.

Au-dessus de nous, le mamelon de Sainte-Barbe, également boisé. La vue est belle, d'un côté, sur la plaine assise entre la chaîne des monts et l'Adour, de l'autre sur la vallée d'Ustaritz. On ne découvre point la mer. En bas, les pieds dans l'eau, voici des ruines, — celles du vieux château de Huetzsca.

Mais n'ai-je pas dit que Bassussary était le premier village basque? Un peu de géographie — ou plutôt de simple topographie — ne serait pas ici inutile. Le lecteur doit se rappeler que le pays basque français forme trois subdivisions: le Labourdin ou pays de Labourd, la Soule, la Basse-Navarre, et qu'il occupe une partie de l'arrondissement de Bayonne, une très petite partie de celui d'Oloron et l'arrondissement presque entier de Mauléon-Licharre. Il est important de connaître les villages qui forment la lisière au delà de laquelle on se trouve en Béarn ou en Gascogne, et où cesse l'usage de l'Escuara (langue basque).

Ces paroisses, dans l'arrondissement de Bayonne, en allant de l'ouest à l'est, sont : Bidart, Bassussary, Lahonce, Briscou, Bardos près de Bidache, Ayherre, et Bergouey-Villeneuve qui touche au département des Landes; dans l'arrondissement de Mauléon, Ilkare, Arbouet, Arout, Charite de Bas, sur la route de Saint-Palais à Oloron, Arrast, l'Hôpital Saint-Blaise — et dans la pleine direction de l'est, Montory et Sainte-Engrace; — enfin Esquinie, dans l'arrondissement d'Oloron. La plupart de ces bourgades ne sont pas même indiquées sur les cartes, sauf celles de l'État-Major, pourtant; mais, comme ces dernières ne passent pas ordinairement sous les yeux de nos lecteurs, ce ne serait point les servir que de déterminer plus exactement la situation de chacune de ces *communes frontières*. Je les ai désignées, cela suffit.

J'ajoute une indication plus générale : le pays basque, qui est, comme on le sait, borné au nord par l'Adour, à l'ouest par l'Océan, au sud par les Pyrénées, qui le séparent soit des voisins du Béarn, soit des frères d'Espagne, — et les Basques espagnols sont bien plus nombreux que nos Basques français, — ce pays a pour limite à l'est une ligne courbe qui touche aux cantons de Sauveterre, de Navarrenx, de Sainte-Marie d'Oloron, d'Aramitz, et même, parfois, y forme enclave. Navarrenx est mi-partie béarnais, mi-partie basque. Aramitz est situé dans la vallée de Baretous ; la vallée voisine, Aspe, est basque, au moins jusqu'à Sainte-Engrace.

Nous sommes ici dans le pays Labourdin encore. Ustaritz, que nous allons atteindre, a même été la capitale du Labourd.

Ustaritz n'est pourtant qu'un grand village bâti sur les deux bords de la route qui court à pic au-dessus de la Nive, et formant deux agglomérations séparées par une distance de sept ou huit cents pas. L'église est moderne, construite dans le style gothique, et les habitants en sont assez fiers. Mais quoi ! étant neuve, ou à peu près, que voulez-vous qu'elle offre d'intéressant ? Ustaritz a une histoire ancienne et a donné naissance à deux personnages qui ont marqué de deux façons passablement différentes dans l'histoire du siècle présent. L'un fut un homme politique, l'autre un chanteur et comédien.

Mais peut-être ne verrez-vous pas bien où est la différence, car enfin la politique et la comédie....

Le premier des deux fut aussi mêlé à une grande tragédie. C'est lui qui reçut mission, il y a tout à l'heure quatre-vingt-dix ans, d'aller trouver dans une prison célèbre un prisonnier d'une qualité extraordinaire, et de lui signifier son arrêt de mort prononcé par des juges qui n'avaient pas craint de s'instituer eux-mêmes. Ces juges, c'étaient les membres de la Convention ; cette prison, c'était le Temple; ce prisonnier, c'était Louis XVI; ce délégué sur qui reposait ce redoutable office, c'était le ministre Joseph Garat.

Plus tard, il fut sénateur et comte de l'Empire, membre de l'Académie française, car c'était un bon écrivain, mais rayé en 1816, comme régicide, de la liste des Quarante. Son frère, Dominique Garat, avait été membre aussi des assemblées révolutionnaires; il eut un fils, qui fut le célèbre chanteur. Ce Pierre-Jean Garat, né à Ustaritz en 1764, et mort en 1823 à Paris, dont il était encore l'idole à près de soixante ans, paraît même avoir été le premier de nos rossignols français sans plume. Chanteur bouffe et chanteur sérieux à la fois, tous ses contemporains s'accordent à dire que sa voix avait une étendue et une flexibilité prodigieuses. Jean-Pierre Garat fut aussi le type des *Incroyables*, l'arbitre de la mode, et le plus grand vainqueur de femmes, en un temps où la vertu n'existait pas même dans les livres, ce qui est pourtant son dernier refuge. On a gardé autant de souvenirs de sa fatuité que de ses talents; elle avait quelque chose de primitif qui frappait les observateurs de ce temps-là, et l'un d'eux écrivait un jour: Ce Garat est un coq basque.

Eh bien! je descends la rue d'Ustaritz, je rencontre un autre *coq* du pays, un garçon de vingt-cinq ans, crâne et superbe. Il s'en va avec des dandinements qui semblent dire précisément ce que dit une fois le beau chanteur de Paris dans une assemblée de femmes : — Ne me faites point chanter, vous seriez toutes esclaves! — Ce compagnon rustique est épris de sa force et de son agilité; n'eût-il que les ruisseaux descendant des monts pour s'y mirer comme Narcisse, il y verrait l'élégance singulière de la vieille race dont il est issu. Il porte un habit pittoresque qui n'a point la recherche des modes du Directoire; mais comme il aurait bien su faire tourner sa tête alerte au-dessus de l'énorme cravate de ce temps-là! Comme il aurait fait le moulinet avec son gourdin! — Et comme il se serait fait aimer des « muscadines »! Et comme il aurait trouvé naturel qu'on l'aimât!

La fatuité est un fruit de la civilisation, c'est aussi un instinct de nature chez les beaux mâles, et la comparaison avec le coq est juste. Voilà le premier des fats ! Je revois le chanteur Garat en ce fol habit d'*Incroyable*, entre les efféminés de l'ancien régime, avec leurs formes efflanquées comme des levrettes, et les mal dégrossis du régime nouveau, avec leurs airs de loup. Ce Basque aux proportions fines et vigoureuses méritait de donner le ton, et il le donna.

Si vous entrez dans le cimetière d'Ustaritz, vous y trouverez une belle preuve de l'amour que les Basques ont pour leur pays. Joseph Garat, après une existence quelquefois brillante et toujours agitée, si souvent conduite par la peur, et remplie par les amertumes qui suivent ces lâches défaillances, après avoir été l'un des instruments de la Terreur, lui, un modéré, l'un des courtisans de l'Empire, lui qui avait été républicain, après un long exil, enfin, que la Révolution de 1830 venait de terminer en cessant d'interdire le sol français aux régicides, — Joseph Garat, mort en 1833, voulut reposer sous la terre natale.

Sa tombe est là : une petite chapelle au milieu des sépultures basques, ordinairement surmontées de la « croix sarrasine », et dont les bordures relevées chaque année sont encore ici entourées de plants d'iris. Cette fleur présentait sans doute, en d'autres temps, un symbole dont le sens est perdu. Cette croix sarrasine, toujours en granit, est étrange : le bras vertical, très long, est taillé en dentelures quelquefois élégantes, le bras horizontal tout uni et très court. D'autres tombes, au lieu de la croix, portent un ornement funèbre dont la forme est unique : c'est une sorte de disque où sont gravées quelquefois des étoiles, d'autres fois des fleurs inconnues et grossières, et qui a certainement une origine orientale.

Ustaritz est un des plus vieux centres de population basque et devint la capitale de la vicomté du Labourd, quand Bayonne s'avisa de vouloir être ville libre et république ; plus tard, le bailli de Labourd y eut son siège ; mais cet honneur fut bientôt enlevé à l'antique bourgade par Saint-Pée, puis par Urrugne. Nous avons vu les guerres soutenues pour la possession du bailliage. Ustaritz, dépossédé, garda longtemps encore l'assemblée des anciens, qui délibéraient sous des chênes, — ni plus ni moins que saint Louis à Vincennes. Il paraît que le vocabulaire de Rome avait pénétré dans la langue euscarienne, puisque le lieu de ces délibérations solennelles s'appelait le *Capitole-Kerri*. Aujourd'hui,

LA VALLÉE DE LA NIVE A CAMBO.

tous ces glorieux privilèges sont évanouis. Ustaritz n'a plus ni bailli ni petit parlement, mais il a des moulins situés sur les ruisseaux qui vont se mêler à la Nive ; il a ses beaux bois qui lui ont donné son nom, *Ur-harritz*, riche ou fertile en chênes.

Sur les collines, de petits groupes de maisons blanches sont assis au milieu de jardins fruitiers ; les ombrages deviennent plus épais à mesure qu'on redescend vers la rivière par une route qui passe au pied d'une église et du séminaire de Laressore, puis s'éloigne de la Nive, traverse un de ces petits cours d'eau qui fait tourner un de ces moulins du joli nom d'Ospitalia. Quelques centaines de mètres encore, et cette route va bifurquer : d'un côté elle se dirige vers l'Espagne : c'est le chemin de Pampelune, que nous retrouvons sans cesse ; de l'autre elle conduit à Cambo.

Cambo est un des lieux de villégiature recherchés par les Bordelais, comme Saint-Jean-de-Luz et l'île des Faisans. Seulement, ils viennent à Saint-Jean chercher la mer, à l'île semer et récolter les coups d'épée ; à Cambo, ils vont se refaire après la fièvre. Il paraît que la langueur qui succède aux maladies ne résiste pas à l'action des sources ferrugineuses ou sulfureuses de Cambo ; on y arrive sur des matelas et des oreillers, porté sur un brancard ; on prend ses jambes à son cou pour s'en aller. — Quand je songe qu'il y a des sceptiques pour prétendre que nous ne sommes plus au temps des miracles !...

On ne peut nier qu'il ne s'en fasse à Cambo — miracles tout humains, des cures nombreuses et vraiment extraordinaires. Je reparlerai de ces eaux tout à l'heure. La situation de la petite ville n'éveille point d'abord l'attention du voyageur ; le lieu est charmant, mais c'est déjà un charme usé, surtout si l'on vient d'Ustaritz. Les deux bourgades se ressemblent. Cambo est, comme Ustaritz, divisé en deux villages ; seulement ici le niveau des deux est différent. Le *bas Cambo* est sur la Nive, qui décrit un demi-cercle enserrant une plaine très riche, bornée par des coteaux. Le haut Cambo est joliment planté en terrasse, à quelques deux ou trois cents pieds au-dessus de la rivière, sur l'un des contreforts de l'Ursouya.

Cette position paraît réellement belle quand on est arrivé sur cette terrasse, ouvrage des hommes et point de la nature, soutenue par une forte maçonnerie, bordée d'une double rangée de platanes. Êtes-vous amis du platane ? C'est un arbre opulent et gai, très coquet aussi, avec son tronc blanc, dont la première écorce se détache sous la main ou tombe d'elle-même, pour en laisser voir

11

une autre fine et satinée, — avec ses grandes feuilles dentelées, d'un vert tendre. Son ombrage est léger et n'intercepte point l'air, comme le feuillage épais et noir des marronniers, par exemple. — A Cambo, ils sont du plus aimable effet, ces platanes sous lesquels viennent s'abriter les baigneurs logés sur la terrasse même, bordée de l'autre côté de cinq ou six hôtels et d'une cinquantaine de maisons. Au-dessous du parapet qui règne au-devant des arbres, descendent des pentes gazonnées, parsemées de taillis, mais si escarpées qu'on ne saurait s'y promener qu'à « quatre pattes » — exercice sans noblesse. Et d'ailleurs, jugez vous-même s'il convient à des convalescents !

Pourtant, un moment vient dans l'année où l'affluence à Cambo est si grande que les coteaux voisins, comme la plaine et les escarpements eux-mêmes, se couvrent de monde. Et l'on s'y tient debout et pressé. La foi peut faire cela; elle transporte bien des montagnes. Une croyance universellement répandue dans le pays, c'est que si l'on a bu de l'eau de Cambo le 23 juin, veille de la fête du grand saint Jean-Baptiste, on est à peu près assuré de n'avoir point de maladie pendant tout une année. Aussi, de toutes les campagnes et montagnes et de tous les bourgs et hameaux, on accourt par centaines, par milliers. Il faut bien camper sur les hauteurs, la vallée est trop étroite. L'établissement thermal est situé au bord de la rivière, et les sources, qui s'y perdraient si on ne les arrêtait au passage, coulent entre des rochers, sous des arbres énormes. Le lieu est médical et romantique; mais, le 23 juin, il mérite surtout cette dernière épithète, car les Basques s'y rendent, flûtes et tambourins en tête, et il parait qu'en effet ils commencent par danser.

De nouvelles troupes d'arrivants se succèdent sans cesse de minuit aux premières lueurs du matin. Ils poussent devant eux des mulets chargés de bouteilles et de jarres; après avoir bu pour leur compte, ils les rempliront et porteront l'eau miraculeuse à leurs parents malades. L'efficacité n'est peut-être pas la même pour tous, puisque ceux-ci, enfin, ne la boiront que le 24 juin; mais les porteurs obligeants n'ont pas autant de souci de cette différence que s'ils s'y exposaient eux-mêmes. On est toujours moins exigeant pour les autres que pour soi. — Après avoir bu, ils ne sont, au reste, qu'à demi rassurés. La libation du 23 juin à Cambo n'est qu'une des deux précautions à prendre, chaque année, contre le mal. La deuxième consiste à se baigner dans la mer, à Biarritz, le dimanche qui suit l'Assomption. Ces deux choses faites, un bon Basque dort dix mois durant sur ses deux oreilles; il défie la fièvre et la peste.

Au mois d'août, les baigneurs et buveurs sont nombreux à Cambo; mais ce n'est plus le peuple des malades, c'en est le choix et l'aristocratie. Il y a une source sulfureuse assez chaude et une source ferrugineuse froide. On y reçoit la médication en douches, en bains, en inhalations, et dans presque tous les traitements, l'action des deux sources est combinée. Les maladies des voies respiratoires, de la peau, de l'estomac, les rhumatismes et la chlorose paraissent être combattus avec succès. On peut dire du nouvel établissement qu'il est tout luisant neuf; il paraît bien ordonné. D'ailleurs, les malades y vivent dans un milieu salubre, suffisamment pourvu de distractions, qui ne sont point achetées par trop de fatigues. Excursions faciles, assez variées et peu lointaines.

Là-bas, une hauteur où l'on monte par des lacets très doux, et que de grands châtaigniers ombragent, s'appelle la Montagne-des-Dames. Très bien nommée. La vue en est agreste; mais ce n'est pas une vue de montagnes, et les yeux se heurtent seulement à des coteaux, qui ne sont que les premiers faîtes de l'Ursouya et du Mondarrain. Au flanc de l'Ursouya sont campées d'agréables ruines, et voilà pour les baigneurs qui manient un peu le crayon.

Pour ceux que l'archéologie chatouille, il y a le camp de César au sud, avec une légère inclinaison vers l'est. Le général de

Nansouty, qui fait autorité en toutes choses dans les Pyrénées, n'a point voulu voir un ouvrage romain dans ce retranchement, qui n'est pas, en effet, construit suivant les règles romaines. Ce n'est rien de plus, rien de moins qu'un énorme labyrinthe s'enroulant en vingt replis garnis de talus, défendu par des fossés; l'enceinte est assez vaste pour recevoir tout un peuple. Dix mille personnes y tiendraient sans peine. Quelques savants étrangers ont insinué que le camp de César pourrait bien n'être qu'un campement ibère, remontant, par conséquent, à une antiquité considérable. Mais les savants du pays ont fait leur siège sur le labyrinthe : c'est un ouvrage de Légionnaires. Au reste, ces mêmes savants, étant en voie d'hypothèse, en ont formé de toutes sortes sur ce coin du pays; et, par exemple, Cambo n'étant pas, en effet, un nom basque, ils veulent voir ici une colonie celtique. — Quant à moi — s'il faut le dire — étant un pur, un vrai Celte, je ne voudrais point contredire une supposition qui me fait voir dans mes pères la même humeur voyageuse que dans leur fils.

Au sud-ouest, autre promenade — pour les dames encore, celle-ci, — c'est la montagne de la Bergerie, laquelle montagne est à peine une colline. La distance est de mille mètres jusqu'au sommet. Encore y va-t-on monter par une pente insensible, sous des ombrages. Les habitants de Cambo prétendent qu'on y arrive « par enchantement ». On trouve en haut une étable qui sert d'abri à de nombreux troupeaux de moutons, ou qui doit leur en servir. J'ai comme un vague sentiment que ces moutons sont imaginaires ; je ne les ai pas vus. On m'a dit qu'ils paissaient un peu partout dans les ravines; je leur souhaite une herbe tendre. De la Bergerie, j'embrasse un joli panorama. Cambo est à mes pieds; un peu plus loin, sur la même ligne, Halsou; en face, Laressore, Ustaritz, des ruines, des châteaux; à l'ouest, la mer toute illuminée des reflets rouges du couchant. Je n'ai pas perdu la journée qui va finir.

Le matin, je quitte Cambo. La route suit d'abord la rive gauche

LE PAS DE ROLAND.

de la Nive, puis s'élève, et tout à coup une magnifique échappée s'ouvre sur les monts. L'Ursouya, le Mondarrain, la Rhune tiennent et ferment l'horizon. J'entre dans Itsatsou, village singulier, placé au seuil d'un rude passage, et lui-même riant, paisible et comme endormi sous de gros bouquets de cerisiers. Le guide me rejoint, il amène les chevaux. Quant à moi, j'aurais bien préféré enfourcher un de ces petits ânes, à la jambe fine et nerveuse, que j'ai vus dans le bourg... Mais, que voulez-vous?... Le respect humain!...

Nous allons faire l'ascension du Mondarrain. Ce n'est pas le pic de Midi! Moins de huit cents mètres. Encore cette pyramide — car le petit mont est conique — a-t-il la courtoisie de se laisser aborder à cheval. En tout, c'est une montagne civilisée. Et d'abord, c'est peut-être la seule au monde dont le pied soit tapissé de cerisiers, et je sais bien que les Parisiens ne me croiront pas, ce qui ne m'empêchera point de le dire : ce « pain de sucre » produit des cerises plus savoureuses que celles de Montmorency. A la cerisaie, des noyers succèdent. Le Basque fait grand état de leurs fruits ; il dit : Quand on a des noix, on trouve toujours assez de pierres pour les casser, on ne meurt pas de faim. — Sur le versant du Mondarrain, après les noyers, les chênes ; ils couvrent les lacets du chemin, que des sources traversent. Presque toutes sont ferrugineuses. On ne se lasse pas aisément de cheminer sous la chênaie à la voûte fraîche, et l'on regrette d'arriver sitôt au faîte. L'ascension n'a pas demandé plus d'une heure. Les ruines d'une forteresse couronnent le mont. Les savants du pays, obéissant à leur idée fixe, ont vu dans ces énormes murailles « un poste d'observation » établi par les Cantabres. Pour le coup, cela est un peu fort! D'ailleurs, l'observatoire eût été bon, car de la cime du Mondarrain on embrasse la vallée de la Nive, la côte et la mer, de l'embouchure de l'Adour à celle de la Bidassoa. Cette vue, le vrai touriste, qui doit participer du naturel des grimpeurs, l'a goûtée déjà bien des fois dans le pays Labourdin ; n'importe ! — elle paraît à chaque épreuve plus radieuse et plus belle.

A la descente, le plus commode et le plus sage est de déjeuner à Itsatsou. Ce village sert encore de point de départ pour l'excursion vraiment célèbre, consacrée, obligatoire des environs de Cambo — le Pas-de-Roland. — Le guide a placé devant lui, sur son cheval, un panier de provisions; la salle à manger, fournie par la nature, s'ouvre sous les cerisiers. Itsatsou est décidément un délicieux village, avec ses maisonnettes entourées de vergers; l'herbe y est aussi épaisse que dans les herbages normands, et ce paysage vert forme un très vif contraste avec l'aridité des grandes roches que l'on aperçoit se dressant là-bas, à l'issue de la bourgade. Elles forment un long couloir, en avant de la ligne des monts; les yeux s'arrêtent à cette muraille; tout à coup on se soulève de son lit d'herbe, malgré soi, pris d'inquiétude. Où donc est la Nive?

La rivière a tout simplement disparu dans la gorge, et l'on va curieusement la chercher. Dans les Pyrénées mêmes, il y a peu de tableaux d'une beauté si rude. De vieux châtaigniers, allongeant d'énormes bras morts à travers leurs parties feuillues, gardent l'accès du défilé; leurs racines sont à nu dans ce chaos de pierres, et l'on ne comprend pas bien de quoi ils se nourrissent depuis des siècles qu'ils sont debout. La gorge se ferme derrière eux; pourtant les roches, en haut, ne se rejoignent pas tout à fait; un filet de lumière glisse du côté gauche, éclairant vivement un seul point au milieu de ces ténèbres; du côté droit, elles s'épaississent encore : c'est la pleine nuit. La rivière bat ces deux terribles bords; elle a détaché des blocs, qui obstruent son lit, et contre lesquels l'eau se brise avec un redoublement de colère. Ce trou noir s'emplit d'écume blanche.

Puis les deux murailles s'écartent, la Nive roule une eau d'une pureté de cristal et d'un vert d'émeraude, parmi d'autres blocs grisâtres; en quelques endroits, elle disparaît encore en partie sous le rocher qui se rejette en avant, et qui surplombe. Un peu plus loin, une roche isolée se dresse au milieu même du lit, formant une arcade assez basse, ouverte en ogive ; la rivière s'y précipite et passe avec un bruit sourd.

Voilà le Pas-de-Roland.

On ne sait comment, après la bataille de Roncevaux, le paladin, en héroïque déroute, a pu se trouver dans tant d'endroits à la fois. Pourquoi s'était-il engagé dans cette gorge sauvage ? Arrivait-il en barque, ou monté sur un cheval marin ? Le fait est que cette roche insolente lui barrait le chemin. Il la frappa de son pied furieux, la roche s'ouvrit.

Voilà quelle était la puissance de ce pied d'airain. Si la Providence nous envoyait, au moment prosaïque où nous sommes, des héros comme Roland, ils embelliraient assez notre prose. Roland, fais briller ta Durandal, et mène-nous contre de nouveaux Sarrasins, qui ne te prendront point par surprise, et que tu vaincras !.....

Quant à nous, sortons de cette gorge héroïque. Aussi bien, nous voilà tout trempés par la poussière d'écume et d'eau qui la remplit. Ce n'est pas tout : il y règne un terrible courant d'air. Le guide sourit quand je me plains d'être glacé ; cette pitié ironique ne me réchauffe point ; je retrouve avec plaisir l'air libre et le soleil. Dans le village d'Itsatsou, je rencontre pourtant un vieux Basque, au chef branlant sous son berret ; il m'invite à visiter la croix d'or de l'église, et j'y vais sans me faire prier. Cette croix n'est que d'argent doré enrichi de pierres à la manière espagnole : c'est le présent d'un habitant du village, qui avait fait fortune en Amérique. — Un aventurier basque la ferait plus aisément de nos jours, et la déferait de même à Paris, dans le triangle compris entre l'avenue de l'Opéra, la rue Laffitte et la Bourse.

Le guide, bien que ce ne soit point dans notre marché, consent à me conduire à Bidarray, et nous traversons la Nive à son confluent avec un joli ruisseau, qui fait, un peu plus haut, tourner un moulin. Le pont, formé d'une seule arche, est comme suspendu entre les roches. Le paysage, un moment, perd de son attrait : plus de cimes à l'horizon, les yeux ne se heurtent qu'à une suite de mamelons arrondis, couverts entièrement de fougères.

Ce coin de pays paraît presque désert; à peine quelques maisons éparses dans cette verdure monotone. Nous arrivons au village de Loubassoa, d'où se voit le manoir pittoresque de Macaye. Ici une légende. C'est à Macaye que se cacha, en 1835, la princesse de Bëira, fiancée à don Carlos, qu'elle voulait joindre en Espagne. Ganis, le plus célèbre contrebandier du pays, accepta la mission de la conduire à travers les soldats, les gendarmes, les douaniers français réunis dans le voisinage contre une seule femme, et vivement stimulés par l'appât de deux mille francs promis à celui qui s'emparerait de la princesse. Toutes sortes de récits et même des chansons basques ont été faits sur l'adresse et le courage de Ganis, qui, portant la royale fiancée sur ses épaules, réussit à franchir, sous une pluie de balles, la Nive gonflée par un orage, et gagna la frontière espagnole avec son précieux fardeau. Après cette nouvelle poésie, d'ailleurs nouvelle prose, Ganis fut gratifié d'une pension par le prétendant carliste; elle était assez considérable, elle aurait pu l'être davantage sans ruiner le donateur et sans enrichir le donataire, car elle ne fut pas payée. Il est vrai que la fortune de la guerre ne tourna pas en faveur de don Carlos, qui se trouva bientôt aussi pauvre que Ganis.

Au-dessus de Loubassoa, le chemin redescend vers la Nive, dont nous allons suivre désormais la rive droite. Même décor uniforme qu'auparavant; il n'a de mérite que sa fraîcheur : des fermes isolées s'élèvent au milieu de bocages épais; partout des ruisseaux.

La vallée s'élargit, et Bidarray se montre, campé sur une éminence boisée, dominant le plus beau de tous les ponts antiques des Pyrénées. Il est de pierre, à quatre arches, dont la deuxième présente une ouverture énorme. Cette largeur de voûte confond les ingénieurs modernes.

Bidarray se rapproche du point où la vallée de la grande Nive rencontre deux vallées moins importantes, formées par deux autres Nives plus petites, celle de Saint-Etienne et celle d'Arneguy.

Il faut bien retenir que la première s'appelle la vallée d'Ossès. Elle a la forme d'un triangle allongé, ouvert à ses trois angles, à

LE PONT DE BIDARRAY.

l'ouest, par la gorge de Bidarray, puis du Pas-de-Roland, et la Nive de Saint-Etienne, que nous allons suivre, — à l'est, où les monts s'aplanissent, par un vallon qui monte vers Irissary. Je n'ai fait que traverser la vallée d'Ossès; elle m'a paru l'une des plus riches et des plus peuplées de cette région. Une série de villages anciens m'ont causé de jolies surprises : Saint-Martin d'Arossa à l'ouest, au centre Gailhardou, Ossès.

Ces deux dernières bourgades ne forment qu'une commune.

Gailhardou est assis dans une plaine du pays de Caux que l'on aurait transportée aux Pyrénées ; seulement les teintes, ici, sont bien plus chaudes. Ossès a ses vieilles maisons basques du xv⁰ siècle, où le style national se mêle curieusement au gothique. L'une est une véritable merveille que la Commission des monu-

LA MAISON D'OSSÈS.

ments historiques aura sûrement oublié de « classer ». Il est vrai que lorsqu'elle a « classé », cette facétieuse Commission croit que tout est dit. Nous sommes en présence d'un superbe et gracieux édifice, datant de la Renaissance, une dépendance autrefois de la commanderie d'Irissary. Les armes de l'Ordre de Malte figurent au-dessus de la porte. La maison est intacte et passablement conservée. Rien de plus léger que ce toit, pourtant immense; il surplombe, soutenu par des consoles finement sculptées, comme toutes les boiseries extérieures. Une salle à l'intérieur est surtout remarquable; le plafond en est fait de poutrelles appuyées à des consoles également, mais dont la base forme colonne. Cette chambre est énorme; elle servait apparemment de prétoire à la justice des chevaliers, seigneurs de la vallée.

Ossès a encore une étrange église en pierres rouges, que surmonte un clocher octogonal. A l'angle gauche de la façade, s'ouvre une jolie porte Renaissance. Au dedans, l'église n'offre rien de particulier.

La route, après le village, monte sans cesse jusqu'à Irissary.

LA PORTE DE L'ÉGLISE D'OSSÈS.

IRISSARY, S.-ÉTIENNE DE BAÏGORRY,

LES ALDUDES

N'aurait-on point noté dans son plan de voyage l'excursion d'Ossès à Irissary, que la maison des chevaliers de Malte, dans le premier des deux villages, donnerait envie d'aller visiter dans le second la commanderie dont elle relevait. C'est ce qui nous arrive. Il n'y a que les voyageurs anglais qui aient un itinéraire inflexible; ces gens-là ne voyagent pas, ils vont devant eux. Mais ils y vont si correctement !

Au reste, on ne les rencontre guère dans ce fond du pays basque — pas plus que les Français qui voyagent à l'anglaise. Ceux-ci ont seulement un air d'ennui qui fait tort à la correction. Ils ne cheminent point par goût; c'est le désœuvrement ou la mode qui les conduisent. Ils aimeraient bien mieux rester chez eux. — Eh, pour Dieu ! que n'y restent-ils !

D'Ossès à Irissary, ce qui nous frappe surtout, c'est l'aspect désert de la route. Elle est pourtant agréable. D'abord une jolie traversée de plaine, avec un panorama de montagnes ; au pont de Sabio, commencent les escarpements du chemin. A notre gauche nous avons le massif des Aldudes, les grands chaînons rocheux du Pas-de-Roland ; en arrière-plan, les cimes grisâtres des monts espagnols ; en avant, un autre massif plus petit, tout hérissé de pics, le Bordacahara, l'Abaracoucoharia, l'Halcalaudy, des noms qui ne finissent point. L'*Escuara* a mérité les étonnements du grand Scaliger de Padoue, père de tant de philologues, toujours prêts à disserter sur ce qu'ils n'entendent point. Il a dit : C'est une langue étrange que le basque ; c'est le vieil espagnol, comme le breton bretonnant est le vieil anglais. — En quoi le grand Scaliger s'est trompé au moins une fois. L'occasion me paraît bonne, cependant, pour rappeler que la science moderne rattache plus volontiers le basque aux langues de l'ancienne Ibérie qu'aux anciens idiomes asiatiques. Mais voilà des points obscurs sur lesquels il y a deux maîtres modernes, deux porte-flambeaux auxquels nous renvoyons le lecteur : c'est M. Francisque Michel, et c'est le prince L.-L. Bonaparte.

Les monts que je viens de nommer ne figurent pas même dans les guides. C'est bien ici le pays inconnu. Cette rude muraille à hauts pignons sépare la vallée d'Ossès de la vallée de Bigorray. Des villages nous apparaissent de tous côtés, perchés sur des monticules boisés ou tapissés de bruyères : — Iriberry, Ugariau, puis Irissary, sur un coteau très raide, que gravit pourtant la route de Bayonne à Saint-Jean-Pied-de-Port. La route ici, comme en beaucoup d'autres endroits, forme la rue principale du village.

La maison *Ospitalia* a l'église pour voisine. Vieille église, précédée d'un porche que surmonte une tour octogonale. La maison hospitalière est elle-même une vaste construction rectangulaire à deux étages, portant un large toit saillant. Aux quatre angles, à la hauteur du second étage, se voient encore de fortes consoles qui ont supporté des échauguettes carrées, à présent détruites; elles paraissent avoir été moins faites pour la défense que pour servir de signes parlants de la puissance seigneuriale. Cependant, si quelque bande se présentait de nuit pour enlever et piller la commanderie, elle trouvait des portes solides, et Monsieur le Prieur avec ses chevaliers ou ses varlets pouvait reconduire joliment à coups d'arquebuse ces pillards effrontés, du haut de ses échauguettes.

Au-dessus d'une des portes, — la principale, — figure un écusson écartelé dont les pièces effacées sont méconnaissables. C'étaient probablement les armes de l'Ordre accolées à celles du Prieur. De chaque côté se lit l'inscription suivante :

```
A HONRAY SERVICIO DE LA RELIGIO        IV TAMETE COLACA SAY GRAIA. QESTA
DE SIO AN 1607 EL COMEDADOR            DE FRETE Y REDIFICOLOS MOLINOS HA
DE YRISARI DO MARTI DE LARREAHIZ       Z I EDOLOS DEN VE BO Y PLANTOLOS MAN
OESTACA SAY PALACIO DES DE LOSGMIETOS  CANALES Y OTRAS MVCHAS ORRAS
```

Et sur la porte latérale, la date 1605, avec une croix fleurdelisée, cantonnée de croix patées.

A l'un des angles, se voit encore une croix de pierre de la même époque, véritable objet d'art et surtout de curiosité. Elle est montée sur un socle à degrés, portant le Crucifié sur l'une de ses faces, sur l'autre la Vierge et l'Enfant-Dieu sous un dais. Les bras de la croix sont soutenus par des têtes d'anges qui servent de consoles.

A l'intérieur de la maison Ospitalia, rien, plus rien. On retrouverait sans doute épars dans les maisons du pays des objets curieux qui ont appartenu aux chevaliers ; ce coin basque a peut-être des collectionneurs, car il a de riches châtelains.

Nous rentrons pour dîner à Ossès ; nous reviendrons demain sur nos pas, et rejoignant le point où nous sommes sortis de la vallée de Bidarray, nous trouverons d'abord le village d'Eyharce, au confluent des deux Nives de Saint-Etienne et d'Arneguy.

Au lever du soleil, nous nous engageons dans l'étroite vallée qui conduit à Saint-Étienne. Le pont est jeté devant Eyharce, assez petit village, assis au revers d'un coteau ; à droite et plus haut dans les roches, un ravissant clocher s'élance : c'est celui de Saint-Martin d'Arossa. Une double chaîne rocheuse enserre la route, qui s'ouvre tout à coup à gauche par une large échancrure, et laisse passer la Nive de Saint-Jean-Pied-de-Port, la véritable mère de la grande Nive de Bayonne, qui vient se réunir à celle de Saint-Étienne, ou plutôt des Aldudes. Au-dessus de ce nouveau confluent, la vallée se resserre, plus sauvage.

A notre gauche, la Nive de Saint-Étienne coule profondément encaissée au pied des montagnes grises et vertes. Le sommet est nu ; la base se recouvre d'une végétation puissante — mélange de toutes les essences d'arbre et de tous les tons qu'elles peuvent offrir. L'autre bord n'a pas moins de fraîcheur et de variété. Un vaste parc descend jusqu'à la rivière. Le château qu'il entoure est campé sur un grand monticule ombragé de hêtres énormes, audevant du rideau déployé des monts : c'est Lacarre, maison moderne, dont l'architecture est sans intérêt ; mais la belle demeure !

Un peu plus loin, voici le village de Leispars ; la route de Saint-Jean-Pied-de-Port vient croiser celle que nous suivons. Un pont traverse la Nive. Nous entrons dans Saint-Étienne de Baïgorry, sur le flanc occidental de l'Adarca. Ces montagnes à la tête grise, qui dominent le bourg au midi, sont le chaînon qui nous sépare de la Navarre espagnole. Nous savons que de l'autre côté est Erazzu, ville de « palacios » armoriés, centre de noblesse militaire autrefois, comme Fontarabie, et plus bas dans la vallée du Bastan, Bozate, ancienne bourgade, entièrement peuplée de cagots. Mais nous nous sommes interdit de franchir désormais la frontière ; nous allons trouver, d'ailleurs, les traces de ces cagots aux environs de Saint-Étienne.

Le bourg est situé sur les deux bords de la Nive; mais est-il possible de dire que Saint-Étienne et Baïgorry soient un bourg, ou deux bourgs plutôt qui n'en font qu'un? La commune n'a pas une étendue de moins de trois lieues; les maisons y sont disséminées de toutes parts, isolées ou par groupes. C'est ici que nous rencontrons pour la première fois l'usage invariable dans la Soule,

L'ÉGLISE DE SAINT-ÉTIENNE.

qui consiste à graver au-dessus de la porte de chaque demeure le nom du fondateur et la date de la construction. Les maisons de Saint-Étienne remontent pour la plupart au siècle dernier. Des deux côtés de la Nive, la population agglomérée peut être de mille à douze cents âmes. Saint-Étienne est une villette en décadence; on y exploitait autrefois des gisements de cuivre argentifère, épuisés aujourd'hui, et qui faisaient sa richesse. Baïgorry eut son grand homme, le maréchal Harispe.

Un Basque, qui fit presque toujours la guerre aux environs de son pays ou dans son pays même. D'abord chef d'une compagnie de chasseurs basques levés en 1793 contre l'invasion espagnole; plus tard major général de Moncey en Espagne, général divisionnaire en 1813, sous les ordres de Soult, et défenseur à la Rhune des montagnes natales; — après 1830, commandant supérieur de tous les départements pyrénéens; au début du second Empire, à quatre-vingt-dix ans, créé maréchal de France : voilà les états de service du vieil Harispe. Le manoir d'Etchaux, où il naquit, touche à Saint-Étienne; il est enseveli au château de Lacarre, qui appartient à son petit-fils. Harispe est le héros d'une chanson basque :

> Cartiel bat deitzen da Franzian Baigorri,
> Etchauze hortan duzu sujet handi hort
> Gen de noble haienzat hori zen coubeni
> Harispe générala Jaincoac igorri.

« Il est un pays en France qui a nom Baïgorry. Ce personnage distingué habite Etchaux. Il était digne de cette noble famille; Dieu (Jaincoac) lui envoya le général Harispe. »

Ce manoir d'Etchaux est assis entre Baïgorry et Saint-Etienne; sous les ombrages de son parc, au revers de la colline, est le hameau de Michelena, repaire ou refuge d'une tribu de cagots au temps jadis, et encore habité par leurs descendants. Ils sont affranchis de la casaque rouge, la livrée de la servitude et de la peste, mais point des misères de leur origine. La possession de la terre ne leur est plus interdite; seulement, la terre est une marchandise, et pour l'acheter il faut de l'argent : ils n'en ont pas. Demandez quelle peut bien être leur industrie, on vous répondra par des hochements de tête. On continue de les mépriser, il faut donc qu'on ait l'air de les craindre. La vérité, c'est qu'ils vivent si obscurément qu'on ne peut bien savoir de quoi ils vivent. Beaucoup émigrent, et vont chercher fortune dans l'Amérique du Sud, où on ne la fait plus. Ils sont deux cents environ; j'ai voulu les voir. Ni leurs habitations, ni leurs visages ne diffèrent de ceux des indigènes ; leurs maisons seulement sont plus pauvres, leur peau est plus bistrée[1]. Or, les traditions sur ce point-là sont constantes. Un cagot aux cheveux noirs et au teint brun n'est pas un vrai cagot. Les réprouvés doivent avoir le visage blanc, même blafard, une chevelure couleur de paille, et les yeux bleus.

Etchaux est un bâtiment carré flanqué de tourelles à ses angles, qui s'élève sur une terrasse d'où l'on embrasse toute la vallée. Ce point est très favorable pour bien reconnaître la situation de la petite ville sur les deux bords de la rivière. D'un côté, c'est Baïgorry : une longue rue aux maisons anciennes, à son extrémité une grande place ; tout près le jeu de paume, le plus important et le plus renommé du pays basque ; puis la rue qui recommence, puis la route d'Ossès. La construction du jeu de paume est due à la munificence des riches habitants; une inscription le constate :

D'ABBADIE
HIRUR ANAYIER
BAIGORRIC
MILACA ESKIER
1857.
DEBECATUA-PLECAHARITCEA.

Au fond est le mur classique qui arrête la balle ; des deux côtés règne une petite muraille légèrement arrondie et formant deux étages de gradins. C'est la disposition antique et le commencement d'un cirque romain. Les joueurs, tandis qu'ils se reposent en s'essuyant le visage, ont devant leurs yeux des pics déchiquetés et des montagnes vertes.

Une partie de paume dans le pays basque attire mieux que des troupes de curieux ; c'est tout un peuple qui accourt. Toutes les

---

[1]. On trouvera, dans le tome Ier de cet ouvrage, des renseignements sur la race proscrite des cagots.

arènes ne sont pas entourées de gradins, comme celles de Baïgorry ; le plus souvent, des milliers d'hommes et de femmes demeurent debout, pressés à ne pouvoir lever les bras, pendant cinq à six heures, sous le soleil cuisant. La passion fait oublier la souffrance. Avant que la partie ne soit commencée, les propos vont leur train. Il y a des paris engagés quelquefois pour des sommes importantes, et les intéressés, naturellement, vantent leurs hommes. A Baïgorry, particulièrement, la jactance est assez ordinaire. Les habitants de la bourgade ont la réputation d'être beaux hâbleurs ; je ne sais trop si elle est méritée ; mais, suivant un dicton basque, à Baïgorry, lorsque, par exemple, on veut se marier, il faut prendre garde : les parents de la fiancée disent que « la vaisselle de la maison est en or ». Après le mariage, il se trouve que « la vaisselle est de terre ».

Toutefois, à Baïgorry comme ailleurs, dès que la paume a volé, la foule se tait.

Les joueurs, en pantalons légers retenus par une ceinture rouge, ont la main armée d'un gantelet de cuir ; ils sont divisés en deux troupes ennemies : l'une, au pied du mur qu'ils appellent *rebot*, présente la figure d'un angle aigu ; au sommet se tient le principal champion du parti de la défense ou du *repous* ; les deux autres demeurent à sa droite et à sa gauche, en arrière de deux ou trois pas. En face, le parti de l'attaque est également disposé en angle, à une distance égale du *paso* ou ligne du milieu. Au sommet, ici, est le *buteur* ; c'est lui qui lance la balle, que renvoie l'adversaire du *repous*. Elle est lourde, très lourde, et dans ce grand silence établi parmi les spectateurs, on l'entend siffler, fendant l'air avec une telle force que si l'un des joueurs en est atteint, il est souvent renversé, et presque toujours sérieusement contusionné. Les coups se succèdent et varient ; il y en a qui donnent lieu à la *chasse* de la paume, et qui demandent dans les lutteurs une agilité rare. Entre eux, d'un parti à l'autre, ils emploient mille ruses intéressantes. Mais un jury très sévère préside et surveille le jeu; s'il y a contestation, les spectateurs interviennent quelquefois et donnent leur avis. D'autres fois, ce sont les joueurs eux-mêmes qui le demandent, en criant : *Plazo*. Il est presque sans exemple qu'ils refusent de s'y soumettre.

Ce n'est pas sans raison que le jeu de paume fut réputé autrefois *un jeu noble*. En cette qualité, il eut une grande vogue chez nous aux XVIe et XVIIe siècles, parmi les jeunes gentilshommes et jusqu'à la cour de France. C'est vraiment un exercice de grande allure, qui exige toutes les conditions de la prudence, de l'adresse et de la force. Dans le pays basque, en terre française comme en terre espagnole, un beau joueur de paume acquiert une popularité extraordinaire. C'est le dépositaire de l'honneur national. Nos Basques français en ont compté plus d'un; il faut pourtant bien avouer qu'ils sont trop fréquemment battus par leurs rivaux d'Espagne. La cause de ces revers n'est pas l'infériorité de leur adresse; cela vient surtout de ce que nos Basques français sont des « amateurs du dimanche », parce qu'ils sont des travailleurs pendant la semaine. Ce peuple agricole mène la charrue, tandis que les Espagnols, ordinairement oisifs, s'exercent tous les jours, et de la paume ont fait un métier. Ils passent la montagne, quand une grande partie est annoncée dans quelque canton du Labourd ou de la Soule; ils arrivent en troupe disciplinée, et dans cette petite guerre-là, comme dans toutes les guerres, la discipline est le premier gage de la victoire. Quelques-uns s'enrichissent par des gains considérables; les vaincus payent; mais qui regretterait l'argent perdu?

Le plaisir, la passion l'emportent sur toute autre considération, même dans le cœur des plus avares. Les Basques font vingt lieues à travers les monts, rien que pour voir une partie de paume; ils marchent la nuit, le jour même s'il le faut, bravant la chaleur et la soif. On cite des soldats qui ont déserté pour se rendre à ces fêtes nationales. Nous avons recueilli, après M. Germond de Lavigne, l'histoire étonnante de Perkain, le joueur des Aldudes. — Perkain avait refusé de se laisser jamais enrôler dans les armées de la Révolution; il était réfugié en Espagne. Il apprend qu'un de ses rivaux annonce une partie dans son village natal même, et il n'hésite point, repasse la frontière, se présente hardiment, il est vainqueur. Une victoire qui pouvait lui coûter cher; mais les gendarmes n'osèrent bouger. Tous les spectateurs entouraient le réfractaire et lui faisaient cortège. Ils le ramenèrent jusqu'en Espagne; ils étaient six mille.

Je crois avoir dit que le jeu de paume de Baïgorry était le plus renommé du pays basque; c'est une assertion imprudente, qui me ferait des ennemis. J'ai voulu dire seulement que c'en était le mieux construit et le plus beau.

Presque toutes les maisons du bourg portent sur le linteau de leur entrée principale ces inscriptions dont nous avons déjà parlé.

```
       IIRS       1671
CVTIAREQVIN·DVSVN·BASQVIA·AS
QVI·DVSVLA·IOANNES·DIRIBARNE·
```

Un peu plus loin, sur une autre porte :

Baïgorry n'a pas d'église. Les habitants, pour se rendre à celle de Saint-Etienne, doivent traverser la Nive sur un pont moderne. C'est même un édifice tout neuf, et qui ne cessera jamais de l'être, puisque deux fois déjà il a fallu le reconstruire. Deux fois les masses d'eau qui descendent des Aldudes pendant l'hiver l'ont emporté. Les ingénieurs en sont extrêmement surpris, les populations le sont moins. Un peu plus loin, sur la rivière, un autre pont qui ne sert plus, l'un des plus vieux du pays basque, contemple de toute sa hauteur, avec un mépris tranquille, ces ouvrages de la science nouvelle qui ne savent pas résister aux torrents. Ce mépris, les ingénieurs le lui rendent: à leurs yeux, c'est un ouvrage grossier, qui fait un terrible dos d'âne, qui, d'ailleurs, a l'inconvénient d'être pittoresque ; c'est insupportable. Mais il est solide,

LE PONT DE BAÏGORRY.

ce dos d'âne; ils travaillaient fortement et sûrement, les bâtisseurs d'autrefois.

Le vieux pont et le pont neuf — ou provisoires, épithète justifiée par l'événement — sont également placés dans le plus joli coin du monde. La Nive, en cet endroit, forme des ilots couverts d'une riche végétation. Saint-Étienne est tout encadré de cette verdure. Ce dernier village n'a d'intéressant que son église qui est vieille, surmontée d'un haut clocher carré, flanqué d'une tourelle ronde. L'église a les pieds dans la Nive. Les groupes de maisons s'étagent sur la rive droite du torrent; les habitations ne s'arrêtent que faute d'espace, au point où la vallée se rétrécit subitement et ne laisse plus de place qu'à la route à pic sur la Nive. C'est là qu'est vraiment l'entrée de la gorge des Aldudes.

Le pic le plus voisin est celui d'Arro, qui n'a pas trois mille pieds ; le mont Adarca en a près de quatre mille ; sa base, nous le savons, porte Saint-Étienne et Baïgorry, et, plus loin, renferme des mines presque abandonnées, qui auraient été exploitées par les dominateurs romains. La route monte vers les Aldudes à travers des escarpements boisés et si resserrés que les hautes branches se croisent en quelques endroits au-dessus de nos têtes. Cette gorge est plus étroite que celle même de Cauterets ; mais elle est moins célèbre, on la connaît à peine. Elle a pourtant une égalité rare dans la beauté pittoresque : tous les points en sont sauvages. Le torrent coule parfois profondément encaissé ; ailleurs, son lit se relève par de si brusques ressauts que le flot court au niveau du chemin. Cette âpreté du paysage donne par le contraste un charme plus fort au tableau soudain de fertilité et de fraîcheur que présentent les Aldudes. La vallée tout à coup s'élargit, au sortir du défilé ; ce n'est plus même une vallée, c'est un bassin qui s'arrondit sur les deux rives du torrent. De toutes parts des prairies, des champs de maïs ; un peu plus loin, un cercle de collines aux courbures gracieuses et molles, couvertes de fougères et de taillis. Les Aldudes sont un village riche, très riche. On raconte que leur prospérité s'est tout fraîchement doublée par la guerre carliste ; les habitants tenaient l'entrepôt des munitions et des vivres. Mais nous sommes en un temps où l'on n'est plus bien venu à dire que la guerre, cette terrible ouvrière de ruines, peut être aussi une voie d'enrichissement et un instrument même de civilisation. Cette vérité tient à des considérations et raisons commerciales ou historiques si subtiles, qu'elles ne sont bien comprises que par le négociant et le philosophe, — surtout par le négociant.

Les Aldudes, comme tous les cirques verdoyants, encadrés de

montagnes, ont l'aspect vivant et gai ; mais il y faut le secours du grand rieur, le soleil. De ce côté du pays, notre sol français s'enfonce en pointe dans la terre espagnole; une ligne de crêtes nous sert de frontière à l'occident ; la vallée du Bastan se couche de l'autre côté. Le col est à Berdaritz, entre deux montages rouges, comme notre Rhune, et qu'une ancienne redoute domine. Là, il y

LES ALDUDES.

eut encore un combat, mais en 1794, alors que l'aile droite de notre armée cherchait cette entrée en Espagne. Dugommier venait de gagner la bataille du Boulou, dans les Pyrénées orientales, et allait occuper la Catalogne. Le col de Berdaritz fut emporté par nos soldats.

La vallée des Aldudes a pour limite le village d'Urepuel, dernier centre français d'habitation. Urepuel est assis au pied du pic d'Istzterbeguy, d'où descend la Nive, que nous avons constamment suivie dans cette partie de notre voyage. L'ascension de l'Istzterbeguy est intéressante et facile à travers des bois de hêtres, jusqu'à une hauteur de sept à huit cents mètres. Un peu plus haut, s'ouvre un col entre deux croupes nues, dont l'une porte encore une redoute; la vue s'étend sur l'Espagne, sur de vastes espaces arides, des pics grisâtres, des vallées qui ne sont que des ravines pierreuses. Plus haut encore, les yeux pourront se reposer sur les grandes forêts de Burguète, sur le pic également boisé de Lindux et sur le Valcarlos, qui cachent le célèbre port de Ronce-

LE CHATEAU D'ETCHAUX.

vaux. Mais tout ceci est terre d'Espagne. Regardons de loin, n'approchons pas !

Et demandons grâce pour notre pays de France. Toutes ces belles vallées que nous venons de parcourir sont menacées de devenir la proie des ingénieurs. Un chemin de fer est à l'étude; le tracé venant de Cambo atteindrait Saint-Jean-Pied-de-Port par Saint-Étienne, par un embranchement remonterait aux Aldudes, de là, par Urepuel, pénétrerait en Espagne. Et voilà le cœur de la terre basque gâté. Ces ingénieurs civils sont de trop zélés destructeurs de nos paysages de montagnes ou de plaines, comme leurs frères à épaulettes du génie militaire sont les massacreurs jurés de nos vieilles forteresses.

Que voulez-vous! Il paraît que les populations le sollicitent, ce chemin de fer. Parbleu! ce n'est pas nouveau! Toutes les fois que des intérêts particuliers veulent abattre quelque fléau sur un pays, ils crient que les peuples le demandent.

Et le lapin aussi demandait à être écorché... Vous savez le reste de l'histoire.

UNE DES PORTES DE SAINT-JEAN.

HASPARREN,

SAINT-JEAN-PIED-DE-PORT

Chaque après-midi, de la place des Basques à Bayonne, partent une demi-douzaine de boîtes roulantes, ordinairement appelées diligences. Elles partent toujours et arrivent quelquefois. — Il y en a de tous les âges — sauf l'âge moderne.

Ce départ offre un tableau particulièrement animé et bruyant les jours de marché. C'est un bruit épouvantable de ferrailles et de claquements de fouets; les mères appellent leurs enfants à grands cris, quand une de ces lourdes machines s'ébranle; des jurons furieux s'échappent des groupes d'hommes assemblés, lorsqu'elle arrive sur eux grand train, au risque de faire une affreuse capilotade humaine.

Une de ces « diligences » se dirige vers Saint-Palais, en passant par Hasparren; mais nous avons déjà remarqué que celle qui conduit à Saint-Jean-Pied-de-Port est la mieux montée. Cinq chevaux vont l'emporter tout à l'heure. Nous y montons, nous descendrons à l'embranchement; trois kilomètres à pied, pour arriver ensuite à Hasparren, ne nous font pas peur.

La route est intéressante; sortant de Bayonne par la porte Mousserolles, elle suit la rive droite de la Nive, au pied des coteaux, passe à Saint-Pierre-d'Irube, qui est, de ce côté, le seuil du pays basque. Nous laissons à gauche la route d'Oloron, nous traversons la vallée du Cuada, nous sommes à Villefranque, village important vivant de l'exploitation d'une saline, à laquelle une belle allée de peupliers nous conduirait, si nous voulions la suivre. Au-dessus de Villefranque est une ruine.

C'est celle d'un château où jadis un maire de Bayonne réunit dans un festin la noblesse basque; il fit massacrer ou noyer ses convives après le repas. C'était un jour de Saint-Barthélemy. La fête de ce grand apôtre est sans doute prédestinée au drame; aussi bien est-ce par un terrible drame que finit sa propre vie, puisqu'il fut écorché vif. — Cet exploit abominable du maire bayonnais s'accomplit au XIV° siècle.

Après Villefranque, des bruyères et des bois; à l'embranchement, nous mettons pied à terre et nous cheminons vers Hasparren, que nous apercevons bientôt au fond d'une grasse vallée entourée de coteaux. C'est une villette industrielle où se fabriquent des étoffes de laine grossière et des cuirs, ce qui ne l'a pas empêchée de donner le jour à des savants, — par exemple à un abbé d'Iharce, qui écrivit une histoire des Cantabres, dont les Basques se disent les descendants en droiture; l'abbé n'hésita point à glorifier leur antiquité et démontra victorieusement qu'ils étaient « les premiers colons de l'Europe ». Mais il n'y a plus de savants à Hasparren, et il y a toujours des cordonniers.

C'est un centre de population considérable : cinq à six mille habitants; — mais un centre tout moderne. Nous y voyons une assez belle église romane, dont on achève en ce moment la restauration. Il y en eut une première en 1660, et en creusant alors les fondations, on rencontra une inscription romaine sur laquelle il a été beaucoup discuté. Elle consiste en quatre vers latins, très ronflants et consacrant le souvenir d'une faveur obtenue à Rome pour le pays par Vérus, grand prêtre et duumvir. Il s'agit de la séparation des *neuf peuples* d'avec les Gaules.

Ce Vérus serait donc le vrai fondateur de la Novempopulanie, région comprise entre le Garonne, les Pyrénées et l'Océan, qui désirait d'être rendue indépendante des Gaulois, parce qu'en effet elle n'était habitée que par des *Ibères*. Ce changement dans la distribution des provinces soumises se fit sous le règne d'Hadrien. Mais qui était ce duumvir Vérus? Quelques savants pyrénéens ont édifié sur lui un édifice ingénieux mais hypothétique qui les flatte; ils l'ont présenté comme le favori d'Hadrien, dont ils font d'ailleurs une sorte d'empereur à eux et de César national. Il est vrai que Hadrien, comme son père adoptif Trajan, était Espagnol, c'est-à-dire Ibère, ou tout au moins Celtibérien. C'est même lui qui mit en usage dans la légion la large et courte épée espagnole.

Le marbre qui porte l'inscription romaine a été encastré dans le mur neuf du porche de l'église d'Hasparren; l'inscription elle-même est intacte :

   FLAMEN. ITEM
   DVMVIR. QVESTOR
   PAGI. MAGISTER
   VERVS AD AVGVS
   TVM. LEGATO. MV
   NERE FVNCTVS
   PRO NOVEM OPTI
   NVIT POPVLIS. SE
   IVNGERE GALLOS
   VRBE. REDVX. GE
   NIO PAGI. HANC
   DEDICAT ARAM.

Ce qui constitue les quatre vers. Les voici rétablis :

> Flamen, item dum vir pagique magister
> Verus ad Augustum legato munere functus
> Pro novem obtinuit populis se jungere Gallos;
> Urbe redux, genio pagi hanc dedicat aram.

C'était donc bien un monument votif, et il est probable que des figures sont gravées sur l'autre face de marbre, maintenant logée dans un mur où, par parenthèse, on l'a placée de travers, c'est-à-dire dans le sens horizontal — ce qui ne contribue pas à rendre très aisée la lecture de l'inscription. Mais, encore une fois, qui était ce Vérus ? Une brochure très intéressante a été mise sous mes yeux; elle est d'un archéologue bayonnais, M. Poydenot, et s'efforce d'établir qu'il s'agit d'Ælius Vérus, associé à l'Empire par Hadrien, et père de ce Lucius Vérus, le plus beau des Romains, qui fut ensuite adopté par Antonin en même temps que Marc-Aurèle. Ælius Vérus aurait été envoyé par Hadrien en Aquitaine, dans sa jeunesse, en qualité de duumvir, ce qui fut, dans les colonies, une magistrature déjà fort élevée; il était de plus questeur provincial. Mais une autre question se dresse : Vérus est aussi qualifié de *magister pagi*. Quel était ce « pagus » où il commandait? L'inscription aurait-elle été transportée d'un autre lieu à Hasparren? ou bien Hasparren même aurait-il été une ville importante sous la domination des Romains?

Problème ardu. Que les savants le tranchent! Quant à nous, en route pour Saint-Jean-Pied-de-Port!

Une voiture va nous conduire d'Hasparren à Saint-Jean. La route offre peu d'attrait jusqu'à Irissarry, que nous connaissons déjà, et qui en est le point culminant. Nous tournons, gravissant et descendant de terribles côtes, le pied de l'Arradoy, — ayant sans cesse un paysage de montagnes devant les yeux. Nous traversons Lacarre, où se trouve le tombeau du maréchal Harispe. Saint-Jean-Pied-de-Port se montre au milieu d'une assez petite vallée arrosée par quatre Nives, bornée au nord par une ligne de coteaux, de tous les autres côtés par des pics dont quel-

SAINT-JEAN. LA NIVE DE BÉHÉROBIE.

ques-uns dépassent douze cents mètres. A l'ouest l'Arradoy, Beharia au midi, à l'est Hostatéguy, Beillarte.

Saint-Jean n'est place française que depuis le traité des Pyrénées; c'était auparavant la capitale de la Basse-Navarre. Une partie de la vieille ville est perchée sur un monticule que la forteresse couronne. Des maisons séculaires sont assises sur la terrible pente de ces rues antiques qui ne sont que des « raidillons ». Au faite, la citadelle est presque moderne. Œuvre de Vauban. La vue dont on y régale ses yeux — un vrai régal — est la plus variée, la plus magnifique, embrassant les monts et courant sur les quatre Nives et leur confluent : Arnéguy, Béréhobie, Lauribar, Arçuby, — s'enfonçant ensuite dans la vallée de la Béréhobie, fraîche à souhait, avec ses rideaux de peupliers et ses prairies vertes.

Sur la rive droite du Lauribar est Saint-Jean-le-Vieux. C'est là qu'était la ville primitive, car il y eut toujours une ville à ce débouché du *port* de Roncevaux et de plusieurs autres passages. Les Sarrasins la prirent et la brûlèrent. Un comte de Navarre rebâtit au confluent des Nives la cité nouvelle, qui fut une place de guerre en renom du XIIIe au XVIIe siècle.

Vauban s'est contenté d'en rajeunir l'enceinte; cet ingénieur-là ne détruisait point pour la simple jouissance de détruire. Ces vieilles murailles adaptées aux besoins de la guerre nouvelle ont conservé leur caractère. Elles sont partout flanquées de petites échauguettes qui jettent mon compagnon en extase. Il ferait bien courir son crayon jusqu'à demain. L'église fait partie de ce système antique de défense; et le plus étonnant de ces remparts gothiques est celui qui, contournant le chevet du monument dans la ville basse, grimpe jusqu'à la forteresse. A l'intérieur de la bourgade, une rue court parallèlement, partant aussi de la vieille tour gothique qui flanque cette église, dont elle porte le clocher, et qui commande le pont.

L'église est un monument du XIIIe siècle; la rue est un décor : des maisons en granit rouge, en granit grisâtre, en bois, en simple torchis, toutes chargées de leurs grands toits surplombants, presque toutes ayant l'inscription d'usage gravée au-dessus de leurs portes, en basque, en espagnol, même en latin. Nous en avons relevé quelques-unes :

1634. POST FUNERA VERTVS VIVIT.

André Fitère.
l'an 1799.
LE FROMENT F^T A 15 L^S

†.
IHS. 1655.
PEDRRO DOYANTO.

Une jolie maison en granit rouge, avec contrefort à encorbellements, porte : 1584.

Une autre, cette date : ANO 1610.

En passant, une remarque : quantité de ces maisons basques, non seulement à Saint-Jean-Pied-de-Port, mais dans tout le pays, ont été construites en 1789. A Versailles, puis à Paris, après les journées d'octobre, cette année-là, on allait fonder un bien autre édifice, au milieu de beaucoup de ruines ; mais les cultivateurs basques ne bâtissaient point pour courtiser les législateurs des États généraux, grands bâtisseurs dans le spéculatif. Beaucoup d'indices feraient croire que la fin du xviiie siècle marqua le moment le plus prospère pour toute cette contrée. Les progrès de l'industrie agricole depuis cent ans, l'absence de guerre sur la frontière des Pyrénées depuis soixante, n'avaient pas médiocrement contribué à cette prospérité si peu durable, puisque, quatre ans après, sur toutes ces montagnes, la guerre allait se rallumer.

L'église de Saint-Jean a sa tour et son porche; l'intérieur en offre peu d'intérêt. Ce porche est passablement ruiné, plusieurs voussures y manquent. Elles étaient supportées par des colonnettes à accolades, reposant chacune sur une petite base carrée

LA RUE DE LA CITADELLE.

se présentant par l'angle; une base commune les soutenait toutes. La voussure du fond, seule, demeure intacte; elle est ogivale et porte comme ornementation dans son arc inférieur de petites roses. Le tympan ogival s'appuie sur un ouvrage très curieux, formé d'un arc surbaissé que soutiennent deux corbelets à figures d'hommes. Ces figures servent de chapiteaux aux pieds droits de la porte. L'arc surbaissé est décoré, dans sa partie infé-

rieure, de quatre petites arcatures trilobées, dont le pendentif présente des têtes d'animaux.

Telle qu'elle est, cette église à demi croulante perdrait beaucoup à une restauration. Son vieil aspect se marie bien à cette vieille ville. En face de ce porche si heureusement ruiné (qu'on ne s'étonne point de l'adverbe), une rue perpendiculaire à la grande rue que nous connaissons, mais bien plus étroite, sort de la ville par une porte ogivale; une autre la croise, descendant à une autre porte également en ogive, qui laisse apercevoir les escaliers conduisant aux chemins de ronde des remparts. Ces chemins offrent la trace des rajeunissements opérés par Vauban; ils sont plus modernes que les remparts eux-mêmes. Les murailles et les portes sont assurément du xve siècle. Ces portes sont au nombre de quatre; l'une est pratiquée sous la voûte de la tour.

On ne se lasse point d'errer dans ces rues pittoresques, remplies d'une population alerte, puis de repasser sous ces antiques ogives, et par ce joli cadre ouvert, de regarder le fond du tableau. Il est si resserré ce tableau du vieux temps que les vivants animent, il est si heureusement groupé, que les voyageurs enfermés dans la diligence de Bayonne peuvent l'embrasser d'un coup d'œil au passage. La diligence traverse une assez large place plantée de beaux platanes, sur laquelle se tient le marché; pour gagner l'autre bord de la Nive, elle s'engage sous une des portes, traverse un coin de la vieille ville, et va joindre le pont par la porte qui supporte le clocher de l'église.

Cette place ombragée s'étend au pied des remparts. Elle montre encore de curieuses maisons accolées; tout un quartier s'y rattache. Là sont les hôtels.

Sur la rive gauche de la Nive, s'étage la ville neuve. Cette appellation en usage dans Saint-Jean n'est qu'une manière de parler. Cette ville neuve contient des maisons âgées de deux siècles. C'est une rue unique montant du pont au sommet du coteau qui porte des fortifications modernes. Il ne faut pas oublier que Saint-Jean-Pied-de-Port est toujours classée comme place de guerre. On l'a mise au quatrième rang. Du haut de ces remparts gazonnés, nous admirons encore une fois le confluent des quatre Nives, qui vont n'en former plus qu'une seule, courant

L'ÉGLISE D'HUART-CIZE.

vers la Nive des Aldudes, et s'engouffrant bientôt dans un étroit défilé, entre le pic de l'Arradoy et celui de Jarra.

Un chemin croise la rue qui monte aux fortifications; il conduit au faubourg de Huart-Cize. Nous le descendons à tout hasard; c'est une promenade à la découverte. Nous rencontrons encore une ancienne église dont l'abside pentagonale est une rareté. Des herbes folles courent sur le toit écrasé du respectable monument. Le dessin que nous en donnons fera voir s'il est rustique.

SAINT-JEAN-PIED-DE-PORT VU DE L'ARRADOY.

Nous reprenons la route de la ville, toujours marchant capricieusement au gré de nos rencontres. A l'angle de la porte qui donne accès au pont, au pied de l'escarpement du coteau, un chemin très ombreux à gauche remonte le cours de la Nive. Nous le suivons, et il nous en prend bien de notre course à l'impromptu. La rivière, tranquille au-dessous de Saint-Jean, se donne tout à coup des allures de torrent. Un vieux pont la traverse, en avant d'un moulin; et de ce moulin romantique une superbe chute d'eau s'échappe. De grands arbres couronnent cette eau bouillonnante qui gronde et qui hurle sous leur ombre mouvante. Au fond, nous embrassons tout le panorama des montagnes.

Ce lieu charmant, c'est la petite vallée de la Béhérobie; nous l'avions jugée suivant ses mérites du haut de la forteresse, et nous pourrions la suivre jusqu'en terre espagnole. D'abord nous rencontrerions le village de Saint-Michel, puis Estercucuby, où la « Nivette » reçoit un mignon affluent sauvage. Là, on ne trouve plus qu'un chemin de mulets montant à Béhérobie, au pied des pics d'Arthe, d'Atcheburry et d'Errocate. Par le col d'Errocate, à 1,140 mètres d'altitude, on entrerait en Espagne.

Mais, encore une fois, cette Espagne est pour nous ce que la terre promise fut pour les Hébreux; nous n'y entrerons qu'à l'heure fatidique.

Ainsi, nous n'avons point dépassé, sur les bords de la Béhérobie, l'endroit où commence le chemin de mulets. C'en est assez pour que la lassitude se fasse sentir; le jour tombe. Nous gagnons notre hôtellerie, bien résolus à nous procurer le lendemain le plaisir de voir extérieurement et de loin cette villette de Saint-Jean si injustement traitée par certains voyageurs et quelques guides. J'en sais un qui n'y a trouvé d'intéressant que la citadelle!...

Au soleil levant, nous partons, et traversant la vallée en ligne droite, passant au petit village d'Ispourre, nous gravissons le flanc de l'Arradoy. Sur cette vallée, la vue déjà est exquise. Saint-Jean se détache sur des prairies d'un vert sombre, avec son clocher et les toits aigus de ses maisons. Plus haut, les grands arbres plantés dans la cour de la forteresse forment comme une silhouette mobile sur les tons gris des montagnes qui ferment l'horizon. Elles se croisent, ces montagnes, s'enchevêtrent, se confondent, sur trois plans très distincts : au premier, violacées et chaudes sous le manteau de bruyères qui les recouvre, au second rondes et grisâtres, au troisième toutes décharnées, toutes déchirées, — chaos de roches sombres d'où s'élancent des pics bleus.

Au-dessus de la ville, la fumée sort des toits et monte tout droit dans l'air en longues colonnes, qu'un coup de vent brise et disperse, et qui se reforment, la rafale passée. Ces vapeurs, qui donnent la vie au tableau, vont se mêler à celles que répand l'haleine des monts. Des nuées légères obscurcissent un moment les pics, découpant dans leurs replis des reliefs qui changent sans cesse. — Qui donc a dit que les montagnes ne bougent point, que l'aspect en est bientôt monotone, parce que toujours il est froid et rigide ? — Je vous dis que pour les yeux qui savent voir, les montagnes respirent et marchent.

Après cette pointe poussée vers l'Arradoy, nous avons bien gagné notre déjeuner. L'après-midi ne sera pas moins utilement remplie ; nous l'avons consacrée à une excursion étroitement obligatoire pour quiconque a le respect de la légende. Il faut que nous saluions au moins à distance cette glorieuse et fabuleuse vallée de Roncevaux qui a entendu les cris de mort de l'arrière-garde de Charlemagne, dominée par le rugissement de Roland le Lion. Avant de nous remettre en route, nous montons encore à la citadelle.

La route de Saint-Jean à Saint-Etienne de Baïgorry arrête surtout nos regards. L'enchevêtrement des monts nous apparait sous des plans nouveaux. Cette route sinueuse décrit les mêmes ondulations que les bases du Jarra, qu'elle ne cesse de suivre. A gauche, le pic le plus prochain est Béharia ; puis un grand rideau de montagnes se déploie, dominé par les pics d'Iparlo, d'Aslaté, d'Ispeguy et d'Arro. De nombreux villages se couchent dans les replis des vallées, ou s'accrochent aux premières murailles rocheuses : Huart-Cize, Ascarrat, Irrouléguy, Anhaux, Occos. Sur les pentes partout de grands bois.

UN COIN DES MURS DE SAINT-JEAN.

Les mulets nous attendent au pied de l'hôtellerie; nous franchissons le pont à l'ombre de la vieille tour; notre chemin est vers la Nive d'Arnéguy, par une vallée qui mérite plutôt le nom de gorge; nous suivons une tranchée creusée dans le roc. Arnéguy, que nous voyons bientôt, est un village français; mais l'autre bord de la Nive est espagnol. Un peu plus haut, sur le bord français, est Luzaïde, à cent pieds au-dessus du torrent, sur le versant d'un petit mont couvert de hêtres.

Ces ombrages, hélas ! ne sont point durables ; la route n'est déjà plus qu'une affreuse ravine entre deux rampes de rochers. Pas une habitation humaine dans ce lieu sauvage ; la limite de notre belle France est ici une Thébaïde.

Cependant, un peu plus haut encore, voici un village ; il est espagnol : c'est Boaneco Horeca. Voilà qui sonne déjà les rudesses castillanes. Nous gravissons les parois des rochers ; devant nos yeux s'ouvre un assez grand cirque tapissé de forêts. Encore l'Espagne, encore la terre promise. — N'avançons pas.

Et quand nous venons à songer qu'un tout petit supplément d'ascension — six cents pieds peut-être — nous conduirait au col de Roncevaux ! — Oui, Roncevaux ! Est-ce que vous n'entendez pas le cor de Roland ? Là est encore un couvent gothique qui contient des tombes royales. L'abbé autrefois était seigneur ou gardien des châteaux qui défendaient la frontière et qui ne sont plus que ruines ; pour soldats et pour sentinelles, il avait ses moines. Le chapelet dans une main, l'épée dans l'autre, ils frappaient rudement ces champions en froc. L'abbé ne relevait que du Pape. L'ombre de la grandeur de Charlemagne abritait la réalité de la sienne ; il s'en trouvait bien.

LE CHATEAU DE GUICHE ET LA BIDOUZE.

LA BIDOUZE, BIDACHE, SAINT-PALAIS

Bayonne ne sera plus désormais notre centre d'excursion; nous en partons une dernière fois pour courir vers le Béarn, franchissant la lisière de la Basse-Navarre, effleurant la frontière de la Soule. Je voudrais auparavant rappeler une tradition que j'ai partout trouvée constante. Les habitants du Labourd sont encore au nombre de soixante mille environ, et ceux de la Soule de trente mille. La Basse-Navarre actuelle — ou tout simplement l'ancienne Navarre française — était le bien exclusif des Souletins et des Labourdins, qui recueillirent sur leur terre, au VIe siècle, leurs frères de l'autre versant des Pyrénées — sol d'Espagne — chassés par les Wisigoths. Les Bas-Navarrais sont aujourd'hui cinquante mille. Je rappelle encore que la limite basque suit les cantons de Sauveterre, de Navarrenx et d'Oloron.

Au nord, elle est ouverte du côté des Landes. — Cela dit, sortons donc de Bayonne par la porte Mousserolles. Le chemin de fer franchit un premier tunnel, puis un second sous le village de Saint-Pierre d'Irube.

Rapidement nous allons arriver à Urt, à travers une plaine d'alluvions. L'Adour porte des îles très vertes, peuplées de maisons de campagne, résidences fraîches et agréables, si l'on ne craint point le souffle de l'eau limoneuse.

Le fleuve, en effet, a perdu sa limpidité ; qu'on ne parle plus de ses eaux bleues. L'une de ces iles est celle de Lahonce, où s'élevait autrefois un castel, dont il n'y a plus de traces. C'est là qu'auraient été surtout données, en 1565, ces fêtes célèbres qui réunirent Charles IX et Catherine de Médicis d'une part, de l'autre la reine Elisabeth d'Espagne et le duc d'Albe. Ces convives vraiment qualifiés débattirent entre eux sur les moyens d'abattre les Huguenots, tout en sablant le vin de Jurançon. Voilà, du moins, la légende. Cependant, j'ai envie de croire que, comme tous les grands bilieux, Albe était sobre. Catherine, toute pleine de sa magie florentine, croyait à la puissance des philtres plus qu'au charme du vin. Quant aux courtisans qui l'accompagnaient, ils firent certainement ripaille, galantisant comme ils pouvaient. Elle est peut-être de ce temps-là, cette chanson basque si touchante, qui pourrait s'appeler « la plainte de la jeune fille ». — « Un bouquet de roses frais éclos m'embaumait. Je l'ai envoyé en compliment au seigneur. Il me l'a renvoyé, disant qu'il n'en veut point, et que de moi aucun souvenir ne lui reste. Bouquet, sois le bienrevenu! Je te nourrirai de mon sein, tout en te donnant le nom du seigneur. »

Le bourg de Lahonce, portant le même nom que l'îlot historique, est assis dans la plaine; puis c'est la station d'Urt, vieille appellation basque, à peu près rendu par notre mot de confluent. L'Adour reçoit la Joyeuse, et, à quelques centaines de mètres au delà, va recevoir la Bidouze. Il s'est déjà grossi du Gave de Pau;

— car c'est l'Adour qui a l'honneur de porter à l'Océan cette grande artère du haut pays pyrénéen.

A la Bidouze, petite halte; nous descendons du train. Ce n'est plus un paysage de montagnes que nous avons sous les yeux. La rivière de Bidouze, qui donne son nom au village, a moins l'air de courir que de ramper, en décrivant de grands replis à travers ce sol marécageux. A l'ouest, de chétifs monticules, tapissés de fougères ou de maigres chênaies; sur le plus proche, de belles ruines. A l'est, une verdure plus intense et plus grasse; la plaine, de ce côté, s'élève en ondulations légères, très boisées. A travers un triple rideau d'arbres, un joli village, c'est Hastingues. Plus loin, les mamelons grandissent; au fond du tableau, les lignes de coteaux se croisent, et ces hauteurs, également couvertes de bois, semblent rouler les unes sur les autres, comme de grandes vagues vertes.

Là-haut des ruines; ce sont celles du château de Guiche, une des maisons fortes de cette illustre race des Gramont, seigneurs de la Bidouze et de toute sa vallée, et même *souverains* de Bidache. En août 1587, Henri IV vint dans cette grande demeure, portant les drapeaux qu'il avait conquis à Coutras, et qu'il voulait mettre aux pieds de la belle Corisande de Gramont, comtesse de Guiche. Le Béarnais était couvert de gloire. A Coutras, il avait six mille hommes; l'armée catholique, commandée par Joyeuse, en avait douze mille et une forte artillerie; mais ses chefs étaient de brillants fanfarons, qui se jetèrent étourdiment sur les Huguenots à la débandade; les canons ne servirent point. Joyeuse demeure sur le champ de bataille, avec quatre cents gentilshommes, sans compter trois mille soldats. Ces canons, qui n'avaient point parlé, tombent aux mains du Béarnais, qui peut poursuivre sa victoire, mais qui s'en garde bien. Il n'a d'autre pensée que de porter les drapeaux à la belle comtesse, et il plante là ses troupes allemandes, en plein pays catholique, entre deux ou trois armées royales encore debout. Quant à lui, entouré de ses Navarrais, il court à Guiche. Corisande était la reine de son cœur, comme il était, lui, le roi de la Navarre. Elle tenait une promesse de mariage signée de son sang. — Elle y avait une confiance entière, — et sûrement elle avait tort, puisqu'il y manqua. Peu de temps après, il abandonnait la belle : ce n'était pas la peine de perdre le fruit d'une si belle victoire, et de faire tuer tant d'Allemands.

Elles sont princières, ces ruines de Guiche. Un donjon enfermé dans une forte enceinte commandait l'entrée de la vallée. Ce donjon paraît être du XIIIe siècle. La construction en offre une singularité assez rare : c'est l'absence de toute communication intérieure entre le premier étage, formé de grandes salles à voûtes en ogive, avec les étages supérieurs. Les voûtes de ceux-ci sont effondrées. La porte du premier étage est encore entière, à sept ou huit mètres au-dessus du sol. Un long bâtiment s'étendait sur le côté qui regarde la Bidouze ; il n'en subsiste plus que des pans de murailles portant de jolies fenêtres géminées. En retour d'équerre, faisant face au donjon, un autre bâtiment est debout, mais sans voûtes aussi, sans planchers. Il était également éclairé par de grandes baies à arcades géminées. C'est dans cette partie, sans doute, que s'ouvrait la salle de gala, où Corisande reçut son Béarnais, grand vainqueur... et grand trompeur.

Sur le versant du monticule qui descend à la rivière, est planté le village ; les maisons suivent la pente jusqu'à la berge, où se creuse un petit port. Là sont amarrés ces grands bateaux plats, au long gouvernail, les « galupes » que nous avons déjà vus à Bayonne. Ils sont chargés de pierres qu'on tire de vastes carrières situées à peu de distance, — en avant de Bidache. De Guiche à Bidache, ne suivez pas la rivière ; le chemin d'abord est long, car la Bidouze décrit de nombreux circuits ; mais surtout il est maussade.

C'est vraiment en plat pays que nous sommes. Pas une ondulation dans la vallée ; mais deci, delà des dépressions presque insensibles. Sous ces grandes saulaies, c'est le marécage qui règne ; ces bouquets de joncs doivent émerger de flaques d'eau vaseuse qu'ils recouvrent. Sur la rivière, pas un pli ; le flot descend, puisque nous sommes bien sûr d'en remonter le cours, mais si

LE CHATEAU DE BIDACHE.

jaune, si épais, si paresseux, si morne, que la direction du courant se distingue à peine. Toute cette triste plaine est enserrée dans une ceinture de petits coteaux; il faut cheminer les yeux en l'air pour rencontrer quelque diversion à cette monotonie fatigante. De loin en loin, un hameau s'étage au flanc de ces demi-hauteurs;

la dernière est fièrement couronnée de la ruine du château de Bidache : c'est la plus élevée. Par-dessus ce point culminant du chaînon, on aperçoit enfin, à l'horizon, quelques reliefs plus vigoureux que ceux des nuées : ce sont les premières cimes des monts.

Ils ont un manteau de feuillage et une couronne d'ombre, ces grands murs, et ce n'est pas dommage! Le chemin que nous suivons — qui est le chemin de halage — n'offre pas plus de fraîcheur que de variété. Quel plaisir de nous rapprocher de cette verdure aérienne, mêlée à ces pierres noircies! Le donjon a le plus grand air de donjon qu'on puisse voir; cette haute silhouette se découpe en vigueur sur un ciel mou, chargé de vapeurs. Elle est superbe.

De vrais grands seigneurs, ces Gramont, brillants, habiles et braves; gens de cour, gens de guerre, fins diplomates. Cependant, Gabriel de Gramont, ambassadeur de François Ier auprès de Henri VIII d'Angleterre, éprouva une fâcheuse déconvenue; il avait pour instructions secrètes de travailler au divorce du roi avec Catherine d'Aragon, afin de lui faire épouser ensuite la veuve du duc d'Alençon, la Marguerite des Marguerite, sœur de François. Ce furieux Henri VIII renvoya bien Catherine, mais ce fut pour mettre Anne de Boleyn dans le lit royal. Le seigneur de Gramont avait travaillé pour autrui; il était joué. Son arrière-petit-fils, le duc Antoine, eut plus de succès dans une autre négociation que lui avaient confiée Louis XIV et Mazarin. Il avait fait grande figure dans les guerres d'Allemagne, il était maréchal de France, et bien qu'alors âgé de près de soixante ans, le modèle des élégances à la cour de Saint-Germain. Aussi, chargé d'aller demander à Madrid la main de Marie-Thérèse à Philippe IV, s'y prit-il d'une façon tout à fait « noble et galante ».

Parti d'Irun, il court sans débrider, avec une suite nombreuse, peu satisfaite de tant de hâte, jusqu'à la capitale espagnole. Il fait son entrée dans la ville au galop, et sans s'arrêter pour changer d'habit, pique tout droit, avec cette allure de courrier, jusqu'au Palais, à travers la foule. Il arrive botté, éperonné, poudreux, s'incline en cet équipage devant le roi, expose l'objet de sa venue, ou plutôt de sa course. — Cette singularité excita la plus vive admiration à la cour d'Espagne, et parmi le peuple madrilène- — Au reste, on sait que Philippe IV donna sa fille avec autant d'empressement que l'ambassadeur extraordinaire en avait affecté pour la lui demander. Il l'aurait donnée deux fois plutôt, pourvu que ce fût au même roi.

Tout le monde a lu cent fois les aventures du fils ainé du galant maréchal, Armand, comte de Guiche, et la hardiesse de ses galanteries, sa complaisance envers la première duchesse d'Orléans, Henriette d'Angleterre, qui le porta à s'engager dans une intrigue contre la duchesse de La Vallière, l'exil qui en fut le châtiment, son brillant courage chanté par Boileau dans l'*Epître au Roi* sur le passage du Rhin en 1672, enfin sa mort prématurée, que Mme de Sévigné a célébrée dans une de ses lettres. On ne connait pas moins bien la vie légère et non sans reproche de son oncle, le frère puiné d'Antoine, Philibert de Gramont, également exilé en Angleterre pour avoir osé disputer au Roi les faveurs de la belle La Mothe-Houdancourt. Le comte de Gramont servit de modèle, peut-être aussi de guide, même de collaborateur à son beau-frère Hamilton, écrivant ses fameux *Mémoires*, — ou, pour parler le langage d'à présent, — ces inimitables « chroniques » sur les deux cours de Louis XIV et de Charles II. Longtemps les Gramont, par une possession d'état qui était presque une hérédité, furent gouverneurs de la Navarre. Aussi étaient-ils signalés à la Révolution par la grandeur même de leur fortune. Le château de Bidache fut brûlé en 1793; il avait été déjà une première fois détruit en 1523, pris d'assaut par les Espagnols, et lentement réédifié; il n'avait été achevé qu'au XVIIe siècle par le grand maréchal Antoine.

La ruine est portée — nous l'avons dit — par une éminence

rocheuse ; le bourg s'étend, à son ombre, sur la crête ; au bas est un petit port comme à Guiche. Songez que Bidache fut une *capitale*; la nature de l'*État* qu'elle commandait n'est point déterminée : ni royaume, ni principauté ; c'était une *souveraineté* tout court. Gramont, duc en tant que Gramont, était *souverain* ici, — souverain tout uniment. Bidache avait, d'ailleurs, et a conservé jusqu'à l'établissement du chemin de fer, une manière d'importance commerciale en proportion avec cette haute et bizarre qualité féodale; sa situation sur la route de Bayonne à Tarbes par Oloron en faisait un lieu de transit et un grand passage de voyageurs. Les hôtelleries, aujourd'hui, sont délaissées, et pourtant sont assez bonnes. La villette ne compte plus guère que 2,500 à 3,000 habitants, population variable, parce qu'une partie en est flottante. Ses carrières de pierre entretiennent, suivant les saisons, un plus ou moins grand nombre d'ouvriers. Bidache fabrique aussi des gants, ce qui est une industrie assez différente de la première. C'est un petit centre très laborieux, — très animé, et ce qui ne gâte rien à nos yeux, — assez pittoresque. Imaginez une seule rue, mais sinueuse et amusante avec ses vieilles maisons, la plupart à pignon ou à toit saillant, quelques-unes à galeries de bois découpé, toutes blanchies à la chaux. Le soleil déchire les nuées pour faire accueil à des voyageurs comme nous qui ont bien mérité cette politesse; il rit sur ces murailles blanches. Nous le saluons à notre tour comme le plus aimable des compagnons de route — compagnon parfois assez cuisant — et nous nous dirigeons vers l'église.

Vieux monument sans caractère : un porche au-devant, par derrière une abside, le tout un peu gothique — seulement un peu. A l'intérieur, rien de curieux ; ce serait même moins que rien, sans un tombeau de marbre blanc et noir sur lequel se lit, à la place des anciennes inscriptions grattées, une inscription neuve :

CHATEAU DE BIDACHE.

*Au Maréchal
Antoine III
Duc de Gramont
Né à Agetnau en 1604
Décédé à Bayonne
Le 12 juillet 1678.*

Le duc Antoine fut enterré chez lui, après avoir parcouru l'Europe, menant des armées, ou conduisant des négociations de paix. D'autres Gramont ont leurs tombes dans l'église ; elles sont mutilées, et d'ailleurs sans intérêt.

Le bloc de roches que nous gravissons pour arriver au château forme comme une presqu'ile aérienne en rectangle, s'avançant dans la vallée. Là, naturellement, est l'entrée par un grand préau.

De larges fossés défendent la porte conduisant à une première cour intérieure, dont le côté gauche parait avoir été occupé par une galerie ou promenoir couvert. Au fond de la cour un bâtiment de briques et de pierre, un peu lourd, mais d'une extrême richesse. Les fenêtres éventrées, noircies par le feu, envahies par les plantes parasites, sont fort belles. L'escalier carré, presque entièrement rompu, portait sur des portions de voûte en saillie, trompes magnifiques formant la coquille et présentant, en effet, à chaque étage une niche dont la statue est absente. C'était l'escalier d'honneur, par lequel, vraiment, beaucoup d'honneurs montèrent. On me pardonnera ce jeu de mots tout empreint de mélancolie. Ces débris de l'ancienne puissance seigneuriale ne m'inspirent jamais un autre sentiment. Quelle vie superbe et pleine ! Au pied du château le village se tapissait, d'ordinaire craintif et misérable, quand le maitre au sommet de la colline n'était pas humain et doux. Ici seigneur et vassaux vivaient presque côte à côte sur cette crête orgueilleuse. Les Gramont étaient populaires, et leur histoire à travers celle du Béarn n'en a laissé que de plus grands tableaux.

Ce premier bâtiment de Bidache en est un cadre achevé. Rien de grand et de noblement tourné comme le pavillon de droite, en saillie à trois étages, avec ses larges croisées à frontons. Le dessin que nous en donnons le montre sur une de ses faces. Trois grandes baies s'ouvrent de ce côté aux deux étages; le toit immense est percé de lucarnes. Les feuillages en recouvrent les restes; le lierre et les mousses, partout, ont vêtu la pierre. Les fondations qui soutiennent l'édifice sont béantes, là, sous ses ruines, et d'énormes sous-sols mieux conservés que tout le reste, car ils n'ont pas souffert de l'incendie, donnent une idée de l'importante construction élevée par ce duc Antoine qui battait les généraux des empereurs et qui mariait les rois.

Nous traversons le grand corps de logis — le bâtiment central — et nous arrivons à une autre cour disposée en terrasse au pied du donjon, la seule partie antique du monument : elle est du XIIIe siècle. De ce point, la vue est d'une étendue considérable; on peut embrasser d'un coup d'œil la vallée entière de la Bidouze; en face, voici les coteaux de Peyrehorade ; la route de Tarbes ou d'Oloron les franchit et se perd là-bas dans les bois qui les couronnent. Le spectacle du haut de la tour serait encore plus vaste, et nos yeux courraient par-dessus le dôme de ces bois; seulement, la tour n'a plus d'escalier. Elle est formée de trois étages, dont le premier, voûté en briques, a été remanié et revêtu, à l'époque de la reconstruction. Le feu semble à peine avoir atteint le donjon, qui ne croule que sous le poids du temps. On y distingue encore les ornements d'une curieuse porte décorée dans le goût le plus libre de ce XVIIe siècle, dont le maréchal et tous les Gramont furent des représentants, il faut l'avouer, assez libres. Sur les plates-bandes du linteau sont sculptés des bas-reliefs représentant des scènes de la Passion, dont les acteurs sont des... amours.

Oui, vraiment, de petits amours ailés. J'en compte jusqu'à quatre pourvus d'un rôle actif dans cette singulière interprétation du drame divin. Deux portent la croix, qu'ils placent sur le dos d'un troisième ; un autre tient le voile de la Sainte Face. Sculptures médiocres, d'ailleurs, intéressantes seulement par cette hardiesse profane qui dut faire sourire Philibert de Gramont et son beau-frère Hamilton, s'ils vinrent en visiteurs à Bidache. En vérité, toute la cour — et même deux cours — celle de France et celle d'Angleterre — savaient de reste que tous ces Gramont étaient des païens.

Vaillants autant que profanes, puissants autant que vaillants, ils étaient bien maîtres, seigneurs, *souverains* de toute la plaine. — Nous quittons à regret Bidache, ses magnificences dévorées par des flammes stupides, et le manteau vert de ses ombrages étendu sur la ruine. Nous allons continuer de remonter la Bidouze, qui se grossit de la petite rivière de Lihurry. Voici des pans de vieilles murailles, encore. A qui cette autre maison forte ? Ce fut le château de Came, un bien de Gramont. Le beau conte du marquis de Carabas se renouvelle. Les Basques qui passent font tous l'office du Chat botté, pour peu qu'ils parlent français. A qui ce manoir ? à qui cette forêt ? à qui cette rivière ? — C'était aux Gramont.

C'était !... Que de changements dans ce mode d'un verbe ! que de Révolutions dans cet imparfait ! — Eh bien, oui, ces Gramont possédaient tout le pays ; — mais le pays n'était pas beau. Il ne l'est pas devenu avec le progrès des temps. La Bidouze, de plus en plus lente, s'enfonce entre de basses montagnes couvertes de hautes fougères et de bois rabougris ; nous traversons de chétifs villages : Villenave, Labeix, Ameindeinx. Un chainon sans attrait sépare la vallée du Saison de celle de la Bidouze, qui vient encore de recevoir un affluent. — Nous arrivons à Saint-Palais.

La vallée s'est élargie presque subitement ; le cadre de la

petite ville est vert et assez riant. La rivière, seulement, s'est tout à fait endormie. Son lit immobile se couvre de plantes aquatiques, et de grands nénuphars à fleurs d'or s'étendent sous les arches du pont qui donne entrée dans la ville assise sur la rive gauche. Saint-Palais est une ville basque, puisqu'elle a un nom basque : Donapolena. Cependant je n'y ai vu

BIDACHE. LA COUR DE LA TERRASSE.

aucune trace d'antiquité : pas une maison âgée d'un siècle; l'église même est moderne.

Comme presque toutes les bourgades du pays, celle-ci se compose uniquement d'une rue principale faisant suite au pont, et d'une autre qui la vient croiser à angle droit. Mais je ne voudrais point offenser Saint-Palais par ce nom de bourgade; c'est bien une ville — et qualifiée — et tenant son lot et son emploi dans la grande machine : Saint-Palais est le siège du tribunal, bien que ce ne soit qu'un chef-lieu de canton. Monsieur le sous-préfet habite Mauléon, qui est le chef-lieu de l'arrondissement. On rencontre plusieurs exemples en France de ce partage des honneurs. Il y a donc des juges à Saint-Palais, tout comme à Berlin. J'ai même remarqué qu'on y voyait une bourgeoisie nombreuse pour un centre si petit, — à peine deux mille âmes. On m'assure que le lieu est agréable à beaucoup de vieux officiers, qui viennent y finir doucement leur vie ; après tout, je l'ai dit, il est assez attrayant, et le cadre en a de la grâce et une certaine gaité tranquille. On nous indique de faciles promenades, et, par exemple, une très prochaine dont le but est la ruine du château de Uhart-Mixe. — Nous la ferons après le repos de la nuit.

De ce prétendu château nous avons rencontré des souvenirs plutôt que des restes ; mais la situation est heureuse au confluent de la Bidouze avec le petit Gave de Lambare. Un turbulent qui descend des monts et donne quelque mouvement et quelque vie à l'indolente rivière. Sur l'autre rive de celle-ci, Ostabat montre les vestiges d'un autre manoir, celui de Laxague. Nous poursuivons la promenade, séduits par les nouveaux aspects du paysage qui s'anime et change à chaque instant. — Des ruines partout, à Larceveaux, à Mongelos surtout, qui fut une villette entièrement fortifiée. Elle est encore entourée de douves profondes. Mongelos renferme plusieurs maisons anciennes.

A Lacarre, nous retrouvons la route de Saint-Jean-Pied-de-Port à Bayonne. La Bidouze s'en éloigne, ce n'est déjà plus qu'un ruisseau ; et c'est un incident — un peu rude — de la promenade que d'aller visiter sa source, car enfin cette paresseuse Bidouze, qui sur presque tout son parcours a l'air de ne point avancer et de n'aller où que ce soit, vient pourtant de quelque part.

Elle descend d'un grand ravin, la nonchalante, et pour son honneur, en descend même assez vite, car la pente est rapide.

Une forêt, d'un côté, domine cette vaste combe, toute fendue de crevasses et hérissée de roches : c'est le bois d'Oyanbilça ; de l'autre côté, à gauche, monte le flanc de l'Elaudy. Nous voici donc revenus en pays de vraies montagnes. Seulement, ce n'est plus une promenade, on nous a tendu un piège ; c'est bel et bien une excursion, même une ascension, car la source de la Bidouze n'est point là. Plus haut, encore plus haut.

Nous la trouvons enfin entre la forêt des Arbailles et celle de Cabocé. Deux heures de marche. Nous n'avons pas pris nos cartes ; il faut nous orienter longuement, et raisonner, et disputer de même, pour arriver à reconnaître le pic de Cabocé au-dessus de la première de deux forêts qui lui a emprunté son nom. C'est le sommet le moins haut d'un petit massif qu'il forme avec les deux monts d'Aphanicé et d'Harrichoury. Il a pourtant encore douze cents mètres.

Au pied d'Aphanicé nous trouverions un col que franchit la route de Saint-Jean-Pied-de-Port à Tardets, en pleine Soule ; mais ce n'est pas notre itinéraire. — Nous redescendons lentement vers Saint-Palais.

LA MAISON CARRÉE DE PEYREHORADE.

PEYREHORADE, PUYÔO, BELLOCQ

De Saint-Palais, c'est un plaisir de revenir pédestrement et à la fraîcheur, par un clair de lune sans nuage, sur la route de Bidache, à travers la grande plaine alluviale que dominent les deux anciennes demeures des Gramont. On suit l'indolente rivière; les prairies de la vallée sont couvertes d'une rosée scintillante, et l'on pense que les poètes ont eu raison de prêter à la nuit des « pieds d'argent ». Bientôt les ruines de Guiche se profilent sur la clarté infinie du ciel. Ce sont décidément de fières ruines. Ai-je dit que le nom basque de Gramont était Agaramuntek? Aussi leur nom français fut-il d'abord Agramunt, puis Agramont. Bergon, Loup d'Agramont, figure à la première croisade.

Nous allons coucher au bourg de la Bidouze, et serons tout

portés le lendemain pour reprendre la route de Bayonne à Pau — d'abord jusqu'à Peyrehorade — et pour visiter le confluent du grand Gave et de l'Adour. — Le matin, une voiture nous y conduit. Il est célèbre ce confluent, sous le nom de *Bec-de-Gave*. Les fleuves ont des embouchures; il paraît que ces torrents, pourtant si orgueilleux, n'ont que des becs. — Mais celui-ci est bien le plus joli bec du monde. — Une presqu'île sépare encore les deux courants qui vont se joindre; elle porte un château et un parc planté d'arbres gigantesques. De chaque côté de ces ombrages se meut le miroir de l'eau.

Je ne le reconnais point, le grand Gave. Je l'ai vu, du haut des corniches qui forment la crête du cirque de Gavarnie, sortir du glacier qui porte son nom; je l'ai suivi dans la grande vallée d'Argelès, courant vers Lourdes, quelquefois en nappe furieuse, renversant, submergeant tout sur son passage; d'autres fois en torrent apaisé, qui n'en a pas l'air plus honnête, l'été, quand le volume de ses eaux diminue et qu'il n'occupe que la moitié de son lit dévasté. Le voici maintenant assagi, tranquille comme une rivière de plaine, et portant des bateaux, lui qui, là-bas, dans les hautes vallées, tord les arbres, déracine les roches et secoue le pied des monts. Le conducteur de notre carrosse rustique nous dit : C'est ici qu'il est beau, notre Gave! — Nenni, bonhomme; je l'aime mieux là-haut. — Mais je vois bien que c'est une des choses dont on s'enorgueillit dans le bas pays que d'avoir un Gave « raisonnable ». Les riverains du « bec » ont même l'air de croire un peu que ce sont eux qui l'ont mis à la raison.

L'Adour devrait être assez fier de recevoir un tributaire de cette qualité; d'autant qu'après le confluent, sa largeur et sa profondeur augmentent aussitôt de moitié. En amont, tous deux sont presque égaux; ce sera donc tout à l'heure un mariage assorti. Le Gave, seulement, se ressent encore de son origine; son courant est bien plus fort, son eau est plus limpide. Les voyageurs qui le traversent par la voie ferrée, sur un pont formé de cinq grandes arches, à moins d'une lieue avant le confluent, ont une dernière fois le spectacle de sa gloire. Ce pont est celui d'Hastingues, et tout auprès est le bourg du même nom, où les Anglais avaient reconnu une situation militaire et construit un fort redoutable. Maintenant une maison de plaisance l'a remplacé; elle s'élève au milieu d'un parc. Le village se voit à peine, à demi noyé dans les arbres. C'est à Hastingues que notre carriole va nous mener et nous déposer; là, nous prendrons le chemin de fer jusqu'à Peyrehorade.

Peyrehorade veut dire pierre percée. C'est un gros bourg, situé sur la lisière du département des Landes, au centre d'un mouvement commercial assez important, siège autrefois de la vicomté d'Orthe, qui fut d'abord aux Montréal. Il y a dans l'histoire italienne du xive siècle un Montréal, chevalier de Saint-Jean de Jérusalem, que les auteurs contemporains ont qualifié de Provençal, et qui était peut-être bien Gascon.

Il avait d'abord servi le roi Louis de Hongrie contre la reine Jeanne de Naples. Après que la peste eut dévoré l'armée des Hongrois et l'eut forcé de retourner chez lui, Montréal rassembla des bandes d'aventuriers et d'enfants perdus, et dévasta l'Italie jusqu'aux portes de Rome. Rienzi, qui était alors le maître de la ville, le prit et le fit mettre à mort. Plus tard, la vicomté tomba dans une autre famille. Je ne sais si ce condottiere était vraiment de la maison de Montréal que l'on retrouve en haute situation dans le pays pyrénéen, à la fin du xviiie siècle. Un Montréal était, en 1775, gouverneur de la ville et de la châtellenie de Mauléon. Quant à la vicomté d'Orthe, elle était alors dans une autre famille, celle d'Aspremont, dont le château commande Peyrehorade. Le d'Aspremont, gouverneur de Bayonne — qui, suivant une tradition fort suspecte, refusa d'exécuter, dans son gouvernement, l'ordre royal donné après la Saint-Barthélemy, d'exterminer les Huguenots dans toute la France, — était vicomte d'*Orthe*, et non d'*Orthez*. L'erreur des historiens est ici flagrante. Orthez, en ce moment, appartenait à la reine Jeanne de

Navarre, et n'avait point de seigneurs. — Quant à l'ordre attribué à Charles IX, a-t-il jamais été donné ?

L'ensemble des ouvrages qui composent le château d'Aspremont a recouvert deux mottes artificielles énormes, entassées au faîte d'une colline dominant Peyrehorade. On y monte par un aimable chemin, qui fait pardonner sa raideur par beaucoup

RUINES D'ASPREMONT.

d'ombre. Ces lacets sont des bosquets grimpants. Sur l'une de ces mottes féodales, était assis un fier donjon rectangulaire, pourvu à l'ouest d'une sorte d'éperon formant de ce côté une avant-défense ingénieuse et sûre. La construction ne paraît pourtant pas remonter au delà du XVe siècle. Le donjon, entièrement éventré, avait trois étages, comprenant chacun une salle immense, mesurant bien près de vingt mètres de longueur. Plus de voûtes; on ne voit que le pied des arcs qui les ont portées. A l'orient, la tour est encore couronnée d'un pignon qui fait supposer le toit dont elle a été coiffée. En avant, de ce même côté, nous reconnaissons les traces d'un autre bâtiment rasé jusqu'au sol. Etait-ce le logis des seigneurs ? Et si cela était, pourquoi l'a-t-on rasé ? Au reste, il est infiniment plus probable que là se trouvaient tout simplement les communs du château, magasins et logement de la garnison ; des maîtres se seraient mal arrangés de cette demeure maussade, d'où les yeux venaient se heurter à l'autre motte artificielle, l'autre avant-défense, regardant l'est et plongeant sur la vallée du Gave. Un large fossé la séparait du château ; elle porte encore des parties de murailles, mais si mutilées et clairsemées qu'il serait bien difficile d'en indiquer la nature et l'usage. Bien des archéologues y ont dû perdre leur latin.

Ce qui est certain, c'est que le lieu fut très fort, et que ces confins de la Gascogne, du Béarn protestant et de la Basse-Navarre, pays basque, énergiquement catholique, virent au XVIe siècle de terribles guerres, qui firent partout quelques grandes et infiniment de petites ruines. On peut croire que le donjon d'Aspremont fut entamé vers ce temps-là, puisque, comme nous le verrons tout à l'heure, les seigneurs des deux mottes construisirent, un peu plus tard, dans la ville même de Peyrehorade, un « hostel », moitié de défense et moitié de plaisance, qui n'avait plus toutes les ressources, mais qui avait encore la figure d'un château.

De la hauteur d'Aspremont, la vue sur la vallée est belle. A nos pieds la ville, avec une église neuve, ses arcs-boutants gothiques et son clocher en aiguille ; la grande maison carrée à tourelles dont je viens de parler ; des bouquets d'arbres, des jardins, beaucoup de verdure. Dans ce frais paysage, le ruban d'argent du Gave, traversé par un pont de bois tout noir, qui tranche sur ce fond clair ; sur l'autre rive, le village de Sordes. La petite ville d'Hastingues se perd dans ses ombrages ; les coteaux de Puyôo se développent en longues ondulations, tantôt boisées, tantôt nues.

Le Gave disparait dans les sinuosités de ses rives, pour reparaitre un moment après. A l'est, les étages des coteaux se succèdent; les premiers contreforts des monts se dessinent très nettement; au-dessus de cette ligne, d'autres s'élèvent, bien moins fermes, et parfois coupées par des flots de vapeurs ou par de grandes ombres : c'est la chaîne elle-même,— de la Rhune à la cime rouge, aux grands pics neigeux formant le massif des Eaux-Chaudes. — Nous voilà décidément rentrés en terre de montagne.

Sordes, village sans importance et de peu de caractère, fournit la preuve de l'attention qu'ont toujours apportée les maîtres de ce pays à s'assurer des positions militaires commandant le Bec-de-Gave. On y a découvert assez récemment un camp romain. Il n'est guère douteux que le donjon d'Aspremont a été, aussi — non édifié, mais rebâti au XVe siècle,— sur les assises d'une forteresse antérieure. Les seigneurs du lieu n'avaient pas seulement à défendre la rivière. Les ouvrages élevés sur les deux mottes et la colline, et dont, encore une fois, la tour subsiste seule, protégeaient surtout l'ancien Peyrehorade, blotti au pied du double monticule. C'est dans ce quartier vieux qu'est encore placée l'église. D'en haut, le fort couvrait le pont.

C'est ce même pont de bois aux douze travées, d'aspect si sombre, au-dessus des transparences de l'eau. Les poutres en sont enduites d'un goudron épais, séché et calciné au soleil, et voilà pourquoi il est noir. En même temps que ces lourdes ombres des arches, le Gave réfléchit les hautes murailles blanches de « l'hôtel » des d'Aspremont. Il est situé précisément en face du pont, bordant un quai assez étroit, planté de grands arbres d'une extraordinaire vigueur. L'hôtel est un édifice parfaitement carré, flanqué de quatre grosses tourelles rondes, surmonté d'un toit d'une superbe tournure. Des fossés à demi comblés l'environnent encore; on n'y arrivait que par un pont-levis, comme à un logis de guerre.

La vicomté d'Orthe s'étendait vers Puyôo, à travers un riche pays parsemé de villages; c'était une jolie seigneurie. L'époque moderne a inventé de nouveaux métiers et de nouveaux états, mais aucun vraiment qui vaille celui de seigneur. Celui-ci, armé de l'épée, trouvait en face de lui, pourtant, un vassal toujours à ménager, sinon à craindre, bien qu'ayant seulement à lui opposer la mitre et la crosse. C'étaient, en ce temps-là, de bonnes armes défensives. L'abbé de Sordes était crossé et mitré; l'abbaye était puissante; elle a subsisté jusqu'à la Révolution et avait été reconstruite au XVIIe siècle. De cette reconstruction, il n'y a que des restes, et de l'ancien monastère, nous ne voyons que l'église du XIIIe siècle. On nous dit que des grottes s'ouvrent assez près de Sordes sur le territoire d'une métairie. On y aurait trouvé de très belles armes en silex, couteaux et poignards, des dents d'animaux — d'ours probablement — ornées de dessin, et des débris humains que les savants ont naturellement reconnus comme présentant les caractères d'une race quaternaire, mais d'une race privilégiée, quelque chose comme des Athéniens parmi les peuples préhistoriques. Il paraît que ces ingénieux sauvages ont conduit la taille du silex à un véritable degré de perfection. Ils en fabriquaient des flèches qui s'enfonçaient dans les os de leurs ennemis, et qu'on y a retrouvées. — L'homme a toujours été bon et sensible; l'amour qu'il a de ses semblables augmente, d'ailleurs, à mesure qu'il avance en civilisation, et c'est en inventant sans cesse de nouveaux engins de destruction qu'il le prouve; les deux choses vont du même pas. Les inventeurs des fusils à tir rapide méprisent ces primitifs qui se servaient de la flèche en silex, et ils disent : Le progrès, c'est nous !

Nous n'avons point visité les grottes de Sordes, et nous avons suivi, sans nous en détourner, le chemin de Peyrehorade à Puyôo. Sur la rive droite du Gave s'étend une plaine très variée, très colorée; nous rencontrons d'abord le village de Saint-Cricq, où s'élève un château moderne; plus loin, Lahoutan. Le Gave a décrit un méandre; il faut le repasser en bac. Il roule dans un large lit, entre deux rives couvertes d'arbres magnifiques. La promenade est donc ombreuse et charmante. A droite, on aperçoit une masse énorme de ruines, plusieurs tours encore debout : c'est Bellocq.

Nous arrivons à Puyôo. On nous a dit que le village n'offrait aucun intérêt particulier. Cependant nous rencontrons d'abord, dans la rue principale, trois Anglais et une Anglaise. Les hommes ont la lorgnette au côté, la plume de faisan au chapeau; la dame est haut bottée de cuir jaune, et long voilée de bleu; ils ont la grande barbe à la mode anglaise nouvelle, elle a les grandes dents nationales. Tout cela est très classique; mais ces promeneurs-là sont visiblement inquiets. D'où leur vient cette mine fâcheuse? Un peu plus loin, nous croisons une famille française. — Voilà bien des touristes à Puyôo, qui n'a rien, absolument rien de curieux à faire voir. Ces Français sont assez nombreux : grande famille; une gouvernante mène par la main un enfant de cinq à six ans, qui pleure à chaudes larmes. Et comme je m'apitoierai toujours volontiers sur les enfants, je dis tout haut : — Qu'a-t-il donc, ce pauvre petit? — Un homme du village qui marche derrière nous et qui parle le français me répond : Il crie la faim! — Eh bien! qu'on lui donne à manger. — Oh! Monsieur, reprend l'homme d'un air furieux, il n'y a point de buffet à la gare de Puyôo. Nous en demandons un depuis dix ans!

Voilà le mystère éclairci. Puyôo est situé à l'embranchement de la ligne de Dax et de celle de Bayonne. Les trains s'y croisent, les voyageurs attendent fort longtemps, parfois; et point de buffet. Les enfants crient, les Anglais vaguent, et comme l'estomac en colère est aveugle, ils remontent dans le train, sans avoir mangé, mais aussi sans avoir vu, en face du coteau qui porte la bourgade, la ligne bleue de la grande chaîne.

Ils n'ont pas vu non plus Bellocq. Cette visite ne fait point partie des excursions sur programme : on ne va pas à Bellocq, dont le nom seul devrait attirer les voyageurs ; — car il n'est pas besoin d'être grand étymologiste pour reconnaître que cela veut dire *beau lieu*. Si l'envie les prenait de s'y rendre, ils n'auraient pas à demander leur route. La voici ; elle se présente d'elle-même, glissant assez rapidement sur le coteau jusqu'au Gave, qu'elle traverse sur un pont moderne, qui branle comme un vieux pont. On n'est pas du tout fâché d'être arrivé au bout d'un ouvrage si peu solide, et l'on se dit avec soulagement : Ce n'est point sous mes pas à moi qu'il croulera ! — Cette route est celle de Salies, de Sauveterre et de Saint-Jean-Pied-de-Port. Tout droit devant soi, on a les ruines de Bellocq, qu'on a dominées pendant la descente. Peste ! des ruines qui en imposent encore. Six tours debout !

A Bellocq, on mange. On peut déjeuner à l'arrivée. Le vin du « beau lieu » a de la réputation et la mérite. Les vignes sont, là-bas, couchées sur le versant des coteaux qui regardent le midi ; on ne les voit pas, mais on en goûte le fruit, et cela vaut mieux. La réfection opérée, nous quittons la table pour aller d'abord visiter l'église. Très antique édifice, avec une curieuse porte très barbare. Elle est du XIIIe siècle, décorée de trois grands rinceaux, dont les dessins ont malheureusement beaucoup souffert. Le premier présente un étonnant mélange d'animaux et d'emblèmes, des poissons et des fleurs de lis, des roses et la croix. Le deuxième reproduit la figure des prophètes. Au troisième des figures aussi, mais informes à présent et méconnaissables. A l'intérieur de l'église, rien de frappant.

Le château, tout d'abord, étonne par sa grandeur. Je ne connais dans toute la France que deux ou trois édifices féodaux aussi vastes ; j'ai dit que celui-ci avait encore six tours, quatre rondes et deux carrées. Il est élevé sur une roche qui s'avance sur le Gave, comme un éperon gigantesque ; la roche est à pic ; ce côté est inaccessible. La construction, dans son ensemble, a la figure d'un parallélogramme irrégulier ; les tours sont reliées par des courtines ; du côté de la terre s'ouvrent des fossés larges et profonds — de vrais abîmes. A l'intérieur s'étend une cour immense. — Cette construction était donc à la fois très forte et très simple.

Chacune des tours renfermait, au niveau du sol de la cour, une salle entièrement indépendante de l'étage supérieur. Toutes ces vastes chambres gothiques ont la même disposition : voûtées en nervures à huit pans. Toutes s'ouvrent sur la cour, toutes sont pourvues de meurtrières au-dessus de la porte, pour la défense.

LA PORTE DE BELLOCQ. TOUR DU MIDI.

Au-dessous de cette cour, nous rencontrons une salle en contrebas dans la tour du midi; un petit escalier en descend jusqu'à une ouverture pratiquée à quelques mètres au-dessus du torrent. Ce passage se remplit d'eau dès qu'il se gonfle, car il faut bien prendre garde que depuis son confluent avec l'Adour, nous n'avons cessé de remonter le Gave. Ses airs de fleuve décent sont déjà loin, il est redevenu torrent, il court ici un train d'enfer, se brisant à grand bruit contre des roches blanches, qui obstruent son lit. De la plate-forme des tours et du haut des courtines, les soldats gardant Bellocq, qui devaient y passer sans cesse, puisqu'elles servaient de chemin de ronde, entendaient cette chanson sauvage.

Les deux tours carrées sont celle du nord et celle du midi; celle-ci avait une porte sur un pont-levis du côté de la ville, et renfermait l'escalier conduisant à l'étage supérieur et au chemin de ronde. La porte septentrionale s'ouvrait sur la roche qui surplombe le Gave; on n'y pouvait arriver d'en bas qu'au moyen de cordes ou d'échelles. Tout cet appareil de guerre est encore ferme — et a souffert plus de dégradations que de vraie ruine. Les salles d'en haut, toutes semblables à celles d'en bas, sont intactes; les tours solides, les courtines sans brèche; la grande cour, entièrement enveloppée de cette prodigieuse ceinture de murailles, est superbe; on y demeurerait des heures, les pieds dans l'herbe et dans les décombres, songeant aux jours si rudes mais si pittoresques d'autrefois. Mon compagnon a failli se laisser aller au rêve d'une restauration de l'édifice... sur le papier. Puis il m'a dit : Pourvu qu'on n'en entreprenne jamais une autre !...

Bellocq a la prétention d'avoir été une ville importante, et il paraît que ce n'est pas sans raison; elle nommait autrefois un député au Parlement de Navarre. La reine Jeanne d'Albret passait, tous les étés, quelques semaines en ce château, et de là se rendait à cheval, chaque matin, à Salies pour y prendre les eaux salées. La distance est de cinq kilomètres. Jeanne aurait aussi bien pu la parcourir en litière, car on ne connaissait pas encore les carrosses en Navarre, ils étaient même encore bien nouveaux à la Cour de France; mais Jeanne était une reine virile qui allait à cheval. En 1568, elle reçut avis qu'on voulait l'enlever dans son Béarn, sur ces routes qui étaient à elle, jusque dans ses châteaux; elle était alors à Bellocq. Ce projet d'enlèvement sortait de la cervelle de Philippe II d'Espagne, qui était aussi féconde que sombre. Jeanne en apprit toute la trame : l'Espagnol avait gagné un grand nombre de seigneurs basques; il tenait à Saint-Jean-Pied-de-Port une armée toute prête à les appuyer. La reine de Navarre n'avait aucun moyen de se défendre contre un échauffement qu'elle avait elle-même allumé par ses rigueurs envers les catholiques; elle céda la place, mais on n'aurait pu dire que ce fût une fuite. Quatre mille soldats l'escortaient : au reste, elle n'en avait pas davantage.

A la tête de cette petite troupe bien aguerrie, Jeanne traversa la Guyenne, fit reculer le terrible Montluc, ce qui n'était pas une médiocre gloire, et arriva bientôt à La Rochelle avec son jeune fils Henri. Seulement, elle ne songeait point qu'elle avait entièrement dégarni de troupes son petit royaume, et que ses sujets abandonnés, surtout les protestants, allaient payer pour elle. Et c'est ce qui arriva.

A Garris, près de Saint-Palais, il y avait, comme à Bellocq, une maison royale, mais qui n'était point aussi forte. Simple castel servant aujourd'hui de Maison commune. Les révoltés basques s'en emparèrent. Leur chef, le baron de Luxe, eut bien l'insolence d'en faire son logis, tandis qu'il rassemblait dans la ville les forces qu'il allait commander. Auprès de lui se rangent des seigneurs basques, puissants et populaires, le sire d'Armendaritz, le vicomte d'Eschaux. Mais les conjurés ignorent la retraite de Jeanne, et c'est sur Bellocq qu'ils vont marcher pour essayer de la surprendre, et la livrer ensuite au roi d'Espagne. Marche de nuit, dont la longueur les trahit. Le jour venait déjà, quand les vigies les signalèrent sur les hauteurs qui dominent la ville; les habitants eurent le temps de se réfugier dans le château avec leurs bestiaux et leurs effets les plus précieux. Les Basques pillent la ville et donnent l'assaut au château. Ils échouent, cette fois, et, la nuit suivante, se retirent. C'était un coup manqué.

Dans le haut pays protestant, dans l'Angoumois et le Poitou, la guerre s'allumait avec fureur. Les Huguenots, commandés par Condé et Coligny, s'apprêtaient à marcher vers la Loire : l'armée catholique, commandée par le duc d'Anjou, les atteint et les bat à Jarnac une première fois. C'est là que Condé fut tué par derrière, quand, déjà, il s'était rendu; et ce coup traîtreusement frappé s'est appelé le coup de Jarnac. Jeanne était à Saintes; elle offrit, pour remplacer Condé, son fils Henri, alors âgé de quinze ans; le jeune prince est acclamé, reconnu pour généralissime; mais c'est, en réalité, Coligny qui commande, et ce rude capitaine, toujours malheureux, est battu de nouveau à Moncontour, si bien battu que la Cour croit les Huguenots perdus sans ressources. Aussi des ordres arrivent pour pousser de tous côtés la victoire. Trois petites armées françaises envahissent le Béarn. La première, conduite par Montluc, entre dans Pau; la deuxième, commandée par Sainte-Colomme et par Navailles, suit la route de Tarbes, pillant les villes et brûlant les châteaux; Terride, à la tête de la troisième, saccage Orthez et marche sur Bellocq. Cette fois, les habitants s'enfuient, n'ayant plus de confiance dans leurs murailles et n'ayant point de capitaine; ils vont se réfugier à Bidache, sous la protection du seigneur de Gramont. La légende raconte que trois malheureux impotents étaient demeurés ou plutôt avaient été abandonnés dans Bellocq. Terride les pendit; c'était un grand seigneur, qui avait la férocité d'un capitaine de routiers ou de « coutereaux ». Il ne faisait point de merci. Il campa dans le château, qui se ressentit de son passage, brûla la ville et s'en alla par Salies assiéger Navarrenx, où le chef du parti protestant dans le Béarn et le Bigorre, le comte d'Arros, s'était enfermé.

Cependant les restes des quatre mille soldats emmenés en Poitou par Jeanne d'Albret, fortifiés de quelques débris échappés à Moncontour, avaient repris leur route vers les Pyrénées, à travers le Périgord et le Rouergue. Montgommery, qui les commandait, rallia de nouvelles troupes à Montauban, et hâtant sa marche, passa l'Adour et le Gave, tomba comme la foudre sur Terride, à Navarrenx, et le poursuivit jusqu'à Orthez, où le capitaine espagnol se retrancha. Montgommery donne l'assaut, emporte le mur, et un long combat s'engage dans la ville.

C'est ici que se place une autre légende, celle de la *Tour des Caperans*. Nous allons la retrouver à Orthez.

ORTHEZ.

ORTHEZ & LE GAVE DE PAU

On irait à Orthez rien que pour la voir, cette « fenêtre des Caperans » (frinesto dous Caperans), d'où les calvinistes de Montgommery firent sauter par force dans le Gave les capucins qui avaient défendu la ville. Quant à moi, je pense qu'une bonne leçon ressort toujours du spectacle des lieux où quelque atrocité s'est commise. Nous autres Français, dont l'histoire est très sanglante, nous avons besoin d'être corrigés d'une manie entre tant d'autres, — celle de nous considérer comme le « peuple humain ». — Ces capucins, dans la tour des Caperans, se sentaient au dos les piques huguenotes; ils avaient devant eux le lit du Gave — et la liberté de choisir.

Parbleu! le choix n'était pas aimable. On me dit qu'à Orthez le torrent est plus que jamais hérissé de ces belles roches blanches que j'admire en quittant Bellocq.

Belles à voir, mais point pour y choir. Ces blocs qui enserrent le torrent, se continuent dans la plaine; là-bas, à droite, un cône se dresse, couronné de bois, portant une ancienne forteresse, celle de Saint-Pic. Ce saint — là, vraiment — a de la couleur locale dans les Pyrénées.

Cependant il paraît que cette hauteur doit son nom à un patron terrestre, — et très éloigné même d'être céleste. On soupçonne les Anglais d'avoir élevé le château; un « secrétaire du Roy » l'acheta vers 1600; il s'appelait Saint-Pic. — Mais, plus près de nous, voici une terrible muraille. D'énormes rochers, au pied desquels est assise une station thermale, une toute petite station, qui pourrait bien devenir grande. Il paraît qu'elle le redeviendra bientôt : Baure a été jadis très fréquenté pour ses sources sulfureuses, qui ont le mérite assez rare d'une parfaite limpidité. On vous y présente, dans un gobelet de bois, l'eau claire qui sent l'œuf pourri; Vous seriez bien délicat si vous ne trouviez pas de plaisir à boire.

A moins de trois lieues de Baure, Orthez s'étage et glisse sur la pente d'un coteau qui domine le Gave au nord. On aperçoit une vieille figure de donjon à la cime, et sur le versant beaucoup de verdure. Si l'on arrive par le chemin de fer, on longe le Gave, dont le lit, profondément encaissé, est vraiment un chaos de ces roches superbes dont j'ai parlé déjà. Elles sont blanches, de la blancheur éteinte des fossiles; leurs formes massives et désordonnées font penser à des mammouths accroupis au-dessus de l'eau.

En beaucoup d'endroits, le fond du torrent est à sec; ailleurs, de larges rubans de cristal roulent avec une rapidité qui donne le vertige; puis, de petites nappes profondes s'étendent entre deux barrages naturels, qui retiennent l'eau et se balancent avec des clartés d'émeraude. Une végétation très variée s'élève au-dessus du Gave : des saules tordus sur la berge; plus haut, sur la pente, des coins de vigne, des jardins jusqu'à la ville, située à mi-côte. Les maisons semblent grimper les unes sur les autres ; des trous noirs s'ouvrent dans ce moutonnement de pierres : ce sont les rues.

L'une monte tout droit, en ligne verticale, vers la ruine du donjon, qu'on ne distingue qu'un moment. Le train passe, laissant à droite un vieux pont, aux quatre arches ogivales, formant un énorme dos d'âne. Au sommet de l'angle, une tour carrée... Est-ce la tour des Caperans ? — J'ai cru voir un pigeonnier...

Le train s'arrête. — Je suppose toujours que vous avez pris la voie ferrée. — En face de la gare s'allonge une magnifique avenue formée de quatre rangées d'arbres. Elle est si épaisse et si sombre que toutes les propositions des conducteurs de calèche et d'omnibus resteront inutiles. Les braves gens en seront pour leur faconde béarnaise. La ville n'est pas si proche ; mais qu'importe ? Vous ne résisterez point au plaisir de cheminer sous ces ombrages. A l'extrémité de l'avenue, une large rue s'étend des deux côtés — descendant à droite sur le plateau, ou, pour mieux dire, sur une sorte de terre-plein qui domine le Gave et qui conduit à la route de Dax, à gauche, embrassant le pied de la hauteur qui porte le château. Là est un carrefour où se trouvent les hôtels. Celui de la *Belle-Hôtesse* fait voir une enseigne engageante. Elle est même assez curieuse, cette enseigne en fer-blanc peint qui montre une belle dame caressant le col d'un cygne.

L'hôtellerie est vieille ; toutes les maisons, dans la grande rue d'Orthez, ont un âge très respectable et un air d'importance. Vastes et vieux logis construits aux XVIe et XVIIe siècles. Une noblesse nombreuse habita la ville, déchue depuis longtemps, au profit de Pau, de son rang de capitale, mais demeurant encore la deuxième cité du Béarn. L'un de ces hôtels s'appelle la Maison de Jeanne d'Albret ; il est flanqué de tourelles, et on peut croire que Jeanne ; en effet, l'habita de préférence au château, déjà intérieurement ruiné. Ce n'est pourtant pas qu'elle fût délicate, cette reine Jeanne ; mais le château était aussi trop délabré, et, n'étant pas riche, elle ne trouvait point d'argent à engloutir dans des restaurations inutiles; elle en avait à peine assez pour entretenir des soldats contre ceux du roi de France et contre ses sujets que sa ferveur huguenote, peu tolérante, avait en partie soulevés.

Du carrefour, deux rues se détachent, l'une montant au donjon, l'autre redescendant vers le Gave. Je suis la seconde, j'arrive à l'église. Une flèche neuve charme rarement; celle que je vois ici est perdue à l'avance dans mon esprit par cette considération qu'elle est venue remplacer une ancienne tour qui se rattachait au système de fortifications enveloppant la ville. Je m'oublie même, avant d'entrer dans l'église, à suivre, à l'ouest, les débris des murailles encore debout et formant, ici la clôture d'un jardin, là le contrefort auquel s'appuie quelque masure; nous sommes dans le quartier populeux d'Orthez. Puis, je reviens sur mes pas, je rencontre une deuxième avenue aussi belle, et berçant une aussi forte ramure que celle qui, là-haut, de la rue principale conduit à la gare.

A l'une des extrémités, est le pont ogival, et sa tour, — le pigeonnier; — car il n'y a plus à en douter : à ce reste curieux de l'ancienne défense, à cette « tour des Caperans », les « restaurateurs » de l'édifice ont ajouté cette coiffure ridicule, ce toit pointu de moulin à poivre percé de ces trous qu'on appelle, je crois, des *bougeottes*, où les pigeons font leur nid. C'est un massacre, mais à quoi bon s'en fâcher? Ce qu'il faudrait contre ces attentats stupides, ce n'est point des protestations; ce sont des lois. Qui les fera?

Croyez-vous qu'on songe à rassembler un Parlement d'archéologues et d'artistes pour protéger les monuments historiques? Une commission est instituée, elle doit suffire. On la compose de quelques personnes compétentes, auxquelles on associe avec soin, avec religion, l'élite de l'ignorance et le dessus du panier de la prétention. Naturellement, c'est cette élite-là qui l'emporte. Elle fait des sottises ou les encourage; ce n'est pas sa

CHATEAU DE BELLOCQ.

faute, ce n'était pas son métier. N'en va-t-il pas ainsi en toutes choses un peu, — même beaucoup? — Et partout où il faudrait des maçons, ne met-on pas des danseurs?

LA MAISON DE JEANNE D'ALBRET.

L'église, en ses soubassements du moins, est très ancienne. Sur des murs du XIIᵉ siècle, on a édifié des parties nouvelles au XVᵉ. La nef unique est de cette époque, formée de belles voûtes, d'une élégance rare, terminée par une abside à trois pans, avec des chapelles latérales. Deux transepts. Du côté droit, sur une jolie place à laquelle aboutit l'autre extrémité de la promenade qui descend au pont et au Gave, s'ouvre une porte très riche, malheureusement enfermée sous une sorte de porche moderne qui soutient le clocher neuf. — La décoration intérieure n'offre point d'attrait particulier.

Retournons au pont. La « fenêtre des Caperans » a été conservée : elle est placée à l'angle sud-ouest de la tour. Ce n'est pas qu'elle soit très élevée, et, de là, tombant en pleine eau, un homme ferait son plongeon sans péril, si cette eau n'était point celle d'un torrent. Mais ici, que le Gave fût gros alors, ou qu'il fût à sec, comme je le vois aujourd'hui, ce ne fut qu'une alternative, où les victimes n'eurent rien à gagner. Dans le premier cas, un terrible courant les emporta contre les roches du bord; dans le second, ils se brisèrent tout de suite contre celles du fond. Il paraît que ces capucins avaient vaillamment défendu la ville contre les soldats de la souveraine légitime; ils allaient, « salade » en tête, épée au côté sur leur froc, mousquet au poing.

Ce n'est pas, vraiment, une image chrétienne; mais c'est pittoresque, et comme, après tout, les deux partis en guerre n'épargnaient personne, ni femmes, ni enfants, ni ministres huguenots, ni prêtres catholiques, il n'était peut-être défendu ni aux ministres, ni aux prêtres même, de saisir l'épée, puisqu'ils étaient sûrs de périr par l'épée, s'ils se laissaient prendre. Il ne faut pas nier que des deux parts la patience évangélique ou angélique eût été meilleure; mais avouons aussi qu'elle était difficile.

De l'autre côté de ce pont que je ne peux m'empêcher de voir encore, tel qu'il était avant « l'attentat », lorsque la tour des Caperans découronnée portait un vieux manteau de lierre, — un faubourg de la ville s'étend vers le sud. Est-ce bien un faubourg? Il me semble qu'il était fortifié tout comme la ville même, car, regardant attentivement, je découvre encore de ce côté des restes de murailles. J'arrive au bord en sautant de roche en roche à travers le Gave, ce qui est d'ailleurs fort aisé. Je ne m'étais point trompé : tout le quartier a été enveloppé de remparts; des morceaux importants tiennent encore.

Par exemple, point de vestige de la porte, qui certainement était flanquée d'un ouvrage de défense très considérable. Cette première enceinte forcée, l'ennemi se heurtait à la seconde, sur l'autre rive et en avant, à la tour du pont, hérissée de meurtrières. Le faubourg d'Orthez est un séjour assez triste : au nord, il n'a de vue que sur le coteau qui couvre la ville, et que couronne le donjon; au midi, le regard y est arrêté par de hautes collines nues ou tapissées d'arbustes sauvages assez rabougris et de grands ajoncs, — qui s'arrangent bien de ce sol brûlant et stérile. Les maisons y sont très rustiques, avec des aspects de fermes ; d'énormes pourceaux se couchent au milieu des cours; une troupe d'oies descend la rue, s'acheminant évidemment vers un petit pré que traverse un ruisseau courant au Gave. A Orthez, on fait des jambons — de Bayonne — des conserves de cuisses d'oie et des pâtés de foie — de Toulouse.

Je ne sais pourquoi l'idée me vient, en examinant ces hauteurs qui bercent leur robe épineuse sous un vent assez fort, qu'il ne serait point mal de les gravir. Il est naturel, dans les lieux bas, de se figurer toutes les belles choses que l'on voit d'en haut. Sûrement, du faite, j'aurais au moins la perspective du donjon devant moi, en ligne presque horizontale. Une chose m'arrête, et il faut bien que je la confesse : plutôt que de rencontrer un reptile, je préférerais me trouver face à face avec un soldat de Montgommery altéré de carnage et armé jusqu'aux dents, — fussé-je capucin. Ces grandes broussailles ne me disent rien de bon ; elles recèlent de méchants hôtes. Mais quoi ! mes guêtres sont fortes, et j'ai pris à Hasparren un goût très particulier pour le bâton basque, que je tiens par une lanière de cuir, et qui est armé à son extrémité d'une pointe de fer. Je monte sans guide, au petit bonheur : c'est l'affaire de trente minutes, et je suis payé de ma peine. Au sud et à l'est, court la chaîne des Pyrénées ; au nord, le donjon — la tour de Moncade — me paraît si proche que je regrette de n'avoir point de fusil ; il me semble que j'abattrais un autour brun, au ventre rayé de blanc, qui tournoie autour des mâchicoulis.....

Illusion pure, d'ailleurs... mais qui fixe mes yeux sur ces

meurtrières et la galerie qui les porte... Seigneur Dieu! qu'est-ce encore que ce crime et cette ineptie-là? Mais ils sont modernes, ces mâchicoulis! Mais quel vent de folie a donc passé sur cette pauvre ville? Qui s'est conjuré pour l'assassiner? — Voilà qui vaut bien le complot des catholiques contre la reine Jeanne, « qui n'avait de la femme que le sexe » et qui, elle, savait bien se défendre!

Je n'ai plus qu'une pensée, c'est de redescendre — pour remonter, il est vrai — et tout de suite — au donjon, afin d'examiner de plus près cette nouvelle « restauration » meurtrière. Auparavant, je jette un dernier regard sur le tableau que je vais quitter. De ce côté, le fond en est occupé par des collines très hautes, qui dominent la ville. Mais je me souviens... Là, une bataille a été livrée; l'écho en résonne encore. C'est sur ces hauteurs que Soult, en 1814, ayant été forcé d'abandonner la ligne de l'Adour, puis celle de la Bidouze, prit position le 28 février; il avait un peu moins de trente mille hommes. Les Anglais passent le Gave de Pau et l'attaquent le 26; ils étaient plus de cinquante mille. La journée est disputée vivement; mais les Français vont se retirer sur Tarbes, et de là, sur Toulouse. Les pertes des deux armées ont été presque égales. Soult a sauvé son artillerie; il emmène ses blessés.

Dix minutes suffisent à me ramener au Gave, que je franchis par le même moyen expéditif qu'auparavant. Je cherche mon chemin dans l'entre-croisement des rues noires et raides, sur la pente, et je joins celle qui monte au château. Eh bien, non! je ne m'étais pas abusé; me voici bien en présence d'un débris appartenant à quatre époques. La base est du XIIe siècle, la partie intermédiaire des XIIIe et XIVe, la partie supérieure est du... XIXe.

C'est monstrueux, tout simplement. Au-dessus de ce premier étage massif et grandiose, avec sa croisée en plein cintre, ses longues ouvertures meurtrières et son bel appareil, au-dessus des ogives et des fenêtres à croisillons du deuxième étage, voici ce couronnement stupide!

LE PONT D'ORTHEZ.

L'idée de couronner un donjon qui est une ruine, qui n'a plus aucun usage possible — cette idée est déjà par elle-même assez folle et cornue; et, certes, il vaudrait mieux employer l'argent qu'il en coûtera à empêcher la ruine de tomber. C'est un sacrilège de laisser périr des débris intéressant l'art et l'histoire; c'en est un autre, et bien pire, que de s'essayer lourdement à les transformer.

Ici, c'est plus qu'une transformation, c'est une débauche d'usurpation. On s'en est donné à cœur joie sur ces vieux et nobles murs, et l'on a prétendu faire mieux qu'une restauration, — une *création*, là, tout simplement. La tour a été surmontée d'une rangée de consoles ridicules, qui prétendent imiter des mâchicoulis, mais qui n'en sont point. Je leur laisse donc leur nom de consoles, bien qu'elles ne le méritent pas, puisqu'elles ne portent rien ou presque rien. Les mâchicoulis du premier étage sont *très* longs; on a voulu renchérir, et ceux-ci sont *trop* longs. Mais pourquoi dire des mâchicoulis? Encore une fois, ce n'en est pas, ce n'en peut pas être, puisqu'ils sont fermés.

J'ai dévoré mon indignation deux jours, si bien qu'après ma visite à Orthez, lorsque je rejoignis à Navarrenx mon compagnon de voyage, un artiste, lui, mon premier mot fut pour parler de cette « restauration » de la tour de Moncade; son premier mouvement fut une explosion de gaieté furieuse. C'étaient des éclats de rire entremêlés d'exclamations de colère. Cela dura toute la soirée.

Gaston VII, vicomte de Béarn, ne prévoyait point cet outrage, lorsqu'il réédifia le château en 1242, et Gaston Phœbus pas davantage, quand il l'embellit et l'aménagea suivant ses habitudes de luxe et de délicatesse. C'était un prince magnifique. Avant Gaston VII, les vicomtes de Béarn avaient pour résidence principale la Fourquie de Morlaas, auprès de Pau. Le donjon d'Orthez, construit sur le modèle de celui de Moncade, en Espagne, dans le royaume de Valence, où les vicomtes plaçaient le berceau de leur famille,— parut si beau et si fort qu'on l'appela « le château noble ». Le Béarn étant tombé, par extinction des mâles et par alliance, aux mains des seigneurs de Foix, Gaston Phœbus et son successeur préférèrent le séjour de Pau, — en quoi, je ne saurais les blâmer, car j'aurais fait comme eux, moi chétif et si peu féodal, Pau me paraissant l'un des plus beaux lieux de la terre.— Cette opinion, ce n'est pas seulement avec Gaston Phœbus et ses descendants, c'est aussi avec Lamartine que j'ai l'honneur de la partager.

Le « château noble » n'était donc plus depuis longtemps, au xvie siècle, qu'un poste militaire gardé par des capitaines, et il n'est pas étonnant, comme je l'ai dit, que Jeanne d'Albret se soit édifié un logis dans la ville où elle avait toutes sortes de raisons de résider. Le lieu était fort; c'était un centre huguenot, tandis que les catholiques romains à Pau étaient tout-puissants, que les Etats y avaient leur siège; ils comptaient une majorité catholique. A Orthez, les protestants sont encore en nombre plus que dans aucune autre ville du Béarn — quinze cents sur six mille habitants; — ces anciennes gentilhommières qui bordent la grande rue ont toutes été peuplées et se sont trouvées subitement désertes, après la révocation de l'Edit de Nantes.

Cent ans auparavant, en 1569, les choses n'allaient pas beaucoup mieux pour les protestants à Orthez. Jeanne d'Albret et son fils Henri étaient réfugiés à La Rochelle, et les catholiques avaient repris tout le Béarn, sauf Navarrenx. A Pau, on exécutait en même temps des gardes de la Reine pris dans le château; on les pendait en cérémonie, au son des fifres et des tambourins. Le baron de Flamarens et le sénéchal de Béarn, le seigneur de Marsan, accusaient Jeanne de rébellion et d'ingratitude envers le roi de France, car elle avait « molesté et rançonné » les Français dans ses États. Ils l'accusaient surtout de révolte envers Dieu, « pour avoir commandé l'abattement des images et le bannissement de la messe ». Un arrêt du Parlement de Toulouse avait mis sous la main de Charles IX tous ses territoires et domaines. Les Basques étaient levés contre elle. Le rendez-vous de leurs bandes insurgées avait été pris à Garris, dans la maison royale qui était le siège de la justice souveraine pour la Basse-Navarre. Le baron de Luxe menait une partie des Souletins; Gratian, vicomte d'Etchaux, seigneur de Baigorry, conduisait l'autre. Des compagnies d'aventure suivaient, sous les ordres de simples capitaines : Gohas, qui, plus tard, passé à Paris au service des Guise, fut un des assassins de Coligny, les capitaines Vieille-Pinte, Vieille-Nave, etc. Orthez est pris; Terride s'en va assiéger Navarrenx, soutenu par le seigneur de Negrepelisse, avec deux compagnies d'hommes d'armes, trois « d'harquebusiers », trente-trois d'infanterie et vingt canons. C'étaient des forces respectables pour le temps. Montgommery en amène de supérieures. Terride est battu sous Navarrenx et se retire dans Orthez; les Basques se dispersent et rentrent dans leurs montagnes. Dans la Soule et le Haut-Béarn, la guerre n'est point terminée; les vallées d'Aspe et d'Ossau demeurent en armes. Mais Orthez est repris, les catholiques y sont massacrés, sauf Terride lui-même et ses capitaines, qui eurent la vie sauve et durent payer belle rançon. Quant aux capucins, point de grâce.

Il parait qu'on ne les fit pas tous sauter dans le Gave du haut de la fenêtre célèbre; on en pendit quelques-uns aux créneaux du donjon. Le « château noble », qui avait vu beaucoup de splendeur princière, avait été aussi le théâtre d'autres crimes, au temps même de ce Gaston Phœbus, chevalier brillant, quelquefois traitre. J'ai raconté, dans le tome premier de cet ouvrage, comment il se saisit de son parent, Pierre de Béarn, qui refusait de lui livrer le château de Lourdes, et comment il le tua de sa main.

Froissart a longuement célébré les somptuosités de la « tour Moncade », quand le fameux prince aux cheveux d'or y avait établi sa cour. Gaston Phœbus avait une armée de pages et de valets, une table magnifique ouverte à tout venant, pourvu qu'il fût chevalier. Ce perpétuel gala féodal rendit bientôt trop étroit le château d'Orthez; ce n'était pas un donjon, mais un palais, qui convenait à ce grand festoyeur; il s'en alla bâtir à Pau. Orthez était, avant tout, une maison de guerre. Ce ne devait pas être une vue bien agréable que ces énormes fossés béants et ces remparts noirs qui l'entouraient. Des pans de murailles sont encore ici debout; la partie la mieux conservée de l'enceinte en est précisément la plus vieille : c'est celle qui regarde la ville. Il y a là tout un morceau, qui est bien du XIIe siècle. De ce côté, la vraie défense, ce sont les fossés creusés de main d'homme dans la roche et profonds de vingt pieds. Au nord, on suit les traces d'un ouvrage vraiment gigantesque, une muraille de trois mètres d'épaisseur courant sur un talus, puis descendant à pic au fond de la vallée. Avant l'invention des canons, la tour Moncade n'était décidément pas facile à prendre.

Depuis qu'il y eut de l'artillerie, ce fut un peu différent. On put toujours foudroyer le donjon et la ville du haut de ces collines, où notre maréchal Soult fut attaqué par Wellington, le 27 février 1814. Mon excursion à Orthez ne serait point complète si je n'allais, demain, visiter le champ de bataille.

Je me mets en marche le matin, vers six heures, au petit soleil. Hier, sur les collines couvertes d'ajoncs, au delà du Gave, j'ai suffisamment essuyé les morsures du midi. A cette heure, tout un côté de la route de Dax, que l'on m'a conseillé de suivre, est encore dans l'ombre. Je me dirige au nord, et l'éblouissement me gagne, à mesure que je m'élève. Dans les dernières vapeurs matinales, toute la chaine émerge, brillante et diversement colorée, de la Rhune bordant la mer, aux pics qui dominent Bagnères, à l'est. La vue se heurte à un mont plus élevé qui se dresse, isolé, en promontoire, au-devant du massif. Je crois que c'est le Mont-Aigu. Je ne découvre point le pic du Midi de Bigorre.

A mes pieds, le tableau est bien plus humble, mais encore intéressant. Ce chainon de collines, dont je viens d'aborder le sommet, a du caractère et de la couleur; d'étroites vallées descendent vers le Gave, sous les ombrages; on dirait les allées couvertes d'un immense jardin. Les toits des maisons et les clochers des églises percent les feuillages. A mi-côte, sur l'un de ces mamelons, voici le village de Saint-Boër, avec des ruines. Saint-Boër est la station thermale d'Orthez. Ses eaux

LE DONJON D'ORTHEZ.

sulfureuses froides sont connues et recherchées depuis des siècles.— Un peu de tous côtés, dans cette campagne très variée, aride sur les hauteurs et si fraîche sur les pentes, s'élèvent des maisons de plaisance et des châteaux.

Il y a beaucoup de restes encore de la vieille noblesse dans le Béarn, mais, surtout, on est étonné d'y trouver une si nombreuse bourgeoisie vivant de son bien. J'ai traversé le Labourd, la Soule, la Basse-Navarre, je cours en plein Béarn, et dans tous ces cantons si divers, au bord des routes ou des forêts, au fond des vallées, je vois des maisons de campagne à l'air paisible et cossu.

Elles se multiplient sur la route d'Orthez à Mauléon, que je suis au soleil couchant, dans une assez bonne calèche, au trot allongé de deux chevaux efflanqués mais vigoureux, dont les harnais sont garnis de clochettes ; nous causons, en passant, beaucoup de bruit dans la sonorité des bois.

Une plaine, ou plutôt une vaste clairière, s'ouvre en forme de cirque. A l'est, parmi les nuées teintées de rose et de violet tendre, voici des profils plus sombres : ce sont les arêtes des grands monts. A l'occident, le bord du bois qui se recule est marqué par de hauts peupliers, dont les feuillages se découpent sur un fond clair. Mais de ce côté des vapeurs arrivent rapidement ; ces brumes accourent ordinairement de la mer à la tombée de la nuit, et se dissipent assez vite. — La route, bientôt, rentre dans la forêt; nous cheminons entre deux masses d'ombres, ayant le ciel étoilé au-dessus de nos têtes. — Nous sommes en pleine Soule; nous arrivons à Mauléon.

LE PAYS DE LA SOULE

LE CHATEAU DE MAULÉON.

LE PAYS DE LA SOULE

I

MAULÉON

Le pays de la Soule porte son enseigne : c'est le clocher à trois pignons qui domine toutes ses églises.

Quand nous disons clocher, c'est uniquement parce que ce singulier appendice renferme des cloches. Encore ne les renferme-t-il pas dans le sens propre du mot, puisqu'elles sont à l'air. Ce n'est exactement qu'un pan de mur à trois pointes, une façade à trois cornes, formant saillie au-dessus du toit, et percé de trois petites arcades. Quand l'église est pauvre, il n'y a qu'une cloche dans l'arcade du milieu; quand elle est plus riche, il y en a trois, dont une plus grosse et deux plus petites. Si le vent souffle en tempête, elles tintent d'elles-mêmes, sans le secours du sonneur. Le clocher en usage dans la Soule est vraiment unique au monde; aucun autre peuple de France ne se contenterait d'un appareil si rustique. Dans la dentelure de ces étranges pignons, quelquefois dans la triple petite arcade affectant la forme de l'ogive étranglée, il y a comme une vieille couleur sarrasine.

Mauléon-Licharre, vieille cité qui a pour armes un lion d'or et trois tours rondes sur champ de gueule, qui fut la résidence des puissants vicomtes de la Soule, n'a plus l'honneur que d'être un chef-lieu d'arrondissement : quatre mille habitants, avec les hameaux qui l'avoisinent. Mauléon a une église qui n'est pas plus riche que celle d'un village. Il est vrai qu'elle en possède une autre. C'est dans la « grande église » de Mauléon que se passa, au XVIe siècle, un drame étrange. Le huguenot Roussel, évêque d'Oloron par la grâce de la reine Jeanne, étant venu y prêcher les doctrines nouvelles, un des notables, Arnaud Maytie, lui imposa silence. Roussel ne tenant compte de l'injonction, Maytie saisit une hache qu'il avait apportée dans le temple et cachée dans son banc, se précipite contre la chaire et se met à la frapper à grands coups; ses amis l'aidaient; la chaire tombe, écrasant à demi le prêcheur sous son poids. On transporta Roussel, grièvement blessé, à Oloron, et de là aux Eaux-Chaudes, où il ne trouva point la guérison de ses blessures. Il en mourut au bout de quelques mois.

L'église *villageoise* est située à un kilomètre environ de la ville; on l'aperçoit du haut du pont qui conduit à la place principale, franchissant le *Saison*, et contre lequel un moulin s'appuie, lançant une triple gerbe d'eau et d'écume. Le Gave roule entre deux bords ravinés et tapissés d'arbustes de toute sorte; à droite, des terrasses portant des jardins ont été construites au-dessus de la ravine; — de l'autre côté du pont, on voit le torrent descendre entre les assises des maisons qui baignent leur pied dans l'eau. L'horizon est fermé par un haut cadre de montagnes vertes.

Le Gave trace un sillon brillant dans ce paysage un peu sombre; il attire comme la lumière. Nous descendons sur sa berge verte, à travers des broussailles auxquelles nos mains ne s'accrochent point sans méfiance, car une vipère gît, la tête écrasée d'un coup de talon, à l'entrée de la sente; elle sortait de ce fouillis d'herbes et d'épines, quand elle a rencontré le compagnon qui l'a tuée.—Arrivés au pied de l'escarpement, nous nous asseyons sur un des blocs de grès blanc dont le lit du Gave est hérissé. Mon compagnon prend ses crayons, séduit par la tournure pittoresque des vieux toits qu'il découvre au-dessus des terrasses de l'autre bord. Quant à moi, je regarde en aval glisser le maigre flot du Gave, presque à sec, et s'épandre cette large cascade artificielle qui sort du moulin par trois bouches, avec un bruit aigu; le grondement des roues forme la basse. Au-dessus du pont, en regard de ce moulin, se dresse une haute maison de trois étages, qui vient se refléter dans le miroir du torrent. Les images seulement m'arrivent renversées. Je vois une femme qui achève de s'habiller, puis qui se peigne; mais je la vois la tête en bas. Elle se croit bien à l'abri des regards;—il serait peut-être charitable de lui apprendre à se méfier des pièges de l'eau.

Il est vieux aussi, ce pont de deux arches; mais où donc en ai-je lu une description trop complaisante, qui me le représentait tout enveloppé d'un manteau de lierre? — Il est nu comme un pont neuf. De ce côté, il forme la seule entrée de la ville. Aussi n'est-il pas un instant désert. Les gens qui le traversent ont visiblement l'habitude de s'y arrêter, accoudés sur le garde-fou, pour considérer la cascade. D'en bas, je revois une troupe de ces Basquaises blondes, que nous n'avions pas rencontrées depuis Hendaye. Il n'est pas sûr que ces rustiques filles d'Eve soient retenues là par les fusées d'écume qui jaillissent du moulin, elles examinent plutôt ces deux originaux assis sur une roche au milieu du Gave, dont l'un fait courir ses crayons, et dont l'autre fume des cigarettes. Nous les égayons assez. Bast!

ce n'est pas un si mauvais sort que de prêter à rire à de jolies filles.

Mais voici que les curieuses sont dérangées par une diligence qui accourt avec un épouvantable fracas de vieilles ferrailles. Puis, c'est un troupeau de mules espagnoles qui arrivent, chargées de pompons et de sonnettes, portant des ornements de

L'HÔTEL D'ANDURRAIN.

cuivre au frontal, conduites par leurs muletiers farouches. — Le dessin de mon compagnon est terminé ; nous nous levons et reprenons le chemin de la ville. Nous sommes sur la grande place.

D'un côté, la promenade, que borde le jardin de la sous-préfecture, et devant la mairie, le jeu de paume. Là, il faut saluer deux ormes d'un âge invraisemblable et d'une hauteur extraordinaire. Il paraît que les magistrats de Mauléon rendaient autrefois la justice sous des arbres : si c'étaient ceux-ci, les justiciers avaient un bon pavillon, tout à fait imposant et noble. — De l'autre côté de la place, en arrière d'un autre jardin défendu par une grille, s'élève l'hôtel d'Andurrain. C'est une grande maison dans le style du XVIe siècle, dont le plan n'a pourtant pas été suivi jusqu'à l'achèvement complet. Le corps principal du logis devait être flanqué de quatre pavillons ; il n'y en a que trois, le quatrième manque sur la façade occidentale. L'édifice a été malheureusement construit en mauvaises pierres ; beaucoup de détails sont lourds, mais quelques-uns ont le plein caractère de la Renaissance, et tous sont curieux. Des têtes sculptées, — presque toujours des masques comiques, — décorent le long mur qui regarde le midi et borde une rue courant vers l'ouest. La façade orientale offre une charmante porte Renaissance, surmontée d'un balcon de fer que soutiennent de belles consoles. L'hôtel d'Andurrain est une demeure intéressante, et le maître est logé vraiment en seigneur.

Au milieu de la place s'élève une colonne de marbre qui porte sa date : c'est de l'Henri II, et du meilleur. Cette place est charmante, avec le vieux logis sur l'une de ses faces, avec les jardins qui l'encadrent. Celui de la sous-préfecture est fort beau. On demande souvent à quoi les sous-préfets sont utiles ? Je ne l'ai pas découvert ; mais, si celui-ci ne sert à rien, du moins il est bien logé.

Voilà cet antique Mauléon, capitale de la Soule. A l'ouest, sur le mont prochain, se dressent les restes du château qui commanda la ville et lui donna son nom, lequel ne témoigne point du tout qu'il ait été construit par un bon sire. Château du Mauvais Lion — Mauléon. — Sur cette hauteur dominant la rive droite du Saison — la ville est en grande partie sur la rive gauche — qui planta le premier cette aire redoutable ? — Au XIIIe siècle, c'est une maison forte très qualifiée ; Auger, vicomte de Soule, est cependant obligé de la céder avec sa vicomté à

Edouard Plantagenest, roi d'Angleterre, duc de Guyenne. Au xve siècle, les mêmes Anglais y sont encore maîtres, et les comtes de Foix la reprennent aux Anglais. C'est là, dans ce vieux centre basque, toujours très résistant aux nouveautés religieuses, que les catholiques se rassemblèrent pour organiser la bataille contre les ordonnances de Jeanne d'Albret, la Huguenote. La reine aurait pourtant dû savoir que ce pays de la Soule était furieusement orthodoxe, car c'était après l'aventure de l'évêque d'Oloron. Mais, quand les princes ont une foi et que les peuples en ont une autre, celle des princes recourt aisément aux vexations et à la persécution, — sans parler de la hache et de la corde. A quoi bon, puisque la préférence des peuples l'emportera?

Vous lirez dans presque tous les guides que ce château du « Mauvais Lion » est une ruine. Ce n'est pas exact. Sur les anciennes assises, de nouveaux bâtiments paraissent s'être élevés sans cesse. Le dernier est encore debout, bien qu'abandonné; c'est une construction Louis XIV. Mauléon fut une lieutenance du gouvernement de Guyenne et de Gascogne, et le lieutenant fit là sa demeure.

Cette lieutenance a été une charge vraiment héréditaire dans la famille de Trois-Villes. Un comte de Trois-Villes, amoureux de la belle Marguerite d'Espeldoy, fit mettre à mort le Basque Berterretch, son rival. Dans le beau recueil des *Chants populaires du pays basque*, par M. J.-D.-J. Sallabery de Mauléon, on trouve à ce sujet une chanson très dramatique, mais assez peu claire. On n'y voit pas bien si Berterretch avait commis quelque crime donnant prise au *Jaon Kunte*.

Dans l'époque moderne, le « Mauvais Lion » a reçu garnison plus d'une fois; du côté qui regarde la ville, on voit encore sa vieille enceinte flanquée de maçonneries modernes qui s'appuient à des talus. Le château fut un poste de défense pendant la retraite fameuse que Soult conduisit pied à pied à travers la contrée pyrénéenne, suivi par les soldats de Wellington.

Mauléon a ce cadre sombre que lui font ses hautes montagnes vertes; c'est une beauté âpre et assez triste, qui offre un grand charme. Sur la rive gauche du Saison courent les jardins de ces maisons à vieux toits que nous avons vues du lit du Gave, et dont la façade principale s'ouvre sur une rue bordée de l'autre côté par ces grands murs de l'hôtel d'Andurrain, décorés des masques comiques. Une route y fait suite et s'enfonce dans la vallée. Sur la rive droite, il faut suivre le pied même des escarpements boisés, marqué par une autre route. Un chemin s'ouvre entre les clôtures de deux prairies et conduit à l'église. Encore, pour y arriver, faut-il traverser un de ces prés verts, et ce n'est pas tout simple. Nous frappons à la barrière; une vieille Basquaise se dirige vers nous en clopinant; elle va nous ouvrir. Ah! bien, oui! elle a perdu la clef.

Il faut attendre — à moins, nous dit un homme qui se tenait dans le chemin — à moins que vous ne passiez par la *cour aux porcs*. Singulier vestibule pour une église! Nous suivons l'homme. Entre des masures basses, s'ouvre un cloaque immonde, et là, dans la fange, huit ou dix pourceaux énormes sont couchés, qui se lèvent avec des grognements menaçants. L'homme avait son bâton. — Oh! dit-il, n'ayez peur, cognez ferme! — Il en parlait à l'aise!

Mon compagnon, pour toutes armes, portait son crayon et son album. Moi, comme dans la chanson de Marlborough, je ne portais rien. Le mieux était de faire diligence et de franchir un petit mur qui arrêterait l'ennemi. Nous sautons; il était temps : l'escadron de gros porcs chargeait. — Une fois hors de ses atteintes, je me mis à pester et à prêcher : Eh! bonhomme, vous avez donc à Mauléon un maire pour rire. — Pour rire? Oh! là, non! Il est plutôt ben sérieux comme un mur. C'est riche, ça n'a plus besoin de faire la belle mine au monde, ça ne rit point. — Si c'est un maire pour tout de bon, comment souffre-t-il tant de saleté dans sa commune, et cette infection si près de l'église? — Bon! c'est pas à lui, ce coin-là. Il ne s'en soucie guère. — Sans compter que si un enfant s'avisait d'entrer dans cette cour, il serait dévoré par ces affreuses bêtes. — Ben sûr ! Aussi c'est pas fait pour qu'on y entre. Et puis, faut pas s'en prendre aux pourceaux. Ils sont chez eux, ces animaux-là !...

Ce dernier argument me cloua la bouche. Mon compagnon riait ; d'autant que la bonne femme qui avait perdu la clef de la barrière du pré venait de nous joindre et de lui dire, sans que je l'entendisse, qu'il y avait un autre passage. Une part de mon indignation contre ce maire négligent devenait inutile. Nous n'avions pas pris le bon chemin ; et c'est ainsi que l'erreur, qui souvent engendre le mépris du droit, nous avait conduits à violer le domicile des pourceaux.

Nous étions donc dans le cimetière enveloppant l'église branlante. Un porche surmonté d'un toit en auvent la précède. Il est pavé de pierres tombales ; d'autres tombes sont appuyées au mur extérieur de la nef, y formant un rebord qui offre comme un banc où les hommes, qui se tiennent, le dimanche, sous cette voûte, pendant la messe, ne font pas difficulté de s'asseoir. J'examine les inscriptions des sépultures. Voilà celles de deux archiprêtres ; puis celle d'une fille d'Andurrain, tante ou grand'tante apparemment du maître de l'hôtel seigneurial de la place ; puis encore la tombe d'un juge. Ce porche ruiné recouvre des morts qualifiés, mais il s'abattra sur leurs restes.

Nous pénétrons dans l'église ; même aspect caduque et tremblant. Les galeries de bois qui, dans les autres sanctuaires basques, entourent la nef, sont ici disposées contre le mur du fond regardant l'autel. On entre par une porte latérale, où l'on monte par des marches qui ne sont autre chose encore que des pierres funéraires. Elles sont brisées de toutes parts ; le sol de la nef s'enfonce sous les pieds. Quelle misère ! Et se peut-il qu'une ville très profondément catholique souffre que Dieu soit si mal logé ! — Eh ! me dit notre bonne femme, au moment où nous sortons, le bon Dieu a de la patience. — Je ne peux m'empêcher de rire : Parbleu ! la mère, vous en abusez ! Mais voulez-vous dire que l'on construira une autre église ? — Oui dà ! On y pense. — Celle-ci est pittoresque, mais elle est aussi trop pauvre. Et puis elle est bien à un quart de lieue des dernières maisons. — Ce n'est pas pour cela, me dit-elle ; le chemin, ce n'est

L'ÉGLISE DE MAULÉ

rien pour les gens de la ville ; c'est Monsieur le curé qui demeure trop loin.

On a des raisonnements étourdissants en ce pays-là ; et c'est justement leur simplicité qui me donne envie de causer avec les indigènes. J'avise un homme dans le cimetière qui, armé d'une bêche faite d'un long manche et d'un tout petit fer, relève avec soin la terre autour d'une tombe. Je vais à lui ; mais, à mon premier mot, celui-là me regarde en hochant la tête; il n'entend que le basque.

Un soleil ardent flamboie sur cet étrange lieu de repos, plein de fleurs, mais qui n'a d'autres arbres que de grands cyprès ne répandant point d'ombre. Un buisson de roses encadre une tombe toute neuve, surmontée de la croix dentelée. Qui repose là d'un sommeil encore si nouveau ? L'inscription est en langue basque. Un peu plus loin, dans une partie plus vieille du cimetière, je rencontre surtout cet inexplicable ornement funèbre, ces disques de granit où sont gravés des emblèmes inconnus; la tradition en subsiste, les vieux Basques eux-mêmes en ont perdu le sens. Presque aucune tombe n'est négligée; sur les plus anciennes même je vois attachées des croix en papier peint de noir et de blanc qu'on y apporte dans la nuit du 23 au 24 juin, chaque année. Encore une coutume antique. — Ce sont toujours des croix dentelées — la croix sarrasine.

Le cimetière descend jusqu'au bord du Saison; là les sépultures se pressent dans un pli assez profond du terrain; la chaleur y est plus cuisante, les lézards courent effrontément sur ces pierres sacrées, les broussailles ondulent comme si elles abritaient un peuple de reptiles que ma présence inquiète.

Oui, vraiment, c'est un coin singulier que ce cimetière de Mauléon; et de ce point où je suis, assez près de l'eau qui bruit derrière un rideau de saules jaunes, à la longue feuille lancéolée, je le vois se déployer devant moi sur cette pente aride et pourtant toute fleurie. L'arrangement de ces fleurs, les ornements des tombes, les tombes elles-mêmes, tout ce cadre qui entoure la vieille église et que domine ce clocher fantastique, avec son grand pignon aux trois arcades, a je ne sais quel caractère exotique, païen et barbare; tout sent la vieille origine orientale, et je dirais volontiers que ce lieu saint fleure le diable — ou tout au moins le sarrasin.

Tandis que je rêve entre les saules jaunes et les broussailles grises, parmi le peuple des tombes, mon compagnon me hêle ; j'entends au loin sur la route un bruit de grelots et de sonnettes. C'est notre équipage, — une demi-calèche, ne vous en déplaise, — attelée de deux longues et vigoureuses haridelles, qui vient nous chercher pour nous emporter vers Tardets et Larrau, à travers la haute Soule, la partie assurément la plus inconnue du pays basque.

Un moment après, nous roulons sur une belle route, qu'enserrent encore à gauche les montagnes vertes. Le chemin tourne ce haut rideau vert, qui, d'ailleurs, se déchire ; — la première chaine des grands monts nous apparait à l'est, au-devant un long chainon de collines arrondies ; à l'ouest s'ouvre une plaine d'une richesse peu commune, même dans les quartiers bas de cette terre fertile. Le Saison coule entre des cultures dont l'hectare, nous dit notre conducteur, ne se vend pas moins de vingt ou trente louis ; çà et là de grands bouquets de bois, puis des oseraies sur les bords du torrent, et de superbes prairies. — La première bourgade que nous rencontrons est Libarrenx. L'église au triple pignon est entourée de chênes gigantesques. Partout ces ombrages épais se répètent ; de vieux manoirs se nichent sous ces vieilles ramures ; à droite, voici le château de Trois-Villes, souvenir du *Jaon Kunte* de Mauléon.

Les villages sont gais, les maisons portent des galeries de bois. Sous l'auvent, sur la porte basse des plus petites, sur la porte charretière des plus grandes, je retrouve la croix de papier attachée pendant la nuit de la Saint-Jean. Cette route très fréquentée se couvre de carrioles qui vont un train d'enfer ; le Basque aimera toujours le bruit et l'allure. Plus loin viennent de lourdes charrettes chargées de foin, trainées par des bœufs dont la tête est coiffée d'un singulier ornement de toile blanche brodée de rouge ou de bleu, garnie de glands de même couleur. Puis ce sont des troupeaux de vaches conduits par des pâtres à cheval, brandissant un long bâton qui a des airs de lance. On dirait Don Quichotte pasteur.

L'ÉGLISE DE SORHOLUS.

II

TARDETS ET LARRAU

Aux approches de Tardets, les montagnes ont reparu vers le sud. En avant, on aperçoit un ballon surmonté d'une chapelle; dans la partie des Pyrénées que nous avons parcourue jusqu'à présent, nous voyons pour la première fois cette forme ronde des monts. Nous entrons dans *Sorholus*, le faubourg de Tardets : un nom basque, avec une désinence qui paraît latine. Sorholus est assis au bord de la route, presque au pied d'un coteau, ses jardins descendent vers le Gave. — Ce côté droit du chemin est donc bordé de maisons qui portent inscrite la date de leur fondation; aucune n'a plus d'un siècle et demi; quelques-unes sont ornées de galeries de bois. — A gauche, les habitations s'élèvent sur d'assez hautes terrasses, que dominent de beaux vergers disposés sur les pentes. L'église est là, entourée de son cimetière. — De ce côté, à l'horizon, vers l'ouest, quelques cimes bleuâtres ; de l'autre, à l'est et au midi, les *ballons* se succèdent, couverts d'herbe rase ou de bois ; bientôt ils se rapprochent, se croisent, se heurtent ; le Saison disparait derrière ces murailles rondes, dans une gorge qui de toutes parts semble fermée.

L'église de Sorholus n'a de remarquable que la riante propreté de son cimetière. J'y vois la tombe d'Augustin Chaho, un érudit qui vécut en homme de bien dans ce pays. Il a composé quelques ouvrages sur les usages et la langue basque ; l'inscription funéraire qui raconte sa vie et ses travaux est pourtant latine. Près de ce tombeau en est un autre, celui du capitaine Garat, parent des Garat d'Ustarits, qui servit dans les armées de la République et de l'Empire, et vint, comme dit le peuple, « manger sa retraite » dans cette tranquille vallée. C'est à peine du pain blanc que ce pain de la gloire, et l'envie populaire s'attaque à peu de chose. Il suivait la musique du canon, le capitaine, tandis que son cousin Pierre-Jean, le rossignol à deux pieds, faisait entendre celle de l'amour et chantait à l'Opéra. Il a laissé de bons souvenirs à Sorholus et à Tardets, car sa tombe est entourée de fleurs. Tout le cimetière, au reste, en est rempli ; elles ont des parfums plus pénétrants en cet arrière-été qui est déjà presque l'automne ; leur haleine se rafraîchit aux nuits plus longues ; la route, au loin, en est embaumée.

Nous montons à pied vers Tardets, nom français de la bourgade ; le nom basque est Atharratz. Un chemin s'ouvre à droite, il conduit au Gave. Nous le prenons et nous arrivons à un pont de bois du haut duquel il nous est aisé de suivre, sur un espace de trois ou quatre kilomètres en amont, le cours du torrent jusqu'au moment où il se perd derrière les replis croisés des monts. Sur la rive gauche, les maisons de Tardets le dominent du haut de leurs terrasses et de leurs galeries. Sur la rive droite, des prairies s'étendent au pied des ballons, verts comme elles. Le Saison, en cet endroit, est large et ne roule d'eau que dans une partie de son lit; de longs bancs de cailloux blancs en émergent. Des rideaux de trembles et de peupliers courent sur ces bandes étroites de pré ; la vue est fraîche et tranquille. Tardets est un lieu de plaisance; aussi de toutes parts voit-on des castels dans la vallée.

La villette a pour vestibule une grande place carrée, formée de maisons bâties sur un plan uniforme, et reposant sur des arcades cintrées en portique. Excellent promenoir, bien qu'un peu sombre les jours de pluie. Or on peut aimer passionnément les Pyrénées, qui le méritent par ce mélange attachant qu'elles offrent sans cesse de la nature du nord et de celle du midi ; mais on ne doit pas nier que le nord y a quelquefois le dessus, et que, ne pouvant envoyer de vraie froidure, il se venge en faisant tomber ses pluies. Au reste, il pleut aussi par le vent d'Espagne ; mais alors la pluie est chaude. — Une maîtresse ondée signale notre entrée dans le vieil Atharratz, et nous voici bienheureux de nous réfugier dans l'auberge. Elle est excellente, cette auberge de montagne : bonne table, avec des sauces fines à faire rougir les traiteurs parisiens, si leurs fronts n'étaient point de pierre. Et la jolie situation pour une hôtellerie ! Du côté de la ville, sur l'autre bord de la rue, de vieux murs, restes d'un manoir disparu, couronnés d'arbres superbes formant une allée qui sert de promenade publique; du côté de la campagne, le Gave, les prés, les bois, les monts. Le château d'autrefois, c'était celui des barons, puis comtes de Luxe, dont nous avons vu le rôle important au XVIe siècle, dans les guerres.

— La chambre où l'on me conduit, après le repas, est immense et s'ouvre sur les deux faces. Au-dessus du Saison, règne la galerie, où je m'oublie à considérer les derniers reflets du jour. Le fond

TARDETS-SORHOLUS.

est encore assez lumineux pour que les montagnes les plus proches s'y découpent en silhouettes énormes, qui peu à peu perdent leurs reliefs; ce ne sont plus que des masses d'ombres. La pluie a cessé; le grand tapis bleu, là-haut, se pique d'étoiles. Plus rien que ces scintillements et la clarté de l'eau. Le Gave chante : une chanson monotone. De loin en loin des notes plus vives : c'est le heurt du torrent contre un barrage de roches. Je m'approche de l'autre croisée; là j'entends le bruissement des arbres, je regarde trembler au vent ces grandes formes sombres. Tout à coup, dans le silence déjà complet de la rue, à cette heure qui est à peine la première de la nuit, un bruit très reconnaissable me fait sourire. Peste! un baiser!... Sûrement, ce n'est pas aux amoureux du bourg que cette promenade publique est inutile.

Le matin, à Tardets, on nous dit qu'une visite à la chapelle de la Madeleine nous servirait au moins à reconnaître la situation du pays. Un long débat s'engage entre mon compagnon et moi. Ferons-nous cette excursion topographique? Nous apercevons maintenant au nord le petit mont qui porte la Madeleine; il n'a guère que huit cents mètres; mais ce ne sera pas une ascension de moins de deux heures.

Nous avons un bon guide ; nous aurions pu nous en passer, car toute une compagnie nous précède. C'est un étrange et mystérieux équipage. D'abord un mulet, portant une sorte de cacolet recouvert d'un pavillon de toile blanche; derrière, un homme en blouse courte et en berret, une femme coiffée du capulet noir. Un autre homme est à la tête de l'animal; un chien énorme le suit. Le chemin s'engage entre deux escarpements boisés. Machinalement je regarde cette troupe muette qui grimpe devant nous; est-ce une fantaisie de mes yeux?...

Il me semble que dans les paniers du cacolet j'ai vu flotter un bout de jupe et remuer des jambes. J'interroge le guide. Au même instant, deux ou trois cris rauques sortent de dessous la toile. Le brave homme fait un geste comme pour se signer. Nous nous étions arrêtés tout court : — Qu'est cela? — Bon! dit-il à voix basse; « ça c'est une possédée »... Les cris recommencent, le chien y répond par un hurlement. A Tardets, sous les grands arbres, j'avais entendu les possédés de l'amour; sur la route de la montagne, je me heurtais à une possédée du diable, car la prisonnière du pavillon de toile est une femme. On dit qu'une possession mène à l'autre. N'importe! diabolique ou non, la rencontre est sinistre.

Nous répondons sur le même ton à notre guide : — Allongez le pas, mon brave, nous vous suivrons. Ce grand garçon de vingt-cinq à vingt-six ans, taillé en force, tout droit comme un chêne, était devenu très pâle, et si vigoureux que fussent ses genoux à l'ordinaire, ils flageolaient sûrement un peu. Les gens de la troupe, heureusement, prirent le parti de faire halte et de nous laisser passer; ils parurent se consulter rapidement, ils parlaient basque; l'homme qui conduisait le mulet lui fit tourner la tête vers la paroi de rochers, l'autre saisit par son collier le chien qui grognait à notre approche. La toile du cacolet tremblait quand nous passâmes, mais la *possédée* se taisait. Mon compagnon, vrai modèle du bourru bienfaisant, levait les épaules, exhalant entre ses dents une impatience mêlée de plus de pitié qu'il n'aurait voulu le dire; le guide avait la bouche clouée. Quant à moi...

Rappelez-vous ce qui arriva à la femme de Loth parce qu'elle se retourna pour regarder brûler la ville maudite... Je n'ai pas été changé en sel, n'ayant point bravé d'interdiction divine; mais pendant deux secondes je me suis senti pétrifié. La diabolisée avait écarté la toile, je crois la voir encore : vingt ans. Peut-être cette guenon furieuse n'avait-elle pas été laide avant la « possession ». Maintenant tous ses traits affreusement contournés étaient en danse convulsive; les yeux seuls demeuraient fixes au milieu de ce visage terreux. Ce qui la rendait plus horrible, c'est qu'on la laissait coiffée, comme autrefois, du joli mouchoir de soie en usage dans toute la contrée. Cette coquetterie formait un contraste poignant avec cette misère. Tous ses mouvements étaient déréglés; elle brandit vers moi ses deux longs bras décharnés, et par un miracle d'équilibre, le mouchoir pimpant ne se dérangeait pas. Elle-même aurait dû se jeter à bas du mulet; je vis bien qu'elle devait y être attachée solidement. Son cri sauvage, ce cri sortant d'une gorge étranglée, se fit encore entendre, et encore une fois le chien se remit à gémir. Longtemps ces accents lamentables nous poursuivirent; la montagne est sonore.

Le guide racontait que ce mal était fréquent dans le pays; les jeunes garçons en sont rarement atteints : — Monsieur, dit le brave homme, c'est la misère des filles; quelquefois ça leur passe, mais il ne leur en reste jamais un bon renom, voyez-vous. Elles ne trouvent guère à se marier; un homme ne se soucie pas!... D'autres fois, elles s'en vont lentement dans l'autre monde, et si alors elles deviennent tranquilles, c'est mauvais signe; la fin arrive, elles sont *consumées*. Celle-ci, je la connais bien. La rage la tient depuis l'hiver; on la conduit là-haut, à la Sainte. Et peut-être la Sainte la guérira.

Nous contournions en ce moment le sommet du mont. La beauté de la vue nous fit oublier notre rencontre. Deux géants dominent la longueur de la chaîne : au sud est le pic du Midi d'Ossau; à l'ouest, noyé dans des vapeurs brillantes qui, des teintes argentées, passent en un moment au lilas, au violet plus sombre, pour reprendre leur transparence un moment après, le pic du Midi de Bigorre; la distance est de près de trente lieues. Les deux cimes les plus proches sont, dans les deux mêmes directions, celles d'Anie et d'Orrhy. La première, le pic d'Anie, une haute pyramide blanche, nous marquait de ce côté la limite extrême de l'excursion commencée. Perdus dans la contemplation de cet horizon vraiment sublime, nous ne songions plus à la chapelle, à la Sainte, et à ses étranges pèlerins.

La chapelle n'a point d'âge; elle a été réparée, relevée sans cesse à travers les siècles; on serait tenté de croire qu'elle a remplacé en cet endroit désigné un temple antique, n'eût-on pas sous les yeux une inscription romaine sur un marbre encastré dans le mur de la chapelle. L'inscription manque de clarté pour les demisavants qui me ressemblent : — A quel dieu ce sanctuaire païen était-il dédié?... Il paraît que les obscurités à ce sujet ne sont pas dissipées. Pas une image de la divinité, pas une pierre gravée, pas une médaille pour éclairer l'enquête. Il n'y a que ce marbre, ces caractères inexpliqués et la tradition. Et comme il arrive souvent, une légende en a ici appelé une autre bien différente. Après le dieu inconnu, l'homme du miracle. Le guide nous raconte que la montagne de la Madeleine qui nous porte a été autrefois plus haute; Roland l'a découronnée.

De sa forte main qui déplantait les chênes et dispersait les roches, il en a saisi toute la crête, et ce bloc énorme, il l'a lancé làbas à l'est, sur un autre mont qui s'en est haussé d'autant sans vergogne. Il y avait apparemment des Sarrasins de ce côté-là, le héros en aura fait une belle bouillie!

Nous sourions, nous avons tort. Le guide nous fait observer que la cime du mont rend témoignage. Roland y a mis son sceau; elle porte distinctement l'empreinte de ses cinq doigts.

Mais voici, à ce sujet, une autre légende bien plus latine que basque, et qui doit avoir été créée par des gens d'Église. Il y en avait, et de très savants, là-bas, derrière Larrau : des moines de Sauvelade. Sur le mont *Bostmendiette*, les Parques avaient établi leur résidence. C'est là que les trois méchantes sœurs coupaient le fil des destinées humaines; le généreux Roland se mit en colère à la pensée d'une si vilaine besogne, et résolut de l'empêcher, en écrasant les trois mégères. C'est pourquoi il lança contre elles ce projectile colossal. Malheureusement, il ne les atteignit pas; la pierre tomba à six cents pieds d'un col, où elles se tenaient bien à l'abri entre les contreforts des monts, et qui a gardé leur nom maudit, le *col des Parques*. Elles ont continué de trancher nos jours.

Nous disons adieu à la Madeleine, nous allons commencer notre descente. La troupe que nous avions dépassée sur le chemin arrive au faîte. On va détacher et descendre la « possédée » de son mulet pour la transporter dans la chapelle, aux pieds de la Sainte. Le spectacle de cette cérémonie n'a rien qui nous tente, et nous pressons le pas. La pauvre fille! Les pauvres gens qui la mènent!

Quand je disais que cette vieille race basque était encore toute pleine de la peur des maléfices et des sortilèges! De son berceau mystérieux au fond de l'Orient, elle a rapporté ces superstitions avec sa langue. Beaux, vigoureux, braves, alertes, laborieux, souvent artistes, ces Basques passent devant nos yeux comme des livres fermés. C'est leur langue qu'il faudrait étudier pour les bien connaître. Quelques vrais curieux en ont eu le loisir et la patience: un prince, et naguère un simple garde général des forêts, sans parler de M. Francisque Michel. Ce garde général est devenu, me dit-on, professeur à l'Ecole des Langues orientales.

Une nuit réparatrice dans la bonne auberge de Tardets, et nous voilà dispos. La voiture nous attend; nous allons courir vers Larrau, laissant à gauche la route d'Oloron. A droite, s'ouvre celle de Lannes, qui conduit au pic d'Anie, touchant au premier village béarnais, assis sur un des contreforts de la montagne; nous sommes à la frontière du pays basque, mais ne nous proposons point d'en sortir. La route court au-dessus du Saison, traverse un village qui fait face à un autre placé sur le bord opposé : c'est Laguinge et Lichans. Le Gave, assez large, encaissé entre deux hautes berges vertes, entre bientôt dans un défilé, où il reçoit l'Uhaixta, un orageux petit tributaire. Nous suivons la rive gauche, longeant des escarpements encore verdoyants à plaisir. Des bandes de prés s'allongent sur les pentes; dans les parties les plus basses, et par conséquent les plus humides, des mauves gigantesques bercent leurs fleurs roses. La rive droite n'est pas moins abrupte, mais très boisée; des saules énormes, aux feuilles longues et menues comme celles de l'olivier, se penchent sur l'eau. Parfois, le mont s'entr'ouvre, et dans d'étroits vallons sont nichées des cabanes de bûcherons; des feux y sont allumés pour la préparation d'un

LE BOSTMENDI.

repas sans doute assez maigre, la fumée bleue monte sur ce fond sombre des rochers et des feuillages. Le chemin, cependant, surplombe le torrent, il décrit d'effrayants détours à pic au-dessus d'une chute d'eau bruyante et profonde. Le cocher se retourne et nous fait des signes que nous ne comprenons point. Enfin le fracas s'apaise, et ce bon compagnon peut se faire entendre. Il avait hâte de nous apprendre que, l'année précédente, à cet endroit-là, le conducteur d'une voiture — en tout semblable à la nôtre — il précisait — l'avait culbutée dans le Gave. — Il y avait deux voyageurs, ajouta-t-il. Deux et lui ça fit trois morts. — Tout comme nous aujourd'hui, si vous nous versiez, lui dis-je en riant. — Mon Dieu, oui ! là, tout comme nous. — Merci, mon ami.

La gorge s'écarte, la vallée s'élargit. Au-devant nous un petit pic qui ne porte pas un nom basque : c'est Bimbalette. Le chemin s'élève sur des pentes si raides qu'assis au fond de la voiture nous voyons la croupe des chevaux en ligne verticale au-dessus de nos têtes. On nous avait juré à Tardets que le chemin était « carrossable ». Il l'est à la condition que le carrosse monte de son côté et les touristes du leur sur leurs propres jambes. Mettre pied à terre est le meilleur parti à prendre, et nous le prenons. Ce sentier — ce n'est plus autre chose — est très ombreux ; sur l'autre bord du Gave, les montagnes n'offrent guère que de maigres tapis d'herbe rase, et le plus souvent la roche est nue. Pourtant, dans les plis verts, je découvre des habitations humaines. La neige, l'hiver, ne demeure point sur ces versants rapides. La chair de l'isard et du lièvre défraie la table ; les peaux de renards fournissent de quoi y mettre le pain et le vin.

A l'est, voici les *Cinq-Monts*; les cinq doigts de Roland ont l'air de nous menacer d'un effroyable soufflet. Nous ne sommes pas Sarrasins ; mais Dieu nous garde ! Dans la même direction, en inclinant vers le sud, un groupe de montagnes ferme l'horizon. C'est le massif de Sainte-Engrace, dominé par le pic d'Anie. On ne découvre que Larrau à l'ouest, le pic d'Orrhy et les monts d'Ahusquy au nord. Nous gravissons le flanc méridional de l'Arpune, d'où sort un Gave du même nom ; nous venons de le traverser à son confluent avec l'Olhadu, qui descend au pied d'un autre mont. C'est l'Arpune que nous allons remonter jusqu'à

Larrau, vrai village de montagne. Point de courrier, et, quoi qu'en disent les gens du pays, pas de chemin. — En débarquant à l'hôtellerie, j'y trouve des habitants de Pau en villégiature. Ceux-ci sont endurcis à la montagne; mais pour des Parisiens, c'est un lieu de plaisance que je ne saurais leur recommander honnêtement; il est très différent d'Enghien.

Larrau est juché sur une sorte de plateau, entre la forêt des pics. Toutes sortes de projets ont été conçus et même présentés au Conseil général du département pour mettre ce nid d'aigle en communication avec le monde; mais voilà! le climat à Larrau est intermittent. Après trois hivers sans frimas, les habitants ont cessé de considérer la nécessité d'un chemin, et ne réclament plus; le quatrième hiver, ils demeurent trois mois sous la neige, car cette haute terrasse la retient; alors ils gémissent. Mais bast! les choses recommenceront d'aller comme elles vont depuis un siècle. Larrau n'a pas de chemin, c'est entendu; Larrau n'en est pas moins un lieu de passage, puisque tout près est le « port », qui a le même nom que la bourgade — à moins qu'on n'y préfère le nom basque, — Marinalichona; — il n'a que quatre syllabes de plus. C'est là qu'on entre en Espagne. — La rue principale de Larrau est précisément encombrée par plus de cent mules que mènent vingt muletiers; — bêtes et gens, tous espagnols.

Il n'est pas aisé de se frayer la route à travers cette cohue de quadrupèdes et de bipèdes; cependant il le faut pour arriver à l'église. Un ruisseau traverse le village; sur le petit pont à franchir, voici un nouvel encombrement; tous les porcs de Larrau s'y seraient-ils donné rendez-vous? Ils sont propres et souvent coquets, les villages basques, même à cette hauteur dans la montagne, et l'on n'y laisse pas moins vaguer les pourceaux. Chose horrible à dire! on a été obligé cependant de prendre des précautions contre eux pour les morts. La faible barrière qui défend l'entrée du cimetière est précédée d'une grille posée à plat sur un fossé. Si la bête immonde approche, elle s'engage les pieds entre les barreaux; la voilà prise. Ne dites point que les petits enfants peuvent aussi bien s'y casser les jambes ! On n'a pas songé aux enfants.

Il est fort curieux ce cimetière ; la terre au-dessus des tombes y est relevée et disposée en éminences et en sillons, comme un champ de labour. Presque point de pierres funéraires ; à la tête de ces petits tumuli, les disques ou des croix de fer peintes en blanc. La visite de ce champ de repos si correct ne peut causer de tristesse qu'aux étrangers ; quant aux gens du village, ils y puisent de flatteuses espérances. Je lis les courtes inscriptions attachées aux croix, et qui donnent l'âge des défunts. — Mes amis, allons tous à Larrau, si nous voulons *durer*, ce qui paraît à beaucoup plus précieux que de *vivre*.

Elles sont éloquentes, ces inscriptions des tombes : quatre octogénaires. Le plus jeune de ces respectables défunts au moment du grand, de son unique voyage peut-être, avait soixante et treize ans. Outre les sépultures de petits enfants presque mort-nés, je n'en découvre qu'une renfermant les restes d'un jeune homme. Il n'était point de Larrau : c'était le curé.

L'église est neuve et pourtant vieille. La paroisse de Larrau paraît remonter au XIe siècle. Le premier édifice religieux ne fut qu'une chapelle, succursale apparemment de cette grande abbaye de Sauvelade dont j'ai déjà parlé. Les abbés de Sauvelade ont été seigneurs de tout ce pays jusqu'à la Révolution. L'église du village fut agrandie au XVIIe siècle par l'abbé Boyer, ainsi qu'en fait foi une curieuse inscription gravée sur la muraille.

En 1854, l'église de Larrau a été restaurée sous la direction de M. l'abbé Onnainty, curé actuel de la paroisse. On n'a conservé de l'ancien édifice qu'une voûte assez belle, et l'on a ajouté au monument rajeuni deux élégantes chapelles latérales. Un joli clocher monté sur un porche a été construit en 1873. L'intérieur de l'église, bien que Larrau soit en pleine Soule, n'offre point la disposition des sanctuaires basques. Pas de tribunes ; et dans la nef, une centaine de prie-Dieu rangés. Si l'on juge de la piété des paroissiens par le curieux état d'usure où sont ces prie-Dieu, il faut qu'elle soit vive.

Du pied de l'église, la vue est fort belle. Le pic d'Anie, qui porte encore quelques neiges au mois d'août, se dresse au-dessus d'une chaîne aux croupes puissantes. Le mont Orrhy dépasse deux mille mètres. Nos yeux, fatigués d'un spectacle si vaste, reviennent comme naturellement le long du Gave, jusqu'à la ravine profonde que domine la terrasse du bourg. Sur la rive droite de l'Arpune, un joli village est assis au bord des eaux, tout paré de verdure fraîche, à l'ombre de rampes formidables. On le découvre sous un autre aspect du coude que forme le chemin à l'entrée de Larrau. Mon compagnon dessine ; je tire de son étui ma lorgnette de voyage. A l'instant, une nuée de fillettes qui se tenaient curieusement posées au bord du chemin, comme des pies, prennent leur vol ; et c'est pour s'abattre tout autour de moi, curieuses et bavardes comme les emplumées, leur image. — Elles sont une douzaine pour le moins ; une seule parle français ; et ce n'est pas le bon. Je lui demande pourquoi elle nous regardait si attentivement tout à l'heure en tête de son escadron. Elle me répond : Je regarde toujours *ceusses qui passent.* — Bon ! lui dis-je ; passe-t-il donc beaucoup de monde ?—Pas du monde comme vous. — Elle ne m'apprenait rien. Je savais déjà que les touristes à Larrau sont plus rares que les muletiers.

Pendant ce temps, une autre fillette vient effrontément poser sa main sur ma jumelle et me supplie en espagnol de la *laisser voir dans ma lunette.* Je la lui donne, elle la prend à l'envers, regarde par le petit bout et me la rend toute penaude. Il fallut lui apprendre à s'en servir ; les autres, jalouses, essayaient de la lui arracher, se suspendant à ses bras ; elle en portait ainsi toute un grappe, qui pépiait en basque, et cria bientôt à m'abasourdir. Je continuais pourtant d'interroger ma savante, celle qui baragouinait un français tout à fait digne de la banlieue parisienne. Elle me conta l'histoire de ses parents : son père était *allé en*

France, et il en avait ramené au pays une femme qui était morte. Pour elle, jamais elle n'en était sortie qu'aux dernières Pâques; le père alors l'avait conduite à Tardets. — Et lui, demandai-je, descend-il souvent dans la vallée ? — Elle leva les épaules : Pas seulement une fois l'an. — Et les autres gens du pays? — Les autres non plus. — Je bornai là mon interrogatoire, qui causait

LARRAU.

une vive impatience à la petite commère. Elle voulait à son tour avoir la lorgnette.

Les gens de Larrau vivent sur leur cime comme des gens de mer sur le pont de leur navire. Nous nous en étions bien doutés en consultant nos cartes, et en choisissant pour centre d'excursion ce coin perdu de pays. Nous avions voulu voir la vraie vie de montagne.

C'est bien le tableau fidèle que nous en avons sous les yeux. La nuit vient, les brumes montent partout de ces vallons profonds que nous dominons de toutes parts. Sur un chemin qui suit le Saison à nos pieds et qui conduit, en amont du torrent, à des forges fondées au siècle dernier par l'abbé de Sauvelade, nous apercevons, comme un point noir mouvant d'abord, un homme à cheval, qui ne porte point le costume des montagnards. C'est le médecin. Il rentre à Tardets sous cette nuit tombante, car on n'a jamais vu en résidence à Larrau l'ombre même d'un officier de santé. Il a plus de seize kilomètres encore à faire, dont la moitié dans les pleines ténèbres. — Ah! le beau dévouement! mais le rude métier!

Les personnes accoutumées à la montagne connaissent seules cette large paix des nuits, qu'on ne goûte que là. Vers le matin même, elle paraît un peu triste et vide à ceux qui ont, au contraire, l'habitude de la campagne proprement dite dans les plaines et dans les vallées, surtout au bord des rivières de pays plats. A cette hauteur, on n'entend guère de chants d'oiseaux. — A l'aube, nous nous mettons en route; nous traversons des bois; ils sont muets. Nous allons d'abord en pèlerinage à l'ermitage de Saint-Joseph et, dans trois heures, nous aurons atteint le port de Larrau. Il est bon de penser que nous allons rencontrer l'aide d'un Saint, car c'est bien Satan qui a fait ce chemin-là; il y a semé des escarpements diaboliques. Nous traversons des gorges noires, haletants de fatigue et de soif; la chaleur est insupportable. Le sentier monte en zigzag, formant des angles aigus, dont la pointe glisse terriblement à la descente. Enfin, de grands hêtres nous rafraichissent un peu de leur ombre; nous avons atteint le bois de Saint-Joseph. Un plateau le couronne; la chapelle y est assise. Elle est neuve, mais reconstruite sur les assises d'un édicule primitif qui datait de 1655, comme l'église de Larrau. Le restaurateur en est également le curé actuel de la paroisse, le savant et gracieusement hospitalier abbé Onnaïnty.

La chapelle de Saint-Joseph n'est pas seulement lieu de pèlerinage : c'est aussi trop souvent un lieu de refuge pour les muletiers espagnols que l'orage surprend, ou pour le voyageur qui n'a pas compté avec les difficultés du chemin et qui voit venir la nuit. Du plateau où nous sommes arrivés, la vue est d'une grande beauté, surtout au nord, dans la direction de Bostmendiette (ou Bostmendi), aux cinq cônes (*les cinq doigts*) et du côté d'Ahusquy.

Le temps est clair, et cela est d'un bon présage; nous reprenons notre ascension à travers de larges crevasses, qui peuvent bien mériter même le nom de ravines, et qui creusent le versant de l'Olhadu. Deux heures d'une marche assez monotone. Nous joignons le passage de Marinochinala, ou port de Larrau, à près de 1,400 mètres, au flanc du mont Orrhy.

Il dépasse 2,000 mètres, ce pic superbe; mais, à partir du col, l'ascension est presque moins rude; elle ne demande guère qu'une heure et demie. Allais-je donc oublier de vous dire que l'épée de Roland a encore étincelé et taillé par ici? C'est cette vaillante Durandal qui a ouvert le port de Larrau, c'est elle qui a creusé le sentier dans la montagne. Que Durandal soit bénie, pour nous avoir préparé le tableau que nous commençons d'apercevoir. Nous touchons au sommet du mont; nous embrassons un panorama immense; un soleil radieux éclaire devant nous l'horizon à l'ouest, jusqu'à une ligne argentée, au-dessus de laquelle des vapeurs s'élèvent. Nous revoyons la mer.

En descendant du pic — la descente est plus difficile que la montée — nous marchons dans cet éblouissement du plein midi qui noie sous sa nappe de feu les pics et la cime des forêts. Mais au pied de la chapelle nous prenons un long repos, et déjà les ombres s'allongent autour de nous et à nos pieds. Trois énormes massifs de bois enveloppent toute cette région : Iraty, Holçarté, Etchelu. La forêt d'Holçarté couronne un mont de ses sapins et de ses ifs noirs, et nous ne quitterons point Larrau sans être allés visiter la curiosité qu'elle doit nous offrir, car ce serait offenser nos hôtes. On n'est pas médiocrement fier à Larrau des crevasses d'Holçarté et « du pont en l'air », comme ils disent.

La curiosité est, en effet, assez rare. Dans la forêt, au-dessus du confluent des deux Gaves d'Olhadu et de l'Arpune, coulant à une profondeur de deux cents mètres environ, entre des parois de roches verticales, les industriels qui exploitent les sapins ont suspendu un pont fait de deux énormes câbles qui forment des rails. Là passent des chariots qui portent les ouvriers ou transportent les pièces de bois. Il est inutile de vous dire que le pont va flottant, ondulant au-dessus de l'abime...

Peut-être voudriez-vous savoir si nous l'avons franchi?... Eh bien, non! car tout ce que je viens de dire au présent, j'aurais dû le mettre au passé. Les travaux de l'exploitation sont arrêtés depuis un an, les chariots ne vont plus!...

C'est dans la forêt d'Holçarté que résidait naguère le *Bassa-Jaon*, le Seigneur Sauvage. « La taille du Bassa-Jaon est haute, sa force est prodigieuse, tout son corps est couvert d'un poil lisse qui ressemble à une chevelure ; il marche debout comme l'homme, un bâton à la main, et surpasse les cerfs en agilité. Le voyageur qui précipite sa marche dans le vallon, le berger qui ramène son troupeau à l'approche de l'orage, s'entend-il appeler par son nom répété de colline en colline? c'est Bassa-Jaon. Des hurlements étranges viennent-ils se mêler au murmure des vents, aux gémissements sourds des bois, aux premiers éclats de la foudre? C'est encore Bassa-Jaon. Un noir fantôme, illuminé par l'éclair rapide, se dresse-t-il au milieu des sapins, ou bien s'accroupit-il sur quelque tronc vermoulu, en écartant les longs crins à travers lesquels brillent ses yeux? Bassa-Jaon. La marche d'un être invisible se fait-elle entendre derrière vous, son pas cadencé accompagne-t-il le bruit de vos pas? Toujours Bassa-Jaon. »

Il y a dans cette vaste région silvestre d'autres monstres qui n'ont point la face humaine, et qui sont moins chimériques que Bassa-Jaon : ce sont des ours et des loups. De grandes chasses s'organisent chaque année ; les chasseurs arrivent de tous les points de la haute Soule; le rendez-vous est à la forêt d'Iraty. La chasse est, d'ailleurs, un métier à Tardets et à Larrau; les chevreuils et les isards abondent dans les sapinières, surtout dans les hêtrées d'Etchelu.

Devant nous, tandis que nous redescendons vers Tardets, marche un de ces chasseurs; son expédition a été assez heureuse : il porte un isard sur ses épaules; il ne le vendra guère que vingt ou trente francs : c'est une somme à la montagne, où la vie n'est pas chère. Nous l'invitons à monter dans notre carriole, et il nous raconte la légende du mont aux cinq doigts, — car c'est un ancien soldat, un zouave, qui parle le français et même l'arabe. Il nous jure que « la langue des Bédouins » dérive du basque. Je lui réponds gravement que toutes les langues viennent de l'Escuara, car il est bien connu que nos premiers parents le parlèrent dans le paradis terrestre. — Je n'inventais rien en disant cela; je ne faisais que répéter la thèse d'un écrivain national, l'abbé Ilharce.

Au moment où nous rentrons dans Tardets, les cloches sonnent un glas. On nous dit qu'une jeune fille est morte, consumée par le chagrin d'avoir perdu son fiancé. Je songe à une légende locale, mise en chanson, qui est devenue l'une des plus populaires du pays, sous ce titre : *La Fiancée de Tardets*. — Dans le manoir, sont deux jeunes filles, que le poète nous montre sous l'emblème de deux citrons, et il faut avouer qu'à nos yeux de Français, l'emblème est étrange. Ces deux fruits d'or ont mûri, et l'un d'eux est promis à l'Espagnol Onriagaray; mais Santa Klara, c'est le nom de la jeune fille, aime un jeune Souletin, plus beau que le jour. Onriagaray vient chercher sa promise, qui répand des plaintes touchantes : « Père, vous rentrerez à la maison le cœur chargé, les yeux noyés de larmes, après avoir descendu votre fille dans la tombe (son père l'accompagne). Et vous, ma sœur, allez vers la fenêtre, et si c'est le vent du nord qui souffle, chargez-le de porter mes regrets au bien-aimé... » Le père ne s'attendrit point; cet Onriagaray est riche, et Santa Klara va partir, assise sur un cheval « dont la selle est toute d'or ». — Mais, autour d'elle, les serviteurs, qui aiment tendrement leur jeune maîtresse, s'habillent de noir...

Avant de quitter la haute Soule, nous allons faire une excursion rapide à Ahusquy, petite station d'eaux minérales en renom, surtout parmi les habitants du pays, qui leur attribuent des propriétés merveilleuses. Il y avait même autrefois dans ce hameau une fête nationale ; les Basques s'y rendaient en foule le 18 août. Ahusquy n'est vraiment qu'un hameau, où se voient quelques hôtelleries, presque point de maisons.

Seulement, il n'y a peut-être pas, dans toutes les Pyrénées, plus gracieux nid sauvage, mieux enveloppé de l'ombre des monts et de celle des bois. Ahusquy est situé à la même hauteur à peu près que Cauterets, à une altitude supérieure de plus de deux cents mètres à celle des Eaux-Chaudes et des Eaux-Bonnes, au-dessus du vallon de l'Aphourra, au milieu de pâturages et de sapinières immenses, en regard du pic des Escaliers et du Bostmendi. Les cinq doigts de Roland, ici, nous menacent de près. De la terrasse adossée à une montagne ronde, où le hameau est assis, nous passons deux heures à contempler le magnifique développement de la chaîne, la merveille dont on ne se lasse point. Au sud, c'est notre déjà vieille connaissance, le mont Orrhy, qui arrête nos yeux.

Un grand Béarnais qui passe vient troubler un peu mon plaisir. Il a le visage tout noir, ce qui est contraire aux habitudes de propreté de sa race, et me fait supposer qu'il est employé, un peu plus loin, aux forges de Mendive. Le robuste gaillard me dit d'un air narquois : Est-ce que vous êtes venu ici pour la fièvre?

C'est la fièvre qu'on guérit surtout à Ahusquy. Je ne me la sens point, mais...

Aurais-je, enfin, l'air de l'avoir ?

LE GAVE A NAVARRENX.

LE GAVE D'OLORON, NAVARRENX

La route de Mauléon à Navarrenx — trajet de vingt kilomètres environ — ne compte pas moins de trente-trois côtes. Je veux rendre témoignage en faveur de ces haridelles à sonnettes qui nous emportent. Hauts sur jambes, maigres comme Rossinante, leur arrière-cousine d'Espagne, ces chevaux béarnais n'en ont pas moins le diable au corps. Et quelle longueur d'haleine! Ils gravissent les pentes au grand trot, et l'on n'a pas besoin du fouet pour les stimuler. Ce n'est pas eux qui voudraient s'arrêter au faîte pour souffler; ils continuent le trot à la descente. Ces braves bêtes ont le pied admirablement sûr. Leur zèle, d'ailleurs, n'est pas récompensé, au contraire; nous ne leur en voudrions pas de nous mener moins vite.

Nous sommes sur un chaînon étroit qui court vers la grande chaîne; cette belle route se déroule en long ruban au-dessus de la plaine, en regard des monts. La plaine est riche et gaie; des bouquets de bois viennent couper de leur verdure l'or des maïs et des chaumes. Des cours d'eau la traversent; de nombreux hameaux partout dispersés sur les mamelons, qui se soulèvent à gauche en ondulations régulières et douces, puis au bord des ruisseaux, au bord de la route, donnent beaucoup de vie au tableau. A droite, nous avons une superbe perspective, en courbe, des trois étages de montagne. C'est un gigantesque éventail.

D'abord une chaîne noire, puis la deuxième ligne et le pic d'Ossau formant la pointe de la corne; au-dessus, les plus hautes cimes, le Vignemale, dont nous distinguons très bien le glacier.

Ce couronnement de la grande chaine pyrénéenne se détache même bien mieux que l'étage inférieur, sur un ciel d'orage, chargé de nuées menaçantes, ici couleur de lie de vin, là toutes noires. L'immense coiffure de neige des grands monts se détaille dans toute sa valeur, sur ce fond sombre qui la repousse; au-dessous, leurs effritements, leurs énormes brèches se dessinent sans qu'aucun relief en soit perdu. Malheureusement, là-bas — ou là-haut — l'orage crève, et ce spectacle saisissant se noie dans une brume soudaine. Quant à nous, l'orage ne nous atteindra pas; il glisse vers le sud, nous courons à l'est.

De la vallée du Saison, nous passons dans celle du Gave d'Oloron, — en traversant le Lausset, un de ses affluents. A Sus, un château; il est moderne. Nous atteignons le Gave lui-même, nous le franchissons sur un pont de cinq arches. Celle du milieu nous paraît présenter une ouverture plus large à elle toute seule que les quatre autres; et naturellement le dos d'âne s'ensuit, l'antique dos d'âne, si pittoresque, mais bien fâcheux, après tout, par le verglas. Il est vrai que les frimas sont rares à Navarrenx.

Ce pont est l'ouvrage d'Henri d'Albret, dont on peut beaucoup médire. Prince à l'esprit étroit, aux vues courtes, à l'humeur difficile, incapable d'apprécier sa « dame et noble compagne » Marguerite, mais un assez bon capitaine, et un fier ingénieur, vraiment, car c'est lui qui reconstruisit et fortifia Navarrenx, une merveille, un bijou, que Vauban — ne gâta point.

Je lis dans plusieurs guides que Vauban a remplacé par des ouvrages modernes les fortifications d'Henri d'Albret. C'est un mauvais propos contre ce grand homme; il ne les remplaça pas, ces remparts étonnants par l'harmonie et la perfection de leurs formes, il les accommoda aux besoins de la guerre moderne, mais il en respecta la décoration, et, par exemple, il ne toucha point aux portes. Ces échauguettes mignonnes qui flanquent les angles de la muraille sont d'Henri d'Albret, et aussi cette porte délicieuse, le bijou entre les bijoux, qui commande une route presque verticale, montant du Gave à la ville. Au XVIIe comme au XVIe siècle, l'art militaire, c'était de l'art; et s'il en a été différemment aux temps qui suivirent, c'est parce que le métier d'ingénieur militaire est devenu précisément un métier, et qu'auparavant c'était une vocation.

Rappelez-vous comment Vauban sortit des rangs de cette foule obscure qui s'appelle une armée. Misérable cadet, élevé par la charité d'un curé de village, il s'engage dans un des bataillons que Condé rassemblait contre Mazarin; son capitaine signale tout de suite ses connaissances en « dessin » et en « arpentage », et le fait travailler à des ouvrages qui devaient mettre en sérieuse défense la petite place de Clermont en Argonne, puis aux remparts de Sainte-Menehould. A l'instant, le bruit se répand dans les deux armées — la rebelle et la royale — que l'on avait découvert un jeune cadet pourvu de talents extraordinaires, et d'une « vocation déterminée pour les fortifications ». Mazarin en est averti; si bien que, peu après, Vauban, dans un engagement malheureux, étant tombé aux mains des soldats royaux, le cardinal se le fit amener. La situation du cadet n'était pas belle; car, enfin, il y avait un arrêt de mort prononcé contre Condé et ses adhérents. Mazarin n'eut pas envie de faire pendre son prisonnier; il le garda, le ramena doucement au parti du Roi, ce qui n'était pas bien malaisé, car le hasard seul l'avait mis dans l'autre, le donna au chevalier de Clerville, le plus célèbre ingénieur de son temps, qui en fit son second.

Quelques années après, Vauban fait partie de la suite de Louis XIV à Saint-Jean-de-Luz (en 1660); on lui donne à remettre en état les places basques et navarraises — Saint-Jean-Pied-de-Port, devenue ville française par le nouveau traité; Navarrenx, naguère la forteresse principale, la petite La Rochelle des protestants béarnais. — Vauban transforme Saint-Jean-Pied-de-Port et Navarrenx, mais ne les dépare point.

Il laisse au premier son caractère gothique, au second toute sa belle tournure d'un temps où l'on ne concevait pas un ouvrage d'architecture militaire ou civile qui ne fût pas un ouvrage de goût. Il se contente de couronner Saint-Jean-Pied-de-Port d'une citadelle moderne, et de revêtir de gazonnements contre l'artillerie nouvelle d'alors — qui maintenant nous fait sourire — les belles murailles de Navarrenx. Vauban, enfin, fut un grand homme et un grand ingénieur qui, en même temps que ses talents spéciaux, eut le goût et l'amour de la justice, qui laissa une œuvre immense de pierres et d'éloquentes œuvres écrites, qui éleva des revendications humanitaires, qui eut le cœur généreux, presque l'âme d'un apôtre, les yeux et la main d'un artiste.

Ces réflexions rapides — en manière de portrait — ne sont pas une satire. Seulement, entrant dans Navarrenx par cette porte adorable dont j'ai déjà parlé, je regarde mon compagnon et je lui dis: Que feraient les ingénieurs militaires d'à présent, s'ils avaient à *transformer* ceci? — Bon! me répond-il; en doutez-vous? Ils commenceraient par mettre ce chef-d'œuvre-là par terre. — Et nous ajoutons en chœur: Heureusement, Navarrenx est une place de guerre déclassée!

Navarrenx, au moyen âge, dut participer de la prospérité commune à toutes les villes de ce pays qui se trouvaient sur la route du pèlerinage à Saint-Jacques de Compostelle. Lieu fort aussi, de tout temps, car il commandait la vallée du Gave. Les pèlerins n'y entraient point, ils demeuraient dans le bourg — c'est-à-dire le faubourg assis sur la même rive, au pied des murs; ils recevaient l'hospitalité dans un monastère qu'Henri d'Albret racheta.

LA PORTE D'ESPAGNE.

Je fournis ici la supposition la plus favorable à sa mémoire, car c'était un « prince de fer », bien capable de confisquer.

Il détruisit le bourg et les vieilles murailles, ne laissant subsister que la tour Herrère, en avant de la place. Depuis, un nouvel acquéreur du champ qui la portait, l'a rasée tout net; c'était une tour carrée, assez moderne, relativement aux ouvrages antérieurs, car elle ne datait que du XVe siècle. Henri d'Albret n'enveloppa pas seulement Navarrenx d'une nouvelle ceinture, il reconstruisit certainement la ville elle-même sur un plan parfaitement régulier. Une large rue, toute droite, en est l'artère principale, que d'autres rues, assez larges également, viennent croiser en sens vertical. Cet Henri d'Albret était un prince correct.

Pas de dessin plus simple, et pas de petite ville au monde plus propre et mieux aérée. Les maisons appartiennent presque toutes à l'époque de la fondation ; elles sont décorées de balcons de fer et construites en granit inaltérable, quelques-unes en pierres plus tendres, pourvues de revêtement de cailloux. De larges boulevards plantés d'arbres courent au-dessus des remparts — envahis eux-mêmes, en certaines de leurs parties, par ces beaux ombrages. On ne les abattra plus, Navarrenx ayant cessé d'être une place de guerre ; ils croîtront en paix et en liberté, couronnant ces murailles romantiques. Dans une des échauguettes, j'ai vu jouer une troupe d'enfants ; et ceux qui étaient là-haut en invitaient d'autres, demeurés en bas, à monter avec eux dans la *lanterne*.

Je ne sais pourquoi, — l'échauguette devant mes yeux devient tout à coup une *lanterne magique* : l'histoire, c'est un théâtre de fantasmagories. — Par-dessus la tête des enfants, auprès du soldat de vigie, salade en tête, la poitrine couverte « du gardecœur » en cuir, bardé de lames de fer, je vois la figure grave et la mine composée de messire Bassillon, *abbé laïque* de Gabastou, et gouverneur de Navarrenx pour la reine Jeanne en 1569. Si ce titre « d'abbé laïque » vous étonne et vous fait sourire, c'est que vous n'en appréciez pas toutes les ressources et toutes les finesses. Il était commun en ce temps-là, dans le pays. L'abbé laïque était l'heureux privilégié qui, dans un canton, touchait, empochait les dîmes, et présentait les candidats aux cures, lesquels auraient le presbytère tout sec et un peu de casuel pour mal vivre. La dîme, la grasse dîme appartenait au seigneur. Bassillon s'était fait huguenot, croyant bien que la religion nouvelle ne changerait rien au train et surtout au rendement des choses ; il fut un peu trompé. Vous ne voudriez pas le plaindre.

Donc, je vois messire Bassillon dans l'échauguette; il vient s'assurer de l'état de la muraille. Heureusement, elle était neuve. Henri d'Albret avait joliment travaillé, sans le savoir, pour sa fille Jeanne. S'il n'avait édifié cette forte place de Navarrenx, où les défenseurs du culte réformé trouvaient alors leur dernier refuge, le calvinisme aurait été entièrement rejeté hors du Béarn. Le centre et l'âme en étaient ici, et ce fut Navarrenx qui le sauva, en résistant héroïquement à Terride qui l'assiégeait. Messire Bassillon, d'ailleurs, n'était pas le maître de la place en ce moment; il devait s'incliner devant le comte d'Arros, qui s'y était jeté avec les capitaines Casabant, La Motte, Moret, Barselay, Cortade. J'ai déjà raconté comment ces vaillants donnèrent à Montgommery le temps d'arriver à leur secours. Navarrenx avait dû beaucoup souffrir, et sa ceinture neuve fut certainement endommagée, puisque Terride avait vingt canons. On la répara. La belle petite place eut beaucoup de gloire, et probablement assez de profit. La reine Jeanne, rentrée en ses Etats, proscrivit le culte romain dans le Béarn et confisqua les biens du clergé. Il est à croire que messire Bassillon y trouva son compte — et qu'il eut les maisons presbytérales et les champs qui en dépendaient, au lieu des dîmes; — au lieu du revenu, le fonds.

Cinquante ans après, c'est Louis XIII qui règne. Il a dix-neuf ans et il est aux mains du connétable de Luynes, mais c'est Richelieu, déjà ministre sous le favori, qui est l'âme du gouvernement. Quant au connétable, il s'enrichit et s'amuse. Cependant la guerre religieuse paraît se réveiller dans le royaume. Ce n'est qu'une apparence : il ne s'agit plus de la lutte d'une religion nouvelle et d'un peuple qui n'en veut point, comme au siècle précédent; c'est maintenant la révolte d'un parti contre l'autorité royale. Le foyer de la sédition est dans la Gascogne et le Béarn. Luynes vient assiéger Montauban, et bientôt est obligé de lever honteusement le siège mal conduit; il veut continuer la campagne, mais il meurt d'une fièvre maligne. Pendant ce temps, le roi lui-même marchait en Béarn. Il arrive à Navarrenx, et c'est là que fut rédigé l'Edit de Réunion. Le Béarn, qui gardait encore sa constitution indépendante, ne va plus être qu'un des trente-deux grands gouvernements de France. Le culte catholique y est rétabli, l'Eglise romaine remise en posséssion de ses biens ; et pour dédommager les ministres protestants qui avaient été pourvus des anciens bénéfices, on leur assigne des pensions sur le trésor royal. — Quant aux simples gentilshommes qui avaient eu leur part dé ces dépouilles, on les leur reprit, tout uniment.

Navarrenx a donc logé la Cour d'un roi de France, l'arrière-petit-fils de cet Henri d'Albret qui avait construit la ville. Richelieu, qui accompagnait le roi, a promené par ces rues « tirées au cordeau » sa robe qui n'était encore que violette. Ce n'étaient pas ces terribles plis rouges qui, plus tard, semèrent autour d'eux le frissonnement de la peur, avec la résolution d'obéissance. Navarrenx a vu les grands chapeaux empanachés des seigneurs et les grandes rapières des capitaines. Le spectacle ne l'étonna point ; de tout temps, la belle petite place avait été remplie de soldats et de seigneurs.

J'ai dit que nous étions ici sur la frontière du pays souletin. Il y avait même eu jadis un accord entre le vicomte de Béarn et le vicomte de la Soule, qui tous deux promettaient de « représenter à Navarrenx les criminels des deux seigneuries ». Là, une justice mixte, composée des délégués des deux vicomtes, les faisait pendre.

Suivant toujours cette ligne qui borde le pays basque, nous allons visiter Sauveterre et Salies. Ces deux curieuses villettes ont entre elles ceci de commun, qu'elles sont situées toutes deux entre le Gave d'Oloron et le Gave de Pau. Salies est encore dans le pays-lisière. Sa population était naguère presque entièrement basque. Je dis qu'elle l'était, parce qu'avant d'y arriver, je sais déjà que Salies a perdu par l'émigration plus de la moitié de ses habitants.

« Je devrais partir joyeux, dit un chant basque. — Mais quelle tristesse s'allume au fond de moi? Mon cœur, mon cœur, comment seras-tu consolé?

« Naitre dans le beau pays basque et peut-être mourir dans les Amériques, quel sort méchant!... Je dois pourtant m'y endurcir. Mon cœur, mon cœur, comment seras-tu consolé? »

Pour aller de Navarrenx à Salies et Sauveterre, les chemins ne manquent point. Nous aurions aimé à passer par Lagor, que nous avions vu dans un précédent voyage. Si vous avez, comme moi, le goût des landes couvertes d'ajoncs et de bruyères, avec la couleur âpre et chaude que les grands espaces déserts et sauvages revêtent en ce pays, allez à Lagor. Le soin de prendre nos lettres au bureau de poste nous ramène de Navarrenx à Orthez. Trajet assez court de vingt-quatre kilomètres, que nous ferons en voiture. A droite de la route, on reconnait sans peine les vestiges d'un ancien camp : ne vous méprenez pas à l'épithète, il ne s'agit pas des Romains. Ce camp pourrait bien avoir été celui qui servit aux troupes d'Henri d'Albret, peut-être à la petite armée de Louis XIII. La route suit un petit cours d'eau, le Laas; des maisons de plaisance la bordent, vieilles maisons très rustiques, et nous traversons de nombreux hameaux. Notre conducteur a reçu l'ordre de presser ses chevaux, car nous voulons joindre Orthez avant que monsieur le receveur de la poste n'ait fermé ses guichets.

A mesure que nous avançons, la petite vallée du Laas se montre plus boisée; des bouquets de haute futaie couronnent aussi les collines. Nous traversons l'emplacement d'une ancienne forêt si vaste qu'elle en prit, en latin, le nom parlant de *Sylva Lata*. Dans le langage populaire, c'était tout simplement le *Faget*, le lieu des hêtres. La forêt enveloppait les domaines de la puissante abbaye de Sauvelade. Au seuil du village, nous mettons pied à terre pour visiter l'église, édifice roman du commencement du XIIe siècle, puis, en sortant de Sauvelade, nous rencontrons le confluent du Laas avec le Lâa. Un peu plus haut, court le Lalaas. Un vieux château entouré de grands ombrages élève au-dessus des hautes branches ses pignons tremblants.

La ville est proche. Nous sommes au bourg de Magret, et mon compagnon m'attend, assis au bord du chemin qui s'embranche avec celui de Sauveterre, tandis que j'entre dans Orthez et que j'en sors à nouveau, toujours trottant. A la vérité, j'ai tort de m'appliquer ce participe-là; ce sont les chevaux qui trottent.

Jolie petite route que celle de Sauveterre, et très carrossable pour un ruban si étroit, qui va ondulant au gré d'un sol accidenté. A droite, nous découvrons Orthez; de ce côté, la ville même présente un tableau très coquet. Elle monte en étages; des masures et des villas, des toits moussus et écrasés, des murailles blanches et des feuillages grimpent au coteau qui domine le vieux donjon. Le peuple et le bourgeois plongent à présent dans l'aire du seigneur : c'est le mouvement des temps; et il y a eu bien des temps et beaucoup de mouvements depuis ce Gaston Phœbus, le grand comte dont nous allons voir le dernier refuge à l'abbaye de l'hôpital d'Orion. Bientôt, un rideau de collines nous cache Orthez; nous cheminons tantôt sous de beaux ombrages, sur un plateau très riche, tantôt entre des mamelons entièrement habillés de fougères. Au-dessus, nos yeux peuvent suivre, sans la perdre un moment, la ligne bleue des monts.

Au fond d'un vallon très étroit, couché à l'ombre, et comme sous le moutonnement de plusieurs coteaux boisés, voici l'hôpital d'Orion. J'ai dit que c'était une abbaye; j'ai eu tort : ce fut une commanderie, avec la maison hospitalière qu'elle entretenait. Point d'autres restes que la chapelle du temps, toute croulante : une petite nef, avec deux bas-côtés très étroits, chacun ayant leur abside accolée au chœur. De longues fenêtres à lancettes l'éclairent d'un jour blafard, sauf du côté de l'occident, où le soleil, qui décline, fait glisser une flèche lumineuse. Les voûtes, soutenues par de lourds piliers présentent des chapiteaux à crochet, sont dans un état lamentable de mutilation. Voilà tout ce qui subsiste du lieu choisi par Gaston Phœbus pour mettre — comme on devait dire plus tard à la cour de Louis XIV, ou comme disait, du moins, Saint-Simon, — « un intervalle entre la vie et la mort ».

C'est bien un lieu de paix profonde et de recueillement infini. De son logis, dans cette commanderie contiguë à l'église, le brillant seigneur, qui avait été plus même qu'un seigneur, qui avait été un grand prince, — ne voyait que la ramure noire des bois montant aux flancs des coteaux; il s'était mis volontairement au fond de cette prison mouvante, et n'avait au-dessus de ses yeux qu'un coin du ciel. C'est là que ses repentirs allaient tout droit, s'il en avait. Il pouvait bien en avoir, car, à côté de grandes actions, il en avait commis de troubles et de violentes. Le dégoût du pouvoir et de la vie était venu par l'abus que ses passions en avaient fait. Surtout il ne se pardonnait point le cruel traitement que sa méfiance avait infligé à son propre fils, et désormais, vieux avant l'âge, car il n'avait pas cinquante ans, il attendait l'heure. Le plus amer, c'était que ce fils, longtemps enfermé dans un cachot, accusé d'avoir voulu empoisonner son père, ne pouvait être moins impatient de sa délivrance. Les jours n'étaient plus où, dans un de ses châteaux — Mazères en son comté de Foix — le comte recevait le roi Charles VI. — L'année suivante, ce puissant roi de France ne devait plus être que Charles le Fol, et Gaston, son hôte, se débattait contre les blessures de la conscience, quelquefois aussi cruelles que celles de la raison.

Quant à nous, voyageurs chétifs, que le remords ne déchire point, qui n'avons jamais commis de forfaits célèbres — peut-être parce que nous n'avons jamais eu le pouvoir qui en donne l'occasion et en allume la tentation — nous n'avons plus aucune raison de demeurer au fond de cet entonnoir.

C'est le mot. Aucun autre ne serait exact. Nous avons aisément glissé à la descente sur ces parois verticales, il faut les remonter pour regagner notre carrosse à sonnettes. Et nous éprouvons, comme Gaston Phœbus, que le retour des choses d'ici-bas est rude. — La route, que nous avons rejointe enfin, va montant encore, montant toujours. En revanche, le soleil baisse, décidément. A Burgaronne, nous embrassons toute la vallée du Gave d'Oloron, qui est ici très large. Les lueurs du couchant l'éclairent obliquement, de longues traînées brillantes courent sur les prairies et sur l'eau, les toits des villages étincèlent. Le paysage est joli. — Seulement joli. Presque pas de reliefs montagneux; un cadre agreste, c'est tout. La route entre dans Sauveterre, et nous devenons inquiets.

Nous savons que la ville contient les plus belles ruines peut-être de la province, et nous ne les voyons pas. Cependant, nous avons traversé toute la ville; nous sommes arrivés au point d'intersection de cette route avec celle de Salies à Saint-Palais. La voiture s'arrête devant une hôtellerie; le conducteur nous dit qu'elle est excellente. Nous dinons, et le conducteur n'a pas menti.

Mais ces ruines?

SAUVETERRE. LE VIEUX CHATEAU.

LA LISIÈRE BASQUE,

SAUVETERRE, SALIES

Le roi de France Philippe III, fils de saint Louis, a été nommé le Hardi, et n'a rien laissé de retentissant que son nom. Il occupa le trône quinze ans ; mais son règne est bien obscur. L'unique historien du temps, un religieux de l'abbaye de Saint-Denis, sévère pourtant envers son roi, lui reproche d'avoir été plus illettré qu'un sergent d'armes, et le loue, en revanche, « de n'avoir pas été adonné aux actions du monde ». Il faut se méfier de ce chroniqueur-là, puisque nous trouvons Philippe le Hardi dans nos Pyrénées, situées assez loin de son palais de la Cité de Paris.

C'était bien « une action du monde » que de mener une armée en Espagne.

Deux armées françaises traversèrent même le Béarn et le Bas-Navarrais : l'une, sous les ordres du comte Robert d'Artois, oncle de Philippe, envahit l'autre Navarre et s'enrichit au pillage de Pampelune ; la deuxième, commandée par le roi lui-même, veut soumettre d'abord les Béarnais et les Basques, et met le siège devant Sauveterre. C'est en 1275 ; la cause de l'expédition est la mort d'Alphonse X de Castille, qui laissait un fils, Sanche le Brave, et deux petits-fils, les infants de la Cerda, représentant leur père qui avait été l'aîné. Les Cortès ont élu Sanche. Philippe de France vient pour appuyer les droits des infants, dont la mère, fille de saint Louis, était sa sœur. En passant, il cherche à établir les siens sur ce pays pyrénéen qui relevait plus d'Aragon que de France. — Eh bien ! Philippe III échoua devant Sauveterre.

Nous avions donc grand tort, hier soir, de craindre qu'il n'y eût pas ici de ruines. Une petite ville qui a pu arrêter un roi de France et une grande armée doit avoir encore, même après six siècles, des restes de ruines, à moins qu'ils n'aient été rasés. — Vraiment oui, il y a des murs à Sauveterre, et d'immenses. Les voilà ; seulement la nuit et la disposition des rues que nous traversions nous les avaient cachés. Sauveterre est assis sur un plateau de roches qui dominent le Gave au sud ; et c'est sur le versant de ce plateau que le donjon est situé.

Le matin, nous nous rendons à l'église. Le portail à plein cintre, assez habilement restauré, nous arrête tout d'abord. Beaucoup de bas-reliefs mutilés n'ont pu être rétablis ; l'ensemble est pourtant d'une grande beauté. Elle est du XIIIe siècle, cette église, et sa tour carrée est infiniment curieuse, avec ses fenêtres romanes géminées. L'intérieur a été l'objet également d'une restauration très récente. Les trois nefs sont entièrement peintes, comme à Bayonne. Dans la cathédrale de Bayonne, les couleurs sont criardes et crues; dans l'église de Sauveterre, elles sont fades.

Un enterrement va sortir du saint lieu, et nous reculons devant le cortège. J'aurais volontiers béni, dans tous les cas, ce mort qui s'en va et que je ne connaissais point; mais j'y suis d'autant mieux disposé en ce moment, qu'il devient pour nous l'occasion d'une belle surprise. Cédant toujours le pas, nous allons jusqu'au bout de la place, qui n'est qu'une sorte de plateforme pratiquée sur un roc, au-dessus du Gave. C'est là qu'un merveilleux tableau nous attend.

A nos pieds, le Gave court à une profondeur de plus de cinquante mètres, sous une grande saulaie grise et chevelue; il décrit un demi-cercle autour des coteaux. A droite, à la pointe de cet amphithéâtre naturel, voici le donjon de Sauveterre; au-dessus et sur le versant dont j'ai parlé, un prodigieux développement de murailles et de débris de toute sorte, qui grimpent aux roches; plus loin et plus haut, une autre construction du plus pur aspect gothique. — Je le disais bien, c'est une surprise, et même qui tient de la magie.

Le donjon est de briques. Les quatre murs seulement en subsistent; mais quels murs! de la base au faite, tapissés des plus énormes lierres que j'aie vus. Cependant, comme la nature sera toujours le premier des grands artistes décorateurs, ce lourd manteau de verdure sombre n'a pas étendu ses plis sur la partie orientale; la brique pâlie par le temps demeure toute nue, et c'est un effet de contraste d'une vigueur saisissante.

En y regardant de plus près, on s'aperçoit que ce donjon pourrait bien être plus jeune que le reste du colossal édifice; il l'est certainement plus que le vieux château perché au sommet, et qui remonte à la même époque au moins que l'église. Entre ces deux ouvrages principaux, c'est un mariage inouï de pierres et de feuillages. De vieux logis éventrés; de l'ouverture béante s'élancent des arbres de soixante pieds de hauteur. De vieilles terrasses ébréchées portant tout un taillis en corbeille. De grosses tours vêtues de lierre comme le donjon. Et tout cela s'arrange avec tant d'harmonie que l'ensemble se dessine et se profile en une grande masse compacte, comme au temps où le château de Montréal, le plus puissant de la province, était encore en état de défense, les vigies aux tours du guet, les archers bandant leurs arcs sur les remparts. L'illusion est frappante. Mais de tous ces débris superbes, le plus étonnant et le plus *gothique*, en avant, à l'ouest, c'est le pont sur le Gave, commandé par une petite tour carrée, de la plus fière mine. — J'ajoute que la méprise à laquelle se sont abandonnés jusqu'à présent les voyageurs qui ont décrit Sauveterre est plaisante. — Tous ont parlé d'un vieux pont détruit dont il ne reste plus qu'une culée.

On chercherait en vain dans le lit du Gave les débris des autres culées, car c'est ici un ouvrage militaire, ou plutôt féodal; ce n'a jamais été un pont construit ni conçu pour traverser le torrent. Regardez-le bien, le dessin en est sous vos yeux. Une seule arche portant un tablier très étroit s'avance sur l'eau; derrière, se dresse cette tour qui peut servir de défense, mais qui est surtout une barrière, un poste de péage. — La rivière est à moi, dit le seigneur; vous passerez, mais vous paierez. — Et dans la tour, aux meurtrières est l'arbalétrier, qui répète au besoin, avec des arguments irrésistibles d'obéissance, le commandement du seigneur. Plus tard, l'arbalète est remplacée par l'arquebuse, dont le langage n'a peut-être que plus d'éloquence. A la tête du pont se tient le sergent. C'est entre ses mains que le droit sera payé. La rivière est au châtelain; cette tour est le signe de la possession seigneuriale. De crainte que le marchand ou le voyageur ne se dérobent, et qu'une barque légère ne passe en dépit des traits qui sifflent, des chaînes sont tendues. Si ce n'est à cela que servait une masse de pierres disposée en avant du pont, on n'en devine point l'usage. — Mais ces tentatives de rébellion devaient être assez rares; le Gave s'est fait ici un chemin dans les roches. Le passage est étroit, le poste était bien gardé.

SAUVETERRE.

J'avoue que cette sorte d'ouvrage est rare, très rare; et des auteurs attentifs ont bien pu s'y tromper. Curieux de le voir de plus près, nous descendons vers le Gave, à travers l'enchevêtrement des broussailles et des ruines. Le torrent roule sur un lit formé de nappes de sable blanc, plus loin de galets; des roches en émergent, surtout aux approches de l'autre bord. L'eau s'y brise et, refoulée par le choc, passe presque tout entière sous le pont. Là, elle est profonde: c'est le chemin des barques, il n'y en a point d'autre. Parbleu! il fallait payer.

L'endroit est frais et charmant. Pour y semer la colère et la crainte, la main des hommes était nécessaire. En amont, le Gave descend tout droit entre des ombrages si vigoureux, que d'une rive à l'autre les branches parfois ont l'air de se rejoindre. Les barques cheminent sous un long berceau; mais, du pont, la vigie les voyait arriver d'une grande distance; pas un coude qui les cachât. Ceux qui les montaient apercevaient de même les profils énormes de la forteresse sous ce couvert tremblant. En aval, l'ombre cesse, les arbres deviennent plus rares. Cependant ils auraient été bien nécessaires pour rafraîchir la tête du marinier ou du marchand béarnais qui venait d'acquitter le tribut. Les têtes ici ont toujours été vives, et le Béarnais s'échauffe pour bien moins que pour le dépit d'avoir vidé sa sacoche.

Il y a des gens — je suis de ceux-là — qui ne se fatiguent pas aisément de regarder dans le passé, quand ils en trouvent les tableaux sur leur route. J'aurais bien terminé la journée, assis au-dessous de ces buissons, au bord du Gave, les yeux sur l'eau claire et rapide qui s'engouffre sous l'arche du pont féodal. Mon compagnon me fait observer qu'il y a certainement une autre vue à embrasser de l'amphithéâtre de ruines, et je me lève, docile et assez dispos. Je vous fais grâce des sentiers de chèvres que nous suivons pour gagner les derrières du vieux château, en remontant vers la ville, jusqu'à une petite rue, nécessairement un peu moins sauvage, puisque c'est une rue. — De plus, c'est une trouvaille. Nous voilà de nouveau en plein moyen âge. Nous passons sous une vieille porte fortifiée. Elle est du xiv° siècle, elle a ses tourelles et ses barbacanes; elle est accolée à une grosse tour. Le système de défense embrassait toute la ville; c'était décidément une puissante seigneurie que Sauveterre.

SAUVETERRE. LE GRAND DONJON.

Mais ce ne fut jamais une seigneurie indépendante; les princes de la maison de Béarn, de tout temps, y ont directement commandé. D'abord, ils paraissent y avoir ouvert un lieu d'asile; le nom de la ville l'indique, et les chroniqueurs nous disent qu'elle eut des « sauvetés anciennes ». En 1265, elle est debout dans son énorme et forte ceinture. Sauveterre est le chef-lieu d'une des trois vigueries de cette partie du comté; les deux autres sont Navarrenx et Oloron. La ville est très qualifiée; son curé a le titre de *Caperaa major*, prêtre majeur. Un bailli de robe y tient son prétoire à côté du viguier. Lieu de justice.

Jusqu'au xve siècle, les vicomtes ajoutent sans cesse à ses remparts. En 1523, le prince d'Orange, menant une armée de Charles-Quint, ravageant tout sur son passage, brûle Hastingues, emporte Bidache, et vient assiéger Sauveterre, défendue par le baron de Miossens. Le général espagnol avait une forte artillerie; il ouvrit la brèche aux murs de la place, qui avaient déjà beaucoup souffert, et donna l'assaut. De cette époque date la ruine que nous avons sous les yeux. Henri d'Albret voulut la relever; le temps et l'argent lui manquèrent : il avait tout mis dans Navarrenx.

Nous avons passé sous la vieille porte; de ruelles en ruelles, par des escaliers curieux et tremblants, en nous laissant glisser sur des pentes quasi-verticales entre des débris de murs, et descendant pour remonter, montant pour redescendre, nous gagnons le pied du château en aval du pont. De là, le décor est sûrement l'un des plus beaux qui se puisse voir en pays de France, surtout quand le soir arrive. Nous le contemplons en ce moment sous le plein soleil; mais nous y sommes revenus à l'heure du couchant. A gauche, le château avec ses vastes toits pyramidaux, ses pignons, ses tourelles, ses bouquets d'arbres parasites, sa gigantesque robe de lierre, ses morceaux de jardins, ses débris de terrasses, forme l'une des pointes et la courbe du croissant; à l'autre pointe se dresse le donjon et s'envole le clocher de l'église. Le pont, au premier plan, se découpe en vigueur sur le fond lumineux.

Tout cet ensemble est encore si puissant et si vivant, les débris que l'on retrouve partout, les murs d'enceinte, par exemple, de la petite place de guerre, et à l'intérieur de la ville, de tous côtés, des bâtiments, la plupart du xiiie siècle, sont si bien conservés dans certaines de leurs parties, et tout cela offre un si frappant intérêt pour l'art et pour l'histoire, qu'une pensée vient à mon compagnon. Le voilà embarqué dans des raisonnements irréfutables, et, pour conclure, il me démontre que, vraiment, il serait digne d'un grand Etat comme le nôtre de reconstituer Sauveterre. — Je lui réponds gravement : Nous sommes en un temps où l'Etat rase et n'édifie point, et comme cette préférence stupide date de loin, on aura bientôt tant rasé que rien ne subsistera plus. — Il baisse la tête ; la passion des vieux murs lui donnerait bien envie de me contredire ; — mais c'est un homme de bonne foi.

On rasera Sauveterre quelque jour ; ce n'aura pas été assez de le laisser crouler. C'est sur cette assurance lamentable que nous le quittons. Au bas de la ville, nous avions déjà rencontré souvent un ouvrage moderne, et n'avions point pris le loisir de l'examiner : c'est un fort beau pont sur le Gave ; il ouvre la route de Saint-Palais. Elle nous paraît si engageante, cette route, que nous y perdrons encore un jour. A deux kilomètres, nous franchissons un Gave, qu'on pourrait appeler un Gavelet, comme on dit les Nivelles, des petites Nives, dans le pays de l'ouest. C'est un affluent du Saison. Un peu plus loin, après avoir gravi un chaînon boisé qui sépare deux vallées, nous traversons le Saison lui-même, un peu avant son confluent avec notre Gave d'Oloron. Le torrent, que nous avons vu si orageux entre Mauléon et Tardets, ne demanderait ici qu'à être plus paisible ; mais il trouve son lit hérissé, ce n'est pas sa faute.

Il coule entre de grandes lames de schiste grisâtre, qui coupent le fil rapide de ses eaux ; il bondit, il écume, il gronde. Sur chacune de ses rives, un village est assis. Du côté de Sauveterre, c'est une commune béarnaise ; du côté de Saint-Palais, c'est une commune basque. Nous touchons ici le point de limite le mieux tranché peut-être qu'il y ait dans tout le pays, entre le territoire des deux races.

La route nous conduirait donc à Saint-Palais ; mais nous ne la poursuivons pas plus loin ; nous revenons sur nos pas. Le soir, nous serons à Salies.

Tous les guides et tous les auteurs s'accordent à dire que Salies est une ville ancienne. Je le crois bien ! — Suivant la légende, elle doit sa fondation et son nom à une source abondante d'eau salée, qu'un sanglier fit découvrir au vᵉ siècle de notre ère. Le quadrupède s'était mis en traitement de lui-même, sans ordonnance de médecin; on le surprit faisant sa cure, et les hommes en profitèrent. S'ils avaient observé plus tôt l'instinct des sangliers, quelque proconsul romain affaibli aurait retrouvé la santé à ces sources miraculeuses, tandis que le premier visiteur illustre qu'on y connaisse est un duc de Gascogne. Et ce n'est pas étonnant! l'histoire du sanglier suffisait à faire toucher du doigt la Gascogne en cette affaire.

En l'an 1000, Salies est aux ducs souverains d'Aquitaine, qui, vers la fin du xiᵉ siècle, le cèdent à Centulle IV, vicomte de Béarn. Le présent n'était pas riche; le suzerain donnait à son noble vassal une manière de république qui, en réalité, n'appartenait qu'à elle-même. Les gens de Salies s'étaient organisés en corporations, sous le nom de *Bézies*, ou voisins, pour exploiter à frais et profits communs la source déjà célèbre. Cinq ou six siècles durant, l'association ne fut qu'une grande nourricière de querelles. En 1587, un règlement royal mit enfin les intéressés d'accord. Les revenus de la fontaine furent désormais équitablement et régulièrement distribués entre les « part prenants ». Le roi de Navarre alors, et bientôt de France, était Henri IV; les habitants de Salies se trouvèrent au premier rang de ses sujets, qui lui durent la « poule au pot ».

L'organisation édictée en 1587 est encore en vigueur. Quarante notables sont élus tous les cinq ans, en réunion générale, par tous les « part prenants », et, à leur tour, élisent quarante administrateurs. Les veuves, les filles majeures et les femmes mariées elles-mêmes, participant au profit, ont place à l'honneur et sont *électrices*. La question du « droit des femmes » est tranchée à Salies.

La ville des baigneurs est toute neuve; la ville des indigènes a conservé sa physionomie ancienne. La prospérité y étant arrivée au xviᵉ siècle, nombre de maisons datent de cette époque. Elles sont assez pittoresques avec leurs galeries de bois; mais il y en avait naguère de désertes. J'ai dit que l'émigration a été considérable à Salies, depuis vingt ans. C'est que, si l'exploitation médicale des sources y a créé une industrie étrangère, l'industrie locale, c'est-à-dire la salure des porcs (parlant par respect! comme disent les paysans du centre et de l'ouest de la France), y a été profondément atteinte par la découverte et la concurrence des salines de Dax. Les hôteliers s'enrichissent, et leur fortune est même d'autant plus sûre, que les sources sont reconnues à cette heure comme les plus riches de toute l'Europe en éléments salins. Aussi, les malades y arrivent en foule. Le métier de logeur devient aussi lucratif qu'il peut l'être à Cauterets ou à Luchon; l'aisance a reparu. Salies est en pleine transformation; de grandes hôtelleries s'y sont élevées, on y construit même des villas. La végétation y est assez riche, et l'on a aisément aménagé un parc. Le chemin de fer de Puyôo à Saint-Palais va s'ouvrir. La colonie, déjà très nombreuse, est surtout intéressante par la présence d'une foule de pauvres enfants et de jeunes filles, à la pâleur maladive. Le sel chasse la lymphe et enrichit le sang. Ces enfants et ces fillettes se guérissent; les parents s'amusent. Il y a des flonflons d'orchestre, le soir, dans ce vieux Salies, dont les échos, autrefois, ne répétaient que les sons de la cloche municipale appelant les « part prenants » à la délibération commune. J'ai entendu les flonflons, j'aurais préféré la cloche.

Salies est pays de vignobles. Les coteaux qui l'entourent portent des pampres sur leurs flancs et des taillis à leur faîte. On nous recommande l'excursion de la Pène de Mû. Elle est curieuse. La Pène (*Pena*, cime rocheuse en forme de cône, la pointe d'une pyramide) porte les traces fort reconnaissables d'un camp romain et d'un bourg fortifié au moyen âge. Là, était vraiment une villette détruite, qui s'appelait, au XIe siècle, le Mur. Jean de Béarn, sénéchal du comté, en était seigneur en 1484 ; il prit part au complot dont un seigneur de Gramont était l'âme, et qui avait pour objet l'enlèvement de la jeune reine Catherine de Navarre, et l'empêchement à son mariage avec Jean d'Albret. Les conjurés furent vaincus, Jean de Béarn ruiné, son donjon et sa ville rasés. De la Pène de Mû, la vue est fort belle. Le Gave de Pau — nous y sommes revenus — coule au pied d'une muraille de roches déchi-

UNE RUE A SAUVETERRE.

rées. A l'ouest, on découvre le cours de la Bidouze, et noyées dans la double brume qui s'élève de la plaine marécageuse traversée par la rivière indolente — et qui accourt de l'Océan — les deux grandes ruines de Guiche et de Bidache.

Un peu plus loin, dans la même direction, voici la grosse tour carrée de la Bastide Villefranche, qui s'appelait autrefois la Bastide de Béarn. C'est qu'en effet le château avait été construit vers 1330 par Gaston II de Foix, père de Gaston Phœbus ; ce devait être la forte boucle d'une ceinture de murailles que le comte voulait opposer aux incursions perpétuelles des Basques. — Enfin, à deux lieues environ de Salies, au sud, sur le Gave d'Oloron, nous retrouverons Sordes et son abbaye.

Mais nous devons rentrer à Salies, d'où nous avons résolu de joindre Oloron. Seulement, ce perpétuel souci des lettres attendues m'oblige à repasser par Sauveterre et Orthez, pour retourner à Navarrenx. C'est une route à faire de nuit, pour ne point perdre de temps.

J'ai compté sur une grasse matinée pour me récréer un peu après ce long cahotement par les routes montueuses — et voilà bien le cas de dire que je comptais sans mes hôtes. Un grand bruit, le piétinement, le brouhaha des foules me réveille dès l'aube ; des bêlements et des mugissements s'y mêlent. J'ouvre la croisée de ma chambre, à l'auberge où je suis descendu. La grande rue toute droite de Navarrenx est pleine d'un peuple tout entier, peuple bigarré : Basques en blouse courte, alertes, agissant, se dépensant en cris, en flots de paroles ; Béarnais, plus grands, plus lents, plus graves, dont le patois harmonieux et coloré, qui a la prétention aussi d'être une *langue*, se heurte au vieil *Escuara*. Voici le choc des deux peuples. Ils sont aux prises sur le champ de foire, — car c'est d'une foire qu'il s'agit, — et dans les cabarets, où l'on termine et l'on arrose les marchés. Les femmes sont nombreuses : les Béarnaises, plus massives, sont les plus belles ; les filles d'Oloron s'en vont radieuses sous le petit mouchoir rouge ou bleu qui leur sert de coiffure, avec leurs cheveux noirs et brillants, leurs traits réguliers, leur teint clair. Cependant voici des femmes basques conduisant de grands ânes gris ; elles ont le fin visage bistré, et la vive tournure de leur race. L'une d'elles a sans façon enfourché sa bête. Elle est tout simplement à croquer, cette amazone rustique, noblement campée sur son baudet.

Dans une courte rue transversale qui conduit aux remparts, les

Basques dansent. Un fifre et deux tambourins, voilà l'orchestre. Les hommes sautent sur la pointe du pied, les épaules effacées, le corps tout droit, tendu en avant, raide comme une barre ; ils touchent la terre à peine, et pourtant ils rebondissent à un demi-mètre de hauteur. C'est le fameux « saut basque », un exercice chorégraphique bien moins que gymnastique. Il y faut des jarrets d'acier. Le « saut » terminé, les femmes se mêlent aux danses, qui perdent leur caractère ; mais les danseuses le conservent. Elles se trémoussent au bras du cavalier, qui les excite par de vigoureux Houp ! Houp ! — Une troupe de Béarnais vient à passer. On les reconnaît à la seule largeur de leur berret, qui en Béarn prend les proportions d'un parasol. Ils lèvent les épaules ; ces pétulances basques leur font pitié. A leur tête marche un homme déjà vieux, droit comme un chêne ; il porte la croix de la Légion d'honneur sur sa blouse. Mon voiturier, qui parle français et qui me sert un peu de guide dans cette foule, l'aborde et l'appelle : Mon commandant. — C'est un riche propriétaire, qui a été soldat, qui est retourné à la charrue, l'heure de la retraite arrivée, et qui, pour occuper ses loisirs, s'est fait son propre fermier.

Je ne suis point fâché d'avoir vu sous ce nouvel aspect cette calme et régulière villette de Navarrenx. Le soir, je vais prendre la route d'Oloron, au « petit soleil tombant ». A six heures nous partons. La route est belle et très gaie. De vieilles maisons à pignon dans tous les villages. Parmi de grands noyers qui forment un bocage noir, j'en vois une dont le pignon précisément est seul resté debout. Il est du XVe siècle ; la fenêtre à meneaux est belle ; ce fut la façade d'une gentilhommière.

Les villages sont nombreux, mais il n'est pas besoin d'y regarder bien attentivement : l'allure et la forme des maisons, celle surtout des églises, les porches supportant des tours carrées à clocher, tout dénonce d'anciens villages basques. Les habitants, par cette belle soirée, se tiennent sur leurs portes ;

ce sont des Béarnais. Le Basque émigre, la lisière de son domaine se resserre; le Béarnais, dans les hameaux, prend sa place.

La route court au-dessus du Gave d'Oloron, sur la rive gauche, à une hauteur de cent cinquante mètres au moins. La pente vers la rivière se couvre de champs de maïs, puis de prairies; sur l'autre rive, de nombreux villages encore. Les maisons à toits rouges se perdent dans les arbres. Nous courons, nous *piquons* tout droit sur la grande chaîne; tous les jeux du soleil couchant sur les cimes se déroulent devant mes yeux. Les monts m'apparaissent d'abord sous un éblouissant manteau blanc d'argent; sur les versants, la lumière s'obscurcit par degrés, les teintes grises, bleues, violettes, se succèdent; l'ombre monte, et les pics eux-mêmes ne sont plus que des silhouettes se détachant des masses noyées dans les premières vapeurs de la nuit.

SAUVETERRE. L'ÉGLISE.

L'ÉGLISE DE SAINTE-MARIE.

OLORON

A droite de la route, sur un monticule, un château regarde ce magnifique déploiement des monts. Il est flanqué d'une chapelle; le maître peut bien remercier Dieu pour avoir permis qu'il fût si superbement logé. Une haute futaie enveloppe cette demeure, qui peut vraiment faire envie à l'homme le plus sobre en ses désirs; la chapelle me paraît être du xve siècle; je la vois mal dans le crépuscule qui grandit. Nous descendons sur une forte pente, nous traversons un petit Gave : c'est le *Vert*, qui vient de la vallée de Barétous.

Sous une roche embroussaillée, un grouillement d'êtres humains s'agite devant un feu clair et pétillant qui me paraît faire bouillir une marmite posée sur un foyer de pierres. Mon conducteur jette une sourde exclamation méprisante, et, dans sa colère, oublie si bien de retenir ses chevaux, que l'un d'eux vient à butter. Je le gourmande un peu, il s'excuse : — Bon ! dit-il. C'est la faute de ces bohémiens.

N'étant pas humanitaire par métier et n'aimant guère les propos inutiles, je ne cherche pas à lui faire honte de ses mauvais sentiments envers ces parias qui, suivant un vieil auteur, « se multiplient aux monts pyrénéens comme vermine »; je tâche seulement de bien connaître toutes les raisons de l'horreur superstitieuse que les bohémiens inspirent aux Béarnais, surtout aux Basques, car ils sont plus nombreux dans le pays de ces derniers. Mon conducteur est Basque.

Eh bien ! c'est lui qui m'apprend de toutes ces raisons la principale et la plus curieuse. Rien n'ôterait de son esprit, qui est cependant assez vif, la persuasion que ces gens-là participent du diable. Et pourquoi ? *Parce qu'ils ne meurent point.*

Les bohémiens vivent vieux, très vieux. On en rencontre de presque centenaires, hommes ou femmes, qui évidemment ont atteint les limites extrêmes de la vie. Un jour, on cesse de les voir; ils ont disparu, mais ils *ne sont pas morts*. Et la preuve qu'ils ne le sont pas, c'est que jamais, au grand jamais, on n'a su où aucun d'eux était enterré. Jamais, au grand jamais, on n'a trouvé la trace d'une fosse, ni au bord des chemins, ni au plus épais des bois. Cet étrange mystère entourant la fin de ces pauvres êtres errants a plusieurs fois préoccupé l'autorité, au point de lui faire faire des sottises. On a violenté les bohémiens, on les a enfermés; il y eut même, en 1803, une véritable persécution légale dirigée contre ces malheureux. Ceux qui sont morts en prison témoignaient la plus profonde horreur à l'idée de l'ensevelissement qui leur était réservé. Ceux qu'on a dû relaxer sont revenus au lieu ordinaire de leurs courses vagabondes et, comme leurs pères, ils ont *disparu*, rien que disparu. Il faudrait donc admettre que les bohémiens enfouissent leurs morts dans des endroits inaccessibles, peut-être sous le cours des ruisseaux, à la façon d'Attila, enterré sous un fleuve. Mais voilà ce que les Basques ne croient pas possible — ils continueront d'être persuadés longtemps encore que ces « maudits » ne meurent point.

Je n'ai pu vérifier les dires de mon Basque. En aurais-je eu le loisir, je ne l'eusse pas fait, peut-être. J'aime mieux ses contes.

A droite, nous laissons le village de Monmour, *Mons Maurorum*, — nom qui rappelle la domination des Sarrasins. A Oloron, j'ai trouvé une fontaine qu'on appelle Houn d'Ous Mourous, fontaine des Maures. Le souvenir des Sarrasins est vivant dans le pays d'Oloron, — bien moins pourtant que celui des Northmans qui détruisirent la ville, sans y laisser debout une pierre. Les évêques oloronais étaient seigneurs de Sainte-Marie, dernière bourgade à laquelle nous arrivons — et titrés barons de Monmour.

Sainte-Marie d'Oloron est une grosse bourgade, séparée d'Oloron par un Gave. — Je la traverse rapidement; j'ai vu dans la pénombre la tour d'une église, je passe un pont; le torrent me paraît descendre entre deux rives très différentes : l'une escarpée, portant des maisons où les lumières s'allument; l'autre, couverte de prairies. Nous nous engageons dans une longue rue très populeuse qui, tout à coup, s'ouvre à gauche et me laisse entrevoir un haut rideau d'arbres, des peupliers, sans doute. Au-devant brille encore le miroir de l'eau; à travers les feuillages, j'aperçois une autre clarté mouvante. Point de doute, c'est une île entre les deux Gaves d'Aspe et d'Ossau, qui se réunissent ici et forment le Gave d'Oloron. La rue toute droite se referme, pour se rouvrir un moment après. C'est une grande artère, — comme diraient nos édiles parisiens; — des rues ou des ruelles viennent la croiser. Plus loin encore, un pont à franchir. Celui-ci, sûrement, est jeté sur le Gave d'Ossau, qui roule, en bouillonnant à grand bruit, au pied de vieilles murailles. Une lampe allumée devant une croisée ouverte forme un cercle de lumière sur lequel se profile un débris d'ouvrage fortifié. On dirait que là il y eut une porte de ville.

Un moment après, nous rencontrons une sorte de carrefour bordé de maisons modernes et bourgeoises. A un balcon, sur un transparent lumineux, s'étale l'enseigne d'une société financière qui, depuis..... Eh, quoi! jusqu'à Oloron!... Puis nous arrivons à une grande place, largement assise en contre-bas d'un haut quartier. Ce mamelon qui s'arrondit au-dessus de la pente n'a-t-il point porté une forteresse? — A gauche de la place, une promenade plantée de grands arbres; à droite, des cafés illuminés : c'est ici le cœur de la petite cité, qui doit être si pittoresque et si riante au soleil. Ces cafés sont précédés de tables placées entre des arbustes — comme à Paris — dans les quartiers tranquilles, où les remous de la foule ne risquent point de mettre les feuillages par terre. Là est aussi l'hôtel principal. Comme notre équipage va s'engager sous la porte cochère, un fracas épouvantable de ferrailles et de claquements de fouet arrête tout net l'empressement de mon conducteur, peu soucieux de s'engager dans une bagarre. C'est la grande diligence à cinq chevaux des Eaux-Chaudes et des Eaux-Bonnes, qui arrive à droite par une route ouverte au-dessus de la promenade.

Elle est remplie de voyageurs; composition très bizarre. Des Anglais naturellement, trois Anglais : veston clair, casque de feutre gris, orné du voile de mousseline blanche; ils sont juchés et baragouinent sur la banquette, entre les malles. Dans l'intérieur, une troupe joyeuse se démène, et c'est bien ici *troupe* qui est le mot, car je reconnais d'abord une célèbre chanteuse d'opérette. Ce sont des artistes parisiens qui viennent de donner des représentations aux Eaux-Bonnes. Dans la rotonde, car ce vieil édifice roulant a encore sa *rotonde*, je vois deux prêtres, deux dames, trois enfants, dont un baby tout rose endormi dans les bras de la mère; l'aïeule mène les plus âgés, un garçonnet qui rit et une fillette qui chante. Enfin, du coupé, une autre dame et un vieux monsieur muets, glacés par la douleur, aident à descendre un jeune homme, leur fils, cruellement chancelant et pâle. Hélas! les Eaux-Bonnes ont de la puissance, mais elles ne font pas de miracle...

Une heure après, j'ai dîné, je redescends vers le premier pont. Dans l'ombre transparente d'une nuit sans vapeurs, il m'est aisé de reconnaître la situation de l'antique petite cité. Petite, et pourtant si longue! — Le vieil Oloron était là; le Gave d'Ossau lui servait de limite et de défense. A cet endroit, il est profond et rapide. Le château s'élevait là-bas, sur la hauteur. Je sais qu'il fut détruit par un incendie, vers le milieu du XVII° siècle: la grande tour s'écroula; le gouverneur d'Oloron, quelques années après, fit raser les débris.

C'est une villette ancienne qu'Oloron, — siège d'un évêché dès le V° siècle. Son évêque saint Grat figure au concile d'Agde, rassemblé par Alaric, roi des Visigoths. La cité s'appelait Iluro; on la nomma plus tard Oloro, au XI° siècle Eleron; Froissart dit *Oron*; Marca, Oleron. Elle est une des cinq cités du duché de Gascogne, démembrement de celui d'Aquitaine; les Sarrasins s'en emparent et la pillent, mais tous leurs méfaits demeurent effacés dans la mémoire du peuple des vallées par la terrible incursion des Northmans, au IX° siècle. De la ville, rien ne resta. Les habitants échappés au massacre s'enfuirent dans les défilés d'Aspe et d'Ossau. Les pirates n'osèrent trop les y suivre; ils avaient pourtant toutes les audaces, ces Northmans farouches et invincibles, mais ils n'avaient pas le pied montagnard. Oloron demeura longtemps un amas de ruines. Un vicomte de Béarn, Centulle IV, résolut de les relever. Il accorda à tous ses vassaux, comme aux étrangers qui viendraient s'y établir, une charte d'affranchissement. Il paraît que les premiers arrivants furent des Aragonais; il y a dans Oloron du vieux sang d'Espagne.

Sainte-Marie, également détruite, se relève en même temps.

Deux ponts sur les deux Gaves réunissent les deux bourgs. Entre les deux un faubourg s'étend. On peut croire qu'il fut aussi fortifié. Des murs de défense enserraient sûrement la haute butte, dont l'église de Sainte-Croix occupe le faite, au-dessus du Gave d'Aspe, qui coule du sud au nord. La ville proprement dite, à

L'ÉGLISE SAINTE-CROIX.

l'ombre du donjon, s'appela le bourg majeur; la partie descendant sur la pente, au-dessus de la jonction des Gaves, le bourg d'en bas. Oloron, au moyen âge, est une seigneurie qualifiée; les vicomtes de Béarn ont établi dans leurs Etats, je l'ai déjà dit, trois « vigueries » : Oloron, Sauveterre, Navarrenx; ils croient devoir doubler l'honneur de leur titre en s'intitulant vicomtes de

Béarn et d'Oloron. Sainte-Marie est le bien de l'évêque. A Sainte-Croix, il y a un Chapitre, et ces chanoines sont riches. En bas est un couvent de Cordeliers. Les têtes oloronaises sont vives; elles s'échauffent pour les hérésies manichéennes; le seigneur y est plus engagé lui-même que ses vassaux. Gaston VI n'a point fait librement don de Sainte-Marie à l'évêque : c'est le rachat de ses erreurs et le gage de la pénitence.

Le roi Louis XI vint à Oloron; la chambre où il coucha est conservée dans un reste des vieilles fortifications qui sert de prison à cette heure. En 1523, les Espagnols, qui prirent Sauveterre, essayèrent également d'emporter Oloron; le connétable de Castille se présente avec une seconde armée; les Oloronais font une sortie vigoureuse, et le seigneur connétable se retire. D'autres épreuves vont venir. Ce fameux évêque Roussel, que nous avons vu si maltraité à Mauléon par les gens de la Soule, a obtenu le siège d'Oloron par la protection de Marguerite de Navarre. Il essaie d'abord de gagner aux nouvelles doctrines les chanoines de Sainte-Croix : pas un chanoine ne broncha. Les Huguenots eurent besoin de beaucoup de patience en Béarn, car leurs affaires n'avançaient point; mais ils avaient pour eux les Reines.

Marguerite d'abord, puis Jeanne d'Albret, femme d'Antoine de Bourbon. Quand il fut mort, ce roi Antoine l'irrésolu, tantôt obéissant à sa femme qui le menait vers Genève, tantôt entraîné par les Guises qui le ramenaient vers Rome, rien ne gêna plus Jeanne d'Albret, et nous avons déjà vu qu'elle interdit dans ses Etats le culte catholique. Or, le tableau des deux partis catholique et protestant, à Oloron, est curieux; il est aussi très dramatique. La Reine a livré la ville au ministre Ponteto. Elle lui a même donné le nom de « ministre de la parole de Dieu », avec l'église de Sainte-Croix, pour y prêcher le nouvel Evangile; les chanoines sont emprisonnés; le chef du parti huguenot est un marchand, le sieur Lugor, que sa mine farouche a fait surnommer *le Loup*. Les Cordeliers, chassés de leur monastère, se sont jetés dans les vallées d'Aspe et de Barétous, qui se soulèvent; c'est la guerre.

Dans la ville, une troupe catholique reste en armes, conduite par les fils d'un seigneur basque, les Esgoabarraque. Terride marche sur Oloron, et moitié par force, moitié par connivence avec les catholiques, il s'en empare. Le comte d'Arros veut le reprendre, il y échoue. La ville, pourtant, fait retour à l'autorité royale et à la Réforme. Mais le roi de Navarre étant devenu le roi de France, le roi très chrétien, le fils aîné de l'Eglise, et bientôt n'étant plus Henri IV, les protestants ne sont plus que tolérés à Oloron, comme ailleurs. Louis XIII, dans sa promenade à travers le Béarn, enlève aux Oloronais leur compagnie de milice indépendante, rend Sainte-Croix au culte ancien, et laisse pourtant au culte nouveau Sainte-Marie, là-haut sur la colline de l'ouest. Mais les catholiques surent aussitôt la reprendre. L'évêque alors est Arnaud de Maytie, fils de ce Maytie qui avait porté la hache dans la chaire de l'église de Mauléon, pour la renverser sur Roussel. Il parait que l'évêque Arnaud ramena beaucoup de dissidents ; mais il n'avait point les allures expéditives de l'intendant Foucault, qui fut envoyé en Béarn, après la révocation de l'Edit de Nantes. Un foudre de persuasion, cet intendant Foucault ! Il arrive à Oloron, et commence par faire raser le temple. Au bout d'un mois, il a reçu l'abjuration du ministre Goulard et de quatre-vingt-seize familles. Il avait ses missionnaires, qui étaient des dragons, comme dans les Cévennes. L'année révolue, Foucault fit un beau rapport; il y exposait que sur deux mille six cents protestants, il en avait converti deux mille deux cents. Et voilà comment il menait la besogne !

Tout en songeant à l'histoire agitée d'une ville si riante, j'ai suivi la longue rue; je me retrouve au-dessus de cette échappée sur la campagne qui en fait l'agrément, au-dessus de l'île qui sépare les deux Gaves, et là, adossé au mur, à hauteur d'appui, je regarde par ce soir d'été passer les promeneurs. Une troupe de filles et de femmes, qu'on me dit employées dans une fabrique aux environs du faubourg, et qui reviennent du travail, jette dans ce tableau tranquille une note discordante ; ces commères-là sont effrontées comme des pies. Mais des couples glissent doucement dans l'ombre ; sur le seuil des maisons, des familles sont assises ; ces gens-là causent gaiement, sans faire beaucoup de bruit. Je me souviens qu'un ancien fonctionnaire des Basses-Pyrénées m'a vanté la politesse des mœurs oloronaises et la beauté des femmes, que j'ai déjà observée plus d'une fois dans mon voyage ; il me disait : C'est la population la plus civilisée et la mieux plantée de toute la France.

Une chose me frappe dans ces lambeaux de conversations qui arrivent à mes oreilles : c'est la douceur des voix. Parbleu ! Jeliotte était d'Oloron, Jeliotte le « roi de l'Opéra », dont Voltaire a parlé souvent dans ses lettres. Ainsi ces confins de la Soule ont donné le premier chanteur du règne de Louis XV, comme le Labourd donna dans Garat le premier rossignol du Directoire et de l'Empire. Un auteur basque, l'abbé d'Ilharce, s'étant attaché à prouver que les Basques descendaient des Cantabres, aurait-il eu raison de dire que ce nom de Cantabres donné aux montagnards par les Romains venait de *Khantor ber*, — les doux chanteurs ? — Jeliotte, ayant fait fortune, revint se fixer à Oloron ; il donna le goût de la musique aux bourgeois de la ville. Mais, pour en avoir le goût sincère, il fallait aussi qu'ils en eussent les moyens. — Une voix en ce moment s'élève à mes oreilles, de l'île entre les Gaves et du couvert de peupliers. Une voix d'homme, claire, chaude, bien timbrée ; c'est une « haute contre », ce chanteur rustique, comme Jeliotte. Ce ténor chantant dans l'île une romance, d'ailleurs assez vulgaire, n'arrivera sûrement point à la haute fortune du « roi de l'Opéra », dont les mémoires du temps nous disent : « Il n'était ni beau ni
« bien fait, mais pour s'embellir il n'avait qu'à chanter ; on eût
« dit qu'il charmait les yeux en même temps que les oreilles. Les
« jeunes femmes en étaient folles ; on les voyait à demi-corps

« élancées hors de leurs loges donner en spectacle elles-mêmes
« l'excès de leur émotion.... Jeliotte jouissait, dans les bureaux et
« les cabinets des ministres, d'un crédit très considérable; car
« c'était le crédit que donne le plaisir. Il l'employait à rendre,
« dans la province où il était né, des services essentiels. Aussi y
« était-il adoré ».

Un autre personnage béarnais de la fin du xviiie siècle fait aussi quelque figure dans les archives d'Oloron. C'est Féraud, le conventionnel, député des Basses-Pyrénées, envoyé en mission dans son propre département. On lui avait signalé Oloron comme un foyer de modérantisme; mais il fut bientôt convaincu de n'être pas moins tiède que ceux qu'il devait réchauffer. Le comité de salut public le remplaça par Monestier, du Puy-de-Dôme, qui se mit en route; la légende assure qu'il marchait suivi d'une guillotine, instrument de persuasion plus parlant encore que ceux dont s'était jadis servi l'intendant Foucault, mais que les Basses-Pyrénées connaissaient mal, et n'avaient pas le désir de connaître. Le Neuf Thermidor arrêta Monestier sur le chemin. Quant à Féraud, on se rappelle sa fin tragique. Le 1er prairial 1795, la Convention étant envahie par une insurrection, et le président Boissy d'Anglas étant menacé, Féraud se jeta au-devant de lui. On le nomma; les forcenés entendirent mal, et crurent se trouver en face de Fréron le thermidorien, le chef de la « Jeunesse dorée ». Le malheureux Féraud fut tué d'un coup de pistolet; sa tête détachée fut mise au bout d'une pique.

Cependant, dans la grande rue d'Oloron, toutes les boutiques s'éteignent, les portes des maisons se ferment; une écharpe de brume monte des Gaves et vient coiffer les peupliers. Je retourne vers l'hôtel. — Le lendemain, ma première station sera sûrement à ce pont, dont les abords m'ont fait voir dans les demi-ténèbres ces vieux murs fantastiques se profilant au-dessus du Gave d'Ossau.

L'obscurité ne m'avait point trompé : des maisons ont été élevées sur des débris de remparts ; — des maisons à galeries, à pignons, avec des avant-corps, des toits d'ardoises retombant — et si bas que ce sont moins des toits que des revêtements, dont la couleur sombre se détache sur le double fond clair du ciel et de l'eau. Le pied des murs baigne naturellement dans le tor-

MAISONS SUR LE GAVE D'OSSAU.

rent ; des carrés de jardins ont été pratiqués dans les brèches ; de grands arbres s'élancent, plongeant leurs racines dans les fissures des pierres où les orages ont fait couler l'humus avec les pluies. A droite du pont, l'ancienne porte qui m'avait frappé, la veille, dans la nuit, a été transformée en une habitation, moins commode sans doute que pittoresque. Le pont n'a qu'une arche dont la courbure se dessine à une grande hauteur au-dessus du torrent. C'est bien un fils des montagnes que ce petit Gave tumultueux. Il descend presque en ligne droite, par une profonde tranchée, à l'extrémité de laquelle on aperçoit la silhouette d'un mont, — d'un seul. Le tableau ne saurait être plus large que le cadre. Du haut de ce pont, il semble qu'on ait l'œil appliqué à une lorgnette ; on voit ce qui tient dans le champ de la lunette, et rien au delà. En aval, le Gave, battant toujours la vieille enceinte, court à son confluent, au pied de la colline. Les deux torrents enveloppent l'île verdoyante que l'on connaît déjà d'une ceinture brillante, aux ruissellements d'argent.

Au delà du pont, dans les ruelles qui croisent la grande rue, voici d'autres logis aussi curieux que ceux qui bordent le Gave. Je n'ai vu qu'à Oloron ces formes capricieuses, qui sont comme le mariage des deux types basque et béarnais. Certaines de ces galeries de bois rappellent aussi l'Espagne ; elles se détachent de la façade comme des « miradors » rustiques. Elles servent à tous les usages, et surtout à sécher le linge. Des draps blancs s'y balancent comme des pavillons. D'autres maisons offrent un dessin encore plus particulier. Sur l'une de leurs façades, au-dessous du haut pignon, s'ouvrent de larges fenêtres basses, grillagées, qui ressemblent à des cages à poules ; sur l'autre, un prodigieux auvent fermé, une autre cage surplombe, soutenue par des traverses de bois. Si l'on poursuit jusqu'aux chemins, — ce ne sont plus des rues, — qui grimpent à l'assaut de la colline, dont le faîte, à son extrémité occidentale, porte l'église de Sainte-Croix, on retrouvera le même mélange qu'en bas de masures et de parties de remparts encore debout, ayant formé la première enceinte. Des morceaux de tours et de bastions sont encastrés dans des murs en torchis. Et toujours, en haut comme au bord du Gave, ces grands toits d'ardoises aux airs d'immenses capuchons.

Dans l'ancien faubourg, en face de l'île, un coin est surtout curieux par ce chaos inouï de constructions hétéroclites. Le miroir de l'eau les présente renversées ; le courant déplace les

OLORON. LE GAVE D'OSSAU.

images, et parfois les brise; on se croit le jouet de quelque fantasmagorie.

La rue principale est, au contraire, assez régulièrement bâtie. Le carrefour ouvert à la tête du pont, et précédant la grande place, montre même quelques vastes maisons édifiées à la fin du dernier siècle; Oloron eut alors une gloire peu durable, ayant été pendant un an, de 1795 à 1796, le chef-lieu du département. — A la descente, vers le Gave d'Aspe, les logis sont en général tout à fait modernes, sauf au voisinage du deuxième pont — (le premier à l'arrivée) — où se retrouvent encore beaucoup de vieux vestiges et le caractère de l'ancien « bourg d'en bas ». A mi-chemin, entre les deux ponts, une avenue monte, plantée de beaux arbres. — Le côté gauche est bordé d'un grand mur aveugle; ce n'est qu'un large morceau de l'enceinte, encore solide sous les lierres qui le couvrent. Ce débris regarde le nord. L'autre face, au midi, est en perspective du développement des monts. C'est cette haute colline qui de ce côté cache aux Oloronnais de la ville les gradins des Pyrénées.

En revanche, ils ont la vue d'une campagne verte et blonde: des chaumes aux revers des mamelons, des bois à leur sommet, des prairies dans les vallonnements, et des maïs dans la plaine. Cette vue nécessairement, du point élevé où je me suis arrêté, est plus belle que des fenêtres de la ville. Je suis l'avenue, montant toujours; elle forme un coude assez brusque; je domine désormais le bas quartier de Sainte-Marie et le Gave d'Aspe, je découvre déjà des cimes neigeuses au midi, tout en longeant le pied d'un monument laid et pompeux du XVIIIe siècle, dont l'ancienne destination est assez claire. Des mitres et des crosses ornent le fronton placé au-dessus de la porte principale : c'est le palais épiscopal, maintenant affecté à une communauté de femmes. A cette époque, Sainte-Croix était redevenue l'église cathédrale.

La veille, l'hôtelier m'ayant prêté, le soir, une excellente chronique d'Oloron — un très savant livre — et très clair — par

M. l'abbé Menjoulet, j'y avais lu le récit d'une tragi-comédie, à la suite de laquelle les évêques, au temps jadis, auraient quitté Sainte-Croix pour Sainte-Marie. Il paraît qu'au XIIe siècle, une dispute s'éleva entre le Chapitre et l'un de ces prélats ; un chanoine alors « aurait baillé » un soufflet à la joue épiscopale. L'auteur de la chronique rapporte cette légende seulement pour mémoire, et la repousse comme outrageuse et peu vraisemblable. Je partage son avis. — En passant, je dois faire remarquer qu'Oloron n'a plus d'évêque.

Sainte-Croix est peut-être la plus superbement plantée des illustres églises de France, sur ce haut sommet, regardant toute la chaîne. Cette position de forteresse donne d'abord à penser qu'elle a pu être enveloppée d'une enceinte de murs. Cependant, il n'y en a point de trace, si ce n'est un peu plus bas, en avant de la façade orientale du palais des évêques, une tour carrée flanquée de ses barbacanes ; mais ce vieux reste, si vieux qu'il soit, est très postérieur à la construction de l'église, qui est du pur roman du premier âge, — ou qui en a été avant les restaurations modernes. De ce côté, je me trouve en présence d'un « rabistoquage » lamentable. Un porche a été ajouté au monument, — on l'a recouvert d'ardoises ! — Au-dessus d'un portail construit de nos jours sur la face du couchant, voici deux tourelles ; les pignons en ont été revêtus de pierre ! Heureusement une superbe porte sur l'autre face regarde une rue descendant à pic vers la ville, qui fut autrefois et qui est encore le vrai chemin de l'église. J'entre et j'oublie les ardoises. Oui, l'intérieur de Sainte-Croix est plus que curieux ; c'est en effet du pur roman, — si pur, si voisin du style latin, que c'est presque de l'art antique.

Ils sont romains, ces superbes cintres ; et c'est du latin aussi, et du plus beau, que cette coupole du centre reposant sur des arcs croisés. Seulement, le XVIIIe siècle a passé par ici ; il « rabistoquait » comme le XIXe ; c'était peut-être moins laid, mais c'était plus ridicule. Des coquilles ont été peintes en grisailles

sur les pendentifs; la chaire est du Louis XV; — le maître-autel, étincelant de dorures, est d'un autre genre de *rococo*, plus insupportable, de l'art espagnol du xvii⁰ siècle.

Détournons les yeux de ces reluisantes misères, regardons les piliers posés sur de larges assiettes, décorés seulement de boules à leurs pieds, qui soutiennent les voûtes de la nef; admirons les sculptures des chapiteaux. Mais, hélas! l'église a trois absides; intérieurement à l'une des deux plus petites, voici une porte toute neuve encore, une porte *byzantine*. Remarquez bien que l'autre abside latérale offrait un modèle; de ce côté une porte existait, et, naturellement, une porte *romane*. Ce modèle, il n'y avait pourtant qu'à le copier !

La fondation de Sainte-Croix est attribuée à Centulle IV, le même vicomte de Béarn qui releva Oloron après le passage des Northmans. L'église serait donc du xi⁰ siècle. L'évêque alors en possession s'appelait Amatus; j'ai lu, je ne sais où, que son nom et la date de 1081 étaient gravés sur le chapiteau de l'un des piliers; je l'ai cherché vainement. Il n'importe guère, car on ne saurait sérieusement contester à Sainte-Croix une antiquité si rare. De tout temps l'église a renfermé des tombes; les dalles funéraires qu'on y voit aujourd'hui sont toutes du siècle passé. Des morts nouveaux auront alors délogé et remplacé les vieux morts. Les inscriptions, à demi effacées, laissent voir qu'il y eut à cette époque une bourgeoisie Oloronaise nombreuse, et probablement riche; car ce sont ici des tombes bourgeoises. Dans l'incursion rapide que j'ai faite à travers l'histoire oloronaise, j'ai omis de dire que la ville souffrit beaucoup de la première guerre avec l'Espagne, pendant la Révolution. Les négociants d'Oloron avaient des correspondants et même des comptoirs dans les principales villes d'Aragon ; ces correspondants furent chassés, les comptoirs pillés. — Encore une fois, n'oublions pas que jusqu'en 1788, l'un des mieux placés parmi ces bourgeois, c'était l'ancien chanteur de l'Opéra. Il y avait l'hôtel Jeliotte.

Je redescends par cette rue ou ce raidillon, bordé de vieux logis, — qui conduit du portail nord de l'église à la ville. De ce côté, le palais épiscopal est tout gothique. Au-devant, des portiques, une sorte de cloître à grandes ogives. La rue coupe le boulevard planté d'arbres qui monte à Sainte-Croix, en contournant la colline. Plus bas, entre des maisons du XVIᵉ siècle, avec leurs fenêtres à meneaux, des escaliers à demi rompus me ramènent à la grande place. Je suivrai de nouveau la longue rue, je traverserai le bourg d'en bas, je franchirai le pont construit sur le Gave d'Aspe, pour joindre Sainte-Marie sur l'autre bord.

Vieux pont, aux arches massives, contrebutées par des piliers ronds. En amont, le Gave entre ses deux rives, l'une bordée de tanneries séparées de l'eau par un chemin si étroit que deux personnes y passent de front à peine; l'autre couverte de prairies, auxquelles succèdent des jardins et des vignes montant au flanc du coteau de Sainte-Croix. C'est bien le tableau que j'avais deviné dans la nuit.

Ce que je n'avais pu voir, c'est d'abord une curieuse chute d'eau s'échappant d'un moulin, presque à la tête du pont, du côté de Sainte-Marie; c'est ensuite l'étonnant effet de ces grands revêtements d'ardoises des tanneries, sous l'ensoleillement d'un jour d'été, parmi la verdure; — et surtout c'est la vue des monts, là-bas, au midi, cette succession merveilleuse des vallées vertes, des étages sombres de roches, et de la haute couronne des neiges. On s'oublierait encore des heures, accoudé au parapet du pont. — En aval, le torrent s'apaise; il caresse au passage les gazonnements de l'île; les grands peupliers se bercent au vent. C'est une autre vue d'une douceur infinie; mais peut-elle valoir la première?

L'église de Sainte-Marie d'Oloron m'a paru la seule curiosité de la bourgade. Elle est assise au faite de la colline et montre, d'abord, un grand porche sous une tour carrée. L'ouvrage est très intéressant par son antiquité relative; c'est le gothique primitif, c'est l'ogive à sa naissance. Il est, d'ailleurs, évident que ce porche a été appliqué à l'église postérieurement à sa construction, car le portail magnifique qui se voit à l'intérieur est tout roman. Il est divisé en deux travées formées de deux arcades plus petites, en plein cintre, encadrées dans une plus grande. Au tympan, Jésus sur la croix; aux sculptures de l'archivolte inférieure, une couronne de monstres et de figures humaines, des en-

MAISON A OLORON.

fants et des poissons, puis les vieillards de l'Apocalypse. La porte, très ancienne, à clous fleuris, est divisée par une colonne qui s'appuie sur des bas-reliefs, représentant des captifs enchaînés et placés dos à dos. Au-dessus de la porte, deux hommes d'armes. L'église a la forme d'une double croix, et c'est certainement un beau type d'édifice religieux du XIIIe siècle. Cependant l'abside est du XVe. Au reste, les constructions des divers âges se heurtent dans Sainte-Marie. Disparates qui s'expliquent par les vicissitudes que le monument a traversées. Suffisant pour une église d'archidiaconat, il ne l'était plus pour un sanctuaire épiscopal, quand l'évêque y revenait, abandonnant Sainte - Croix. Lorsque le bourg fut leur bien et leur seigneurie, en vertu du don de Gaston VI, repentant de son hérésie, les prélats voulurent sans cesse réparer et ajouter. De là cette abside du xv° siècle, qui, sans doute, en a remplacé une antérieure, incomplète ou ruinée.

L'église de Sainte-Marie est précédée d'une place récemment plantée d'arbres, d'où la vue serait presque aussi belle que de Sainte-Croix, si l'on n'avait bâti au-devant un hospice. Après cela, tout est pour le mieux : ces grands tableaux de la nature et des monts sont ici le privilège des pauvres et des malades. On ne voudrait pas le leur envier.

OLORON. LA RUE DE LA JUSTICE.

LA VALLÉE D'ASPE

Avant de quitter Oloron, l'envie bien naturelle m'est venue de gravir, une fois encore, la promenade que domine Sainte-Croix, afin de considérer d'en haut le chemin que j'allais parcourir. Si l'on pouvait ainsi apercevoir, dans la réalité de la vie, le but que l'on s'est donné, n'y marcherait-on point d'un pas plus droit et plus sûr? De cette hauteur, j'embrasse la plaine qui se déroule jusqu'aux premiers contreforts des monts. La chaîne s'élève, et je découvre, vers le milieu de ces gradins superbes, une dépression très marquée : c'est l'entrée de la vallée d'Aspe.

Je ne chemine plus seul. Une route, sortant de la ville, longe le grand Gave; ce n'est point celle que nous allons prendre. Une autre plus petite, et beaucoup moins bien entretenue, va nous conduire à Saint-Christau. Je n'aime pas à dépenser trop de géographie inutile ; cependant, il faut bien déterminer la situation de Saint-Christau, qui se trouve à l'extrémité d'une petite vallée transversale, prenant naissance à Louvie-Juzon, ou plutôt à Arudy, et qui, par conséquent, met en communication les deux grandes vallées parallèles d'Aspe et d'Ossau.

Nous traversons le Gave d'Aspe sur un pont qui n'est guère plus large que notre voiture, et que de beaux ombrages enveloppent. Le chemin s'enfonce sous ce couvert, dominant presque sans cesse le torrent qui coule à droite dans de vastes prairies. Partout de petits groupes de maisons qui ne sont pas même des hameaux. Tout ici est frais et pittoresque. Aucun trait particulier au tableau. Coin de pays très peuplé. Au bord du Gave, une usine abandonnée ; j'en suis aise. Que diable venait faire l'industrie au milieu de cette charmante rusticité-là ?

Le premier grand village est Eysus. De l'autre côté du Gave, nous avons reconnu successivement Bidos, Gurmençon, Arros, sur des hauteurs. A Gurmençon, l'industrie aussi est arrivée ; ce village a une papeterie. Arros ne fut point le siège de la fameuse seigneurie de ce nom, située dans le département voisin. Sur cette même rive gauche, voici maintenant Asaspe. A Eysus, si les boutiques des marchands de denrées n'étaient ouvertes, et si je n'entendais, en passant, des cantiques chantés dans l'école des filles, je croirais que la bourgade est déserte ou endormie sous son grand manteau d'arbres de toutes les essences et de toutes les formes. Au-dessus du torrent, sur un monticule, se dresse un vieux château, qui n'est pas encore tout à fait une ruine. J'ai trop décrit de châteaux ; passons. Celui-ci fut construit par Gaston X, comte de Béarn. Veuillez bien remarquer que ce Gaston X de Béarn, c'est Gaston III de Foix, Phœbus lui-même, le héros.

Le chemin, après Eysus, bifurque et conduit d'un côté à Lurbes, de l'autre à Saint-Christau. C'est ce deuxième bras de la fourche que nous prenons ; il est profondément encaissé. C'est véritablement un « chemin creux », au-dessus duquel les arbres forment berceau; puis il traverse un joli bois. Voilà le vestibule verdoyant de Saint-Christau.

A Saint-Christau, la nature proprement dite est heureusement fort belle par elle-même; car elle ne serait pas embellie par la misérable nature humaine qu'on y rencontre. L'usage de ces Eaux est ancien. Il y avait là, autrefois, une commanderie vassale de l'abbaye de Santa Cristina, en terre d'Aragon; un hôpital y était annexé, comme à presque toutes les commanderies des Pyrénées, et recueillait les lépreux tombés sur la route d'Espagne. Saint-Christau est aujourd'hui lieu de cure pour toutes les maladies cutanées. Les sources — il y en a cinq — ont une propriété particulière. Les malades sont nombreux, car il paraît certain qu'ils y trouvent un soulagement à des maux insupportables.

Le séjour est charmant. Les deux établissements des Bains-Vieux et de la Rotonde, ce dernier tout neuf, sont assis au milieu d'un vaste parc. La vie rustique est là, à la portée de ceux qui en aiment les tableaux : le hameau et une ferme bordent ces grands bocages. Le parc a des aspects très variés, des pelouses, de belles fontaines qui épanchent des cascades, alimentant une nappe d'eau surprenante. Et si je lui donne cette épithète qui ne l'est pas moins, c'est qu'elle n'a vraiment aucun des caractères qu'offrent les lacs dans les pays de montagne. Imaginez un étang plutôt, tel qu'on en voit dans nos provinces du centre ou de l'ouest, avec une eau seulement plus claire. Un miroir d'acier qui se balance, au lieu d'un miroir d'étain; le « lac » est tout encadré d'énormes saules.

C'est là l'originalité de Saint-Christau; elle est très saisissante : un coin de la nature septentrionale, de la nature de nos vallées de la basse Bourgogne ou du Poitou, en pleines Pyrénées, et si avant sur les chemins escarpés du Midi. L'été y verse des feux qui devraient être cuisants; j'y ai constaté 35 degrés de chaleur à l'ombre, — et pourtant cette ombre était assez fraîche. On ne souffre point, on se laisse mollement exister, sans mouvement, sous ces bienfaisants feuillages, d'autant que le mouvement est inutile. Ce nid de fraicheur est en réalité très étroit. Il est adossé à une montagne boisée et comme blotti dans ses plis ; c'est le mont Binet, qui achève l'illusion, car il se présente d'abord en petits mamelons verts, formant rideau de fond, tout comme des coteaux bourguignons ou poitevins. Qui croirait que l'heureuse vallée soit si profonde? Ce mont Binet est une vraie montagne, un morceau très authentique du massif pyrénéen ; mais il a la bonne grâce de s'élever par étages. D'en bas, on ne se doute point du tout qu'il est la base d'un pic — le mail Arrouy, qui n'a pas, s'il vous plait, moins de 1,300 mètres, et qui est comme une sentinelle placée aux avant-postes, — toute une armée de pics neigeux venant par derrière.

Il faut donc se méfier de cette bourgade-là ; c'est une Capoue. Si l'on ne se surveillait point, on s'y endormirait toute une semaine. C'est pourquoi nous en partons résolûment, ayant arrêté que nous déjeunerions à Lurbe ; nos estomacs nous répondent de notre courage. Il est vrai qu'ils sont un peu déçus, lorsque nous avons remonté le bras gauche et descendu le bras droit de la fourche. Ne croyez pas un seul instant que Lurbe offre une hôtellerie où l'on puisse déjeuner aussi confortablement qu'au café Anglais, à dix ou douze fois meilleur marché !

C'est un pauvre village. Très vieux, et montrant quelques vestiges d'anciens logis. Mais le chemin qu'on suit en le quittant est magnifique, car il laisse voir, en s'élevant sur les pentes, tout le développement de la vallée. Devant nous, va s'ouvrir un nouveau vallon transversal, relevant coquettement ses bords au-dessus du petit Gave de Lourdios qui vient se joindre à son grand frère, le Gave d'Aspe, sous nos yeux. Un peu plus loin, c'est Issor, puis Lourdios-Ichère, et plus haut, la forêt d'Isseaux; plus loin, les grandes hêtrées d'Arette, enveloppant, de l'autre côté, la vallée de Barétous.

Mais nous laissons derrière nous le confluent des deux Gaves, nous suivons la vallée d'Aspe, dont le véritable seuil est ici ; auparavant, ce n'en étaient que les approches. Voici le *cap d'Aspe* — tête de l'Aspe. Tête casquée, hérissée de pointes. Une gigantesque barre de roches se présente devant nous : c'est le Pène d'Escots. Cette formidable muraille semble nous dire : Vous n'irez pas plus loin au sud, petits téméraires du nord !... Nous verrons bien ! — Cependant le Pène a quelquefois contre le voyageur des arguments et des moyens !...

Les deux routes qui suivent les deux rives du Gave sont bien forcées ici de se rejoindre ; celle qui vient d'Oloron, et que nous n'avons pas prise à notre départ, traverse le Gave sur un beau pont. C'est le pont d'Escots. La vallée n'a plus que la largeur du chemin et du Gave, qui, tous deux, contournent le Pène. Sur l'une des roches, nous pouvons lire cette inscription qui n'est pas encourageante :

†

C'est ici
le 4 juillet 1826.
que
Paul Hyacinthe de Tourreau
Commandant la place de Jaca
fut écrasé par un quartier de
rocher qui se détacha de la montagne.
Son frère
Charles de Tourreau, capitaine au 72ᵉ de ligne, vient, la main tremblante d'émotion, rappelle un événement qui jeta la consternation dans une famille nombreuse, qui déplore encore la perte de son aîné. Сн. DE T.

Le malheureux commandant, lui, *n'alla pas plus loin*... Après notre campagne de 1823 en Espagne, nous tenions encore quelques places frontières en gage ; c'est ce qui explique comment un officier français avait la garde de Jaca, place d'Aragon. C'est près de Jaca qu'était situé le monastère hospitalier de Santa Cristina, dont Saint-Christau était la succursale en terre de France.

Tout près de cette inscription, sur les mêmes roches, une autre est gravée, mais, en vérité, elle est un peu plus vieille. Purement romaine.

```
L VAL VERNVS CE R
IIVIR BIS HANC
VIAM RESTITVIT
CA L AMIL LAINE
 A MICVS
```

Point de date. Le temps semblait appartenir à ces Romains, comme le monde, et ils ne daignaient en marquer les divisions. L'inscription dit seulement avec la clarté suffisante que le duumvir L. Valerus Veranus a réparé la route de la vallée. Cette voie entre la France et l'Espagne est donc établie depuis quinze ou dix-huit siècles, et de tout temps il s'y fit un grand passage, — de pèlerins surtout, au moyen âge. On venait d'Angleterre et de Flandre, l'Europe entière s'allait mettre aux pieds du grand saint Jacques. Les Basques arrivaient par troupes, car le saint se faisait un plaisir tout particulier de soulager les maux étranges dont ils souffraient. On conduisait les *possédés* au tombeau de l'apôtre, au-dessus duquel l'étoile du miracle avait brillé.

Mais bien loin, avant Santiago de Galice, tout près de ce pont d'Escots où nous sommes, il y avait un autre lieu de pèlerinage ; et, par ces chemins âpres, on vit un jour passer un riche pèlerin se rendant à Sarrance. Il avait « une robbe de satin cramoisy, fourrée de bonnes martres », et il était entouré d'une suite nombreuse. Parbleu ! c'était un riche seigneur. — Le premier de tous les seigneurs vraiment, puisque c'était le roi de France.

Hélas ! il menait avec lui son maître, messire Jacques Cottier, son médecin. — « En cinq mois, le roy Loys donna à ce
« maistre Jacques cinquante-quatre mille escus comptants et
« l'évesché d'Amiens pour son neveu et autres offices et terres
« pour luy et ses amis. Le dit médecin luy étoit si très rude que
« l'on ne diroit point à un valet les outrageuses et rudes paroles
« qu'il lui disoit. Et si le craignoit tant le dit seigneur qu'il ne l'eust
« osé envoyer hors d'avec luy. Et si s'en plaignoit à ceux à qui
« il en parloit, mais il ne l'eust osé changer comme il faisoit tous
« autres serviteurs, pour ce que ledit médecin lui disoit audacieu-
« sement ces mots : « Je sçais bien qu'un matin vous m'envoyerez
« comme vous faites d'autres, mais par la...! (un grand serment
« qu'il juroit) vous ne vivrez point huit jours après... Or, onc-
« ques homme ne craignit plus la mort, et ne fit tant de choses
« pour y cuider mettre remède ; et avoit tout le temps de sa vie à
« ses serviteurs dit et prié que si on le voyoit en nécessité de
« mort que l'on luy dist fors tant seulement : « Parlez peu », et
« qu'on l'emust seulement à soy confesser, sans luy prononcer
« ce cruel mot de la mort; car il luy sembloit n'avoir pas cœur
« pour ouyr une si cruelle sentence. »

En 1462, on avait vu déjà en Béarn Louis XI, qui venait de signer à Sauveterre un traité avec le roi Jean II d'Aragon. Celui-ci cédait le Roussillon et la Cerdagne, en retour de l'alliance française contre le roi Henri IV de Castille. Vers 1482, le roi de France reparait dans les Pyrénées; il vient régler la confiscation de l'Armagnac. En ce moment, il est tout-puissant. « Rien ne
« désiroit le roy et la royne d'Espagne, sinon qu'amitié. En Alle-
« magne, avoit les Suisses qui luy obeyssoient comme ses sub-
« jects. Les roys d'Escosse et de Portugal estoient ses alliés.
« Partie de Navarre faisoit ce qu'il vouloit. Ses subjects trem-
« bloient devant luy. Mais il trembloit devant la mort. Il avoit
« fait de rigoureuses prisons, comme cages de fer et autres de
« bois, couvertes de plaques de fer par le dehors et par le dedans

« avec terribles ferrures de quelques huict pieds de large et de la
« hauteur d'un homme et un pied de plus. Plusieurs l'ont maudit ;
« — mais faut revenir à dire qu'ainsi comme de son temps furent
« trouvées ces mauvaises et diverses prisons, tout ainsi avant de
« mourir, il se trouva en semblable et plus grande prison et
« autre plus grande peur il eust que ceux qu'il y avoit tenus.
« Laquelle chose, je tiens pour partie de son purgatoire... Or,
« regardez s'il avoit fait vivre beaucoup de gens en suspicion et
« crainte soubz luy, s'il en estoit bien payé, et de quelles gens il
« pouvoit avoir sureté puis que de son fils, fille et gendre, il avoit
« suspicion. Je ne le dis point seulement pour luy, mais pour
« tous autres seigneurs qui désirent estre craints. Jamais ne se
« sentent de la revanche jusques à la vieillesse ; — car, pour la
« pénitence, ils craignent tout alors... »

Voilà ce qu'écrivait Philippe de Commines, et il connaissait bien son maître. On le voit donc sur les chemins de Sarrance, au milieu de ses valets et de ses gardes, flanqué de son médecin, ce grand politique qui avait été un si méchant homme et un roi à l'âme si basse. Il est chétif, courbé, hideux ; il ne rêve pour les autres que pièges et gibets ; mais pour lui, il a dans ce rêve sanglant le cauchemar de l'enfer. En arrivant devant le Pène d'Escots, il dut croire que le diable avait élevé cette muraille pour l'empêcher de pousser jusqu'à Sarrance, aux pieds de Notre-Dame. Le diable aussi pouvait détacher une roche de ce bloc énorme, et le puissant Louis XI passa bas courbé, tremblant et plus livide. — Il faut lire tout entier le chapitre de Commines intitulé : — « Comparaison des maux et douleurs que souffrit le roy Louis à ceux qu'il avoit fait souffrir à d'autres ».

Il n'y a presque point de canton des Pyrénées où une apparition de la Vierge n'ait donné naissance à un pèlerinage plus ou moins durable. Celui qui se fait à Sarrance est très vieux et encore très honoré. Une petite chapelle au bord de la route, et trois ou quatre fois réédifiée, a toujours indiqué le lieu du mi-

ACCOUS.

racle. Dès le XII° siècle, un hôpital encore s'était fondé dans le voisinage de l'Oratoire ; plus tard, il y eut une abbaye d'Augustins au XIV° siècle ; le pèlerinage était déjà très célèbre au XV°. Louis XI y vint, précédé sans doute et suivi de grandes foules ; — car les pèlerins de Saint-Jacques avaient pris l'habitude de s'écarter légèrement de leur chemin, pour se rendre à Sarrance. Cette grande affluence fut longtemps une source de richesses pour Oloron, où ils campaient. Les restes de l'abbaye se voient encore, mais ils sont informes et méconnaissables. Les torches de Montgomery ont relui en passant par là. Jamais on ne vit si terrible brûleur et raseur de couvents ; s'il ne traita point de même les églises, c'est que la politique huguenote commandait plutôt de les transformer en temples du nouveau culte. Aussi celle de Sarrance est debout. Elle est même fort belle, et porte avec une crânerie montagnarde la grande tour de son clocher.

Le village a l'air cossu. Il est décoré d'un beau pont tout neuf. Les maisons ont de grands toits d'ardoises comme celles d'Oloron. La vue est riante et sauvage ; nous suivons à pied la route qui se continue au bord du Gave, que nous allons franchir à cinq ou six kilomètres de là, sur le pont Suzon. Une vieille chanson de nos pères me revient en mémoire : « Ah ! Suzon ! fraîche Suzon !... » D'un trou béant dans une paroi de rochers, roule un flot de cristal, et le bruit de la cascatelle accompagnerait bien ma chanson. La route d'Issor et de Lourdios-Ichère débouche sur ce pont si gracieusement nommé ; et, comme nous n'avons cessé de monter depuis Sarrance, nous avons sous les yeux le riche bassin de Bédous. — Remarquez, je vous prie, que nous voilà rentrés en pays basque.

Ce bassin, à parler plus exactement, est un cirque, dont les bords sont formés de vallonnements verts, alternant avec des amoncellements de rocs décharnés ; au-dessus, se déploient les rideaux des grands monts aux cimes neigeuses ; au fond, et à travers une végétation vigoureuse, le Gave ondule, formant plusieurs bras et embrassant des îles. Le village de Bédous est au premier plan de ce tableau circulaire; plus loin, à gauche, c'est Accous; sur les hauteurs vertes, Osse, Lées-Athas, Lées; — entre Accous et Lées, encore un barrage formidable; le Gave et la route s'enfoncent dans les roches.

Bédous est la capitale de cet admirable coin de pays. Placé comme le voilà, très haut à l'entrée de la vallée, le village n'a

LE GAVE A BÉDOUS.

rien à craindre des inondations ni des avalanches. La route d'Espagne qui le traverse lui apporte l'aisance; le Gave qui roule à ses pieds lui donne la gaieté. Il vaudrait mieux dire les deux Gaves, car le torrentelet d'Aydius ou Gabarrecat vient ici se joindre au torrent. On a fait l'honneur à ce méchant ruisseau très profond de jeter des ponts sur ses bords; plusieurs sont vieux, tous sont pittoresques.

Sur ce bruyant Gabarrecat, se trouve aussi un petit établissement de bains, Suberlaché, dont les sources ferrugineuses attirent peu d'étrangers, mais sont très en faveur auprès des habitants des villages voisins; aussi viennent-ils y remplir des jarres. L'eau de Suberlaché passe pour refaire les estomacs et pour rendre l'appétit. Recommandée aux millionnaires qui l'ont perdu et qui savent pourquoi. — Ils ont naturellement le désir de le recouvrer, — afin de se donner les moyens de le reperdre.

Le village même de Bédous est incomparable; jamais on ne vit si fin décor d'opéra-comique. Imaginez un long clocher en avant d'une vieille église toute calcinée, — « culottée », comme diraient les peintres, par le soleil et la pluie des orages. Ce clocher est posé sur un porche branlant auquel on monte par dix marches. L'église occupe l'un des côtés de la place, encadrée de vieilles maisons à arcades; quatre rues escarpées et toutes noires viennent y aboutir. Par-dessus les maisons, d'autres toits plus élevés, en poivrières; ce sont les tourelles d'un vieux château qui se mire là-bas dans les eaux du Gabarrecat, étendant sa terrasse jusqu'à un barrage de roches formant écluse.

Au milieu de la place, une petite fontaine. Elle est classique, cette fontaine; nous l'avons retrouvée dans tous les villages des deux vallées d'Aspe et d'Ossau. Il ne faut pas oublier que cette place de Bédous est comme encadrée deux fois, par les montagnes vertes d'abord, puis par les hauts monts. Voilà le fond de tableau que ne rendraient pas aisément les décorateurs.

En revanche, le « metteur en scène » ferait son profit de la vie intense et du bruyant va-et-vient qui nous amuse, — car nous sommes arrivés par un jour de marché. Des femmes apportent sur leurs têtes d'énormes corbeilles remplies de raisins et de tomates. Un groupe d'hommes dispute sur le prix d'un mouton; ils décrivent, avec leurs bâtons ferrés, des moulinets si furieux que la bataille, à l'instant, paraît devoir s'allumer. Ils n'y pensent guère. Ce peuple a les façons vives, il est prompt aux gestes, — et voilà tout.

En ce moment, trois gaillards passent près de nous, presque

courant, portant — sur la tête aussi — d'autres paniers pleins de truites. Il y en a d'excellentes dans les deux Gaves, et ces gens si pressés vont les vendre aux Eaux-Chaudes. Le chemin remonte le Gabarrecat et grimpe, à travers une forêt de sapins, jusqu'au village d'Aydius ; ce n'est que le tiers de la route. Il faut ensuite monter, sous de nouvelles sapinières, jusqu'au col de Las Arques, sur le pic Lorry, à une hauteur de dix-sept cent soixante mètres ;

LA PLACE DE BÉDOUS.

puis, de là, redescendre à Laruns, sur les pentes du Saint-Mont. Alors, on a percé le massif qui sépare les deux bassins d'Aspe et d'Ossau. Pensez-vous qu'après cela les pêcheurs aient le droit de vendre cher leur poisson frais ?

Quant à nous, cette traversée, nous l'avons faite — à mulet, je l'avoue. L'un de ces trois compagnons qui, depuis, nous servit de guide, nous proposa, dès ce jour-là, de le suivre : il me dit, pour m'allécher, que nous nous arrêterions à Eysus, et que nous y mangerions de ses truites. Par malheur pour le brave garçon, il y en avait à Bédous ; l'hôtelier nous les faisait cuire.

Bédous est un des meilleurs centres d'excursion dans cette partie des Pyrénées. Aussi nous y avons pris résidence. La matinée du lendemain nous trouve dans la vallée du Malugar, sur l'autre rive du Gave ; nous n'avons fait que toucher à Osse, et traverser le double village de Lées-Athas. Nous montons vers le pont de Serrelongue, jeté au-dessus d'un large et profond ravin. Un pic se dresse, le mont de Soulaing, et nous continuons de monter, laissant tourner nos chevaux au flanc d'un cirque rempli par de grands bois. C'est un morceau de la vaste forêt, dont les diverses parties prennent des dénominations différentes, et que, dans son ensemble, le pays appelle la forêt des Isseaux. Au sortir de ces bois, nous traversons des pâturages, dominés par de hauts remparts de roches. C'est ici que s'ouvre le pas de Guliers. Nous revoyons au nord-ouest les montagnes de Larrau, au nord celles de Barétous, à l'ouest le massif de Sainte-Engrace. Notre but est là.

Le pas de Guliers n'est qu'une brèche dans une longue crête de rochers. De nouveaux pâturages y succèdent ; on y trouve quelques cabanes de bergers ; puis c'est le retour de la forêt. Une hêtrée colossale. Ces arbres immenses couvrent d'abord de longues pentes capricieuses et très raides, puis un plateau assez large. Le « dessous du bois » ressemble à ce qui se voit dans la forêt de Fontainebleau : des lits d'herbe, des halliers en broussailles, un taillis sous la futaie, des roches isolées, perçant le sol pierreux.

Nous avons déjà plus de quatre heures de marche, et nous nous reposons un moment au port de Suscousse, d'où nous voyons le chemin s'enfoncer à pic dans une sorte de couloir, entre deux rampes sombres : c'est toujours la forêt. Seulement, elle est plus noire ; les sapins s'y mêlent aux hêtres.

Ils sont magnifiques, et, si près de Sainte-Engrace, on ne conçoit guère comment ils ont échappé à quelque tentative d'exploitation. Je ne songe pas, d'ailleurs, à m'en plaindre. La sapinière est bientôt si serrée, qu'il nous faut descendre de nos montures et les mener à la main, en cherchant à nous faire jour à travers ces rameaux énormes, qui tombent jusqu'au pied de l'arbre. Elle est vraiment vierge, cette forêt d'Achavar, où n'ont jamais pénétré que de rares touristes avec leurs guides, et les chasseurs d'ours — car il y a des ours dans cette région de bois sauvages enveloppant Sainte-Engrace, et tapissant les versants des pics.

Nous revoyons la lumière après ces ténèbres. A nos pieds est la vallée de l'Uhaitxa et le confluent des deux ruisseaux qui vont former le Gave de ce nom. Nous entrons dans Sainte-Engrace ; et, d'abord, une chose nous frappe : c'est l'allure et la physionomie des habitants. Voici de vrais montagnards, tels qu'on en voit dans les vallées du Jura ou des Alpes : grands et blonds, quelques-uns même avec des yeux bleus. Pourtant ce sont des Basques : Sainte-Engrace est le dernier village de la « Haute-Soule ».

Aussi, ses habitants vivent-ils, comme ceux des Alpes et du Jura, de la fabrication des fromages ; c'est la vie pastorale toute pure. Leurs pâturages sont situés un peu partout dans le fond des cirques verdoyants, sur les hauts plateaux, sur les terrasses appuyées aux roches qui surplombent au-dessus du cours de l'Uhaitxa. C'est aussi là que sont groupés plusieurs des hameaux qui forment la commune ; car Sainte-Engrace n'est pas une agglomération fixée sur un point, c'est une succession de villages. Le plus important est l'ancien Sainte-Engrace-du-Port, assis en face d'une gorge tapissée de sapins, et qui marque le chemin du col d'Eraycé, où se trouve la borne frontière de la France et de l'Espagne. Là, autrefois — et l'on pourrait dire même dans l'autrefois d'autrefois — au temps de l'empereur Karl, il y avait un pèlerinage. Les Religieux — des Augustins, comme dans toute cette région — qui avaient là une abbaye, venaient d'être mis en possession d'un bras de sainte Engrace ou Enchratis, une vierge martyre. Il se fit de grands miracles autour de cette relique. Au reste, la légende de la Sainte est inscrite sur un rétable, dans l'église; les peintures et les dorures sont dans le goût espagnol du xviie siècle — c'est-à-dire un mauvais goût très particulier, quelquefois assez attachant.

De l'abbaye des Religieux du ixe siècle, et d'une construction postérieure, édifiée, dit-on, au xiie, rien ne subsiste. L'église est debout; elle est romane, et flanquée d'une des plus énormes et de la plus pesante tour carrée que j'aie peut-être vue. Elle est entourée du cimetière, et je retrouve ici les traditions de la Soule; je revois les cimetières du pays de Mauléon et de Tardets, tout remplis de fleurs aux couleurs éclatantes et à l'odeur profonde.

Le matin est surtout charmant à Sainte-Engrace; je veux parler du premier matin, quand le ciel garde encore ses teintes pâles, et que le soleil dépasse à peine le bord de l'horizon. Le front des grandes forêts est seul éclairé, les rayons glissent sur les terrasses naturelles formées au-dessus du Gave et sur les toits des hameaux; le Gave lui-même est encore dans l'ombre. C'est le plus gracieux des pays perdus, que ce groupe de bourgades et cet entre-croisement de vallées. La montagne l'enserre de toutes parts; on ne la voit presque point; partout ce manteau noir de la sapinière la recouvre, et la hêtrée y déroule parfois ses plis clairs et comme soyeux. Nous quittons Sainte-Engrace à regret, comme tant d'autres lieux de ce pays pyrénéen, celui de tous les pays du monde peut-être où les aspects sauvages ont le plus de douceur. Le soir nous retrouve à Bédous.

Là, notre itinéraire nous permet de dépenser encore un jour. Mon compagnon est passionnément occupé à prendre un croquis de l'église; quant à moi, je vais m'asseoir sur les marches branlantes du porche, je promène mes yeux des arcades si curieuses de ces vieilles maisons aux poivrières du château, et au fond de montagnes. Il y a du charme à cette contemplation indolente. Parbleu! j'avais compté sans notre guide de la veille. Très obligeant, le gaillard, mais insatiable. Ne me propose-t-il point la promenade circulaire, pendant que « l'autre monsieur » dessine !

Et moi de réfléchir, parce que je suis tenté : — Mon brave, ou votre promenade ne mérite pas son nom, ou je n'aurai rien à escalader. — Non, Monsieur. — Enfin, c'est une promenade de demoiselle? — Il sourit, et il le jure. — Nous marchons droit sur Accous. S'il n'y a rien à escalader, il y aura certainement quelque chose à remonter, puisque nous commençons par descendre. D'Accous à Lées-Athas ce n'est qu'un saut, dit le guide; — et d'Athas à Osse, *une petite traversée*. Je n'en ai pas moins marché cinq heures. Il est vrai que j'ai vu la vallée sous tous ses aspects. Le plus frappant est celui d'Accous. Nous y avons fait le lendemain une nouvelle halte.

Le village est tapi dans une sorte de petit cirque au plus bas de cette vallée. Au-dessus, les monts décrivent la figure d'un croissant renversé, hérissé de pointes à ses deux extrémités, et se creusant au milieu en plis profonds, qui sont des lits de neige. Accous est la plus pittoresque des bourgades. J'ai peur qu'elle ne paye chèrement quelquefois la beauté de ce décor. Elles sont menaçantes, ces montagnes, aux cimes ébréchées, mais aux pentes raides et glissantes; ce sont les pics du *Bergon*, d'*Anchet*, de *Ronglé*, de *Permayou*, au premier plan; au deuxième, les hautes cimes d'*Isube* et de *Sesques* (2,500 et 2,600 mètres). Par-dessus encore ce massif, l'un des plus considérables des Pyrénées, le pic du midi d'Ossau, qui en forme la couronne.

Admirable tout cela. Seulement, il y a les avalanches, contre lesquelles Accous n'a aucune défense. Et ce n'est pas tout : la neige a deux façons de renverser les abris élevés par les hommes; elle les prend par le toit ou les attaque par le pied. A l'extrémité du village, coule un adorable ruisseau. Peste! le traître! Remarquez bien qu'il porte un nom de femme : *la Berthe*.

Il descend du mont Ronglé. Ce n'est qu'un torrentelet écumeux, aux cascatelles brillantes; mais, quand de pareils amas de neige le gonflent, ce ne peut être qu'un vrai torrent — et furieux. Nous l'avons vu en petite colère seulement, nous avons pu juger de la grande. Tandis que nous déjeunions dans le village, les nuées s'amassaient. Le tonnerre gronde. Les pics se coiffent de vapeurs rougeâtres, puis d'un noir bleu; on dirait un lac d'encre suspendu entre les hautes roches déchirées. Les éclairs se succèdent, et dans le zigzag de leurs lueurs rapides, on aperçoit les fonds de neige qu'ils éclairent. La foudre roule avec des fracas épouvantables, le lac d'encre enfin crève; quelle pluie!... L'orage s'apaise. Nous entendons un autre bruit sourd. Qu'est cela? C'est la Berthe qui se fâche. Le volume des eaux de l'innocente a quintuplé en une demi-heure.

C'est pourtant sur les bords de la Berthe orageuse qu'est né le « Tibulle » des Pyrénées, Despourrins, le poète gracieux dont nous avons rencontré la tombe, l'an dernier, auprès d'Argelès. Sa maison est là, entre Bédous et Accous, sur un monticule, au pied du Pène d'Esquit. Un monument en forme de pyramide est encore ici consacré à sa poétique mémoire.

Ce Pène d'Esquit n'est qu'un grand rempart de granit barrant la route. Heureusement le Gave a su s'en creuser une, et les hommes sur ses bords en ont construit une autre. Mais, au-dessus de cette muraille grise, une seconde muraille toute verte, et toute droite aussi s'élève. On se demande à quoi servira l'herbe qui croît sur ces pentes absolument verticales; la plus hardie et la plus expérimentée des chèvres ne s'y aventurerait point sans rouler sûrement en bas. — Le Pène d'Esquit est situé à une demi-lieue environ d'Accous. La porte que le torrent y a ouverte une fois franchie, on a perdu de vue toute cette fraîche et riante partie de la vallée. Le chemin étroit monte sans cesse. Bédous n'est pas à 450 mètres d'altitude, Urdos que nous allons joindre dépasse 800.

Nous contournons à gauche la base du pic de Arapoup, à la

crête tout effritée, et nous rencontrons, à droite de son confluent avec le Gave d'Aspe, le grand ruisseau de Lescun, sur lequel est un vieux pont conduisant au village. Plus loin, sur une sorte de terrasse, vient Eygun, et plus haut Cette, dont l'église nous apparait à deux cents mètres au-dessus de nous, perchée sur une roche. Le curé justement passe, et se dispose à remonter vers son nid d'aigle. Il nous salue avec beaucoup d'obligeance, et

ETSAUTS.

paraît un peu surpris de rencontrer sur sa route des bipèdes qui ne sont ni ses paroissiens ni des muletiers d'Espagne. Je lui fais observer que voyager dans *ses* montagnes est tout plaisir; ce n'est que d'y vivre enfermé comme lui qui peut être rude. Il secoue la tête, et je n'oublierai jamais le geste passionné dont il me montra le petit torrent particulier à Eygun, l'un de *ses* deux villages. Il est, en effet, bien âpre et bien charmant, ce ruisseau encoléré d'Escuarp, qui descend au flanc d'un ravin fermé par une énorme masse de pierres, le pic de Permayou. Et le curé me dit : Est-ce que cela n'est pas beau ?

Nous avons employé — je ne saurais dire que nous ayons perdu — une demi-heure à écouter le brave homme parler de *ses* monta-

LA GORGE ET LE FORT D'URDOS.

gnes. Il y est né, il ne les a jamais quittées que pour aller au séminaire, puis il y est revenu. Il mourrait de nostalgie partout ailleurs.

Ce Permayou vous a tout bonnement ses 2,400 mètres. Il couvre encore de son ombre le village d'Etsaut, faisant face à Borce, de l'autre côté du Gave. Etsaut est ancien et charmant. Un vieux pont, une vieille église entourée de vieux grands arbres, de vieilles maisons à pignon, de vieilles ruines par-dessus tout cela, c'est un tableau complet. L'un de ces vénérables logis est du xv° siècle; on l'appelle la Maison du Chien, parce qu'une tête de chien a été sculptée sur un de ses curieux contreforts. Mais il y a bien d'autres habitations à Etsaut qui ne sont guère plus jeunes. Toutes ont été bâties avec une richesse qui étonne, en belles pierres bien appareillées. Quelques-unes ont des portes ogivales, beaucoup des croisées à meneaux. La tour éventrée est superbe. — Et pour achever ce décor, de l'une des grandes roches à pic qui dominent le village, une cascade sort et s'épanche.

En sortant d'Etsaut, nous franchissons un pont plusieurs fois séculaire; les feuillages des hêtres suspendus sur le torrent le recouvrent; c'est comme un berceau sur l'abime. Au fond le Gave, qui coule maintenant à notre gauche, mugit; on ne le voit pas. Nous sommes au seuil d'un défilé, où ne pénètre qu'un jour grisâtre, et tout à coup, sur un rocher colossal, s'avançant en pointe sur le torrent qu'il domine de plus de 150 mètres, nous apercevons des murailles. Cette roche se dresse à l'angle d'un profond et vaste ravin, auquel viennent aboutir les pentes de *Lescarpuru*, de *Lasserous*, de Gaziès et d'Aule. Au pied de ce dernier mont se creuse un petit lac. Un nouveau pont relie la route à la base du rocher. C'est le sempiternel *pont d'Enfer*.

Un escalier sans fin monte au fort, — car c'est bien là le fort d'Urdos. Il a plus de 500 marches, et, comme une partie du fort lui-même, a été pratiqué dans le roc vif. L'énorme monolithe est partout percé de casemates, dont les embrasures s'ouvrent comme des gueules béantes. De là, on assassinerait une armée, homme par homme. Seulement il est difficile de concevoir comment on y supporterait, dans le défaut de l'air respirable, la fumée âcre de la poudre. C'est une épreuve qui vraisemblablement ne sera point faite, car nos voisins n'auront pas envie d'attaquer le formidable ouvrage. Au-dessus de la roche qui forme la première ligne de défense, d'autres murailles s'élèvent d'étage en étage. On les découvre mieux lorsqu'on a franchi le défilé. Des batteries sont toutes prêtes à balayer le vallon, et la route est tracée désormais sur la rive droite du torrent. En avant est le village d'Urdos.

Le chemin s'écarte légèrement du Gave et court entre des monts boisés à leurs flancs et couronnés de roches toutes blanches, qui ont l'aspect de nouveaux ouvrages militaires ; on dirait des tours et des bastions sortant de l'épaisseur du bois ; puis un autre défilé se présente, puis un autre vallon. Nous atteignons le confluent de l'Espugna et du Gave. Une usine abandonnée, dont le nom indique la destination ancienne, *la Fonderie*, est assise entre les deux torrents. Le Gave d'Aspe s'enfonce dans une gorge qui est son domaine par excellence à lui, son premier chemin pour arriver dans le monde, où le turbulent va faire tant de bruit. A l'extrémité de la gorge, un sentier de montagnards et de chèvres nous tente : c'est celui du col ou pas d'Aspe, qui n'est pas situé à moins de dix-sept cents mètres.

Mais nous devons d'abord atteindre le port d'Urdos ou le Somport — *Summus portus* — ancienne voie romaine qui, de Cæsarea Augusta, conduisait jadis à travers la vallée à la cité d'Huro, puis à l'autre cité (hypothétique) de *Beneharnum*, où l'on a voulu voir Navarrenx. Nous traversons la forêt de Sausane. Nous touchons au Somport, et nous n'irons pas plus loin. Au delà, c'est l'Espagne.

Une partie de l'armée d'Abd-er-Rahman a franchi ce col et suivi toute la vallée pour envahir notre sol gaulois ; le gros des forces du lieutenant des khalifes avait traversé le col de Roncevaux. Les nuées de cavaliers Maures, armés du large cimeterre, allaient bientôt se briser contre la muraille des fantassins Francks, armés de piques et de francisques. On revit les infidèles dans cette vallée d'Aspe, mais décimés, et portant le corps de leur chef tué dans les champs de Poitiers. Seulement, ils passaient comme le feu de l'enfer sur les villes et les villages, ne laissant pas une maison debout, pas un homme, pas un enfant vivant.

La vallée d'Aspe, que nous venons de parcourir dans toute sa longueur, n'a pas les grandes lignes de la vallée d'Ossau, où nous allons entrer. Presque partout, elle est étroite; mais elle est aussi partout curieuse et variée à l'infini. C'est d'ailleurs une des moins connues de toutes les Pyrénées.

LA MAISON D'ETSAUT.

LOUVIE-JUZON.

LA VALLÉE D'OSSAU

ARUDY, LOUVIE, LARUNS

Revenus à Oloron, nous le quittons avant le jour et nous cheminons, mal éveillés. Nous traversons plusieurs villages, et tout à coup notre équipage s'arrête. Le conducteur a pris à ses côtés, sur le siège, un prêtre qui se rendait à pied à Arudy, et que nous avons prié et pressé vainement d'occuper l'une de nos places au fond de la voiture ; c'est cet abbé trop opiniâtre ou trop discret qui dispute avec le cocher. Celui-ci répète un juron que nous avons entendu souvent depuis que nous avançons à travers le Béarn : Péou Diou biban! Le prêtre lève les mains au ciel, qu'il paraît prendre à témoin de quelque abomination terrestre. Le patois béarnais — c'est presque une langue — n'est point fermé comme le basque, et nous comprenons qu'il s'agit entre les deux hommes d'une curiosité jadis placée au-dessus de la route et qu'on aurait fait disparaître.

Le cocher parle d'une « pierre des fées »; le prêtre, enfin, s'explique. Là, il y avait autrefois un monument druidique important; on ne le voit plus. Nous mettons tous pied à terre, nous gravissons à gauche un monticule dont le sommet s'étend en forme de plateau. C'est à cet endroit qu'était une table immense de granit, supportée par sept pierres verticales; l'abbé veut bien nous en faire une description exacte. Maintenant, nous n'avons plus devant les yeux qu'une tranchée profonde; le chemin de fer de Pau à Oloron a coupé la butte. Le monument se trouvait dans la ligne du tracé. Tant pis pour l'archéologie! Le progrès moderne, c'est l'ogre qui dévore tout sur son passage. Notre prêtre est indigné. Quant au cocher, il n'avait pas fait cette route depuis plusieurs mois, il ignorait « qu'on eût cassé la table des fées »; il se fâche et il jure : « Par le Dieu vivant! » Donc plus de dolmen; mais du faîte de la colline — ou plutôt de la moitié subsistant de cette colline, puisqu'elle a été coupée en deux — nous embrassons une belle vue.

En face, la vallée d'Ossau; à gauche, dans la plaine, Arudy; à droite, une autre vallée plus petite, qui remonte dans la direction d'Oloron; une légère déviation, par des chemins assez ravinés, conduit à Saint-Christau.

Nous allons à Arudy. Il faut insister sur ce point que c'est, de ce côté, le dernier village de plaine. Aussi, c'est un petit centre industriel. On y voit des mégisseries comme dans les bourgs de l'Isère; mais ce qui est plus intéressant pour nous, c'est qu'on y rencontre de vieilles maisons et une très curieuse église, avec de belles voûtes à l'envolée qui sont du XVe siècle. Une porte très riche de la même époque est placée au-dessous d'un porche qui a été reconstruit. A l'intérieur, sous ces voûtes légères, repose un évêque; son tombeau est relativement très moderne.

A parler exactement, cette plaine d'Arudy est plutôt un bassin qui s'arrondit au seuil du défilé formé par la vallée d'Ossau; le Gave en est la ceinture. Dans cet îlot vert tout est rond; des buttes rondes se dressent de distance en distance au milieu des prairies. Le lieu est si calme, qu'on a peine à se figurer qu'il ait pu être le théâtre d'un bouleversement; et, pourtant, il paraît qu'Arudy fut renversé au siècle dernier par un tremblement de terre. C'est apparemment en cadence avec cette fâcheuse convulsion du sol ou quelque autre secousse antérieure que le Gave s'avisa de changer de lit. Il coulait autrefois dans un long souterrain, dont on aperçoit les jours dans ces mêmes prairies criblées de trous. Toute la région présente des cavernes. La plus importante est la « grotte d'Espalungue » fouillée par les savants pyrénéens, et où l'on a trouvé de beaux débris appartenant à l'âge de l'auroch et du renne.

Tout est antique dans la vallée d'Ossau; les Ossalois en sont fiers. Il y a deux siècles, les États de Pau ayant décidé qu'on élèverait une statue à Louis XIV, les gens d'Ossau prétendirent qu'elle ne pouvait être érigée que sur leur territoire, et que cet honneur était dû au plus ancien parmi les peuples des Pyrénées, peut-être parmi tous les peuples. Comme preuve à l'appui, ils n'invoquaient pas leurs pères de la période du renne, mais seulement Jules César qui, sur une pierre jadis bien connue dans la vallée, avait fait graver « son nom et ses armes ».

Malheureusement, la pierre a été perdue.

La grotte d'Espalungue, que nous n'avons pu visiter, s'ouvre assez près d'Izeste, où l'on arrive en longeant le pied d'un massif de roches. Ce sont les rochers de Sainte-Colomme, au faîte desquels s'est élevé jadis le donjon des seigneurs de ce nom, qui ont joué, comme on l'a vu, un rôle dans les guerres religieuses. A l'horizon, les monts s'élèvent : le pic Hourat, le mont du Rey, ont près de quatorze cents mètres. La route traverse le village, qui montre, comme Arudy, de jolies maisons. Les restes d'un château le dominent : encore une demeure des Sainte-Colomme sans doute. Ces ruines ont du caractère. Izeste est le lieu de naissance d'un physiologiste illustre, médecin à la mode, au dernier siècle, Bordeu. Son père planta un chêne, le jour où ce fils, destiné à la célébrité, vint au monde. Le chêne dure encore, il est en pleine vigueur; l'homme est mort depuis cent vingt ans et n'en a vécu que cinquante à peu près — quoique médecin.

On ne fait pas voir, à Izeste, la maison de Bordeu. Il y a, pourtant, de vieux logis. L'un d'eux porte une marque d'ouvrier

de 1600; elle est curieuse. Izeste possède aussi une vieille église, qui n'a d'intéressant que sa situation : le pied de son chevet baigne dans le torrent. Le Gave, ici, n'a presque plus d'eau : c'est qu'une partie s'en écoule encore par des conduits souterrains.

Louvie-Juzon est considéré par les Ossalois comme la véritable entrée de leur vallée; et c'est, en effet, au delà de Louvie que s'échelonnent les dix-sept villages formant le « pays d'Ossau ». La plus grande partie en est comprise dans le canton de Laruns, qui est d'une rare étendue. Les aspects y sont variés sans cesse, et cependant le cadre, partout, en est le même : au nord et à l'est, les premiers étages des monts apparaissent nus, dépouillés de leur ancienne couronne de sapins; au sud et à l'ouest, ils sont, au contraire, chargés de forêts. Par-dessus cette première chaîne s'élèvent les grands pics, et, par-dessus encore, se dresse le géant de ce quartier des Pyrénées, le pic du Midi d'Ossau, qu'on aperçoit de tous les points de la vallée. Le Gave la traverse du sud au nord. Dans toute son étendue, la route de

Pau, aux stations thermales des Eaux-Bonnes et des Eaux-Chaudes, longe le torrent; seulement, ce Gave, capricieux entre les Gaves, s'avise quelquefois de courir à d'énormes profondeurs au-dessous du chemin. — Plusieurs des hauts monts ne perdent jamais leur couronne de neiges.

Le val d'Ossau, bien plus fréquenté que la vallée d'Aspe par les touristes, les enchante, parce que c'est à leurs yeux un pays nouveau, profondément original, et que ce n'est pourtant pas un pays inconnu. Ces eaux orageuses, ces grandes neiges, cette verdure sombre et ces villages suspendus aux flancs de la montagne rappellent les Alpes à ceux qui les ont beaucoup parcourues; ils se retrouvent, ils se plaisent aux ressemblances d'abord, puis les différences les pénètrent. C'est d'abord cette pureté des beaux ciels, et cette vivacité des couleurs que les Alpes ne connaissent pas. La traversée de la vallée d'Ossau par un jour ensoleillé suffit à expliquer la passion que les Ossalois ont pour leur pays.

> O Mountagnes d'Aüssaü deüs Dius faborisades
> Qué loungtemps bastés boscs jou bejey reberdi,
> Peüs artistes, peüs reys, peüs princes bisitades
> Au miey de basté bein jou bony bibé et mouri
> O mountagnes d'Aüssaü

> O montagnes d'Ossau, aimées par les dieux, que je voie longtemps reverdir [vos forêts!
> Vous êtes visitées par les artistes, les princes et les rois.
> Je veux vivre et mourir au milieu de vous,
> O montagnes d'Ossau.

Je ne donne plus ici que la traduction française de ce chant national :

> Comme le berger
> Qui embellit sa maitresse
> Avec des bagues d'or, des dentelles et des rubans,
> Le ciel a épuisé sur toi son amour
> En te parant des attraits les plus brillants,
> O val d'Ossau.

CASTETS

> Nos grottes, nos bosquets, nos cascades rapides
> Coulant en flots d'argent le long des roches
> Font accourir pour boire à tes sources renommées
> Les riches étrangers de l'Orient,
> O montagnes d'Ossau.

J'ai dit que les Ossalois se piquaient fort d'antiquité ; ils le peuvent. Nous verrons plus d'un vestige romain dans la suite de notre voyage. César désigne ces montagnards sous le nom d'Osquidates, du basque *osca*, gorge ou *entaille* ; les Romains y ajoutèrent la terminaison *ates* — les habitants de la gorge. Nous verrons aussi comment ces Ossalois sont avec les Celtes de la Basse-Bretagne les derniers représentants de la « Gaule chevelue ». Les hommes, en effet, portent les cheveux longs, flottant aux épaules. Leurs vêtements ont changé de forme depuis ces temps lointains, mais ils gardent encore un caractère d'antiquité. C'est pour les hommes, surtout les jeunes gens, une veste rouge sur une sorte de gilet blanc, laissant voir la chemise plissée au cou, et rehaussé par une ceinture rouge qui retient les culottes de velours ou de drap grossier, le plus souvent brun. La partie qui succède à ces culottes est difficile à déterminer : sont-ce des bas ? sont-ce des guêtres ?

Sûrement cela forme guêtre sur le pied, dont l'extrémité est nue dans le soulier ou la sandale. Ces grands garçons pimpants — car les Ossalois sont de grande taille — portent des jarretières en cordon de soie, de couleurs assorties et toujours les plus brillantes. Leurs longs cheveux pendants par derrière sont coupés ras sur le front; ils ont le large berret brun, formant parasol.

Toutes les pièces de l'habit des femmes sont curieuses. C'est d'abord le capulet écarlate en drap, doublé de soie, quand la belle est riche, et, par-dessous, un petit bonnet rond serrant toute la tête. Les cheveux sont disposés en longues tresses flottantes. Le corsage est noir, à parements rouges. Les Ossaloises ont deux jupes ; celle de dessous est ordinairement rouge, celle de dessus est relevée par devant, pendante par derrière comme un pan de tunique. Quelques-unes ajoutent le tablier blanc à cet ajustement très compliqué ; d'autres bordent d'un ruban blanc ou bleu leur jupe de dessus. Les bas ont la même forme que ceux des hommes ; pas de pied ; ils vont s'évasant sur le soulier.

J'ai vu dans les hauts vallons du pays de vieux pâtres qui portaient la veste en laine brute, de la couleur de leurs moutons, et la cape espagnole. Sous cet habit primitif, ils n'avaient pas moins grand air ; ils m'ont fait songer à ce que dit des gens d'Ossau l'historien basque Olhagaray : « Ils ne savent endurer aucune atteinte dans leur liberté, l'entreprise fût-elle même poussée de la main du Roi ». Et parlant de leurs *fors* ou coutumes écrites, — Olhagaray ajoute que ces monuments respirent la fierté de la montagne. Ces Ossalois ont eu pourtant des seigneurs particuliers, avant les comtes de Béarn et les rois de Navarre ; mais il paraît que ces vicomtes-là étaient des seigneurs « constitutionnels » — malgré eux, probablement — et que les vassaux traitaient de pair à pair avec ces moitiés de maîtres. Plus tard ils exigèrent que leurs jurats — ou délégués — aux États de Béarn eussent une table à part, au haut bout de la salle. Et ainsi, ils établissaient sans réplique qu'ils étaient les premiers d'entre les Béarnais.

Je crois que je ferais bien de revenir à Louvie-Juzon, après cette école buissonnière dans le champ de l'histoire. C'est un bourg important, mais il n'y en a d'autre témoignage que son hôtellerie. Nous en trouvons la cour remplie de landaus chargés d'Anglais qui partent pour les Eaux-Bonnes. C'est ici que la route de Pau se relie à celle d'Oloron ; l'hôtel des Pyrénées regorge toujours de voyageurs. Le landau est dans cette partie du pays l'équipage adopté ; il est lourd, disgracieux, assez commode ; les Anglais s'y retrouvent comme chez eux, car ce sont eux qui l'ont inventé. L'hôtellerie est située sur la rive gauche du

Gave, le village sur la rive droite, dans un cadre de montagnes pelées. Louvie a de vieilles maisons et une église pittoresque, qui nous montre les premières rusticités de l'ogive; elle est flanquée d'une tour carrée qui porte une flèche. Solide et fière, cette tour! le reste est un peu branlant.

Avant de prendre sur la rive droite du torrent la route que nous avons décidé de suivre, nous poussons une pointe sur le chemin de Nay et de Lestelle, qui par un col assez prochain nous conduit dans le vallon de l'Estaressou. C'est encore une église, celle de Mifajet, qui nous attire. Le prêtre que nous avons amené d'Oloron nous a dit qu'elle était du xe siècle. Je crois qu'il lui a prêté cent ans de trop, ce qui n'est pas une affaire. C'est une fondation de l'un des Gaston, fils des Centulles, les premiers vicomtes de Béarn, dont la dynastie fit place en 1173 à celle de Moncade. Un hôpital y était joint; la ferveur hospitalière était donc universelle au moyen âge, en pays pyrénéen. L'église est certainement curieuse, et sa crypte seule mérite que le touriste, passant à Louvie, se détourne légèrement de son chemin.

A la tête du pont reliant les deux bords du Gave, nous commençons à suivre la rive droite. Nous trouvons Castets-Gelos à un kilomètre; la vallée se resserre; au fond s'élancent les deux dents du pic d'Ossau. Castets porte sur deux éminences rocheuses, l'une couronnée par l'église, l'autre par un vieux donjon. Est-ce ici un coin des Pyrénées ou des bords du Rhin?... Le Gave contourne la première roche nue, le château se dresse sur la crête; au pied, sur la berge et dans le vallon, se déploie un large rideau de verdure; le contraste est saisissant et très gai.

Sur la roche du second plan, qu'un ravin sépare de la première, l'église, perchée comme la tour, montre une abside du xve siècle. De petites voûtes à nervures sont supportées par des piliers ronds décorés d'armoiries, les armes du seigneur : *de gueules à un chêne arraché de sinople.* C'est un attentat direct aux règles du blason, qui ne permet point couleur sur couleur. L'église est repeinte, et ces écussons sculptés dans la pierre ont été barbouillés comme le reste ; la pièce en était sûrement d'argent ou d'or. Cette église a été la chapelle du château, auquel le reliait un pont suspendu sur la ravine entre des murailles crénelées. Au-devant, le cimetière forme terrasse. La vue y est incomparable. Nous suivons jusqu'à Laruns la vallée et ce Gave tumultueux, capricieux, celui de tous les tributaires du grand Gave de Pau qui ressemble le plus à son orageux suzerain. — Après avoir rassasié nos yeux de ce tableau, nous sommes bien obligés de descendre pour remonter sur l'autre roche; du pont couvert d'autrefois, il n'y a plus de traces; quelques restes de murs seulement. Le donjon est une tour carrée, semblable à beaucoup de celles que nous avons vues, surtout dans une autre partie des Pyrénées, dans les vallées de Barèges et d'Argelès; elle est découronnée, d'ailleurs en assez bon état.

Le défilé d'Ossau s'élargit au-dessous de Castets-Gelos ; le Gave, dans un caprice bizarre, forme deux bras. Sur l'autre bord s'ouvre un nouveau bassin assez semblable à celui d'Arudy. Là, sur le versant d'un mont, est Billières, dont les maisons blanches tranchent joliment au milieu de la verdure. Au-dessus s'étend le plateau de Bénou, qui porte les restes d'une forêt de sapins et de grands pâturages. Une route passant au col de Marie-Blanque conduit à la vallée d'Aspe; en la creusant, on a découvert plusieurs cromlechs; cette trouvaille fera compensation pour le monument détruit par le chemin de fer d'Oloron à Pau. — Le Bénou est un grand rendez-vous de chasseurs ; les cailles y abondent, les chevreuils n'y sont point rares; on y a même tué des ours.

Il nous faut revenir à Louvie-Juzon, où nous reprendrons notre carrosse. A pied, nous pourrions traverser la vallée et les deux bras du torrent sur des ponts de bois. On n'en peut imaginer de plus primitifs : deux branches d'arbres soutenues par des pieux qu'on n'a pas même équarris, qu'on a tout bonnement plantés dans le Gave. L'édifice est fragile et dansant ; il est vrai que le Gave, à cet endroit, n'est pas profond ; mais il n'est pas non plus pavé de plumes !...

Après Louvie, le premier village est Bielle ; c'est aussi, dans un autre sens, le *premier village* du canton, car Bielle fut la capitale, le *Capdeuilh* de la vallée. Là se réunissaient les *Jurats* chargés de régler les affaires du haut et du bas Ossau, de Gabas à Louvie ; là se trouvait le dépôt de leurs archives. Dans la salle de la mairie d'à présent, on voit un curieux tableau de bois, portant, sculptés en relief, les noms des villages et l'indication du nombre des feux qu'ils comptaient. La date en est à demi effacée ; pourtant, nous avons cru lire : 1090. J'ai, d'ailleurs, transcrit la disposition de ce singulier monument des âges, et le voici :

FOECQ ET RENC PER RECEVE LA VOUTS EN IVRADE PER COSTUME ET MEMORIA PERGUDE

PRIMO LARUNS A 123 FOECS

II	Ste-Covlovme.	98	XI	Gère-Bélesten.	27
III	Bielle a..	77	XII	Aste-Béou.	27
IV	Bilhères..	55	XIII	Aas.	15
V	Louvier-Juzon.	66	XIV	Izeste.	12
VI	Buzi..	63	XV	Bescat.	12
VII	Arudy.	62	XVI	Louvie-Soubirou.	11
VIII	Casteigt..	33	XVII	Assouste.	4
IX	Béon..	29	XVIII	Géleu.	4
X	Sevignacq..	27			

M. S. DIV NOUS DOV PAX

Le nom de Bielle semble dériver de Villa ; — on y rencontre, en effet, des restes incontestables d'une habitation romaine — et, par exemple, une superbe mosaïque. Etait-ce, comme le prétendent les érudits locaux, une villa, celle du propréteur? Cette opinion, fondée sur d'ingénieuses raisons, est celle de M. Sanchette de Laruns, à qui l'on doit beaucoup de travaux sur le pays, et qui a dressé une *carte du touriste chez les Osquidates*, sorte de guide parlant tout à fait précieux; d'après d'autres savants, ces débris seraient ceux d'un antique établissement thermal. On ne peut dire de cette opinion qu'elle en vaut une autre — car, enfin, il n'y a pas de sources à Bielle.

Mais ne mettons point, comme on dit, la charrue avant les bœufs. Cette mosaïque, je l'ai vue; ce tableau des paroisses de l'Ossau, je l'ai copié. Seulement, ce n'est point par le hangar qui recouvre la première, ni par la mairie qui renferme le second, que nous avons commencé la visite de Bielle. Au-devant du village, il y a une petite chapelle, fraîchement restaurée : c'est le lieu d'une dévotion fort ancienne. En ce temps-là, les Northmans, venant de saccager Oloron et n'étant point rassasiés de pillages, remontèrent le cours du Gave. Tous les habitants d'alentour se réfugièrent à Bielle, qui était fortifié. Seule, la femme du seigneur de Béon, entourée de ses suivantes, ne daigna faire diligence, et les barbares s'emparèrent de cette troupe de belles Ossaloises; c'était une bonne prise.

Le seigneur de Béon, désespéré, a la hardiesse de s'avancer vers les Northmans et de défier leur chef en combat singulier. Il était jeune et délicat, le chef était gigantesque; le duel de David et de Goliath se renouvela, mais cette fois pour la gloire de la fille d'Eve, autant que pour celle de Dieu. La possession de la jeune dame de Béon était le prix convenu de la victoire. A genoux pendant le combat, elle invoque avec ses femmes la protection de la Vierge, dont la toute-puissance dirige le bras du châtelain, Goliath tombe. Les assiégés de Bielle profitent du désordre que la mort de leur chef a jeté parmi les Northmans, sortent à grands cris et les taillent en pièces. C'est sur le lieu même où se fit l'invocation de la châtelaine que la chapelle fut érigée.

LA VALLÉE D'OSSAU A LOUVIE.

Maintenant, et après dix siècles, le sanctuaire de l'Ayguelade a conservé la vénération du peuple d'Ossau. A l'entrée de l'hiver, quand les pasteurs quittent la montagne, ils se rendent à la chapelle avec leurs femmes, et remercient d'abord la Vierge de les avoir préservés, eux et leurs troupeaux. Puis ils vouent ces troupeaux à Notre-Dame, et déposent sur l'autel l'offrande d'une toison et de quelques pièces de monnaie.

Béon est situé de l'autre côté du Gave, au pied d'une énorme muraille de roches; on y voit encore un castel, mais surtout on admire ces rochers magnifiques, la Pène de Béon. Quant à Bielle, c'est bien le plus curieux des grands villages, avec ses maisons du XVIe siècle, même du XVe. L'une d'elles a été fortifiée; les morceaux d'une tour marquent l'emplacement de la vieille enceinte. L'église, placée sous l'invocation de saint Vivien, en mémoire de Viviant, évêque de Pampelune et chancelier d'Aragon, est de style gothique; mais il est évident qu'elle a été construite avec les débris d'un monument romain. Il faut donc bien admettre que Bielle a été une station romaine d'une réelle importance. Saint-Vivien possède aussi des piliers de marbre — quatre colonnes devenues célèbres par la réponse des jurats d'Ossau à Henri IV, qui les convoitait et les demandait au nom de son droit royal :

« Bous quet mesté dé noustès coos et de noustès bées; mei
« per ço qui cy déüs pialas deu Temple, aquets què soun di Diü,
« dap eig que pat bejats. »

« Vous êtes maître de nos corps et de nos biens, mais pour ce
« qui est des piliers du Temple, ils appartiennent à Dieu; parle-
« mentez donc avec lui. »

Et le Roi dévora son envie.

L'église a duré plus que l'abbaye, dont elle était sans doute une enclave; on peut même croire que ce furent les religieux — des Bénédictins venus d'Aragon — qui eurent l'idée d'employer à sa construction les débris du palais romain, — car j'incline fort à l'opinion de M. Sanchette. Mais, en 1569, Montgommery et ses huguenots passèrent sur la vallée d'Ossau comme sur tout le Béarn; ils valaient bien les Northmans. La politique du général calviniste était partout la même : il laissait subsister les églises, qui devaient servir au nouveau culte, il rasait les monastères. Celui-ci remontait au xi° siècle. Il avait été fondé en 1080 par le dernier vicomte d'Ossau, qui prit le froc et termina chrétiennement, parmi ses moines, une vie de noble bandit. C'est alors que le val d'Ossau passa aux mains des vicomtes de Béarn, mais librement, après que le prince eut juré de conserver les « fors ». Encore les Ossalois entendaient-ils que les vicomtes renouvelassent ce serment-là de temps en temps : ce qui est neuf est toujours plus solide, en matière de constitution et de garanties. Guillaume Raymond jura au xiii° siècle, Gaston Phœbus jura au xiv°, et la vallée continua d'être comme une petite république, au milieu de la vicomté.

De l'église et des ruines informes à présent du monastère, nous nous rendons au misérable abri de planches qui défend les mosaïques contre les froidures et les pluies. Il vaut décidément mieux, en effet, employer le pluriel, car il s'agit de sept mosaïques dont sept chambres étaient pavées. On voit encore quelques vestiges des murs qui les séparaient. C'est toute une aile de l'ancienne villa qu'on a découverte seulement en 1842; on y trouva également alors un sarcophage en marbre blanc qui renfermait un squelette. Nous rencontrerons à Laruns une autre relique précieuse, exhumée certainement de ces ruines.

Mosaïques et sarcophage n'appartiennent point à l'âge de la décadence; c'est de la bonne époque du iii° siècle, peut-être du ii°. Rien n'empêche de penser qu'un grand personnage romain avait fixé sa résidence d'été là, sur les bords du Gave, en regard de ces monts aujourd'hui dépouillés, alors couverts de forêts vierges. La chasse des fauves y pouvait être un plaisir quotidien.

Les ours devaient être nombreux et le sont encore assez, des hêtrées d'Izeste aux sapinières de Gabas, pour qu'un seul homme, à peine âgé de cinquante ans, aujourd'hui en ait tué quarante.

Nous avons demandé à voir le chasseur Loustau. Le plus fameux exploit de ce héros de la montagne est d'avoir abattu un ours si désavantageusement connu dans ce quartier de la montagne, que les habitants lui avaient donné un nom : c'était Dominique. Ce *vénérable* Dominique, — car il était vieux, — dévastait les bergeries depuis plus de dix hivers, s'attaquant aux troupeaux quand la neige, remplissant les bois, le privait de toute nourriture végétale. Il avait pris, d'ailleurs, tant de goût à la chair du mouton, qu'il croquait la bête en plein été même. Quand le chasseur l'eut tué, on vit bien que cette damnable voracité lui avait été profitable; on n'avait point souvenir d'un gaillard d'ours si gras et si fort. — Malheureusement, nous n'avons pu rencontrer Loustau, il était en chasse.

De Bielle à Louvie-Soubiron, la route a le charme surtout de la variété. Au-devant de nous, la première chaîne pelée. Quelques-uns de ces hauts barrages de roches offrent des figures étranges : ce sont des renflements et des replis profonds et réguliers dans la pierre; on dirait d'énormes buffets d'orgues. Au second plan s'élancent des pics déchiquetés, tout blancs; nous commençons d'apercevoir le pic de Ger.

La vallée est extrêmement peuplée. Nous traversons de nombreux villages — A gauche de la route, un étang s'ouvre sous des saules; le marécage se prolonge bien au delà de la zone de l'eau, formant, sous de grands joncs, ce que, dans certaines provinces françaises du Nord, on appelle des « molières »; au-dessus monte une hêtrée. Il paraît que ce coin est à la mode parmi les baigneurs des Eaux-Bonnes; c'est le but de fréquentes promenades, et je ne sais quel prétentieux personnage lui a donné le nom de *l'oasis*. Il semblerait que le reste du pays est aride! La vallée, au contraire, est partout luxuriante de verdure. A droite, sous de hauts peupliers, mes yeux s'arrêtent sur une vieille gentilhommière à pignon, flanquée d'une tourelle. On y arrive par une avenue herbeuse qui témoigne de la rusticité des goûts du locataire; ici, il faut marcher en sabots. Plus loin, sur le versant du mont d'Aspeigt, est campé le hameau de Gère; un vieux castel à peu près raccommodé et certainement habité le domine. Au pied des monts Lauriolle et Bareille, tous deux atteignant dix-huit cents mètres, voici Louvie-Soubiron. Riche village où l'on exploite des carrières de marbre aussi fin que celui de Carrare. Il parait même que nos statues de la place de la Concorde sortent de Louvie; la matière en est irréprochable, et c'est dommage qu'on n'en puisse toujours dire autant de l'exécution.

Après Louvie-Soubiron, Béost, petit hameau, dont l'église romane est un monument historique. Béost a des maisons des XVe et XVIe siècles, comme toutes les bourgades de la vallée. La place est décorée d'une jolie fontaine. Je m'y arrête, écoutant une jeune Ossaloise qui puise de l'eau et qui chante.

> Peu berduré j'ou m'en entré...

La mélodie est très douce; la fille à la jupe rouge n'est pas farouche : La belle enfant, voulez-vous m'apprendre cette chanson?

Mais « la douce bergerette, fresque comme la rousette », n'entend pas un mot de français. J'ai recueilli la chanson d'une autre bouche, moins fraîche, celle d'un habitant de Laruns, et la voici :

> Je suis entré par le verger;
> J'y ai trouvé trois fleurs;
> Je les ai cueillies et liées
> Pour les envoyer à mon ami.
> Mais à qui confierai-je ce message?
> A l'hirondelle ou à l'épervier?
> L'hirondelle a la tête bien légère
> Et l'épervier est menteur.
> J'irai donc moi-même,
> Et j'aurai un baiser.

Le même montagnard obligeant m'a dit une autre chanson, il m'en a même écrit l'accompagnement, car c'est un compagnon bien doué, artiste et érudit en toutes choses un peu. Cette deuxième composition est bien différente de la première ; ce n'est plus la fanfare coquette sur les lèvres de l'amoureuse, c'est la note mélancolique dans la bouche de l'amoureux berné. La musique, d'ailleurs, n'en a rien d'original, et je me borne à en transcrire les paroles, suivant le texte béarnais d'abord.

Il peut paraître intéressant de le comparer au texte français.

1

Plus de cent cops tey dit Marie
Qué per tu mouré chi d'amou
Qué per tu plourie tout lou die
Qué per tit soy deus la doulou
Louein de plagné ma pène
Ney nès nade attention
Et cheus brigue de gène
Railles moun afflictiou.

2

Aü loc d'escouta la tendresse,
Qui moun co l'bouléré pourta ;
Aü loc d'abé drin de féblesse,
Enbers jou qui't bouytan ayma
Nou hès cruelle hille
Qu'aluga moun ardou ;
Moun praübé co se grille
Aü miey deü houec d'amou.

3

Si tu coumprénès la souffrence
Qu'im causes despuoh ta loungtemps
Noun aüres tan d'endifférence
Harés cessa lous mes turmens.

De grace sies aymable,
Ajes pitiat de jou.
Sies drin charitable
Enbers toun aymadou.

1

Je t'ai dit plus de cent fois, Marie,— que je mourais d'amour pour toi;— que pour toi je pleurais tout le jour; — que pour toi j'étais dans la douleur. — Loin de me plaindre, — tu dédaignes mon amour, — et sans aucune gêne tu t'en railles.

2

Au lieu d'écouter la tendresse que mon cœur a pour toi, — au lieu d'avoir un peu de penchant pour moi, — tu ne fais, cruelle fille, qu'attiser mon ardeur.— Mon pauvre cœur brûle au milieu de ce feu d'amour.

3

Si tu comprenais la souffrance — que tu me causes depuis si longtemps, — tu n'aurais pas tant d'indifférence,—tu ferais cesser tous mes tourments.—De grâce, sois aimable, - aie pitié de moi, — et sois un peu charitable envers ton amant.

Enfin, j'ai appris aussi à Laruns la *chanson de l'ours*.

Laruns, je l'ai déjà dit, a un territoire immense, dont près de 6,000 hectares en forêt. C'est là, plus qu'à Bielle encore, et même qu'à Assouste, village situé plus près des Eaux-Bonnes, au flanc de la « Montagne verte », que se produisent les grands chasseurs. Blazy et Eschot étaient de Laruns; le fameux Courdé, qui tua soixante ours environ et finit par périr sous les griffes d'un de ces fauves, était d'Assouste. Les accidents, dans ces chasses, ne sont point rares; le vieux Bergé ajuste un ours dressé sur une pointe de rocher au-dessus de lui; la bête tombe, mais l'atteint au passage en roulant vers l'abime, lui emporte une livre de chair, — et, pour tout dire, la fesse droite. Il en demeura misérablement boiteux, mais n'en retourna pas moins à l'affût.

Si j'écrivais sur le ton inimitable d'Alexandre Dumas, dans ses Impressions de voyage, je dirais que j'ai fait une chasse à l'ours, et je la raconterais. Il n'est pas donné à tout le monde de cultiver la gasconnade avec la bonne grâce et la verve du maitre. J'avoue donc n'avoir point chassé le monstre, mais j'ai entendu le récit de ces chasses de la bouche d'un compagnon d'Eschot et de Blazy. La dernière à laquelle il prit part passa pour l'une des plus heureuses que ces hardis compagnons eussent faites. L'ours fut surpris, ce qui est rare. Il bâillait au soleil, assis sur une plaque de neige, quand il reçut une première balle, et brusquement il se dressa. Le plomb avait dû l'atteindre au museau, car il poussa un grognement furieux, qu'un jet de sang accompagna. Il mesurait des yeux la distance qui le séparait de l'ennemi, dont il avait deviné la retraite ; mais entre lui et le fourré sous lequel les chasseurs se cachaient, s'ouvrait un ravin trop large pour que, même d'un de ses bonds prodigieux, il pût le franchir. L'ours prit le parti de la retraite, et reçut, en ce moment, la deuxième balle qui le tua.

Les chasseurs, qui viennent d'abattre une si riche proie, fabriquent en hâte un brancard avec des branches de sapin, et portent comme ils peuvent leur énorme gibier jusqu'aux Eaux-Chaudes. — C'est surtout dans la région qui s'élève au-dessus de cette station thermale, que l'ours est commun; on le trouve dans la forêt de Gabas et sur les hauts versants des pics boisés qui avoisinent le grand mont d'Ossau. — Celui-ci avait été chassé dans les sapinières de Sesques.

Aux Eaux-Chaudes, les vainqueurs se procurent aisément un chariot. On y place la victime, tout enguirlandée et enrubannée, on la coiffe d'un berret de montagnard, on s'amuse à lui donner une façon de posture humaine. Dans cet équipage, on descend vers Laruns ; le peuple entier du canton, averti déjà, est accouru ; et rien ne peut donner l'idée de l'entrée triomphale que l'on prépare aux chasseurs. Le cortège s'avance, précédé par les jeunes gens qui vont dansant et poussant des cris joyeux. Soudain la chanson de l'ours éclate.

On l'a blessé! on l'a tué! — Qui? — L'ours — Le roi d'Ayous de Magnebat[1].— Il se promenait par le Hourcq[2].— Mais Blazy qui le guettait l'a abattu.
Sur un chariot bien garrotté, on l'a promené en triomphe. — Les enfants du village[3], heureux, crient sur son passage : Voilà! voilà l'ours!
On l'a d'abord conduit chez le maire, qui a donné deux beaux écus — peut-être davantage — fier de récompenser le courage de nos chasseurs.
Dans la forêt, un autre a été signalé — on a décrit sa tournure.— Mais s'il veut livrer la bataille, on lui réglera son compte avant la fin de juin.
Le maire a dit aux conseillers : Celui-ci peut-être est un peu petit.— Mais si l'on prend le plus grand, quel plaisir! Nous doublerons la prime — c'est notre devoir.

Laruns est plus qu'un bourg : deux mille cinq cents habitants ; c'est presque une ville. C'est, à coup sûr, un endroit très qualifié, le plus en vue dans l'Ossalois, une manière de capitale à présent, comme autrefois Bielle. L'entrée en est très frappante ; on suit d'abord une rue assez étroite, bordée de vieilles maisons, secrètement tremblantes sans doute, car un avis imprimé du maire recommande aux voitures d'aller au pas. A l'extrémité de cette rue, s'ouvre une place très vaste, dans un superbe encadrement de montagnes. Mais ce cadre gigantesque est heureusement assez éloigné, il ne surplombe pas, il n'étouffe point ; on jouit de l'air libre et d'une vive lumière. La place est moderne, décorée d'une jolie fontaine ; la plupart des maisons, surmontées de grands toits pointus, sont pittoresques ; plus loin est le bâtiment de la halle sous de grandes arcades. A droite, dans une autre rue grimpant sur une pente, on achève de construire une église qui va remplacer un vieux sanctuaire croulant. Vous pouvez juger par le dessin de la porte que nous mettons sous vos yeux, si ce monu-

1. Montagne de cette région.
2. Autre montagne.
3. « Lous moustards deu billagé. »

ment n'était pas digne d'être considéré comme « historique ». On l'aura oublié dans le classement.

Cette porte, du plus pur style de la Renaissance, est délicieuse ;

LA PORTE DE L'ÉGLISE DE LARUNS.

mais la vieille église contient une autre curiosité d'art : c'est un bénitier en marbre blanc, que les guides et les auteurs attribuent à la même époque ; il suffit d'y regarder de près pour reconnaître l'erreur. A l'intérieur de la vasque — car nous sommes en présence d'une vasque évidemment antique — se voient sculptés, avec un grand relief à l'entour, une sirène tenant un poisson, un sagittaire lançant sa flèche, deux autres poissons; sur le côté, nous trouvons le monogramme du Christ en lettres gothiques, et une décoration d'entrelacs. Ces deux pièces sont du XVe siècle, mais celles-là seulement. Il est probable que ce morceau délicieux de sculpture a été approprié, vers ce temps, à l'usage religieux, et que c'est encore un des débris du palais de Bielle.

L'église, qui sera abandonnée l'an prochain, sert encore aux cérémonies du culte. Le soir, des chants s'en élèvent, et nous attirent. Nous allons voir les capulets rouges des Ossaloises et leurs tuniques noires à la lueur des cierges. Tout à coup, un bruit bien différent résonne à l'autre extrémité de la place. C'est le battement sourd d'une grosse caisse, auquel se mêle un hautbois. Point de doute, on danse. Le bal est ouvert sous les arcades de la halle.

C'est la danse béarnaise, le *batch*, et il est incroyable que ces grands diables puissent, au son de cette musique enragée, mener leurs danseuses avec tant de douceur. Elles ont mis bas le capulet, et leurs longues tresses s'en vont battant leurs épaules. Mais ce *batch* n'est qu'un prélude; le pas bientôt s'accélère; c'est le « branlou ». Comme la valse ou la tarentelle, le branlou peut acquérir une vitesse vertigineuse; les danseurs l'entremêlent de grands cris, qui ne cessent que lorsqu'ils ont perdu l'haleine.

Sous la halle, les danses ne finiraient point; mais dix heures ont sonné; le tambour de la ville arrive sur la place, battant un premier ban d'avertissement, puis un second après quelques minutes; au troisième ban, les danseurs se dispersent.

Le 15 août, jour de l'Assomption, fête patronale de Laruns, il y a trois bals dans le village; l'un est pour les Basques. Dès le matin, les jeunes gens, en grand habit ossalois, ceinture et jarretières neuves, précédés de flûtes et de tambourins, vont de porte en porte, offrant la rasade aux vieillards, — aux belles filles des bouquets toujours reçus, et des baisers qui le sont quelquefois.

Les galants de cette ville
S'en vont par deux, par trois, dondaine.

A la porte de la belle,
Ils ont redoublé le son, dondon.

La belle sort à sa fenêtre :
Jeunes gens, que voulez-vous, dondaine?

La fête de Laruns est le rendez-vous de tous les pays ; on y accourt de Pau, d'Oloron, des Eaux-Chaudes, des Eaux-Bonnes, de la frontière espagnole; les omnibus, les landaus et les carrioles couvrent les routes. La place du village est encombrée d'une foule énorme. C'est le 15 août que se fait aussi une procession, la plus vive attraction de ce grand jour ; M. Taine l'a décrite dans son *Voyage aux Pyrénées*.

LE BÉNITIER DE LARUNS.

LES EAUX-CHAUDES.

LES EAUX-CHAUDES & LE PIC D'OSSAU

Si beau qu'un trou puisse être, on n'en a pas moins, tout le temps qu'on chemine au fond, un désir impérieux de revenir à l'air libre, à la *chose ouverte*. Voilà quelle est la sensation que je n'ai cessé d'éprouver de l'entrée de la gorge des Eaux-Chaudes au pied du pic d'Ossau ; je ne sais si je l'exprime clairement.

Le mot de *trou* n'est point forcé, c'est celui dont on se sert dans le pays pour désigner ce lieu sombre et magnifique, le Hourat. A notre gauche fuit la route des Eaux-Bonnes, bifurquant avec celle que nous allons suivre. Les deux montagnes se resserrent tout à coup, ne laissant à nos pieds qu'un étroit passage au Gave, au-dessus de nos têtes qu'une bande bleue. Quand le ciel est chargé de vapeurs, c'est presque la noire nuit. Elles montent toutes droites, ces deux murailles implacables. Leurs parois sont absolument verticales et paraissent nues. Cependant quelques saxifrages et quelques variétés de mufliers tapissent les anfractuosités des roches; au printemps, quand les premiers allongent leurs grappes blanches, et que la gueule-de-loup est en fleur, ces monts arides revêtent deci, delà quelques vives couleurs; mais, à la fin des étés, ils n'ont plus que la blancheur des ossements. Le torrent roule à plus de cent mètres de profondeur, avec des mugissements diaboliques.

Eh bien, il paraît que ce désert est, en plein hiver rigoureux, le paradis d'un des plus charmants oiseaux de notre Europe, le pic de la Néon (en béarnais), dont le nom scientifique est *Tichodroma phœnicoptera*. Il déploie ses ailes diaprées comme celles d'un papillon au-dessus des neiges, et va volant par saccades. De quoi se nourrit-il?—Vous savez bien de quel puissant père nourricier il a été dit « qu'aux petits des oiseaux il donnait leur pâture ».

Des cascatelles s'épanchent pendant huit mois de l'année de ces deux remparts. Décembre, janvier et février les retiennent sous leurs glaces; en cette fin d'été où nous sommes, elles sont taries. Rien de vivant dans ce défilé sinistre; et pourtant tout à coup, à gauche, le sommet arrondi d'un mont vert se profile au-dessus de nos montagnes pelées. Là, deux figures humaines nous apparaissent, deux bergers appuyés sur leurs bâtons, enveloppés dans leurs grandes capes blanches. Nous les voyons en pleine lumière, mais eux, nous distinguent-ils au fond du trou? En ce moment, le chemin décrit au ras du rocher une courbe très brusque; nous passons sur un pont de deux arches dont les pieds baignent dans le Gave, mais elles ne le traversent point, elles n'ont été jetées que sur le vide. C'est le pont de Hourat.

Il faut avouer qu'au siècle dernier, quand il n'y avait pas encore de route construite entre Laruns et les Eaux-Chaudes, le seuil de cette station thermale très renommée était singulièrement rude aux voyageurs malades. On gravissait ces escarpements à dos de mulet, par une effroyable rampe pratiquée dans le roc;

puis il fallait descendre par des degrés taillés de même, et sans parapets, la gorge du Hourat. Cet escalier primitif domine d'une hauteur vertigineuse le cours du Gave; de l'autre côté, on retrouvait des mulets. C'est par cette voie qu'arrivèrent l'évêque Roussel expirant, et plus tard Catherine de Navarre, sans parler d'autres grands personnages du xvi° au xviii° siècle, car, dans cet intervalle, rien n'avait changé.

Vers 1780, on mit en exploitation les grandes sapinières qui dominent les Eaux-Chaudes, et les ingénieurs de la marine taillèrent, sur la rive gauche du Gave, une première route de voiture à travers ces énormes rochers. En 1849, on en a construit une nouvelle sur la rive droite, et il faut bien convenir que jamais route mieux entretenue n'a couru au fond d'un entonnoir. Elle est même relativement très douce, car, grâce à de nombreux lacets, la pente n'est que médiocrement inclinée. Ce pont de Hourat que nous venons de traverser est une merveille. On ne dira point que nous ne rendons pas justice aux ingénieurs quand ils la méritent.

L'avertissement que reçoivent à cet endroit du conducteur tous les voyageurs arrivant en voiture est inutile; une poussière humide qui leur fouette le visage a déjà éveillé leur curiosité. Le Gave en bas fait un bruit de tonnerre, et c'est lui qui, dans sa rage, vient de vous envoyer son écume aux yeux. On descend par un petit sentier d'abord, puis par un escalier de pierre jusqu'au bord du torrent.— Madame, aimez-vous les belles horreurs? — Si vous n'avez point vu ce tableau, vous n'aurez jamais une idée juste de la méchanceté d'un si petit ruisseau. Le Gave, en effet, n'a pas dix mètres de largeur moyenne; mais il a la force d'un fleuve. Il bat les roches avec des fureurs qui ne sont point si plaisantes, car il les ébranle et les désagrège; la violence de son courant est telle qu'il emporte d'énormes pierres; il se brise à ces déchirures qu'il a faites; l'eau monte en colonnes blanches qui s'abattent lourdement et rebondissent en une pluie de gouttelettes brillantes. On regarde ces petits prismes humides retomber dans les ténèbres; on demeurerait des heures entières au pied de ce beau pont du Hourat.

Au-dessous du pont, la végétation reparaît, enfin, à droite, au tournant de la route; quelques maigres bouleaux laissent pendre leurs longues chevelures et, plus haut, quelques sapins étendent leurs bras noirs sur les rochers. Nous arrivons à un deuxième pont ruiné. Les deux routes se confondent; l'ancienne passait ici brusquement sur la rive droite. Un peu en avant du pont est un vieil oratoire que nous allons visiter. Une inscription latine sur un rocher y rappelle le passage de Madame Catherine de Navarre; elle est à demi effacée; ce qu'on en peut lire encore fait voir qu'elle était pompeuse. « Heureuses pierres qui avez entendu parler Madame Catherine! *Felicia saxa!* »

A mesure que nous avançons vers les Eaux-Bonnes, la végétation renaît plus vigoureuse. Le mont qui s'élève au-dessus de la rive gauche du torrent est tapissé de hêtres presque de sa base à son faîte; quelques clairières s'ouvrent au milieu du bois. La rive droite est également très ombragée; mais ici on a aidé et corrigé la nature. La disposition des arbres est celle d'un parc au bord de la route; on y a placé des bancs, et nous rencontrons, en effet, des baigneurs qui font leur promenade de l'après-midi dans leur *couloir*. C'est que, de la station au pied du défilé du Hourat, ce chemin n'est que cela, vraiment: un couloir, d'abord affreux, puis aussi riant que peut l'être ce ruban étroit qui n'a point les chatoiements du soleil. Il paraît qu'en revanche, la gorge connaît les indiscrétions de certaine bise qui vous met la main à la poche. Allons! ce conducteur est une mauvaise langue! Il prétend qu'au lever du soleil le vent qui remplit le défilé est glacial en toute saison. Vers neuf heures il souffle encore, mais attiédi, et jusqu'à trois heures environ ne cesse point. Il tempère donc la chaleur du milieu du jour, et il tombe quand le soleil va baisser. La soirée est calme, et jusqu'au milieu de l'automne elle est presque chaude, mais souvent humide.

A l'entrée de la célèbre bourgade, vous ne trouverez qu'une

ROUTE DES EAUX-CHAUDES.

ligne de maisons; elles sont disposées comme sur un quai, d'ailleurs planté de beaux arbres au-dessus du Gave, et le dominant encore de cent mètres au moins. L'étroit espace où l'on a pu creuser les cours a été pris sur le pied du Gourzy, qui dresse sa grande ombre noire verticale. De ce côté, c'est le chemin des hauts monts qui s'ouvre, celui de la région que le Ger domine à l'est, comme le pic d'Ossau la couronne au midi.— Sur le Gourzy, au-dessus des Eaux-Bonnes, s'étendent les deux forêts d'Assous et d'Aas. — Cependant notre *couloir* s'élargit en une sorte de carrefour qui renferme une rue à deux rangées de maisons, comme toutes les rues, puis, en contre-bas, une sorte de promenoir à l'entrée duquel est assis l'établissement thermal. Imaginez un grand bâtiment carré, flanqué de trois autres qui forment le demi-cercle, et renferment la piscine et ses réservoirs, les buvettes, les cabinets de bains et de douches. Le logis central, construit en marbre, contient des appartements pour les baigneurs, des salons, et au-devant, sur la façade méridionale, regardant la montagne de Goust, une grand salle ou galerie remplie de boutiques. On y vend des capes et des capulets de la vallée d'Ossau, des couvertures espagnoles aux couleurs brillantes, ornées de pompons, des échantillons de marbre, des objets de toilette, des ombrelles, des cannes, des médailles de Lourdes et des journaux libres-penseurs — de tout un peu, pour tous les goûts.

Le jardin de l'établissement est bien entretenu ; on y rencontre les groupes les plus disparates, dont le voisinage fait bien voir que les Eaux-Bonnes ne sont pas une station de mode ou de plaisir ; on y vient livrer au mal une sérieuse bataille, et comme cet ennemi-là est essentiellement égalitaire et qu'il s'attaque à la belle marquise Chlorinde aussi effrontément qu'à Jeanneton la paysanne, il arrive que très haute dame Chlorinde et la pauvre Jeanneton sont ici horriblement pêle-mêlées. Je vois tout un chapitre d'humour à écrire sur le mensonge des distinctions humaines. Sous un bosquet, sur des fauteuils prétendus rustiques, frères ou cousins de ceux qu'on range chaque après-midi au bord de l'avenue des Champs-Élysées, toute une opulente famille est assise. Au milieu des siens qui la couvrent d'un regard désolé, voici une jeune fille de vingt ans à peu près, qu'un souffle de vent renverserait sur le gazon. Ses traits sont réguliers et même assez beaux, mais elle a perdu les couleurs de la vie, elle a des pâleurs de fantôme. Elle est vêtue d'une robe élégante, d'un bleu tendre, sortant des mains d'une faiseuse habile qui n'a pu rendre de l'allure à cette taille émaciée ; on ne peut s'empêcher de penser qu'elle ne serait pas différente sous un linceul. — Eh bien, là-bas, sur un banc de bois adossé au principal corps de logis, une autre famille a pris place — des cultivateurs béarnais, ceux-ci. Au milieu d'eux, une autre pauvre fille, une autre figure de cire. Assise toute droite, mais appuyée, *accotée* à droite et à gauche sur sa mère et sa jeune sœur, elle tricote machinalement. Ses mouvements comme son attitude ont une raideur automatique. Il semble que si elle essayait de se ployer, elle se fendrait comme un cierge. — Mais voyez le contraste des choses ! Une diversion joyeuse arrive à ce tableau sombre. C'est un couple qui passe — des jeunes gens. La jolie Madame va gazouillant au bras de son mari ; on sourit sur leur passage. C'est que les sources des Eaux-Bonnes, qui soulagent ou guérissent tant de maux cruels, passent aussi pour avoir des propriétés tout à fait salutaires aux jeunes époux qui souhaitent passionnément de se voir revivre dans un baby rose, le jouet, d'abord, des jeunes ménages, et, plus tard, le lien des unions vieillissantes — et que ces souhaits jusqu'alors ont été trahis.

Au delà du jardin est un petit promenoir large de huit à dix mètres, bordé d'un côté de grands hêtres au-dessus du Gave, de l'autre de cafés. — De là, se voit le pont au delà duquel commence la route de Gabas. Ne demandez pas son nom. Parbleu ! c'est le pont d'Enfer. En vérité, le torrent, à cet endroit, a la mine si farouche qu'il donne bien l'idée des méchantes rivières furieuses qui s'engouffraient dans le défunt Tartare. Une cascade s'épanche des flancs du *Goust*. Nous nous asseyons. Le jour baisse; dans cette ravine profonde, l'ombre ne tombe point si rapidement qu'on se l'imagine. Le ruban brillant du Gave fait encore monter une lueur. Sur le bord opposé, d'autres promeneurs assez nombreux, qui ont franchi le torrent sur l'un des ponts rustiques jetés en aval de l'établissement, gagnent le pont d'Enfer.

Cette promenade de la rive gauche s'appelle la promenade d'Argoult. Une autre a été pratiquée au-dessus, et suit, sur un parcours de deux kilomètres environ, le flanc de la montagne; c'est la Promenade Horizontale, bornée au sud et au nord par deux pavillons de repos. Sur la rive droite, au-dessus de la ville, est une autre promenade horizontale, qui aboutit à une montée presque douce, conduisant à la buvette Minvielle, sur un petit plateau. De là coule, en effet, la source de ce nom, et cet endroit est le seul aux environs de la station thermale où l'on respire un peu largement. C'est un lieu pittoresque, parfois jusqu'à la vraie beauté sauvage, que les Eaux-Chaudes; mais, encore une fois, ce n'en est pas moins une prison.

Et de même que dans une prison il y a quelquefois beaucoup de monde, et que, pourtant, il ne se fait aucun bruit, le soir, quand, après le dîner, je sors de l'hôtel, je n'entends rien que le mugissement du Gave. Quelques promeneurs encore glissent sous les arbres; je vois briller des lumières aux croisées et dans la rue à la vitrine de quelques boutiques. Point de ces flonflons qui m'ont quelquefois causé tant d'impatience à Cauterets et qui m'en causeront aux Eaux-Bonnes; les malades, ici, sont de vrais malades qui se couchent de bonne heure. Point de ces conversations tapageuses qui animent ordinairement les villages béarnais; dans la haute montagne, les habitants de ces lieux fermés sont naturellement graves et silencieux. Cependant des sons de piano sortent de l'établissement; c'est un effet d'imagination peut-être, mais il me semble que l'exécutant aime diablement la sourdine. J'ai l'esprit frappé par l'épaisse obscurité qui m'enveloppe, je marche, regardant la clarté vague du ciel, ce soir-là très pur, dessinant un V gigantesque au-dessus de ma tête, dans l'échancrement des monts. J'en laisse la pointe en arrière, elle semble s'avancer en même temps que moi; les deux branches, heureusement, vont s'ouvrant devant mes yeux.

Le jour n'est jamais que tremblant aux Eaux-Chaudes, — mais la nuit y est pesante. Le matin, pourtant, a des jeux légers et charmants sur les cimes du mont boisé qui fait face au village. Les premiers rayons glissent obliquement, comme des flèches tordues, sur la cascade du pont d'Enfer et sur le flanc oriental du Goust. — C'est là que se place naturellement la première excursion des touristes. Le hameau de Goust occupe un plateau situé à cinq cents mètres au-dessus des Eaux-Chaudes. Il n'a que douze maisons, et depuis trois siècles n'en a jamais eu ni plus ni moins, car ce nombre biblique (les douze tribus) est relaté dans un historien de la Navarre, prédicateur de Madame Catherine de Bourbon, et qui écrivait vers 1590. Ces douze maisons sont habitées par soixante-dix personnes qui ne forment qu'une famille. Les gens de Goust ne se marient qu'entre eux. C'est leur loi. Qui l'a faite ? Eux-mêmes. Il y en a d'autres dans le bas pays et dans toute la France que celle-ci pourrait contrarier; mais à cette hauteur, on vit au-dessus des Codes. Goust forme une petite république que les préfets de la grande et des gouvernements antérieurs ont eu jusqu'à présent le rare esprit de ne pas déranger. Cela viendra bien quelque jour, quand il y aura, à Pau, un préfet en humeur de zèle. La république de Goust est gouvernée par un conseil des anciens qui prononce sur toutes les contestations, et celui qui voudrait en appeler à d'autres juges devrait émigrer. Les anciens sont aussi les arbitres souverains de la convenance des mariages; ils tranchent *sans appel* la question de savoir si tel garçon convient à telle fille. Après quoi, on va célébrer la cérémonie civile et religieuse à Laruns. Les Eaux-Bonnes ne sont pas une paroisse; elles n'ont qu'une chapelle, et même deux, — une catholique, une protestante.

A Goust, c'est la pure vie pastorale ; on élève les troupeaux, on fabrique des fromages. Le père est comme une sorte de prêtre dans la famille, et l'assemblée des pères — ou anciens — est une réunion de patriarches. L'existence est tranquille, sans maux et sans misères. La mort seule — ou plutôt les morts — embarrassent un peu les gens de Goust; car enfin, pour arriver chez eux, il n'y a qu'un sentier en zigzag dans le mont, et il ne leur est pas aisé de le descendre, chargés du poids d'un cercueil. Mais la difficulté se présente rarement; on ne meurt presque pas à Goust, où la longévité est miraculeuse. Le même historien dont je parlais tout à l'heure, Palma Cayet, y a vu un vieillard qui prétendait être né en 1482; on était alors tout près de 1600, comme je l'ai déjà dit. Ce qui est certain, c'est que, pour le moment, sur soixante-dix habitants, il y a deux centenaires.

Nous passons la fin de cette journée aux Eaux-Chaudes. J'avoue que ce lieu noir m'obsède. Les images qui ont bercé mon enfance repassent devant mes yeux, la mer près de laquelle je suis né, l'infini des horizons. Depuis, j'ai vu bien des gorges de montagnes, je les ai admirées comme celle-ci ; je ne sais quelle somme de bonheur il faudrait me promettre pour me persuader d'y vivre. Cependant nous allons continuer de le gravir cet éternel défilé qui monte de Laruns au pic d'Ossau. Le matin, nous partons dans un *landau* attelé de deux chevaux vigoureux, conduit par un Béarnais aux grands traits réguliers, à l'allure grave et rude. Ces montagnards sont beaux, mais d'une beauté qui ne satisfait point; il manque quelque chose, comme le fini, à cette ossature puissante ; leur démarche est vive, et pourtant elle est raide. S'ils ne sont point de haute taille, exception, d'ailleurs, assez rare, leur tête n'a plus de proportion avec le corps; l'angle de leur visage paraît démesuré. Cette régularité tourne à la charge, n'en déplaise à la mémoire de Henri IV. Ses portraits nous montrent une face royale qui a bien plus l'air d'avoir été taillée dans un morceau de sapin que dans un bloc de marbre. —

Notre conducteur ressemble au roi Henri, mais il est plus âpre au gain que ne le fut jamais cet auguste modèle. Carrosse, bêtes et homme, nous avons payé tout cela au poids de l'or. — Là, vraiment, ne vous récriez point; ce n'est presque pas une hyperbole.

Seulement, je confesse que les chevaux sont bons, et que l'homme est complaisant. Il donne sa bonne grâce pardessus le marché; mais le marché lui-même a été si serré ! — Enfin il fait le cicérone en même temps que le cocher, et tout à l'heure, sur le mont, là-bas, il fera le guide. — Nous remontons la rive gauche du Gave, et l'on nous a dit que nous allions cheminer sous une sapinière. Au-dessus et au-dessous de nous, le sapin est la seule essence qui ne figure point dans ce cadre très sévère mais très varié. Je vois des hêtres ordinaires, puis une grande hêtrée rouge, des bouleaux, des mérisiers, des buis énormes.

A notre droite, nous suivons le bois au flanc du Bouerzy. Nous traversons le petit torrent du Gée, descendant à droite du col qui porte le même nom. Là s'ouvre un sentier de mulets qui nous conduirait à Accous, dans la vallée d'Aspe. A quelques centaines de mètres plus loin, voici un nouvel affluent du Gave; celui-ci vient du pic de Gaziès. La route s'écarte du torrent; la forêt s'étend au fond d'une immense combe. Sur l'autre bord, le bois a cessé, pour faire place à de grandes rampes de roches, toutes nues, toutes blanches, aux déclivités régulières, que domine le pic de Lurdé. Une de ces roches, cependant, se couvre d'un manteau bien maigre de courtes plantes herbacées; elle n'a point la régularité de ses voisines. Notre Béarnais nous met à la devinette : Que voyez-vous là ? — Du granit et un peu de gazon. — C'est le Sezy. Cette pierre-là ne ressemble à rien que vous connaissiez? — Ma foi, non; elle a peut-être une forme bizarre, et voilà tout. — L'homme lève les épaules, et sentencieusement nous dit : Ces

LES EAUX-CHAUDES.

Messieurs n'ont donc pas d'yeux, qu'ils ne voient pas un lion accroupi dans l'herbe.

En ce moment, à droite, la sapinière commence. Ces sapins sont les plus beaux que j'aie encore rencontrés dans les Pyrénées. Ils ont une vieille gloire, puisque, enfin, c'est à eux que les Eaux-Chaudes ont dû, au siècle passé, d'être mis en communication avec le monde des vivants d'en bas. Sans les ingénieurs de la marine qui sont venus pour exploiter les géants de Gabas, la station thermale n'aurait pas eu de sitôt sa première route. La superbe forêt s'enfonce dans un nouveau défilé plus étroit. Les sapins descendant du sommet étendent leurs bras au-dessus de la route; ils couvrent la pente du précipice, au fond duquel gronde le Gave, que nous avons cessé de voir. Des sapins sur nos têtes, des sapins à nos pieds. L'instant est de ceux qu'on n'oublie point : tout à coup, par-dessus cette prodigieuse ramure, le pic du Midi apparaît. Les deux dents de sa fourche s'avancent sur nous et nous menacent.

Nous franchissons les deux torrents de Broussette et de Bious, sortant des deux vallées du même nom, dont il faut bien reconnaître le dessin très particulier. Elles enveloppent le mont et l'isolent de la chaîne. Il est là, justement comme le pic du Midi de Bigorre, son rival, en sentinelle avancée de l'armée des géants. Cependant, grâce à un effet de perspective, lorsque nous sommes entrés dans Gabas, il nous paraît plus éloigné que tout à l'heure, lorsque nous le voyions du milieu des sapins. En avant de l'ouverture des deux vallées, des montagnes plus basses se déploient en demi-cercle et le repoussent : c'est le Biscaout, le pic Lavigne et le Chérue. Mais le grand mont qui se recule ne s'en montre pas moins à nos yeux dans tous les détails de sa bizarre et fière structure. Quel cataclysme a fendu dans toute sa partie supérieure ce rude cône de granit ? Une large fissure sépare maintenant les deux pyramides tronquées. La plus haute et la plus large à sa base présente du côté de l'ouest des dentelures profondes ; la plus petite et la moins élevée est sensiblement inclinée — mais d'une inclinaison si raide que personne, jusqu'en 1857, n'en avait tenté l'ascension.

Quant à Gabas, cet heureux village-là est fait pour être décrit et loué en deux mots : il a simplement tous les charmes. De deux côtés la forêt l'enveloppe — de deux autres côtés les grands monts. Assis entre les deux Gaves, dans un large espace ouvert, il est riant et ensoleillé. Il faut même avouer que le soleil y a plus de morsures en ce moment que de caresses. Vingt-huit degrés à l'ombre d'un porche qui précède son étrange et vieille église, et il n'est que dix heures! Devant nous, dans un bas repli du pic Lavigne, dont le pied est tapissé de prairies, des faneuses, en jupes bariolées, corsage rouge et large chapeau de paille, mettent en petites meules l'herbe sèche. Un vieux chasseur s'achemine vers l'église ; il a le fusil au dos, un long bâton à la main, et porte sur ses épaules son butin du jour, un isard, dont les pattes se rejoignent sur sa poitrine. C'est Simon Bergès. Le vieux est depuis plus de soixante ans un redoutable ennemi pour ces pauvres isards et pour les chevreuils du Biscaout. Simon Bergès dépose sa proie sous le porche, sur un banc, et va entrer dans l'église. Nous le suivons. Ce porche branlant a précisément l'air d'un de ces singuliers chapeaux d'ardoises dont on recouvre les lavoirs publics ; seulement les appuis qui le supportent sont de pierres.

Quant à l'église elle-même, il faut, pour y pénétrer, descendre d'abord plusieurs degrés ; ce sanctuaire est une cave. Une autre singularité, c'est qu'elle est peinte toute en rouge, comme l'étal d'un boucher. D'ailleurs, point de mauvais style ; c'est du XVe siècle assez correct. Mais, si c'est un reste du grand hôpital de Gabas, succursale jadis du monastère de Santa Cristina d'Aragon, ce reste est bien misérable. L'hôpital, pourtant, était un des plus grands des Pyrénées, et ce passage était l'un des plus fréquentés par les pèlerins. Aussi les abbés de Santa

Cristina étaient des maîtres populaires en cette paroisse reconnaissante du bien qu'ils lui avaient fait. Les habitants de Gabas leur conduisaient, à travers la montagne, un tribut annuel de huit moutons et de quatre béliers. Les troupeaux de l'abbaye avaient partout le droit de pâture, et ses bergers les menaient jusqu'au flanc du Gourzy, à la lisière des forêts d'Assouste et d'Aas.

Simon Bergès est en prière dans l'église. Quant à nous, revenus sous le porche, nous nous arrêtons surpris devant un spectacle nouveau. Un escadron de légères nuées vient passer sur le soleil, et le pic du Midi à l'instant se coiffe d'une brume lumineuse. Le vieux chasseur, qui a terminé son oraison, nous apprend que ce phénomène se voit sans cesse, au printemps surtout, quand l'atmosphère est encore chargée de vapeurs; alors il se produit chaque jour plusieurs fois. Mais déjà voilà ce tamis d'argent qui se déchire, les deux pointes du mont s'élancent de nouveau dans l'espace.

Nous tenons Simon Bergès et nous l'invitons à *causer* sur le pays. Le vieux hoche la tête; il veut bien ce que nous voulons, mais il ne sait rien. Son pays à lui, c'est le bois et la montagne, ce n'est pas le village. Eh parbleu! qu'il nous parle de la montagne, de ses chasses, de ses isards et de ses chevreuils, même des ours, s'il y en a! Et malgré nous, voilà que nous sourions. Cela ne l'étonne pas. Le bonhomme a remarqué que les « Messieurs de France » ne veulent pas croire aux ours, et qu'ils n'en peuvent pas parler sans rire. Pourtant, il n'en manque point là-haut sur le Biscaout; c'est leur endroit favori, à ces bêtes. Cette année, le printemps était venu de bonne heure; tout à coup la neige revient. Là-bas, de l'autre côté de la sapinière, dans le vallon du Gée, en une seule nuit, les bergers ont perdu six moutons. L'étable, qui n'est là que de précaution, et qui ne sert point à l'ordinaire, ne fermait seulement pas. Deux ours bruns — et il faut se méfier de ceux-là, parce qu'ils aiment la chair — ne trouvant plus de nourriture là-haut sous le manteau blanc, étaient descendus. On a tué l'un de ces deux voleurs, mais l'autre, la femelle, est toujours par là, et l'on croit qu'elle a trois petits.

Même, ils ont causé, le mois passé, une belle affaire! Les filles des Eaux-Bonnes étaient venues dans la forêt de Gabas pour y cueillir des fraises, qui sont excellentes sous les sapins. Tout d'un coup, voilà qu'elles redescendent en criant comme des pies borgnes; il y en avait de ces délurées-là qui étaient plus mortes que vives. Elles ont dit qu'elles avaient rencontré toute la famille. Dame! c'est bien connu, l'ours c'est gourmand de fraises, pour le moins autant que le chrétien. D'ailleurs, il n'aurait pas fait de mal à ces filles. Pourtant, c'est un brun. Faut avoir l'œil. Après ça, le noir est rare. Il n'est pas méchant. Seulement, on l'a bien plus chassé dans les temps, parce qu'il en valait mieux la peine; sa peau se vend plus cher.

Ces récits du vieux chasseur ont la couleur de la montagne; nous l'invitons à se rafraîchir dans la *fonda* voisine de l'église. Aussi bien, il s'y rendait pour y vendre son isard. Jusqu'à la fin du mois de septembre, les trois hôtelleries de Gabas doivent être approvisionnées, car des parties y viennent sans cesse des Eaux-Chaudes, où la saison est moins courte qu'aux Eaux-Bonnes. Justement, un landau arrive, portant trois voyageurs, un jeune homme long bien plutôt que grand, une femme aussi longue et très parée, une autre femme courte, vive et brune. Ne demandez point si celle-ci est d'Espagne! Du perron qui précède la *fonda*, nous découvrons tout le village. Au fond est un petit castel, demeure délicieuse, à l'ombre des premiers contreforts du grand pic : c'est le château d'Espalure. En avant, au bord du Gave de Bious, une autre *fonda* sous des bosquets. Ecoutons encore Simon Bergès. Cette deuxième auberge-là, c'était, il y a vingt ans, celle de la grande Maria.

Maria était bien vieille; jamais elle n'avait voulu se marier. On voit de grandes belles filles à Gabas et dans les vallées, mais on n'en avait pas vu de taillées comme cette luronne-là!

LE PIC DU MIDI D'OSSAU.

C'était comme une géante. Et de la force plus que trois hommes ! Eh bien, dans les temps, des soldats français passèrent ici pour aller en Espagne, et le cœur de la grande Marie s'était féru pour un voltigeur. Holà! les vieux qui durent encore l'ont bien connu. Il était tout petit, avec une figure rose et de grosses épaulettes jaunes. Il y alla en Espagne, et il fut tué, le pauvre mignon soldat. Maria pensa bien en mourir lorsqu'elle l'apprit, et, quand elle fut relevée, elle fit un grand serment de rester fille. Elle a tenu pendant tout près de quarante ans cette auberge, qu'elle avait héritée de son défunt père. Fallait voir comme elle vous menait ça ! Tout le monde la respectait et, si on y manquait, elle tapait dur ! Un jour, elle vous a pris par sa ceinture rouge un muletier espagnol qui avait le vin mauvais et qui cassait tout; elle l'a jeté d'un coup, comme un mauvais paquet, sur le chemin... Mais tout le monde est mortel, quoi ! La Maria a eu son tour...

En ce moment, et comme en cadence, nous entendons un bruit de grelots. C'est un cortège de mules qui arrive; nous ne le voyons pas encore, car la route d'Espagne va tournant au pied du mont, après qu'on a franchi le pont jeté sur le Bious; mais bientôt il paraît. Douze mules caparaçonnées, pomponnées, chargées de sacs de laine; six muletiers, vraies figures d'Aragon sous leur sombreros, vestes de velours bleu à broderies jaunes, ceintures écarlates, jambières de cuir. Le couteau de l'un d'eux sort de la poche de sa culotte; voilà leur enseigne à ces bons compagnons, et la raison qu'ils vous plantent en plein ventre, dans une querelle. Il faut la force de la Maria, le bras de la géante, pour les saisir, sans qu'ils usent de ce joujou-là.

Nous entrons dans la fonda, où les trois voyageurs qui nous ont précédés sont assis déjà devant un fin repas, vraiment : truites, cuissot d'isard, cailles rôties. Quant à nous, notre repas est plus sommaire; mais nous l'arrosons de Rancio. L'hôtesse qui nous sert ne ressemble guère à la « grande défunte » de l'autre *fonda*; c'est une femme encore fort jeune, coiffée d'un capulet noir, qui fait ressortir la couleur chaude de son teint. Musset aurait dit : Elle est jaune comme une orange.—Elle est aussi de fine tournure et de formes élancées, avec des yeux sombres. Eh! oui, Simon Bergès peut bien dire quil y a de jolies filles à Gabas!

Au pied de l'hôtellerie, les chevaux nous attendent; notre cocher béarnais s'est transformé en guide. Rapidement nous montons la vallée, ou plutôt la gorge de Bious. Au-dessus de nous des sapins, au-dessous le Gave, qui, sans cesse se heurtant à des barrages de rochers, épanche des cascades furieuses, parfois des cascatelles plus lentes et d'une grâce infinie. Ce chemin nous rappelle celui du pont d'Enfer à Cauterets; il est moins long, plus varié, peut-être plus beau.

Les roches grandissent, la sapinière est plus serrée, le lit du torrent se creuse encore ; la forêt est interrompue par une haute muraille de granit, puis elle recommence et maintenant, coupée seulement par le sentier, occupe le versant jusqu'au Gave. Nous marchons au-dessus de cet énorme dôme sombre, que percent de distance en distance des sapins plus élevés, les uns en pleine vigueur, dressant leur pointe d'un vert tendre, les autres dépouillés et tout pelés, enlevant en gris lumineux leurs grands bras morts sur la masse noire. Ces cadavres d'arbres sont énormes; tous ont été frappés de la foudre; ce défilé superbe est un couloir d'orages.

Ce spectacle nous ravirait en pleine jouissance de la beauté pittoresque et sauvage, si la crainte du plus méchant accident ne venait nous troubler : le chemin est littéralement rempli de vipères. Ces hideuses bêtes sont là, paresseusement couchées sous le soleil cuisant, car il est midi; les rayons tombent verticalement sur nos têtes et, malgré la fraîcheur voisine des sapins, l'air flamboie. Il semble qu'elles vont s'enrouler au pied de nos chevaux. Mais non, elles nous font place et s'écartent assez lestement, trainant leurs anneaux pour aller reprendre leur posture inquiétante un peu plus loin, sur des roches que nous allons raser au passage. La pensée de recevoir un reptile venimeux en manière de fouet au visage n'a rien de rassurant. Notre guide pourtant lève les épaules ; il jure « par le Dieu vivant » que jamais il n'est arrivé d'accident sur cette route. Les roches s'accumulent, montent comme des escaliers gigantesques ; et nous voyons encore sortir des têtes plates de leurs fissures. Ces degrés taillés dans la croûte granitique portent les sapins les plus grands que nous ayons encore vus, et parfois de longs frênes à la feuille claire et déliée. J'ai déjà observé que cette essence prospère à des altitudes considérables, mais elle indique presque constamment le voisinage de l'eau.

Aussi le chemin, décrivant un coude très brusque, nous met en présence d'une cascade. Le bruit en est violent et pourtant, intercepté par l'épais rideau des sapins, n'arrivait pas à nos oreilles ; nous commençons d'entendre cette belle cascade au moment où nous la voyons. La nappe étincelante roule de chute en chute. Jusqu'ici nous avons eu constamment le Gave à notre droite ; il semble que nous devions nous en écarter désormais, car une roche colossale se dresse, et nous voilà forcés de contourner sa base. C'est là qu'une nouvelle surprise nous attend. La vallée entière se déploie sous nos yeux, et rien ne nous cache plus le développement du mont.

Le Gave traverse un bassin dont le fond et les bords ont comme une étonnante fraîcheur de jeunesse : des prairies, de gigantesques hêtrées sur les premiers mamelons, les sapins sur les flancs du pic, et le pic lui-même, émergeant de cette ceinture verte, avec ses deux pyramides inégales blanches de neige, grises ou jaunes suivant les jeux de la lumière, partout où la pierre est nue. De tous les côtés de ce vaste amphithéâtre se dressent d'autres monts ; ces colosses de granit ont le même caractère que leur maître à tous, ce fier pic d'Ossau qui les domine. Ils sont pourtant bien plus ruinés. Voici l'Estremère, le Peyreget, Canaourouye, le Mahourat au sud, à l'ouest Hourquete, le pic de Bious, le pic de Lorry, au nord Ayous, et le mont d'Aule.

Magnifiques entassements de prodigieux débris, car de longues convulsions secouèrent toute cette partie de la chaîne. Il y en a des témoins parlants : ce sont ces aiguilles qui s'élancent d'un chaos d'écroulement, ces dentelures profondes qui ont des dessins d'éclairs, ces ébrèchements et ces masses fendues de leur pied à leur faîte; ces montagnes sont peut-être bien les plus déchiquetées du monde. Là-bas, du côté de l'Espagne, s'ouvre la pleine région de la désolation et des abîmes; plus de végétation, plus de traces de forêts; les derniers pâturages verts apparaissent dans cette direction du sud, aux versants de Canaourouye, dont la cime est hérissée de grands blocs de schiste couleur de sang. Au nord, il est vrai que la vue se repose sur la vallée d'Ossau, riante et verte, et, par les beaux temps, peut courir même jusqu'à Pau; mais, à l'est, elle se heurte aux glaciers du Vignemale et du Mont-Perdu. A l'ouest, elle embrasse toute la chaîne, jusqu'à la pyramide blanche d'Anie.

Un accident nous a forcés de demeurer deux jours à Gabas. Nous avons voulu revoir ce sublime spectacle. Nous avons repris cette route de Bious-Artigues avec un guide nouveau; laissant nos montures à la garde d'un pâtre, nous gravissons les bords du petit gavelet de Magnebaït, puis des escarpements glissants et difficiles entre les pics Lavigne et Chérue, et les murailles septentrionales de notre mont d'Ossau. Deux heures suffisent pour atteindre le plateau de Magnebaït, une heure pour s'élever au col de Pombie. Le pic nous domine encore d'une hauteur de huit à neuf cents mètres; le vrai chemin de l'escalade est là.

C'est aussi le champ des ruines. La base du mont, que nous contournons en marchant vers l'orient, est couverte de formidables éboulis; les cassures du colosse de granit apparaissent profondes et menaçantes. Nous changeons de direction, inclinant, cette fois, vers l'ouest, glissant avec beaucoup de peine sur une étroite arête qui relie le pic d'Ossau au pic le plus immédiatement voisin, le Peyreget. Enfin nous pouvons atteindre le col de ce nom et nous descendons à un plateau disposé là comme pour recevoir les débris qui roulent de la haute pyramide d'Ossau. Partout des blocs effondrés, et c'est au milieu de ce chaos que nous arrivons au bord du lac de Peyreget.

Ici était le but de notre excursion ; nous avions voulu voir un des lacs de cette région si peu connue. Celui-ci est l'exemple de ce qu'on pourrait appeler l'aridité de l'eau. Nappe immobile d'un bleu sombre, sans la plus petite trace de végétation sur ses rives, dominée au nord par la muraille absolument nue du pic qui se dresse à une hauteur de 3,000 pieds. La sensation que nous en éprouvons est lourde et maussade ; c'est comme la fin de l'écrasement. — Nous reprenons notre rude chemin, redescendant vers le bassin de Bious-Artigues, ayant devant les yeux les pics d'Ayous et de Lorry, et les premières masses de l'Aule.

LES EAUX-BONNES ET LE JARDIN DARRALDE.

LES · EAUX-BONNES

Des Eaux-Chaudes on redescend à Laruns, et de Laruns on remonte aux Eaux-Bonnes. Il y a un autre chemin ; ce n'est pas celui des ingénieurs. On le prend à gauche de la route de Gabas, on laisse de côté la buvette Minvielle. Alors, ce n'est plus monter, c'est grimper. La riche commune de Laruns ferait dessiner ici quelques lacets sans s'appauvrir ; les touristes lui paieraient un tribut encore bien essoufflé, mais un tribut enfin de reconnaissance. Ce sentier rude entre les rudes passe au bord d'une petite grotte d'où jaillit un filet d'eau bouillonnante, et arrive bientôt à une autre cavité très célèbre. La grotte des Eaux-Chaudes, s'il vous plaît !

Je ne voudrais point en médire ; je ne parle que par humanité, quand je demande que l'entrée en soit interdite, sous des peines sévères et positives, aux malades de la station. Un froid mortel me saisit à la gorge ; je ne suis point en traitement, moi, mais voilà de quoi m'y mettre.

Cette grotte s'ouvre à mille mètres d'altitude, elle en a cinq cents de profondeur. Je ne suis pas un bon juge de la beauté de ces lieux noirs, et je me borne à dire que celui-ci est étrange. On n'y trouve point que de l'eau ; on y reste surpris, devant une végétation souterraine, et l'on pense à ce roman de Jules Verne qui nous transporte dans un monde vivant sous notre croûte terraquée. Une grande roche dans la grotte des Eaux-Chaudes est couverte jusqu'à son pied baignant dans un torrent, de broussailles et d'arbustes. Sur ce torrent formé, me dit-on, des larmes du Ger, descendant par le plateau d'Anouillas, à l'ouest du mont, un pont a été jeté. On marche au-dessus des ténèbres de l'abîme. Un long souterrain fait suite à la grotte ; le torrent s'y engouffre ; on l'entend hurler sous les roches. Il parait pourtant qu'au printemps il roule par-dessus et par-dessous, et son cours supérieur, alors très accidenté, puisqu'il descend d'étage en étage ne forme plus qu'une série de cascades jusqu'au Gave d'Ossau, qui reçoit ce bruyant petit cousin.

Nous montons à travers une forêt de buis. La couleur en est charmante ; *semper virens*, dit le latin. Ces arbustes atteignent ici des dimensions d'arbres, et leurs troncs bosselés sont énormes. Je songe à l'immense fabrication de bilboquets qui pourrait en sortir ; ce ne serait point de trop pour le grand nombre de compagnons qui jouent de cet instrument-là — moralement surtout — et qui voudraient l'acheter — seulement comme emblème.

Longuement, lentement, nous gravissons un sentier qui conduit à des pâturages ; on y voit des bouquets de bois et des arbres isolés, en avant d'une forêt, — une vraie forêt celle-là, qui s'étend sur les pentes. La hêtrée déploie ses ondes d'un vert brillant puis, comme toujours dans cette partie des monts, la sapinière s'y mêle, et bientôt il n'y a plus qu'elle. Ces bataillons sombres se rangent en longues files jusqu'à une haute muraille de roches blanches que nous devons longer en nous dirigeant vers l'est.— Nous sommes sur le plateau du Gourzy.

Ouvrez les guides, écoutez les gens du pays ; tous vous diront que la vue n'en est pas moins intéressante que de la plaine de Bious-Artigues enserrant le pic du Midi ; quant à moi, je la trouve plus belle. Nous sommes aussi bien placés dans la région des sommets, puisque nous touchons à 1,850 mètres. Au sud, nous avons la même perspective sur les monts ébréchés, dont l'autre versant descend en terre espagnole. Mais à l'est nous embrassons dans son développement presque tout entier le beau pic du Ger ; à l'ouest, la chaîne qui environne Laruns ; au nord, les campagnes du Béarn, traversées par les rubans argentés des Gaves.

A cette hauteur, après une ascension relativement aisée et douce, les yeux perdus dans ce grand moutonnement de cimes, de neiges, de forêts, j'éprouve une heureuse sensation de liberté profonde, de repos infini. J'ai retrouvé la même émotion tranquille dans les pâturages de Gourette, au-dessus du col d'Aubisque, avec une pointe plus vive d'admiration qui dérangeait un peu ma béatitude, car à Gourette le spectacle est plus large encore. Mais là comme ici, j'ai opposé la même résistance passive aux adjurations de mon compagnon qui voulait me remettre en route. — Pourquoi partir ? Pourquoi redescendre ? Y a-t-il rien de plus beau, tout le temps que le soleil brille ? Et ne verrons-nous point d'autres beautés, quand la nuit étendra ses voiles — pour parler comme les poètes de profession ?

La profession est jolie. Elle ouvre quelquefois les portes de l'Académie, on assure qu'elle ne mène plus à l'hôpital ; — apparemment parce que ceux qui l'exercent tournent à temps le dos à la muse, — laquelle n'a jamais fait de mal qu'à ceux qui la regardent par devant.

LES EAUX-BONNES.

La descente du plateau du Gourzy est de celles dont on ne parle point. Elle offre justement les mêmes accidents que la montée. C'est d'une précision presque mathématique. D'abord un bois de grands buis, d'autres pâturages plus petits, parsemés d'autres arbres isolés, une autre forêt de hêtres. Cependant une étroite et sauvage petite vallée s'ouvre à droite ; c'est là que monte le sentier que doivent suivre les ascensionnistes du Ger. Nous joignons un autre plateau d'où la vue s'étend sur toute la vallée d'Ossau, puis nous retrouvons une sapinière, puis une nouvelle hêtrée. Nous touchons aux Eaux-Bonnes.

Nos valises, pendant ce temps, ont suivi la route carrossable. La diligence de Pau aux Eaux-Bonnes, qui monte par ces lacets ingénieux, a laissé derrière elle, à l'embranchement, le chemin qui conduit aux Eaux-Chaudes ; les voyageurs ne se doutent point qu'ils ont perdu l'occasion de voir le défilé de Hourat. Peut-être y reviendront-ils pourtant en excursion ; on est très « excursionniste » aux Eaux-Bonnes, — bien plus qu'à Cauterets, presque autant qu'à Luchon. Ces méandres nombreux qu'il faut décrire pour y arriver adoucissent infiniment la pente. C'est un bel ouvrage d'ingénieur que cette route presque partout creusée dans le roc. A droite, elle longe les versants du Gourzy ; à gauche, elle court au-dessus du bassin de Laruns. Le Gourzy et le massif des Eaux-Bonnes ferment le val d'Ossau, au midi, sauf l'ouverture, ou la fissure plutôt — qui forme la branche montant vers les Eaux-Chaudes, par la gorge noire de Hourat.

Dans la vallée, les villages se blottissent aux plis des monts ; le plus curieux est celui qui apparaît collé au flanc de la Montagne-Verte, qu'on ne perd pas un instant des yeux en montant ; plus haut perchés, voici Aas et Assouste. Le torrent du Valentin descend avec une rapidité furieuse, et, plus loin, se mêle au Gave d'Ossau. En ce moment, on va joindre les Eaux-Bonnes, et l'on voit d'abord se présenter une belle promenade et un énorme bâtiment de briques, avec des figures de tours et des manières de bastions. Qu'est-ce que cette forteresse étrange? Rassurez-vous, voyageurs timides : c'est un Casino.

L'entrée de la célèbre station thermale ne procure point la même sensation d'étouffement que l'arrivée aux Eaux-Chaudes. Le lieu pourtant est resserré. A droite, le sempiternel Gourzy, dont le versant boisé fait pencher son ombre; à gauche, la Montagne-Verte. Au fond, au milieu d'autres hauts feuillages, une pointe de montagne, d'une hauteur prodigieuse, qui paraît glisser vers vous avec une ferme résolution de vous écraser sur l'heure : c'est le pic du Ger. Mais, au-devant, dans la direction du nord, l'espace est ouvert, la vue est libre.

Les Eaux-Bonnes n'ont en réalité qu'une rue, montant du seuil de la ville à l'établissement thermal, et d'abord s'élargissant pour former une place assez vaste, avec une promenade au centre. Là, il y avait autrefois un torrent, la Sourde. On l'a canalisé et recouvert; on l'entend gronder sous cette promenade, nommée le jardin Darralde, en mémoire d'un médecin qui fit naguère beaucoup de bien aux Eaux-Bonnes. Il est trois heures de l'après-midi; sous les arbres de ce jardin, dans un kiosque assez élégant, un orchestre exécute des valses qu'il convient d'appeler entraînantes. Qu'est-ce qu'une valse qui n'entraîne point? Cependant les promeneurs vont et viennent autour des musiciens d'un pas qui ne paraît guère allumé. Une partie de l'auditoire est assise. Le côté droit, le fond du jardin, la rue qui le longe, sont bordés d'hôtels ou de maisons meublés. Sur une bande étroite de terrain pris sur les roches et dessinant une sorte de croissant, dont l'une des pointes expire près du Casino, sont établies des boutiques où se vend de tout un peu, comme dans la galerie couverte des Eaux-Chaudes. Au sud de la promenade se tiennent des guides auprès de leurs mulets. Magnifiques gaillards, portant le costume du val d'Ossau, légèrement approprié au goût moderne : chemise rouge, guêtres de laine blanche, culotte de velours brun, le fouet en bandoulière.

L'un d'eux, qui est presque un vieillard, a vraiment une superbe allure ; c'est le plus beau type béarnais. Aussi, comme il vient à traverser la promenade, il y a des chuchotements dans les groupes : — C'est Lanusse, le fameux Lanusse, celui qui a conduit l'Impératrice Eugénie au pic d'Arrens ! — Veuillez bien remarquer que la « maison de l'Impératrice » ou « du gouvernement » est là, précisément devant la station des guides et des mulets, à l'angle du jardin Darralde et de la grande rue.

Des landaus attelés de quatre chevaux débouchent en ce moment sur cette sorte de place ombragée ; ils ramènent à grand bruit des excursionnistes qui ont visité le col d'Aubisque, suivant une route aérienne qui conduit des Eaux-Bonnes à Argelès, la route la plus élevée de l'Europe après celle du Saint-Bernard. Une troupe élégante descend de ces voitures et rentre au plus luxueux de tous les hôtels ; des valets cravatés de blanc viennent recevoir les voyageurs. On a grand ton aux Eaux-Bonnes.

Il paraît qu'au commencement de ce siècle, on n'y voyait que des maisons de bois. A la place où s'élève maintenant ce kiosque d'où s'échappent des flonflons, la Sourde coulait entre des arbres qui ont servi à ombrager la promenade. Si ces arbres parlaient, ils vous diraient sans doute qu'ils aimaient bien mieux se mirer dans l'eau. On ne les a point consultés. Au fond, où se carre à présent le plus vaste de ces hôtels, il y avait des roches moussues qu'on a fait sauter pour construire. La poudre sert décidément à toutes sortes d'usages contradictoires. C'est sur la nature que l'on a conquis l'emplacement de ces bâtiments somptueux. Pauvre nature !

Il est à remarquer que ce besoin de retrouver partout où l'on va les élégances parisiennes et la vie dépensière est tout à fait moderne. Les grandes gens des deux siècles civilisés qui précédèrent le nôtre n'avaient point de ces coûteuses et vaniteuses envies; ils venaient aux Eaux comme en un lieu de cure, et aussi comme en un lieu champêtre, cherchant à la fois le remède et le repos.

Même, comme ils étaient avisés, ils n'auraient pas volontiers prêté les mains à des embellissements et amusements qui devaient avoir l'inconvénient d'amener les *valides* en quête de

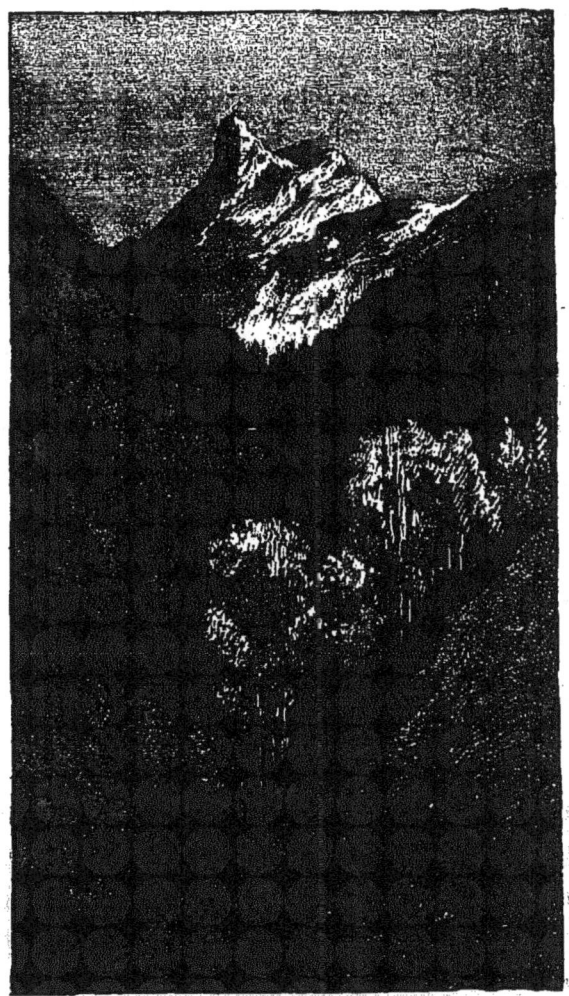

LE VAL DE LA BOURDE.

locomotion et de plaisir. Il est vrai que l'état des routes, alors, les garantissait assez bien contre ces invasions parasites.

La méthode actuelle est excellente pour la prospérité des villes thermales. Aux Eaux-Bonnes, où passent annuellement de six à dix mille étrangers, cherchez dans la foule les visages souffreteux. Vous en trouverez surtout de gras et de fleuris, quelques-uns de roses. Ce n'est point à ceux-ci qu'on en veut! Une troupe d'Anglais descend d'un lac au pied du pic de Louesque; ils sont plus raides encore, plus gourmés qu'à l'ordinaire, car ils viennent de se retrouver en face de leur élément. Chamfort parle d'un Anglais qui, toutes les fois qu'il rencontrait un trou d'eau, s'écriait : Ceci est à nous! — Malades, ces gens-là! Mais ils iraient à pied au bout de l'Espagne. Une famille française se prélasse sur la promenade, le gros papa et la forte maman conduisant leurs filles. On me dit que ce sont de riches marchands parisiens ; je ne sais quelle marchandise ils débitent; sûrement ils auraient aussi de la santé à revendre. Le beau monde traverse la foule en la regardant d'un peu haut. Ces heureux hôteliers s'enrichissent; les habitants de la ville, qui louent leurs logis pendant la saison, s'arrondissent. Tout le monde est content, les uns pour avoir empoché, les autres pour avoir dépensé. Se sont-ils amusés? Si oui, tout est bien. Il n'y a d'incommodés que les malades, peut-être.

Il y a bien aussi ceux qui, comme nous, cherchent à la montagne les aspects et la vie de la montagne, et ne sont point satisfaits d'y trouver un coin du boulevard Haussmann. M. Taine, dans son *Voyage aux Pyrénées*, a lancé une boutade amusante contre les riches bâtisses des Eaux-Bonnes ; encore le Casino n'était-il pas debout au temps où il voyageait. Or, imaginez une immense construction inachevée, dont l'intérieur a été si heureusement aménagé que presque toutes les parties en seront inutiles ; quant à l'extérieur, c'est la débauche du moresque, la ribotte du roman, la parfaite cacophonie de tous les styles. Ainsi aurait été Babel, si l'on avait continué d'élever l'édifice après la confusion des langues.

On conçoit qu'une si grande prodigalité de matériaux devait

causer une folle dépense. Deux cent mille francs avaient été alloués, et n'ont pas suffi; il en faudrait cinquante, cent mille autres. Qui les donnera? L'affaire demeure en plan. La ville des Eaux-Bonnes a un Casino, et n'en a pas. Cet amas — ou ramas — de pierres devait être le centre de toutes les joies : concerts, bals, représentations dramatiques, — et ces pierres sont muettes.

Heureusement, on danse dans les hôtels, on danse à l'établissement, on danse partout.

C'est pourtant dommage qu'on ait implanté cette horreur au seuil d'une des plus belles promenades qui soient au monde. Une plaque de marbre blanc porte le nom des hommes de goût qui en ont conçu le projet, et c'est justice. La Promenade Horizontale contourne le flanc du Gourzy, et son nom dit assez qu'elle reste toujours au même niveau sur tout son parcours, qui ne sera pas de moins de cinq kilomètres, quand elle sera enfin achevée, après quarante ans; alors elle joindra la route neuve des Eaux-Chaudes. Nous l'avons suivie, d'abord le soir. Les masses noires formées par les hêtrées du mont se bercent au-dessus de nos têtes; au-devant de nous, des demi-ténèbres, car la nuit est très claire, enveloppent la vallée; des lumières brillent dans les villages, un ruban lumineux court au fond de la plaine : c'est le Gave. La vue est la même que l'on embrasse en montant à la ville par la route à lacets.

Nous avons, le lendemain, par une matinée assez sombre, refait cette lente et gracieuse promenade; le Gave malheureusement, sous le ciel orageux, n'avait point son éclat accoutumé; ce n'était plus qu'un miroir d'étain où les chutes d'eau jetaient leur écume blanche; les monts déchiquetés qui enserrent Laruns étaient coiffés de nuées.

Le soir, aux Eaux-Bonnes, sur la promenade Darralde, les flonflons recommencent, l'orchestre nous régale d'une nouvelle harmonie. Après l'aubade, la sérénade. Afin que ce soit tout à fait espagnol, un vent brûlant se met à souffler; il arrive d'Aragon, il vous prend aux nerfs et à la gorge, il vous met la sueur aux tempes, il vous étouffe. Des colonnes d'air, sans air, — un simoun. Les gens du Nord, qui ne savent d'où leur vient cette angoisse, disent tout simplement: C'est l'orage, la pluie va s'en mêler. — Ils lèvent les yeux au ciel et demeurent stupéfaits de le voir d'un bleu intense. La pluie tombera, mais plus tard, pendant la nuit. On sait déjà que, dans notre promenade du lendemain matin, nous avons trouvé les nuées prêtes à s'ouvrir. L'orage n'a duré que deux heures. — L'hôtelier triomphant nous annonce la hausse du baromètre, que le vent d'Espagne fait toujours baisser.

Notre hôtel est sur le côté gauche de la rue; les fenêtres de la façade postérieure s'ouvrent sur le Valentin, roulant en cascade au pied de la Montagne-Verte. La Sourde vient y tomber. Du haut d'une galerie de bois, pendant la pluie, nous avons examiné cette chute d'eau, qui est sauvage et assez belle. Nous regardions les hameaux incrustés daus la montagne. Assouste a eu sa maison seigneuriale. Ce qu'on en voit aujourd'hui, c'est plutôt des restes que des ruines. Pendant les guerres de religion, un capitaine catholique força le castel, où vivait un vieux seigneur avec sa fille. Il fit pendre le châtelain; la jeune fille fut livrée aux soldats, qui s'en firent un jouet, après avoir pillé les caves, et la jetèrent ensuite dans le torrent.

L'ondée est passée, nous sortons. La température a singulièrement baissé; le jardin Darralde est désert, les arbres frissonnent. C'est que la neige a voulu se mêler à ce trouble atmosphérique de la nuit et du matin; les sommets en sont couverts. La cime du Ger, qui ne l'a point gardée à cause de la rapidité de ses pentes, se détache comme une pyramide d'or pâle sur ce fond blanc. C'est une étonnante et riche harmonie de couleurs. Nous montons la rue; les guides sont là, les mulets attendent avec un air d'indifférence qui trahit leur secrète pensée. Les animaux sont presque tous capables de mémoire et de cet acte d'intelligence qui s'appelle la comparaison. Cependant il faut, pour l'éveiller, des images sensibles. Eh bien, ces images les voilà : c'est l'orage et la neige. Ces mulets savent bien ce qu'ils gagnent au mauvais temps et ce que leur coûte la sérénité du ciel. Aujourd'hui, on ne les mènera pas à l'ascension du Ger.

Les maisons sont correctes aux Eaux-Bonnes, et d'une exquise propreté. Qui me dira d'où a bien pu venir cette mode sans agrément de les peindre uniformément en gris ? Fâcheuse couleur en ce lieu déjà plus que suffisamment sombre. Toutes sont louées ou à louer. Si j'étais curieux, je demanderais où se logent tant d'habitants qui cèdent la place à leurs hôtes ? Il est vrai que la ville ne renferme que sept cents âmes environ, pendant l'hiver. *L'établissement* me suggère les mêmes réflexions que ces logis mornes. Il est vaste et bien aménagé ; mais pourquoi si triste ? Les architectes ne peuvent-ils trouver rien de mieux que ces grandes murailles percées de jours uniformes ? Est-il indispensable qu'un établissement thermal ressemble à un hôpital civil ou militaire ? Ne pourrait-on y introduire quelque variété de dessin, planter des vignes folles, des lierres ou des rosiers qui grimperaient aux pierres ? Ne sait-on pas de quel prix est pour un malade une rose qui fleurit sur sa croisée ? Et si cette idée de parure n'est pas venue à l'architecte, elle peut venir au médecin. Celui-ci est obligé d'aimer ses malades, si l'autre n'est tenu, de par les règles de l'art, à n'aimer que les moellons.

L'établissement est situé au-dessous de la butte du Trésor, un rocher bien nommé, puisque c'est de sa base que jaillissent les sources ; il s'agit ici d'un trésor humide, qui n'en est pas moins solide. Je crois avoir fait un jeu de mots ! La partie qui m'y plaît surtout, c'est un promenoir couvert donnant sur un petit espace ombragé qu'on appelle la place des Thermes. — L'église catholique, grand édifice tout neuf, s'élève à droite ; plus loin, au pied même de la butte, est une chapelle protestante, puis à gauche du promeneur qui monte, l'hôtel de ville, bâtisse surprenante. Le rez-de-chaussée a l'air d'une prison, le premier étage d'une orangerie; sur le tout des greniers. Là, pourtant, est un musée botanique rassemblé par les soins du savant M. Gaston Sacaze. En face

CASCADE SOUS LA ROUTE D'ARRENS.

de l'hôtel de ville on voit un petit kiosque, au-dessus d'une source d'eau froide. Le kiosque sert de buvette.

La promenade de l'Impératrice commence ici; elle est célèbre et n'a point usurpé sa réputation; elle court à travers la gorge du

Ger, tourne la butte du Trésor, et dessine une pointe profonde dans la vallée du Valentin. D'abord, entre les arbres, nous apercevons la vraie situation de la ville. Pauvre petit groupe de maisons ensevelies sous l'ombre puissante des plis creusés par les monts. Les arêtes du Gourzy semblent presque verticales, malgré le manteau de verdure qui en atténue la rigidité; le Ger présente sa série de cônes, que domine d'une grande hauteur son pic superbe en pyramide ébréchée. — De l'autre côté du Valentin, nous voyons la Montagne-Verte à travers les branchages de l'énorme hêtrée qui nous couvre. Les hêtres sont fils de la montagne; ils n'atteignent point ces dimensions colossales dans les plaines. Ceux-ci ont l'honneur de tapisser les contreforts du Ger; ils paraissent avoir l'âge des roches qui les portent. Il y en a qui, robustes et sains encore, élèvent tout droit leurs troncs blancs et ne bercent de feuillages qu'à leur cime; d'autres, à moitié dépouillés, noircis, crevassés par le temps, chargés de grands bras morts, affectent des formes fantastiques ou grotesques. Ils bordent le chemin; au-dessus, ils forment un triple, un quadruple dôme qui dérobe absolument la vue du ciel; au-dessous, ils descendent dans les ravines : nous marchons encore ici sur des têtes d'arbres. Des contre-allées s'ouvrent, croisant l'allée principale, unie, plane, pourvue de bancs qui permettent le repos et le rêve; l'œil plonge alors dans de nouvelles profondeurs de la hêtrée. Toute cette ombre immense est pourtant légère; jamais on n'en est oppressé.

La promenade de l'Impératrice se prolonge sur la route d'Argelès, passant sur un pont très élevé qui traverse le Valentin. C'est le chemin des cascades; la visite aux chutes de Discoo, du gros Hêtre et du Serpent est le complément naturel d'une excursion si courte et si douce, qui ne demande que deux heures, à petits pas, sur un parcours de trois kilomètres, avec de fréquentes stations. La cascade de Discoo se présente la première, presque à la tête du pont, en tournant à gauche. On en a détruit le cadre. J'ai demandé pourquoi on avait laissé mutiler quelques-uns de ces vieux arbres, et jeter les autres par terre. Qui peut jamais donner la raison d'une sottise? L'aurait-on faite, si le raisonnement avait été de l'affaire ?

La cascade de Discoo dépouillée ne mérite pas les honneurs du crayon ; il n'en est pas de même de celle du gros Hêtre. Son nom, d'abord, étonne un peu, car, pour la joindre, il faut précisément quitter le couvert de la grande ramure. Le chemin passe à travers d'assez vastes espaces gazonnés ; l'herbe en est très courte et ne conserve pas l'humidité des pluies. Aussi voit-on des troupes d'enfants qui s'y acheminent sous la conduite des gouvernantes ou des mères. Ce sol verdoyant présente des ondulations à la courbure gracieuse et régulières comme des vagues. Un bouquet de hêtres couronne la chute ; ils sont dignes par leur grosseur et leur vétusté de leurs voisins de la promenade. Le Gave accourt au bord du gouffre et tombe d'un seul jet, en nappe verticale, d'une hauteur de quatre-vingts pieds environ ; le ressaut sur les roches du fond produit une violente poussière d'écume, dont on est brusquement enveloppé. La curiosité du spectacle, c'est qu'après s'être un peu secoué, on regarde encore — et ce qu'on cherchait, on ne le voit plus. Le torrent a disparu dans une profonde crevasse, dont les bords hérissés de pointes glissantes ne sont accessible qu'au prix du plus réel danger.

La cascade du Serpent, où conduit, au retour, un écartement du chemin, est d'un autre genre de pittoresque. Entre deux pointes grises, une sorte de petit plateau s'avance ; l'eau écumeuse y glisse, et va suivre jusqu'au fond de la ravine les reliefs et les dépressions des roches. Ce filet d'eau, car la chute n'a pas une largeur de plus de deux mètres, tantôt se renfle à l'angle de la pierre, tantôt se replie dans les fissures, et donne assez bien l'idée des ondulations d'un énorme serpent. Les bords sont tapissés d'arbres nains que le flot courbe au passage ; en beaucoup d'endroits la roche est nue. Cependant un grand hêtre encore s'élance, en haut, d'une fissure plus large. L'hiver, la cascade se gonfle et recouvre presque toute cette grande paroi abrupte; c'est pourquoi la végétation ne s'y développe point. On peut descendre au pied de la chute; la fraîcheur qu'on y trouve est encore redoutable.

La vie aux Eaux-Bonnes veut un apprentissage; j'avoue qu'elle a des charmes très pénétrants ; mais il faut apprendre à les connaître, et, quant à moi, j'ai dû vaincre surtout l'irritation que me causait l'aspect de ces grandes « bâtisses » du jardin Darralde. Le lieu pourtant est très doux. On se laisse aller sous ces arbres à la nonchalance du repos, après les excursions du jour, et même à la cadence de ces flonflons. On songe à la course du lendemain.

Et le lendemain, il se trouve que la matinée est calme, que le ciel est pur ; en suivant lentement une autre promenade qui court sur les pentes boisées descendant au Valentin, en face de la Montagne-Verte, l'envie prend de passer l'eau — comme elle prit à la bergère de la chanson. Ce bloc verdoyant sollicite une curiosité vague, qu'il est, heureusement, bien aisé de satisfaire. Des sentiers bordés d'arbres le gravissent en zigzag. Ce n'est point une géante, cette Montagne-Verte, comme le Ger, l'Arcizette, et même le Gourzy, qu'elle regarde. Onze à douze cents mètres, pas davantage, et l'on peut dire que, grâce à ces chemins frayés et à ces ombrages, la montée en est galante. — J'emploie l'expression qui devait servir à la belle compagnie du XVIe siècle, quand elle se portait aux Eaux-Bonnes, — ou s'y faisait porter plutôt en litière, à l'exemple de la reine Marguerite, ou dans des cacolets solidement assujettis sur des mules. De tout temps, les Gramont, gouverneurs de la province, y sont venus. Montaigne, en leur honneur, a même donné à la petite station thermale, de son temps si chétive, le nom « d'Eaux Gramontaises ». Ce grand sceptique, qui avait l'horreur des médecins et ne croyait qu'aux « remèdes de nature », connaissait les Eaux-Bonnes, qu'on appelait aussi, en ce temps-là, les Eaux d'Arquebusades, parce qu'elles paraissaient propres à la guérison des blessures; il avait, d'ailleurs, visité toutes les stations thermales des Pyrénées, celles de Plombières en Lorraine, celles de Lucques en Italie; il a parlé longuement des « bains de Banières », mais il admettait l'efficacité de toutes les sources sans être enthousiaste d'aucune.

« Quant à leur boisson, la fortune a faict premièrement qu'elle
« ne soit aulcunement ennemie de mon goust; secondement, elle
« est naturelle et simple, qui, au moins, n'est pas dangereuse si
« elle est vaine, de quoy je prends pour respondant cette infinité
« de peuples de toutes sortes et complexions qui s'y assemble...
« Aussy, je n'ay veu guère de personnes que ces eaux ayent
« empiré, et ne leur peult-on sans malice refuser cela qu'elles
« esveillent l'appétit, facilitent la digestion et nous prestent
« quelque nouvelle alaigresse, si on n'y va pas par trop abattu
« de forces, ce que je desconseille de faire : elles ne sont pas pour
« relever une poisante ruyne; elles peuvent appuyer une incli-
« nation légère ou prouveoir à la menace de quelque altération.
« Qui n'y apporte assez d'alaigresse pour pouvoir jouir le
« plaisir des compaignies qui s'y trouvent, et des promenades et
« exercices à quoy nous convie la beauté des lieux où sont com-
« munément assises ces Eaux, il perd sans doute la meilleure
« pièce et la plus asseurée de leur effect. A cette cause, j'ay
« choisi jusques à ceste heure à m'arrester et à me servir de
« celles où il y avoit le plus d'amœnité de lieu, commodité de
« vivres, de logis et de compaignies. » — On voit que Montaigne n'était pas ennemi des récréations pendant les cures; seulement, il ne les entendait peut-être pas telles qu'on les recherche aujourd'hui. Son plaisir à lui, comme à la reine Marguerite, dans ses séjours à Cauterets, c'était le « devis ». En son temps, on ne connaissait guère de la musique que la viole et le hautbois; nous étions loin de l'orchestre du kiosque dans le jardin Darralde. Au reste, je ne jurerais pas que Montaigne ait trouvé en ce XVIe siècle, aux Eaux-Bonnes (*Aigues-Bounes* alors), « l'amœnité de logis »

qui lui plaisait. La bourgade était très rustique ; elle ne l'est peut-être plus assez. Voilà l'excès dans le cours des choses.

CASCADE DU SERPENT.

De ce jardin Darralde au sommet de la Montagne-Verte, il ne faut qu'une heure ; nous montons jusqu'au village d'Aas, que le chemin laisse à droite, en décrivant un nouveau méandre pour gagner le faîte. Là, nous nous arrêtons longtemps, car c'est le meilleur des observatoires sur la vallée de Laruns. Nos lorgnettes sont assez puissantes pour nous permettre de plonger au fond des villages ; nous suivons les troupeaux conduits par les pâtres dans les prairies, au bord des eaux ; nous avons sous les yeux le tableau mouvant de la vie rurale à la montagne. Dans le gros bourg de Laruns, les enfants sortent de l'école ; la classe du matin est terminée. Il doit y avoir un office religieux à Béost, un enterrement peut-être, car on entre en foule dans la jolie église romane de la bourgade. Mais oui, c'est bien un convoi funèbre ; seulement, il descend du hameau de Bagès, situé au-dessus de Béost. Nos regards courent au loin jusqu'au seuil de la belle vallée, déroulant sa verdure et ses eaux claires dans son cadre de montagnes malheureusement nues. L'orage est tout à fait dissipé ; un ciel léger berce à peine quelques nuées au-dessus de la plaine. Cependant, à l'ouest, les montagnes sont encore coiffées de vapeurs ; mais peu à peu elles se dispersent ; ce ne sont plus que de longues écharpes qui s'envolent, et dont chaque coup de vent arrache un lambeau.

C'est par Béost que nous redescendons ; nous traversons Laruns, nous remontons aux Eaux-Bonnes par la route neuve, passant bientôt au-dessous des escarpements qui portent la longue terrasse de la promenade horizontale, et nous pouvons dire que nous faisons notre rentrée dans la station en cadence : les musiciens sont dans le kiosque. — Quant à nous, profanes, nous piquons tout droit sur la promenade Gramont.

Va-t-on dire que nous fuyons l'harmonie ? Ce serait un mauvais propos. — Mais, ventre Saint-Gris, eût dit Henri IV qui vint aux Eaux-Bonnes, voilà des cuivres qui sonnent aussi dur que mes trompettes, et même que les trompettes de Josué à Jéricho !

La promenade Gramont s'ouvre au fond du jardin Darralde et

monte sous les hêtrées ; elle n'a point de beauté particulière, et tout son mérite est dans une branche supérieure, qu'elle forme à mi-côte et qui prend le nom de promenade Jacqueminot. Nous joignons bientôt des sapins qui succèdent aux hêtres, et derrière les branchages sombres, à droite, nous voyons se balancer comme de grandes vagues de lumières. C'est un attrait invincible qui nous amène au bord du bois. Un immense panorama se déploie devant nous, vers le nord, et nous embrassons, bien mieux que de la Montagne-Verte, le val d'Ossau tout entier et les vallées qui partout en rayonnent comme les rameaux d'un grand arbre qui vont s'élançant du tronc. Au loin, dans cette même direction du plein nord, des clochers et de hauts toits percent les brumes. C'est Pau.

Dans ce chemin, on aura reconnu celui que nous avions dû suivre quelques jours auparavant, en descendant du haut du plateau du Gourzy. La promenade Gramont et la promenade Jacqueminot ondulent aux flancs du mont. Nous l'avons encore une fois gravi, le lendemain, ce sempiternel Gourzy, qui enveloppe les Eaux-Bonnes de ses plis noirs. Au coucher du soleil, nous partons en « compaignie » joyeuse, comme aurait dit Montaigne.

Très chargés, comme de mauvais soldats amollis qui vont camper et craignent la froidure, nous avons des couvertures et des manteaux ; je crois même que plusieurs d'entre nous ont des fourrures ; mais tous nous portons des fusils ; décidément nous partons en guerre. Au sortir du fourré de buis qui suit la forêt de hêtres et couvre la dernière pente, avant d'arriver au plateau, nous trouvons trois cabanes de feuillages construites pour nous recevoir. C'est là qu'il faudra passer la nuit. Nos guides disposent sur le gazon le repas que nous allons faire au long crépuscule des cimes. Le ciel se pique d'étoiles.

C'est une sensation étrange ; ce grand spectacle de la solitude endormie nous cause-t-il le dégoût de la petitesse de nos êtres, du monde des humains, et des idées que nous échangeons depuis une heure sur les intérêts et les misères qui l'agitent? Peu à peu, chacun se retire; nous nous étendons deux à deux sous ces étroits abris de feuilles; il y a dans la profondeur du silence qui nous environne comme une cadence mystérieuse qui nous berce, et le sommeil auquel je cède me paraît infiniment doux. Je ne crois pas avoir jamais mieux dormi, et j'ai bien envie de maudire le compagnon qui m'éveille à l'aurore, en me poussant du coude et me dit : Il est temps. Je saisis mon fusil, tout en me frottant les yeux. Parbleu! il avait raison. J'étais là, près de lui, pour tuer des vautours, pour l'essayer du moins — point pour faire la grasse matinée. Seulement, en me glissant, à son exemple, sous une sorte de petit toit formé par un feuillage plus épais au-devant de notre abri champêtre, ma première pensée fut que le cadre de la chasse allait singulièrement me distraire de l'opération principale, c'est-à-dire de la chasse elle-même. Le soleil se levait au-dessus de la chaine; les premières lueurs poussaient devant elle, d'un relief vigoureux, les profils déchirés des pics; un flot de lumière rose courait sur les grandes plaques de neige demeurées dans les replis du mont d'Ossau. Et les bords de la forêt commençaient à s'éclairer, tandis que la masse était encore plongée dans une ombre rigide..... Mon compagnon me dit : Le mouton est là.

Un pauvre mouton acheté de nos deniers, égorgé la veille. Un bruit sourd de battement d'ailes se fait entendre. Un vautour plane. Je n'ai point du tout la pensée de le flatter, et regardant ce vol pesant, ce long col nu, ce ventre grisâtre, ce corps brun et terne, je me prends à murmurer : Voilà une ignoble bête! Un autre paraît : ils vont ordinairement par couples; puis deux autres encore, ils se réunissent quand la proie les attire, mais la proie morte; ce qui est vivant peut se défendre. Ils sont le type de la lâcheté aérienne: on voit beaucoup de vautours sans plumes dans le monde d'en bas. Ces hideux gloutons, bientôt au nombre de six, décrivent d'abord une courbe immense, puis une autre moins large; mais ils forment ces grands cercles concentriques, sans se rapprocher de terre, ils flairent l'ennemi caché. Ce manège a duré plus d'une heure. Enfin la voracité l'emporte ; le sinistre escadron tout à coup se serre et descend tout droit, puis trace autour du point qu'occupe le cadavre du mouton une spirale plus étroite...

C'est l'impatience qui perdra toujours les chasseurs à l'affût. L'un de nous tire... La volée carnassière est déjà à deux cents mètres au-dessus de nos têtes. Elle monte, monte encore. Un autre chasseur se fâche tout rouge : — Bon ! vont-ils aller jusqu'à la lune ? — Peut-être, répond gravement l'un des guides, et s'ils en reviennent, ce ne sera plus pour nous. Ces bêtes-là, il ne faut pas les manquer !

Et voilà comment j'ai assisté — en témoin plus qu'en acteur — à une chasse aux vautours, d'où les chasseurs sont revenus bredouille.

Le lendemain — ce sera notre avant-dernière journée aux Eaux-Bonnes — nous nous dédommagerons en allant visiter le lac d'Anglas, dont j'ai déjà dit quelques mots. C'est le but d'une excursion assez facile pour ceux qui la veulent faire à cheval. Nous partons à pied, de la gorge de la Sourde, et nous nous élevons par un chemin qui n'a point abjuré son nom béarnais : c'est la « Coume d'Aas ». Deux heures de marche à travers une région très variée, qui n'est pas encore le royaume des sommets, mais qui est déjà le cœur de la montagne, et nous atteignons le cirque de Gesques. Là s'ouvre une nouvelle gorge, et bientôt il faut escalader une haute muraille de roches qui épaule l'un des côtés du plateau du Bouy. Déjà nous sommes placés à une altitude de 16 cents mètres. Devant nous, un autre sentier monte au pic du Caperan, l'un des contreforts du Ger. Rappelez-vous que Caperan en béarnais veut dire Curé. Nous apercevons cinq aiguilles qui se dressent au-dessus de ce chemin. Ce sont les Quinttettes, ou *las Quintettas*. Elles me rappellent les cinq cônes du Bostmendi, les « cinq doigts de Roland ». Nous sommes à 2,500 mètres.

Alors, il nous faut contourner la base du Pène Medea, superbe pyramide brisée s'élevant au-dessus d'un champ de débris et de neige, et nous joignons avec des peines extrêmes une crête inférieure qui relie ce beau mont au pic de Sourin. Nous sommes à l'ouverture de la brèche ou col d'Anglas ; nous avons devant nous, à l'ouest, le Ger, le roi de ce quartier sauvage, et l'Amourat, qui nous fait revoir, comme les monts qui entourent Gavarni, de formidables murailles ressemblant à des ouvrages faits de la main des Titans ; — on n'ose dire des hommes. A l'est, voici les mêmes images : un mont tout crénelé, c'est le Gabizos ; — dans la même direction, mais noyées dans les vapeurs, les montagnes que nous avons parcourues l'an passé, la haute ceinture de Cauterets et le val d'Azun.

C'est de la brèche d'Anglas qu'on descend au lac du même nom. Un dernier effort nous a conduits par ce chemin périlleux à un autre miroir aérien bien moins connu, quoique infiniment plus pittoresque, le lac d'Uzious.

Mais, encore une fois, les lacs ne sont pas la beauté des Pyrénées. Pour les admirer sans réserve, il faut n'avoir point vu ceux de Suisse.

LE COL D'AUBISQUE, LE GABIZOS,

LA VALLÉE DE FERRIÈRES

C'est de la Montagne-Verte surtout qu'on reconnaît bien la disposition de la haute muraille qui ferme le bassin des Eaux-Bonnes. La crête en relie les sommets, le Caperan, le Pambassibé au pic du Ger, qui en est l'extrême faîte. Nous suivons à cheval le val de la Sourde, mais, au lieu de nous élever, comme hier, dans la Coume d'Aas, nous prenons à droite le ravin de Balour. Je crois que dans le pays on dit la *Combe*. Ce mot, pour désigner les vallons étroits et profonds, est peu connu dans les Pyrénées ; il est, au contraire, en usage constant dans le Jura. Ce Balour vous a des escarpements terribles ; on peut le gravir à cheval, il vaut mieux le descendre à pied. En moins d'une heure il conduit à une belle sapinière ; c'est le point culminant. Alors nous glissons dans des pâturages arrondis en forme de cirque ; l'herbe en est fine et serrée. Cette nappe verte est mise pour de nombreux troupeaux ; les convives ont l'air de faire assez d'honneur au repas.

De nouvelles peines assez légères nous conduisent au plateau d'Anouillas. La halte n'est pas nécessaire, mais elle s'impose à nos goûts particuliers. Pour moi, je n'aime rien tant que les grands espaces aériens qui verdoient ; on y trouve je ne sais quel repos unique de l'esprit et des yeux. Il est pourtant assez tourmenté, ce plateau d'Anouillas qui fut un lac. De grands entonnoirs s'y creusent à des intervalles irréguliers ; les eaux se sont ouvert ces chemins ténébreux et s'y écoulent. Des barrages de rochers marquent les anciens bords du miroir flottant. Chaque hiver, quelques parties du sol s'affaissent encore et dérangent cette croûte verte, qui porte alors un poids énorme de neige. Il est pourtant certain qu'on peut s'y frayer un passage, pourvu que la peur n'arrête point et que la passion soit de l'aventure. C'est par le plateau d'Anouillas que deux Anglais, dont le célèbre M. Russel, accompagnés d'un guide, ont attaqué le Ger au mois de mars, il y a vingt ans.

La vue, ici, est déjà belle ; un peu d'hésitation retient encore d'humbles ascensionnistes tels que nous. Il faut quitter nos chevaux... En avant ! La paresse du pied est une mauvaise conseillère dans les montagnes... Nous atteignons un autre plateau dont l'aspect est fort gai. Imaginez un champ immense de chardons. Il y aurait de quoi régaler toute l'ânerie animale — sans parler de l'humaine. — Ce plateau de Cardoua est comme un fond d'entonnoir dont les parois sont toutes vertes, et cette verdure n'est qu'un piège, elle est plus glissante que des roches lisses. Notre guide nous assure qu'il ne connaît pas d'endroit plus malaisé à gravir, quand des plaques de neige sont encore attachées à ces pentes perfides. — Il n'y a plus de neige. D'ailleurs, je n'ai point dit que nous avions pris encore un peu de repos dans une cabane construite sur le plateau. Parbleu ! si nous étions faits de la substance de ces hideux vautours qui planent de tous côtés au-dessus des pics, si nous avions leur robe de plume et leurs muscles d'acier, cela vaudrait mieux. Nous n'avons que des jarrets assez tremblants, — de plumes point. Il faut bien escalader cette crête de la grande muraille. Ouf! l'arête du Pambassibé est rude et sévère. Le pic se dresse là, à notre droite ; à gauche, le premier sommet du Ger nous apparaît en ligne verticale au-dessus de nos têtes. Nous montons, montons une heure entière, sans nous arrêter à ce premier faîte. Nous n'en voulons qu'à la cime.

Enfin, nous voilà sur une sorte de plate-forme qui a reçu le nom tout à fait aimable de *Salon*. Je puis vous assurer que ce salon-là n'a rien de commun avec celui de Madame la duchesse de X..., ou de Mademoiselle Z...; d'autant que, pour arriver à ce dernier, il n'est pas besoin d'escalade. Nous avons dépassé deux mille six cents mètres d'altitude. Le tableau qui se déroule sous nos pieds et devant nos yeux présente un choc merveilleux de plans qui se croisent et semblent se mouvoir. La plaine est immobile avec ses plis de verdure éclairés par les eaux ; mais les monts s'enfuient.

Au sud et au couchant, des cimes fendues, des pics déchirés, les nappes vertes des pâturages, et le flot noir des forêts, de ce côté peu de neiges ; la grande fourche d'Ossau ; entre ses deux dents, la haute chaîne de la vallée d'Aspe et le Balaïtous ; plus à l'ouest, en inclinant vers le nord, la dentelure des monts de Laruns, le Saint-Mont au seuil du bassin. A l'est, la région des grandes cimes, du pic du Midi de Bigorre aux glaciers du Vignemale et du Mont-Perdu ; ici, les champs de neige, les glaciers, les lacs, les vallées supérieures de Marcadau et de Gavarnie, dominées par les massifs de Troumouse et du Marboré ; un autre géant, une autre mer de glace, le Néouvielle ; presqu'au premier plan, de ce même côté, le Gabizos, le pic du Midi d'Arrens, à ses pieds la vallée d'Azun.

Sur cette étendue immense, le dessin général des Pyrénées

LA VALLÉE DU VALENTIN.

apparait clairement ; sa régularité est frappante. Toutes ces grandes arêtes sont parallèles, et les vallées les séparent comme des coupures profondes. Les glaciers ont glissé dans les plus hautes, les lacs remplissent les bassins supérieurs ; les torrents descendent dans les plus basses, où se sont établies les habitations humaines. Chaque nodosité de la crête donne naissance à une chaîne transversale, dont les plis répètent ceux de la haute chaîne, et dont les chutes vont par étage jusqu'à la plaine. Chaque pic projette comme deux branches, deux contreforts latéraux. Cette disposition uniforme vient apporter une confirmation éloquente aux suppositions de la science, d'après lesquelles les Pyrénées, formées par un soulèvement unique, n'auraient été d'abord qu'un prodigieux bourrelet dressé comme un rempart de l'une à l'autre mer. Elles ne devraient leurs dépressions, leurs gorges, leurs *ports*, leurs vallées, qu'au travail des eaux. Il est vrai que des contradictions viennent déranger cette théorie. Quelques pics, la Maladetta, le Canigou dans le Roussillon, le pic du Midi de Bigorre, le mont d'Ossau, ne se rattachent pas à l'ensemble de la chaîne ; ils sont isolément et fièrement campés en avant ; ils dépassent de plusieurs centaines de mètres la grande arête centrale. Ici, du haut du Ger, c'est une des beautés du spectacle que ces deux pics du Midi de Bigorre et d'Ossau postés, nous l'avons déjà dit bien des fois, en sentinelles colossales au-devant de ces masses pressées.

Cette ascension du Ger, la dernière dans ce quartier des monts, nous avions espéré la faire sans rentrer, à la descente, aux Eaux-Bonnes. Nous avions mal pris nos mesures, et voilà tout. Le soir nous retrouve encore au jardin Darralde, dont la physionomie a singulièrement changé depuis quelques jours. C'est le 2 septembre. Des centaines de baigneurs sont partis la veille ; la soirée est encore tiède, mais un vent de nord-ouest, arrivant par les brisures des monts au-dessus du val d'Ossau, fait rouler sur la promenade de petits tourbillons de feuilles sèches, et cela nous rappelle que la saison s'avance et qu'il faut nous hâter. Si la neige tombe en tout temps sur la cime du Ger et sur les crêtes qui se dressent à l'entour, elle peut tomber dès les premiers jours de septembre sur les chaînons inférieurs et les hautes vallées.

Nous partons le lendemain; ce n'est plus un faux départ. En nous élevant dans les chemins qui contournent la butte du Trésor, nous pouvons embrasser une dernière fois le massif qui domine les Eaux-Bonnes à l'ouest et au midi. D'abord le Gourzy, que la combe de Balour sépare de la croûte du Ger. A droite, le pic d'Arcizette; devant nous, au-dessus de la promenade de l'Impératrice, les premiers contreforts du Ger lui-même, puis les escarpements du mont, de grandes arêtes verticales au-dessus de la rive droite du Valentin. Nous suivons la rive gauche et les flancs boisés du Bouy: c'est la route d'Argelès et de Cauterets.

Point de hameaux; les maisons isolées, de plus en plus rares, sont collées au mont. Quelques coins de jardins maigres ont été conquis sur les roches; la clôture en est faite de pierres sèches prises aux éboulis qui viennent sans cesse ébrécher ce Bouy sauvage. Dans un de ces jardinets, un vieux paysan donne de la pioche pour agrandir son étroit domaine; il a de longs cheveux d'un blanc d'argent, retombant sur ses épaules: c'est Béranger en habit béarnais; la ressemblance est amusante.

Cette route est désolée; le bois qui tapissait la montagne à notre gauche a cessé; la roche est nue, et parfois offre de belles lignes sur l'autre bord; les aspects du Ger changent à chaque instant; maintenant il nous présente l'image de quatre murailles colossales superposées. Quelques arbres reparaissent sur notre droite, puis l'aridité recommence avec un caractère plus âpre; ces blocs exposés au midi sont calcinés par le soleil. Nous n'avons pas à nous demander comment cela est arrivé: nous-mêmes, blottis sous nos parasols, nous cuisons tout vifs. Tout ce cadre dépouillé qui nous enveloppe reçoit ces rayons brûlants et nous les renvoie comme un souffle de feu. Le chemin est déjà très raide, et bien qu'emportés par quatre chevaux excellents, nous montons avec beaucoup de lenteur. Voici une halte. Une

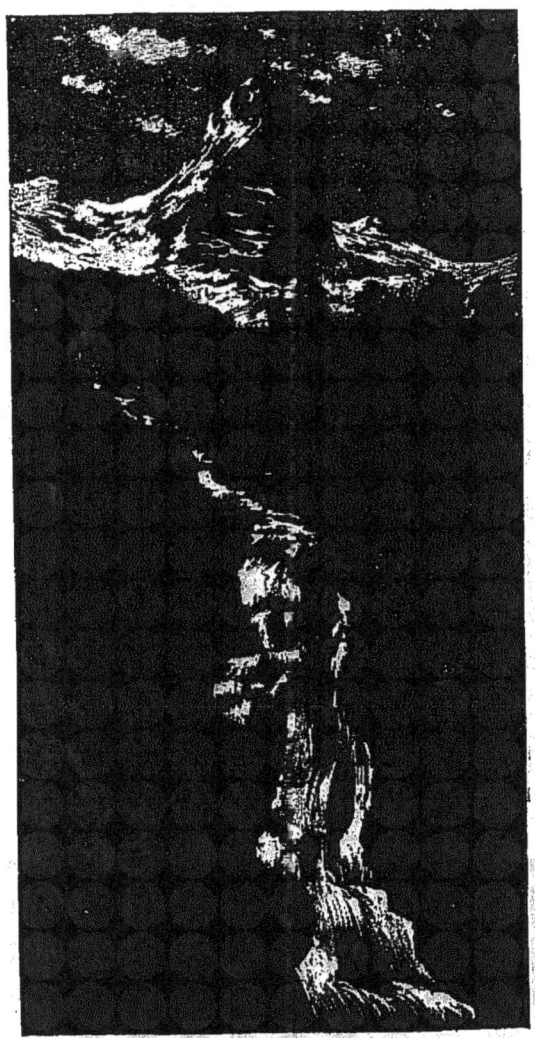

CASCADE DE LARRIEUSEC.

auberge. L'hôtelier a construit une sorte de kiosque pourvu de bancs et d'une table au bord même de la ravine. Au fond, coule le torrent, sans cesse se heurtant à des barrages et bondissant en cascatelles. Nous sommes sur une sorte de demi-plateau formant le croissant. C'est de la corne du nord, dominée par un grand cône blanc, que tombe d'une hauteur de deux cents pieds la cascade de Larrieusec. Nous descendons, pour la mieux voir, au fond du ravin. Ce coin du monde d'en bas s'appelle, dans le pays, la plaine de Ley.

Au fond, vers le sud, une grande muraille, à l'angle de laquelle s'ouvre entre les hautes roches un couloir d'où sort le Valentin pour former la chute. Le torrent vient raser le pied des monts à droite ; des prairies coupées de ruisseau s'étendent entre son lit orageux et la base de ce plateau qui porte la route. Outre la pyramide blanche de Pène Medea, deux sommets nouveaux apparaissent : le mont Laid au midi, la Latte à l'est. La plaine est remplie de troupeaux. Un vieillard est assis au bord d'un de ces ruisseaux, et fixe sur nous deux yeux vitreux et comme vides. Son visage aux rides profondes est d'une lividité morte ; on dirait une figure de cire sous la cape béarnaise. Comment cet octogénaire trouve-t-il la force de descendre chaque matin des villages d'en haut avec son troupeau, et surtout d'y remonter chaque soir ?

Un garçonnet de treize à quatorze ans vient au-devant de nous en sautant, au contraire, sur ses deux pieds nus. Il nous propose de nous guider vers la cascade. Il est vif, avec un heureux visage, comme presque tous les enfants de cette race béarnaise, et parle fort bien le français. Étonné de le trouver si savant, je l'interroge : Sais-tu lire et écrire en français, comme tu sais parler, petit homme ? — Il se rengorge : — Oh! oui, que je sais bien ! — Mon compagnon se met à rire. — Alors, tu n'es pas une bête ? — Oh ! non !

Il nous guide, en effet, au plus court, le petit avisé. Nous traversons un éboulis de roches ; des buis ont poussé dans les interstices ; ils forment quelque chose comme un de ces labyrinthes qui faisaient l'ornement de nos anciens jardins. Nous arrivons au bord du torrent ; la cascade est bien placée, comme nous le pensions, dans un angle formé par le mont. Elle roule assez lentement, en belle nappe tranquille, au-dessous d'un gros bouquet de sapins ; mais il est facile de se rendre compte de sa force aveugle, quand les neiges fondues ou l'orage la grossissent. Elle a désagrégé les roches qui l'encadrent, emporté des blocs entiers, déraciné la moitié de ces arbres qui la couronnent, et dont les cadavres gisent à présent au milieu du Gave. On l'admire pour les belles horreurs qu'elle laisse deviner bien plus que pour sa grâce nonchalante pendant la saison de l'apaisement, cette cascade de Larrieusec qui a beaucoup de réputation. Seulement, quand elle est en sa pleine beauté furieuse, il n'y a point de touristes dans la montagne. S'il y en avait, ils ne pourraient la contempler que d'en haut ; il ne serait même pas bien prudent de s'avancer de trop près sur ses bords, et de s'aventurer parmi les sapins alors tremblants.

Nous remontons vers l'auberge et reprenons place dans notre char superbe. A l'est encore, un autre pic se montre : c'est le pic de Torte. Autour de nous, cette nature sauvage est devenue tout à fait muette ; les vautours ont reparu. Point d'autres habitants de ces solitudes. Devant nous, un amphithéâtre vient à s'ouvrir, assez brusquement. La route décrit un grand coude, et c'est alors comme un rideau qui se lève sur une scène nouvelle. Un demi-cercle d'énormes murailles de calcaire, crevassées, profondément rompues ; des masses de ruines hérissant le fond où elles ont glissé, des cônes éventrés et comme branlants s'élançant du sommet. Ici, deuxième halte. A six cents pieds au-dessous de la route, la vallée ; le Valentin court, furieux, sur un lit de pierres aiguës. Pas un arbre sur ses bords. Sur la pente, quelques sorbiers maigres. En face de nous, une haute gorge hérissée de sapins. Si nous descendions encore une fois de notre voiture, si nous montions à droite, nous rencontrerions le col de Torte à dix-huit cents mètres. Le grand rempart du Ger continue à l'est ; au sud la Latte dresse une autre muraille verticale d'où jaillit une longue aiguille ; la route descend légèrement et nous conduit à un nouveau cirque. A droite, au seuil d'un défilé très étroit, d'autres sapins, mais fantastiques ; les uns décapités, entièrement dénudés sur un côté de leur grand branchage, et ne montrant plus qu'un tronc calciné. La foudre les a mutilés en se jouant dans ce couloir d'orages.

Le tableau est saisissant ; la courbe du cirque est formée de blocs tronqués, d'un gris d'argent quand ils sont nus ; quelques-uns se couvrent d'un lichen jaune pâle. Des sapins sortant des coupures tranchent sur ce fond aride et clair ; les deux cônes du Ger, que nous revoyons enfin, semblent glisser vers nous. Le soleil éclaire leurs plaques de neige, qui prennent des formes étranges. L'un de ces blancs paquets ressemble à un cygne colossal couché dans un pli des roches.

Nous montons, nous montons encore. De ce côté des monts, la limite de la végétation est prochaine ; nos cartes nous indiquent une altitude de seize cents mètres. Plus un arbre.

Nos yeux se reportent sur ce fond prodigieux où coule le Gave. Il n'apparaît plus que comme un étroit ruban lumineux dans l'ombre de l'abîme. Elle est effrayante, cette route aérienne courant sans clôture qui la borde au-dessus de ce gouffre profond à cet endroit de quinze cents pieds. Les vautours ne nous quittent plus, une nuée de ces hideux emplumés décrit des courbes menaçantes au-dessus de nos têtes. L'idée nous vient qu'ils espèrent vaguement dans notre chute : les quatre chevaux, les deux conducteurs et nous-mêmes, — huit proies toutes chaudes, — quel repas pour ces gloutons !

Au moment où nous allons quitter la vallée du Gave, sous les derniers sapins de la pente, une forme vivante nous apparaît. C'est un isard posé au bord d'une roche. Nos conducteurs, qui l'ont vu comme nous, disent que ces gracieux animaux sont rares dans ce quartier de la montagne. Point d'ours, peu de loups, c'est le désert. Plus rien que ces déplaisants escadrons de vau-

PIC DE GER ET LE PÈNE-MÉDÉA.

tours, et parfois des aigles. Quant aux premiers, nous avions tort sans doute d'attribuer à l'aiguillon de leur appétit indiscret la compagnie qu'ils n'ont cessé de nous faire depuis une heure; ils planaient tout bonnement au bord des grands pâturages de Gourette, que nous touchons désormais. Le tableau a changé; nous voici dans la Montagne-Verte.

Pas un arbuste, pas un buisson, rien que de l'herbe courte mais drue, dans ces pâturages de Gourette. Au pied des vallonnements gazonnés qui se soulèvent par grandes ondes, des points noirs; ce sont les cabanes des bergers. Des centaines de points blancs; ce sont les moutons. C'est ici que nous pouvons constater que dans ce monde des airs, comme dans le monde terrestre des humains, l'égalité n'est que mensonge; la force, le courage font les différences; il y a partout l'échelle des êtres. Dans un fond verdoyant, gît une brebis morte; le berger sans doute est loin; les vautours ont jugé l'occasion, elle est sans péril et elle est bonne. Ils descendent en tournoyant, suivant leur usage; ils sont à quelques mètres seulement de la proie. Tout à coup nous entendons un lourd bruit d'ailes. Un aigle aussi descend. D'où est-il parti? Nous ne l'avions point vu. Il arrive du haut de l'espace, tout droit, avec la rigueur du fil à plomb. Les vautours l'aperçoivent, et leur troupe s'enfuit dispersée. L'aigle ne va point plus bas, il ne touche pas à la chair morte; il n'a voulu que faire une bonne pièce à ces ennemis qu'il méprise, et se donner à lui-même la preuve de leur lâcheté. Lentement il remonte, et disparait derrière un pic.

Au point culminant des pâturages, s'ouvre le col d'Aubisque entre ces deux croupes verdoyantes. Nous disons adieu à notre équipage, qui va redescendre à vide vers les Eaux-Bonnes. Nous cheminerons à pied, le sac au dos. Nos bagages nous attendront à l'extrémité de la vallée de Ferrières, au bourg de Nay.

Aucun observatoire dans les Pyrénées n'offre peut-être une perspective plus grandiose et plus animée que ces sommets de

Gourette. Les yeux sont d'abord éblouis par ce croisement de hautes lignes bleues, brunes, violacées, interrompues par l'arête blanche des neiges. A nos pieds, vers l'est, c'est la reprise de la vie, ce sont les vallées populeuses. En bas, le merveilleux ruban de route qui descend rapidement vers le bassin inférieur, également occupé par des prairies, n'est déjà plus désert. Une famille chemine, des colporteurs sans doute, l'homme, la mère, une fillette, deux ânes, l'un portant deux petits enfants, l'autre chargé de ballots. L'air aussi tout à coup se repeuple ; un grand vol de palombes effarées passe, poursuivies par les vautours qui les chassent et ne les attaquent point. Sur l'autre bord du bassin, le sol, brusquement relevé à une altitude encore considérable, douze cents mètres au moins, se couvre de maisons et de vergers. — Cependant, assis sur l'une des croupes herbues du col, dans un repos que nous avons bien mérité, et qui serait parfait sans des escadrons incommodes de fourmis ailées qui nous harcèlent, nous sommes bien en pleine région aérienne, au cœur du royaume des sommets.

Tout près de nous, la descente contourne la base du mont Laid. A droite l'Esquerra, le Gabizos présentant trois massifs et un pic neigeux ; à l'est, dans les brumes, le cône de Monné dominant les monts de Cauterets ; en avant de cette muraille, le Labas-Blanc au-dessus de Barèges, le pic du Midi d'Arrens. La vallée d'Azun se développe comme une ceinture brune au milieu de ces masses grises ou blanches ; la première chaîne boisée qui la domine répand un demi-cercle de grandes ombres.

Si nous nous retournons vers l'ouest et le midi, le décor, plus rapproché, est pourtant moins distinct. Les sommets se confondent : la Latte, le Pène Medea, l'Amoulat, dont le haut mur semble grimper sur les contreforts du Ger. La double fourche du pic d'Ossau, domine tout ce superbe quartier des monts.

Mais cette vue, nous la connaissons, nous en avons joui sous tous ses développements, depuis plusieurs heures. Celle que nous rencontrons à droite nous frappe plus vivement, et nous y dépensons encore un long moment; puis nous descendons dans la plaine par la route qui court au flanc de la montagne. Un bloc énorme se dresse au-dessus de nos têtes. Il se détache de la masse du Gabizos, avec laquelle nous l'avions confondu.

Nous sommes arrivés au point le plus bas du chemin, encore élevé de plus de 13 cents mètres, et nous voulons suivre la route de Ferrières et de Nay. Les silhouettes du Gabizos semblent marcher avec nous; il a reçu l'un de ses noms de cette vallée qu'il commande : on l'appelle dans le pays le pic du Midi de Ferrières. Deux chemins conduisent à Arbéost, l'un à travers des taillis. Le guide — c'est l'un de nos cochers de la montée qui demeure avec nous — raconte que son père a vu sur ces pentes une grande forêt. Nous aimons mieux traverser de nouveaux pâturages, et remontant d'une centaine de mètres par une longue pointe de rochers, nous joignons le bord de l'Ouzon.

Un petit torrent turbulent à ses heures, comme s'il ne se rendait point compte du rôle qu'il joue dans l'administration générale de France; il sépare deux départements, les Basses et les Hautes-Pyrénées. Ses bords sont aussi romantiques et charmants que si la géographie administrative n'était pas de l'affaire. Une haute terrasse de prairies plantée de bouquets d'arbres le surplombe. C'est là qu'est situé Arbéost; au-dessus du village, sur les pentes, au-dessous, sur les bords de l'Ouzon, se tapissent des hameaux dans des ombrages, des maisons isolées dans leurs vergers. Ce coin du pays béarnais semble avoir aussi peu de goût pour l'agglomération qu'on en a en pays basque.

Le chemin après Arbéost traverse de nouveaux bouquets de bois assez maigres. Ces taillis pourtant tapissent tout un côté de la vallée; la pente est raide. Une voiture « bourgeoise » passe près de nous, contenant un homme qui conduit le cheval et deux femmes qui poussent de petits cris à cette terrible descente. Quant à nous, redevenus d'humbles piétons, nous pouvons bien nous rire des peurs d'autrui. Voici Ferrières, où nous allons passer une nuit grasse.

Ferrières — autrefois Herrère — est un des seuils du paradis — terrestre. L'Eden est ici connu sous le nom vulgaire de val du Haugaron. De bonne heure, le lendemain, nous entrons dans un défilé magnifique. Nous longeons le torrent encaissé entre deux hautes murailles, dont les parois laissent échapper des sources et des feuillages, flots de cristal, et grandes vagues vertes. Une fontaine coule; on nous assure qu'elle a la propriété de la fameuse tête de Méduse. Seulement, pour être pétrifié, il ne suffit point de regarder cette eau claire, il faut s'y plonger. — Le défilé se resserre encore, une haute roche se dresse à gauche, et une cascade en jaillit. Elle va bondissant sur les assises de la pierre, parfois disparaissant sous les plis des taillis, puis reparaissant en nappe écumeuse. Elle jette la fraîcheur dans cette gorge si gracieuse; un double manteau de verdure se déroule sur les pentes, et l'on s'aperçoit à regret que la vallée s'élargit rapidement. C'est qu'on a sans cesse marché vers le bas pays; les hauteurs s'abaissent; on a déjà devant les yeux des collines au lieu des monts, des fougères et des bruyères au lieu des grands hêtres et des sapins; — au lieu des prairies à l'herbe rase, des cultures.

Nous gagnons la vallée d'Asson. Voici pourtant un mont encore; son nom indique sa forme, la Pène de Hèche; c'est une pointe aiguë. Elle n'a pas moins de quatorze cents mètres; elle est là comme un poste de garde à l'entrée de la plaine. De magnifiques châtaigneraies bordent la gauche du chemin; nous traversons deux bourgades importantes, Arthez d'Asson, et Asson adossé à une colline que couronne la ruine d'un donjon. Le chemin s'y élève et redescend vers un nouveau bassin. Cette colline sépare le val d'Asson de la vallée du Béez.

A Béez, nous prenons un « char », nous revoyons le Gave de Pau, nous sommes à Nay.

L'histoire de Nay est tout à fait singulière; la ville doit son origine à l'industrie. Mais quelle vieille industrie! Au douzième

LA MAISON CARRÉE DE NAY.

siècle, les religieux augustins de Santa Cristina, dont la maison principale était située, comme nous l'avons vu, aux portes de l'Aragon, entre le Somport et Jaca, achètent le territoire de Nay pour y établir une fabrique de cette laine noire et blanche dont ils faisaient leur habit. Les Augustins couvraient l'Espagne entière de leurs monastères ; à ne travailler que pour les vêtir, une manufacture pouvait encore être active et employer de nombreux métiers et beaucoup de bras. En ce temps-là, ils portaient encore, outre la ceinture de cuir, le long bâton en forme de béquille. On ne sait si la confection de ces deux derniers objets occupait aussi ce peuple à demi-ouvrier, à demi monastique de Nay. Comment la ville repassa-t-elle des mains de ces religieux de Santa Cristina en celles des comtes de Béarn ?... On trouverait sans doute aux archives de la province des pièces qui le diraient. Ce qui est certain, c'est que ces princes béarnais encouragèrent de tous leurs efforts l'industrie de Nay ; mais, en 1543, le petit centre industriel fut incendié. Il est à croire que Nay avait encore une forte odeur catholique, puisque ce grand feu égaya les Huguenots : — « Ceux de Nay, disaient-ils, se sont brûlés à plat ». — En 1547, les Etats de Béarn allouèrent une forte somme pour la reconstruction de la ville. Elle fut rebâtie en pleine Renaissance ; il n'est donc pas étonnant qu'elle ait la couleur du temps.

Cependant, des constructions modernes se mêlent aux plus anciennes, dans le quartier le plus important, situé sur la rive gauche du Gave. Là sont les édifices municipaux. Au fond d'une grande place, et en face d'un pont jeté sur ce roi des torrents, s'élève l'hôtel de ville entouré d'arcades, où se reconnaît la « modernité » la plus banale. En revanche, des deux côtés de cette place, voici de vieilles maisons dont plusieurs ont aussi des arcades, mais qui vous ont une autre tournure. Dans le groupe de gauche, regardant l'hôtel de ville, se trouve la maison carrée, dite maison de Jeanne de Navarre. Remarquez-vous que cette reine, qui était pauvre, n'en a pas moins été une grande bâtisseuse ? Elle trouvait aussi de l'argent pour faire la guerre. Il est vrai que sa cousine d'Angleterre, Élisabeth, lui en faisait quelquefois passer.

Ce curieux et bel édifice doit être attribué en partie à l'époque de François Ier, en partie à celle de Henri II. Il est à deux étages, supportés par des arcades, éclairés par des croisées à meneaux ; le principal attrait en est la cour, dont l'un des côtés présente trois étages de galeries ouvertes sous de jolies voûtes ; cette cour est un beau spécimen du style Henri II. A l'intérieur, nous rencontrons encore de grands restes d'appartements ; — au premier étage, un superbe manteau de cheminée, un escalier de fière tournure ; malheureusement, tout cela est dans un état de dégradation lamentable. La maison de Jeanne de Navarre n'a pas été jugée digne d'être classée parmi les monuments historiques ; et la négligence de la fameuse commission n'a pas été réparée, comme elle eût dû l'être, par les soins de la municipalité.

Il faut penser que l'église de Nay n'a été dévorée qu'à demi par les flammes de 1543. Une partie en fut alors restaurée ; mais il est aisé d'y reconnaître d'autres parties bien plus vieilles. Le caractère général du monument est gothique, la porte principale est en ogive. Au-devant de la façade, se dresse un grand clocher carré, portant à son faîte une plate-forme octogonale ; cette tour est apparemment postérieure à l'incendie.

La vieille industrie de Nay a persisté dans les temps nouveaux. La ville a toujours ses fabriques de draps et de laine. Il paraîtra sans doute plaisant d'apprendre qu'outre le berret national on y confectionne ces affreux bonnets rouges, ces fez par lesquels les Turcs ont remplacé leur turban classique. Inclinons-nous : c'est ici qu'on coiffe les pachas ! A la fabrication de ces lainages, Nay a ajouté des teintureries, des filatures de coton, des tanneries qui empoisonnent l'air des monts et l'eau pure du Gave. Cependant on craint les revanches du torrent ; on n'a donc point usurpé directement sur ses bords. Une prise d'eau alimente un canal parallèle à ce redoutable furieux ; c'est là que les tanneries sont assises. Entre le canal et le Gave court une promenade magnifique. La vue y est charmante sur le torrent, en cet endroit très large et très ombreux ; l'odeur seulement est incommode.

Nay pourtant est une gracieuse villette, dans son vieux cadre qu'anime une population active. Nous y sommes arrivés par un beau dimanche; il y a fête publique, feu d'artifice sur la grande place. La foule accourue de tous les villages voisins est énorme; les Ossaloises y sont en nombre, leurs jupes rouges se voient partout à la lueur des fusées; elles vont par groupes, ces superbes filles, ramenant sur leur poitrine leurs grandes tresses qu'elles ont peur d'accrocher dans la mêlée. La bourgeoisie est également en liesse. Un bal et un concert se donnent dans la maison du notaire, et les curieux assiègent les basses croisées. Une dame

PETIT LOGIS A NAY.

est au piano et chante; la foule bat des mains, et lance des lazzis inoffensifs. Ce peuple des Pyrénées, ordinairement de belle humeur, n'est jamais grossier. Dans le salon du notaire, les quadrilles se forment; sur la grande place aussi, les danses vont commencer. D'un côté le piano, de l'autre la grosse caisse et le hautbois. — Ceci tuera cela! comme a dit le poète. — Vraiment, on se demande comment ceux qui dansent à couvert peuvent entendre le piano.

Le matin, en quittant Nay, nous rencontrons d'autres bourgades industrielles; la plus importante est Mirepeix. Nous allons bientôt reprendre la voie moderne de locomotion, le chemin de fer, et retrouver à Coarraze le point d'où nous sommes partis, dans notre précédent voyage; nous cheminions alors vers Lourdes et Argelès, pour nous élever ensuite au massif de Cauterets, puis à Barèges et à Luz. C'est dans cette dernière bourgade que nous avons vu la première grande église fortifiée des Pyrénées; nous allons revoir à Coarraze un autre modèle.

PORTE DE L'ÉGLISE DE COARRAZE.

De Nay, nous devons monter un peu pour joindre Coarraze-Nay, où se trouve la station. La première des deux villettes est située, comme on le sait déjà, au bord du torrent, presque à fleur d'eau; la seconde est campée au flanc d'une colline. Ce trajet devient, par une belle matinée, la plus charmante des promenades. Nous suivons la rive droite du Gave; la vallée est calme et fraîche; — elle court au-dessous d'un premier plan de montagnes au midi; au nord, nous n'apercevons plus que des collines vertes. — Coarraze a justement la même situation que Pau, — mais bien moins élevée.

Dans notre premier volume, je disais : « Une église crénelée, « des restes de murailles, un château neuf sous lequel vous « devinez de vieilles assises, voilà Coarraze. C'est la frontière « des deux provinces de Béarn et de Bigorre; là fut élevé « Henri IV ».

De l'ancien château, une tour demeure debout, une porte a été conservée. Porte monumentale, à bossages et vermicules, qui paraît être de l'époque même de Henri IV. La tour ronde se dresse dans le parc, qui est fort beau. Un pont jeté au pied du château traverse le Gave. L'église, presque entièrement gothique, porte encore quelques créneaux; de son ancien appareil de défense elle n'a vraiment que des restes. Sur la façade s'ouvre une jolie porte d'un âge supérieur, dont nous donnons le dessin plus haut.

PAU.

PAU

Henri IV fut en partie élevé à Coarraze; mais il était né à Pau. Enfant, il dut chercher dans les cours et les salles du vieux château la trace de ce fameux lutin Orion dont on voudra bien se rappeler la fantastique et malicieuse histoire, que j'ai contée d'après Froissart. Plus grand, on le conduisit dans la superbe demeure construite par Gaston Phœbus et Gaston X, achevée et embellie par la Marguerite des Marguerite qui en fit un palais. La sévère reine Jeanne, sa mère, ne soupçonnait pas encore les destinées de ce fils qu'elle avait mis au monde en chantant pour braver la douleur; surtout, elle ne se doutait guère qu'un jour il aurait à conquérir le royaume de France en passant « par un milliasse de difficultés, fatigues, peines, ennuis, périls et travaux, sans cesse le casque en teste, le pistolet au poing », — mais surtout qu'il « aymeroit les plaisirs, passe-temps, amours, maistresses, jeux, chiens, oyseaux », ce qui ne convenait guère à un bon huguenot; — encore moins qu'il dirait un jour: Paris vaut bien une messe!

Faisons à rebours le chemin que fit Henri IV enfant; au lieu d'aller de Pau à Coarraze, nous irons de Coarraze à Pau; c'est le terme marqué à cette partie de notre voyage.

J'entre dans Pau à la nuit, qui n'est pas noire. Si la ville est largement éclairée, je ne dirai point que c'est dommage; et cependant, il me semble que ces clartés du gaz et leur ligne brillante au bord de la terrasse convertissent en lourde masse de ténèbres la pénombre légère, piquée d'étoiles, qui flotte au-dessus de la vallée et du cercle des monts. La place Royale est certainement une belle place, ombragée par de beaux arbres, avec une belle statue qui la décore, de beaux hôtels et de beaux cafés qui la bordent; mais toutes ces beautés-là n'ont guère de prix que le soir; encore voit-on mal la statue. Le jour, pour peu que la pluie ne tombe pas, on n'a point d'yeux pour ce premier plan du tableau. C'est ici la patrie de Henri IV; mais le Béarnais y aurait apporté son Louvre même, qu'on tournerait malhonnêtement le dos à l'édifice. En face de la chaîne des Pyrénées, on se soucie bien des palais!

Ils sont très animés ces cafés à l'instar de Paris et de Bordeaux; ils regorgent de monde qui se renouvelle sans cesse, car c'est un dimanche; toute la population bourgeoise de Pau est sur la terrasse, et l'on prend des rafraîchissements au retour; la nuit est brûlante. Sur cette promenade magnifique il y a des bancs, et, suivant que ce sont des familles ou des couples assis, on entend de gais propos ou des roucoulements discrets. Je remarque, appuyés sur la haie de feuillage qui borde la terrasse, des solitaires comme moi, les yeux sur l'espace, rêvant du spectacle unique qu'ils ne peuvent voir. De l'autre côté, d'autres hôtels s'élèvent, édifices immenses, somptueux, avec des perrons monumentaux et des péristyles à colonnes, qui réveillent pourtant en moi un souvenir. La bête vient à sentir ce que, pour parler comme Xavier de Maistre, l'*autre* avait oublié. La bête n'a pas dîné.

Je remonte vers l'un de ces caravansérails où je me suis laissé conduire plutôt que je n'y ai choisi mon gîte, et j'ai tort de me servir de ce mot oriental qui désigne un endroit où l'on reçoit gratuitement le couvert. On m'offre un excellent dîner — mais qui n'est pas gratuit; — un valet me guide ensuite par de grands dédales vers la chambre qu'on m'a réservée. Il y a des amours au plafond et un moustiquaire autour du lit. Ce dernier appareil me plaît. Du moins, je rencontre à Pau quelque chose qui n'a pas de place dans la vie de Paris.

Debout le matin, avant six heures. Nous sommes au 8 septembre; les nuits sont déjà longues; au jour naissant, j'ai pourtant retrouvé ce souffle embrasé que j'avais respiré pendant la soirée précédente. Mes yeux éblouis courent à l'horizon, la chaîne leur apparaît d'abord comme une masse confuse de nuées blanches et noires, aux bords dentelés et lumineux; mais une lueur plus vive les attire en bas : c'est le ruban étincelant du Gave sous les feux du soleil levant. Les premiers plans de ce paysage grandiose sont pleinement éclairés, la vallée, la double ceinture de collines, couvertes de parcs et de villas. Peu à peu le voile qui couvre les monts se déchire; une première masse se dessine nettement; c'est aussi la plus rapprochée, c'est le pic du Midi d'Ossau; je reconnais les deux pointes de la célèbre fourche. Encore un moment, et plus à l'est, je distingue l'autre sentinelle avancée de la troupe formidable, le pic du Midi de Bigorre; — entre les deux, des neiges, la forêt des pics, par-dessus tout cela le Vignemale et ses glaciers; puis tout à coup le rideau baisse sur cette scène magique; une nouvelle brume se lève, une énorme coulée de vapeurs glisse lentement entre les plans des monts.

Il faut attendre qu'elles se dissipent. Je retourne vers la ville. Je crois que j'ai revu comme il est bon de la voir, sans méthode, au hasard des découvertes, cette ville si mouvementée, où les gouvernements et les hôteliers ont disposé beaucoup de choses, mais où la nature et le temps en ont fait de plus belles. En prenant mon chemin par la place Royale, je me heurte à la statue de Henri IV. C'est un beau marbre, il vient des carrières de Gabas. Le glorieux modèle a été représenté par l'artiste, M. Ruggi, debout, une main sur la garde de sa vaillante épée, l'autre main étendue comme pour bénir. Va, Béarnais endiablé, mais qui fus un si bon diable, je reçois très volontiers ta bénédiction gouailleuse! — Mais peut-être ce geste veut-il dire que Henri, l'ancien roi des gueux, prend possession de son royaume de France. Peste! il y a eu de la peine!

J'aime mieux les bas-reliefs que la statue ; ils sont de M. Etex. C'est l'enfance de Henri dans les montagnes de Coarraze, c'est le roi secourant Paris qu'il assiège et faisant passer des vivres aux rebelles, c'est enfin le Béarnais et son panache blanc à la bataille d'Ivry.

Je rencontre une grande rue très populeuse, que je traverse. J'aborde un vieux quartier, à maisons bien pittoresques au bord d'un gavelet qui roule profondément encaissé.

De grands ponts le franchissent, et me voici justement sur le plus encombré ; car il y a foire aujourd'hui. Comme je marche regardant autour de moi et point devant, je vais sottement m'insérer entre les cornes d'un énorme bœuf, quand heureusement son conducteur l'arrête. Ce n'est pas sans déverser sur moi une effroyable quantité d'injures dont je peux bien sourire, puisque je ne les comprends pas. Quel beau chapelet béarnais! Je cède pourtant la place à ces encornés, je descends une pente rapide, et je croise une rue qui monte du sud au nord. Trois des six tours du château orientées vers le nord et l'ouest s'élancent au-dessus

PAU. LE CHATEAU.

de ma tête, à travers des feuillages. Ce sont les deux tours Mazères, dont l'une malheureusement est moderne, et la tour Billières, haute de cent pieds.

De ce poste aérien, les yeux de la vigie, autrefois, perçaient le dôme des grands bois qui s'étendaient au pied du château. On me dit qu'une place qui porte encore de grands arbres est ici un reste de la forêt ; son nom suffit à le prouver : la Haute-Plante. Le sol fléchit ; dans le vallonnement, une heureuse villa est assise ; ses maîtres, de trois côtés, ne voient que des arbres au-dessus de leur toit ; au midi, leurs regards courent tout droit sur les monts. Le fond se tapisse de nouveaux ombrages publics. Voici la Basse-Plante, et c'est tout simplement la première promenade du monde. Je ne crois pas que personne y ayant passé une heure veuille lui retirer le brevet que je viens de lui donner.

Des allées sombres et fraîches à plaisir remontent la pente. il y a de vieux arbres, et les gazons ont une vigueur extraordinaire. La Basse-Plante est déserte, et je n'y rencontre qu'un Anglais sans cravate : incorrection prodigieuse, à peine excusée par la chaleur. A sept heures, vingt-six degrés ! Je le suis, estimant assez judicieusement sans doute que c'est un habitué et qu'il me conduira aux beaux endroits. Une ligne de clarté m'apparait à travers les arbres, et mon Anglais monte toujours ; ce fils des brouillards marche vers la lumière.

Ainsi nous arrivons au bord de la promenade élevée en escarpement au-dessus du vallon. Il n'est pas permis d'aller plus loin ; mais on n'en a pas envie. De cette haute berge de la Basse-Plante, on a la même vue que de la célèbre terrasse ; on a de plus la volupté profonde de ces ombrages épais qui enveloppent le promeneur. Je m'assieds sur un banc, les yeux sur la chaine, et je me rappelle un mot de M. Taine, un admirateur aussi des Pyrénées, — enthousiaste bien que philosophe : — Ici, l'air est une fête.

Le caractère du pays de Pau est bien cela ; c'est le calme radieux des ciels. La science a donné la raison de cet apaisement de l'atmosphère : bien qu'elle agisse en sens contraire, c'est la même que celle des ouragans qui, là-bas, s'engouffrent sans cesse dans les défilés de la chaîne. Les vents se heurtent avec fureur aux angles de la muraille colossale, et, ne trouvant point d'issue, ils s'élèvent. L'agitation va régner dans les couches supérieures de l'air; dans les régions plus basses, cette immobilité singulière s'établit. Sur ce jardin superbe de la Basse-Plante, pas un souffle; il semble que les feuillages soient endormis. On ne voit point au-devant de soi remuer les masses d'ombre qui enveloppent les villas sur les gradins verdoyants élevés au-dessus du Gave. Dans les îlots qu'il enveloppe, les peupliers ne paraissent pas moins rigides que les clochers des villages sur l'autre bord. Quant au torrent lui-même, quelle allure bruyante, quel tumulte, quelle vie, quelles clartés ruisselantes au milieu de ce paysage vert !

Les vapeurs qui fuyaient entre les monts se sont divisées en deux immenses vagues, dont l'une, se berçant déjà sur les cimes, va se confondre avec les dernières nuées du matin, et dont l'autre s'abat sur les vallées. Le tableau, tout à l'heure, sera sans ombres, et je descends de la Basse-Plante dans le parc; je le parcours, toujours ravi, je remonte et je me fais indiquer un chemin qui, franchissant un pont jeté sur la route de Jurançon, va me ramener à la terrasse. Ce chemin, il faut le suivre lentement, les yeux toujours en l'air, comme l'astrologue de la fable; on ne perd pas de vue un moment la perspective de fond.

La chaîne est maintenant dégagée de toute brume, les pics montent dans le bleu. J'admire à mon aise la légèreté de ces lignes et la mollesse, j'ai presque envie de dire la morbidesse de ces grands profils. On aurait beau parler de l'âpreté des montagnes à ceux qui ne les auraient vues que dans ces lointains aériens, ils n'y voudraient point croire; et soyez sûrs qu'ils seraient satisfaits de l'impression ressentie, qui ne dérangerait pas leurs rêves. Les montagnes, quand on y pénètre pour la première fois, causent un sentiment très complexe, beaucoup de surprise mêlée à un certain désarroi des idées préconçues ; si on ne les connaît pas, c'est telles qu'on les voit de Pau, c'est sous cet aspect grandiose, vaporeux, idéal, qu'on les imagine.

ANCIENNE LUCARNE DE LA COUR.

Le séjour de Pau a des attaches extraordinaires ; les yeux et le cœur se marient à cette nature si variée dans ce haut cadre, à la fraîcheur des ombrages, aux éblouissement de l'horizon, et le divorce est douloureux. Certaines familles anglaises s'enracinent ici d'autant plus fortement qu'elles ont la pensée des brumes qui les attendent, au retour dans leur pays. La saison d'hiver, qui commence en octobre, ramène chaque année d'autres hôtes fidèles ; mais elle finit en mars, — aux termes de l'usage ou de la mode, — cette saison toujours brillante. Pourquoi? En mars, le printemps commence. J'ai vu dans la vallée d'Argelès un printemps pyrénéen. C'est un enchantement; aucun spectacle ne fait mieux saisir ce mélange unique de la nature du Nord et de celle du Midi, qui est l'originalité des Pyrénées, et qui fait la puissance de leur charme.

L'histoire de Pau est connue; elle l'est même beaucoup trop pour que je veuille y revenir. Un vicomte de Béarn fonda la ville. Qui lui en donna la pensée? L'envie de s'assurer un lieu fort de plus dans son État? Point. Il ne fut séduit que par la beauté de cette large vallée du Gave. Au XIVe siècle, Gaston Phœbus trouve un manoir debout, il l'agrandit, il en fait, dit Froissart, un « moult bel chastel ». Le donjon qui se dresse au sud-est porte son nom, les parties septentrionales et orientales lui sont généralement attribuées; on lui fait aussi l'honneur de prétendre qu'il traça les jardins. Le petit-fils de Gaston, François Phœbus, continue l'ouvrage de l'aïeul. Les comtes de Béarn, bientôt rois de Navarre, ont décidément abandonné leur ancienne capitale, Orthez. C'est à Pau, désormais dans le château neuf, que les États se réuniront.

Catherine succède à François Phœbus, son frère, et devient la femme de Jean d'Albret; Ferdinand le Catholique, un roi inique et sombre comme notre Louis XI, les chasse de leurs États navarrais, où leur fils Henri d'Albret parvient à se rétablir. C'est le mari de Marguerite de France, qui a trop le sentiment du beau pour ne point goûter le séjour choisi par le grand Phœbus. A elle est due la décoration intérieure du palais; c'est elle aussi qui vraiment créa les jardins. Notre Marguerite des Marguerite fit dessiner les ombrages superbes, qui n'ont rien perdu de leur réputation après trois siècles et demi, et qui passèrent alors pour les plus beaux de l'Europe. La ville en reçut le nom de Pau la jardinière.

A Pau, Jeanne d'Albret tient sa cour, après la mort d'Antoine de Bourbon, son mari, tué au siège de Rouen, en 1562. C'était une cour huguenote, en sévères habits. Mais bientôt Jeanne est chassée de ses États par la révolte des catholiques ; on sait comment Montgommery les reconquit sur Terride et les Basques. Quant à ce dernier, pris dans Orthez, il eut la vie sauve, et se tenant pour content d'avoir échappé à une si chaude aventure, il

UNE PORTE DU CHATEAU.

ne se laissa point prendre au piège que la reine tendit aux seigneurs ses complices, en les invitant à un banquet dans le château de Pau. Ils furent égorgés au dessert.

Jeanne, après cette exécution déloyale et barbare, fixa, pourtant, sans remords, sa résidence au château, quittant son « hostel » d'Orthez. Son fils Henri avait alors seize ans, sa fille Catherine onze ans. Cette dernière habita Pau avec des attributions quasi royales, quelques années plus tard, lorsqu'elle reçut le gouvernement de Béarn de son frère devenu roi de France. La légende assure qu'elle y tint souvent caché son cousin germain, le comte de Soissons, « grand maistre de France », qu'on ne lui avait point permis d'épouser. A la cour du Louvre, on disait en souriant que cette princesse n'était point faite pour l'amour; c'est bientôt jugé ! Elle aima pourtant. Quant à Henri IV, il ne voulut jamais entendre parler pour beau-frère du premier de cette race remuante des Soissons. Catherine, à 41 ans, épousa le duc de Lorraine; elle serait morte de chagrin à ses côtés, parce qu'elle ne voyait plus Monsieur le Grand Maître. Tout cela est disgracieux pour l'époux, flatteur pour l'amant, fâcheux pour la morale. Il vaut donc mieux croire que la légende en a quelque peu menti.

Après Catherine, le château est abandonné par ses hôtes princiers; il ne sert plus qu'aux séances des États. Pendant la Révolution il est mis en vente ; des habitants de la ville, réunis en société, l'achètent sous le prétexte d'en faire présent à la ville, mais en réalité pour le conserver à la couronne ; en 1815, ils en font hommage à Louis XVIII, qui ordonne d'en relever les ruines. Des travaux sont commencés, abandonnés, repris en 1838, sous le roi Louis-Philippe ; une restauration plus complète est entreprise par Napoléon III, et poursuivie jusqu'à la fin du règne. La Révolution du 4 septembre, qui rendait le château à l'État, ne l'a pas interrompue. L'entrée de la tour de Gaston Phœbus est interdite au public, et même à de certains visiteurs qui devraient être privilégiés. On y exécuterait d'autres travaux... On me le dit, je dois le croire... Si, cependant, ce n'était qu'un caprice administratif ?...

J'ai fait plusieurs fois le tour du promontoire sur lequel l'édifice est si fièrement planté ; j'ai mesuré d'en bas, des bords du canal du Moulin, la hauteur des contreforts de la terrasse, plongeant dans l'eau, et la ruine de la tour de la Monnaie qui, séparée

AU. LA COUR D'HONNEUR DU CHATEAU.

du château, placée en sentinelle avancée, devait en défendre les approches. J'ai retrouvé au pied de l'escarpement, du côté du nord, l'emplacement du Castel Beziat, logis de plaisance, construit autrefois par Marguerite, dans les bois qui enveloppaient alors le domaine. Enfin, je me présente à l'entrée principale du côté de l'est. Principale seulement depuis le dernier siècle, car elle était fort particulière autrefois, quand le pont construit sous le règne de Louis XV n'avait pas encore remplacé le pont-levis. Alors on entrait par une poterne au midi.

Des deux côtés de ce pont, les fossés ont été convertis en allées couvertes et en parterres. La porte moderne, flanquée de deux bâtiments neufs, est placée en arrière de la chapelle construite en 1840. Deux grandes ombres la couvrent, à gauche le donjon de Phœbus, énorme tour carrée, en briques, haute de plus de cent pieds, à droite la tour Montauzet, qui regarde le nord-est. C'est son nom béarnais ; le nom français est plus poétique : la tour Monte-Oiseau. On l'appelait ainsi parce qu'elle n'avait point d'escalier ; les oiseaux seuls y pouvaient monter sans le secours de l'échelle qui servait aux vigies. Elle est élevée de vingt-trois mètres.

Un portique moderne, imité de la Renaissance, à trois arcades, avec terrasse à balustres, succède au pont. Voici la cour intérieure, présentant une forme singulière, celle d'un triangle coupé à sa pointe. Les yeux embrassent l'ensemble des bâtiments qui l'entourent, et sont ramenés à l'instant sur les détails. L'encadrement des portes et des fenêtres est ici très riche, là très simple ; mais le style de toutes est d'une pureté rare. L'une des croisées, la plus ornée dans le pavillon qui fait face à l'entrée, porte nichée dans son fronton une figure de Mars. De curieux médaillons ont été sculptés dans la muraille. On s'approche, on croit trouver les images des princes béarnais ; ce ne sont que des fantaisies du sculpteur. Cette cour d'honneur, tout entière de la Renaissance, est bien l'œuvre de la reine Marguerite.

Je dois avouer que le public, d'ailleurs assez nombreux, qui vient visiter la belle demeure, est surtout préoccupé de choses aussi étrangères à l'art que généralement offensantes pour la vérité historique. Un groupe très composite, deux couples bourgeois revenant des Eaux-Bonnes, et dont le type est celui de nos Français du Nord, une famille de Bordeaux, une vieille personne en « bonnet de linge », dans laquelle je flaire tout de suite une Parisienne des faubourgs, attendent que reparaisse le gardien qui conduit une troupe précédente dans les appartements. Tous ces gens-là ont la même étrange curiosité : — Nous montrera-t-on les *oubliettes* ? — Ils savent déjà que dans la tour Montauzet se voyait autrefois l'entrée d'un puits creusé dans l'épaisseur de la muraille. Henri d'Albret la fit murer. Était-ce des oubliettes, dans le sens terrible que le populaire donne à ce mot retentissant ? Pourquoi non ? La tour Montauzet est un ouvrage de Gaston ou de François Phœbus ; cette race de Foix a été cruelle.

La vieille personne s'approche de moi, qui venais tranquillement de m'asseoir sur un banc disposé au-devant d'une arcade appuyée au grand donjon de briques et conduisant au jardin : — Ah ! Monsieur, s'écrie-t-elle, allons-nous en voir des horreurs ! — Je lui réponds poliment que nous verrons de vieux meubles et des tapisseries. L'un des couples bourgeois vient se mêler à l'entretien. — Il paraît, me dit-il, que c'est tout comme à la Bastille. Je me tais ; quant à lui, il était parti. Et le gardien tardait à se montrer ; ce flux de paroles grossissait toujours. — Monsieur, lui dis-je à mon tour, pourquoi en voulez-vous à la Bastille ? Elle n'était point faite pour vous. — Monsieur, s'écrie-t-il en se redressant, trouvez-vous mauvais qu'on l'ait renversée ? — D'abord, Monsieur, ce ne sont point mes affaires. Et puis, si le peuple l'a rasée parce qu'il croyait voir dans ces vieux murs un symbole de la tyrannie, je n'ai rien à dire. Mais, s'il s'est mis en branle pour délivrer ses frères, il a eu tort. La Bastille, Monsieur, était une prison pour gentilshommes, ou tout au moins pour personnages

marquants. On n'y aurait mis ni vous, ni moi, probablement...
— Monsieur ! dit-il en se redressant d'un air furieux. — Et il me tourne le dos, en entraînant sa moitié dans ce mouvement réprobateur. Elle était assez gracieuse et paraissait assez fine ; elle avait une forte envie de rire. Cependant, la vieille personne de Paris ne m'avait point quitté : — N'empêche, me dit-elle d'un air affreusement narquois, qu'on vous y aurait peut-être bien mis tout de même à la Bastille, et vous auriez vu si ce n'était pas une rude prison ! — Ma bonne dame, lui répondis-je, connaissez-vous Mazas ? — Non, mais je connais la Tour de Nesle. — Et la tour de Babel aussi ! murmurai-je...

Comme je la regardais avec admiration, elle se rengorgea. Peste ! la vieille femme était contente d'elle ! Voilà comment on riposte aux messieurs venus d'on ne sait où, qui voyagent avec des lorgnettes en bandoulière, un cahier de notes à la main, et voilà comment on leur fait voir qu'on est aussi de Paris et qu'on est savante. Elle se mit aux côtés du gardien, qui venait d'expédier sa troupe de visiteurs, et qui prenait la tête de la suivante.

A droite, au rez-de-chaussée, voici une vaste salle entièrement voûtée, dont la construction remonte aux premiers âges du château, et qui fut la salle des gardes. C'est là que se tenaient les nombreux soldats et valets qui, d'après le récit de Froissart, peuplaient sans cesse les châteaux de Gaston Phœbus. A côté, c'est la salle à manger des officiers et écuyers, — du même temps lointain, également voûtée. Elle s'ouvre sur un escalier monumental, addition moderne, non encore terminée, qui descendra dans les jardins du nord. — Nous entrons ensuite dans les bâtiments postérieurs, rajeunis et transformés par Marguerite.

— Mesdames et Messieurs, crie le gardien, qui met les dames devant, comme les régisseurs de théâtre, quand ils ont une annonce à faire au public, — voici la salle à manger des souverains ! Mesdames et Messieurs, voici la statue du bon roi Henri, par *Monsieur* de Francheville.

A ce qualificatif de *Monsieur* appliqué au sculpteur des rois Henri IV et Louis XIII, personne ne se déride. Il est certain que les visiteurs croient ce Francheville encore vivant. — Je voudrais bien demander pourquoi le nom de « salle à manger » a été donné à cette pièce vaste et magnifique. J'y vois une table de cent cou-

STATUE DE HENRI IV.

verts qui a servi à des banquets officiels, qui pourrait servir à une noce. Mais ce n'en fut pas moins la salle des États. On y a placé les somptueuses tapisseries de Flandres, exécutées par ordre de François Ier, pour décorer son château de Madrid. On a eu l'heureuse pensée d'y transporter cet Henri IV de « Monsieur » de Francheville, qui figura longtemps dans la cour d'honneur.

La belle tournure de la statue, une fidélité unique de ressemblance avec le modèle, méritaient qu'on ne la laissât pas exposée aux rudes caresses des saisons.

Le grand escalier qui conduit au premier étage est un caprice d'art. L'architecte s'est plu à varier à chaque étage, au-dessus de chaque palier, le dessin des arcs de la voûte. Le cintre y succède à l'ogive, puis le cintre surbaissé à la manière espagnole. Les frises, très fouillées, portent deux lettres enlacées, un H et un M, séparés quelquefois par un signe en forme d'S. C'est le chiffre de Henri d'Albret et de Marguerite de Valois. Le travail de restauration est ici remarquable, bien qu'on puisse, comme ailleurs, le trouver excessif. Ce qui a été fait en beaucoup d'endroits au château de Pau ne s'appelle plus restaurer; c'est réédifier. Il y aurait lieu de se demander si les architectes, mûs par un désir naturel et même assez louable de prouver leur savoir et leur talent, ne dépassent pas ce qui leur est commandé par la raison des choses et par le soin et l'intérêt du monument à conserver. Mais cet examen serait long et nous entraînerait à des discussions étrangères peut-être à notre sujet.

Au premier étage, les salles se succèdent. La deuxième, connue sous le nom de Salon de réception de Henri II (d'Albret), a été le théâtre du drame sanglant du 24 août 1569. C'est là que furent massacrés les seigneurs catholiques. Vous remarquerez cette date du 24 août qui, trois ans après, fut celle de la Saint-Barthélemy. La chambre de ce roi Henri, père de l'impitoyable Jeanne, est décorée d'une merveilleuse cheminée Renaissance. Elle contient le meuble le plus antique qui se trouve au château : c'est un coffret gothique apporté de Jérusalem à Malte, où il fut acheté par le gouvernement français.

Partout de belles tapisseries entassées dans le château par Louis-Philippe et Napoléon III, et provenant des anciennes résidences royales. Si nous suivons la disposition de ces appartements, nous trouvons que le cabinet des souverains, faisant suite à la chambre de Henri II, est situé dans la vieille tour Mazères, qui regarde l'ouest et les ombrages de la Haute et de la Basse-Plante. Mais le deuxième étage offre plus de saveur, sinon de curiosité historique. Les deux premières pièces ont servi de résidence — il ne faut pas dire de prison — à Abd-el-Kader, en 1848. Les femmes de l'émir occupaient la plus vaste, heureusement exposée au midi. Au-dessus de leurs têtes, un ciel radieux; — au-devant, un relief des monts; l'illusion leur était encore permise. L'exil à Pau dut leur paraître moins rigoureux et moins morne que plus tard à Amboise, devant la Loire brumeuse et ses horizons dormants.

Nous touchons à la chambre où naquit Henri IV. C'est ici que, sur un faisceau de lances, repose l'écaille de tortue entourée de drapeaux aux armes de France et de Navarre, qui lui servit de berceau. Cette décoration bizarre a été imaginée seulement après 1815. Auparavant, il n'y avait que l'écaille, longue de près de quatre pieds, large de quatre-vingts centimètres. Les visiteurs ici tombent en extase; notre savante faubourienne risque un mot mémorable : Voilà, dit-elle, une fameuse tortue ! — Oui, *pour le temps!* répond le gardien. On ne prend point ce cicérone-là sans vert.

La chambre voisine a été celle de Jeanne d'Albret, mais de Jeanne avant les sombres conseils de la politique et de la passion religieuse, alors que son père Henri était vivant et régnait. C'est dans la pièce voisine, où se trouve le berceau, qu'elle mit Henri IV au monde. Les deux chambres occupées par Abd-el-Kader et sa suite étaient habitées sans doute par le duc Antoine, son mari, quand il n'était pas à la cour du roi Henri II de France, ou dans ses domaines patrimoniaux de Bourbon. Ici vivait assez solitairement la jeune mère, qui n'avait aucun des goûts de son sexe, ni la coquetterie surtout, ni le plaisir. Le lit gothique n'est pas celui où elle dormait alors; il est d'une époque postérieure à cette période de sa vie, car il porte sur une des consoles à tête

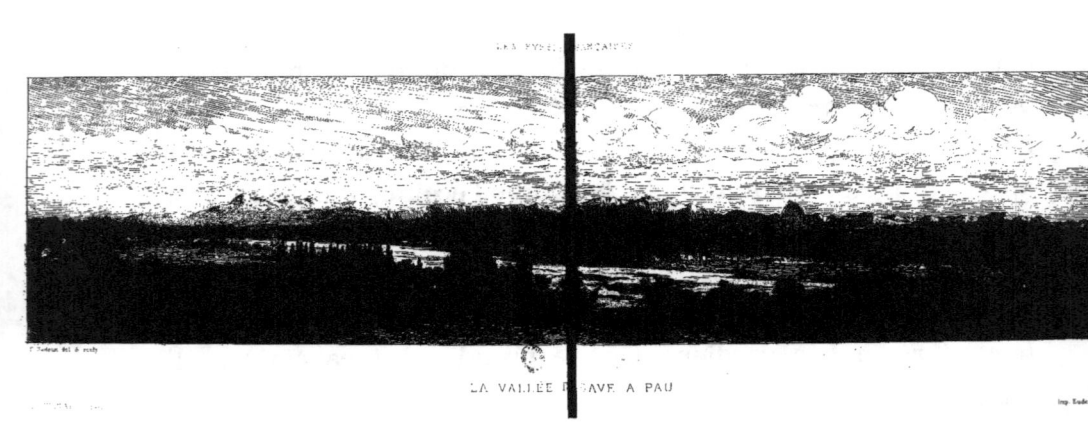

LA VALLÉE DU GAVE A PAU

de lion qui le décorent, la date de 1562. Sur le pan de devant se voient un chevalier endormi et un hibou, au sommet d'une tour; l'oiseau nocturne est l'emblème du sommeil. Des cariatides supportent les montants et représentent, d'un côté, un évangéliste, de l'autre, la Vierge tenant l'Enfant-Jésus. Comment le sculpteur osa-t-il présenter cette image à Jeanne la Huguenote? Il est probable que ce lit fut exécuté sur la commande du roi Antoine, qui n'était, lui, ni huguenot, ni catholique, et pourtant quelquefois l'un ou l'autre, d'autres fois les deux ensemble. Il mourut précisément cette année-là, 1562, et Jeanne, à l'instant, abjura publiquement la religion romaine. Ce fut le premier acte de son veuvage.

Dans cette chambre de la reine Jeanne, on a placé des tapisseries, dont l'une, au moins, aurait choqué cette austère personne; le sujet en est la toilette de Vénus. Il est vrai que sur un autre pan de la muraille figurent Tobie et son fils, légende biblique — et sur un autre encore, Dieu apparaissant à Moïse. Les sièges sont de style Louis XIII, ce qui paraît un léger anachronisme; c'en est un considérable. Au-dessus de la cheminée, est un bas-relief représentant Henri IV à cheval, en costume romain. A la chambre attient un oratoire.

J'ai visité tous les anciens appartements, sauf ceux du second étage du côté de la ville, où sont conservées de magnifiques tapisseries du XVe siècle. — Je n'ai pas vu non plus ceux de la tour Rouge. Le soleil fait reluire joyeusement cette robe énorme de briques assombries pourtant par les âges. Je risquerai, auprès des gardiens du palais, une dernière tentative pour pénétrer dans l'antique donjon. Effort inutile; point de privilège! Il faudrait écrire au ministre! Or, je me suis mieux informé. N'allez pas croire que la tour de Gaston Phœbus soit en un état de délabrement qui puisse menacer ou affliger le visiteur. Elle contient une bibliothèque, des salons qui servaient aux officiers pendant les séjours de Napoléon III ; c'était même un des chemins de la chapelle, et l'on y a pratiqué une ouverture qui conduisait à la tribune de ce lieu saint tout neuf. Dans chacun des trois derniers étages, il y a un appartement complet et récemment habité. L'édifice a été restauré de fond en comble.

L'interdiction de le visiter est récente; on en donne des raisons sans raison; on assure qu'elle n'est que provisoire. Chacun sait comment le provisoire devient définitif. Mais, enfin, à quoi bon lutter contre le caprice des dépositaires de cette chose fallacieuse qu'on appelle le pouvoir? Je lève les épaules, ce qui est le signe parlant de l'insurrection morale, et passant sous l'arcade accolée à la tour de Gaston, je gagne les jardins. Ils sont agréablement entretenus, et le seraient-ils mal, qu'ils n'en resteraient pas moins charmants, puisqu'ils sont placés comme un théâtre à ciel ouvert, en regard de l'un des plus beaux spectacles qui soit au monde.

Bernadotte, quand il commandait sur le Rhin, quand il était ambassadeur à Vienne, quand il gouvernait presque souverainement le Hanovre, et plus tard, enfin, quand il fut roi de Suède, songeait sans cesse à ce beau lieu de Pau, où il était né. Les glaces de son royaume ramenaient sa pensée et ses désirs aux grands coups de soleil de ses Pyrénées. Il envoya sans cesse des présents. On voit dans le château des tables et des vases de porphyre de Suède; ce sont les souvenirs du royal exilé. Ainsi, le vertige même de la grandeur inattendue ne fait pas oublier l'impression de ce pays si magnifique et si doux, que nous allons quitter pour un an.

J'en prends à témoin ce roi Bernadotte qui eut la singulière fortune d'implanter en Suède une dynastie béarnaise. La maison de sa famille, qui était de robe, se voit encore dans la rue qui porte son nom. C'est une vieille demeure à toit pointu et à galeries ouvertes, reposant sur deux énormes piliers de pierre. Le futur roi fut nourri à Gan, où l'on conserve aussi la maison de Pierre de Marca, l'historien du Béarn. Pour visiter ce rustique berceau de Bernadotte, j'ai dû rentrer dans la ville et je l'ai de nouveau parcourue. Entre la place Royale et le château, sur une butte qui domine le Gave, je rencontre l'église de Saint-Martin, édifice neuf et très vaste, construit dans le style du xiiie siècle. Les deux principales églises de Pau sont modernes, et aussi le Palais de Justice.

Je regagne la place Royale, je suis vers l'est, au-dessus de la gare du chemin de fer, une nouvelle promenade qui forme comme la contre-partie de la Basse-Plante. Elle se poursuit jusqu'à la route de Bizanos, le but le plus ordinaire des promenades en voiture de la colonie. Ce petit village emprunte chaque année un redoublement d'animation au carnaval. A Bizanos, le mercredi des cendres, de joyeux compagnons que la foule suit à grands cris viennent « enterrer le mardi gras ». Ce serait aussi un lieu charmant pour y enterrer sa vie.

C'est de cette promenade aux lacets ombragés que nous avons pris cette vue de la chaîne, cette vue superbe, unique au monde, que le lecteur a sous les yeux.

LA MAISON DE BERNADOTTE.

CHANTS BASQUES & BÉARNAIS

Nous donnons ici, comme dans le précédent volume, quelques spécimens de la musique populaire dans les beaux pays que nous venons de traverser.

La première des trois chansons qui suivent est béarnaise, et se chante partout, dans les châteaux, sous les chaumes, dans les pâturages et dans les champs, au pays d'Ossau, aux vallées de Nay et d'Orthez. Son origine est probablement assez ancienne; l'auteur en est inconnu.

Les deux autres sont des chants basques, d'auteurs également inconnus.

L'un, *Artzaña*, paraît moderne, mais il est si répandu que nous n'avons pas cru devoir le négliger. On pourrait l'intituler même : l'air national basque. Il se chante généralement à deux voix. L'allure en est vive et dégagée; les syncopes qui le coupent en relèvent singulièrement le rythme : voilà bien la chanson du Basque agile, insouciant et libre.

L'air *Atharratze jauregian* est moins connu. On y remarquera la cadence finale qui vient se reposer sur la dominante d'après le mode grec hypophrygien, signe évident d'une haute antiquité.

Un Pyrénéen, bien connu à Paris dans le monde du journalisme et des arts, le jeune et savant M. Octave Fouque, sous-bibliothécaire au Conservatoire, critique musical à la *République française* et compositeur distingué, a bien voulu harmoniser pour nous ces trois pièces populaires, et y ajouter un accompagnement de piano. La chanson béarnaise a été recueillie et transcrite par lui-même. Pour la chanson d'*Artzaña*, il a suivi la transcription de Pascal Lamazou [1], et pour l'air d'*Atharratze jauregian*, celle de M. Sallaberry [2].

---

1. 50 *chants pyrénéens* recueillis, chantés et publiés par Pascal Lamazou, avec accompagnement de piano par Auber, Allard, Barthe, Cohen, Félicien David, Lacome, etc.
2. *Chants populaires du pays basque*, paroles et musique originales, recueillis et publiés avec traduction française par J.-D.-J. Sallaberry (de Mauléon).

MAOUDIT SIO L'AMOU

CHANSON POPULAIRE DU BÉARN

TRANSCRITE AVEC ACCOMPAGNEMENT DE PIANO PAR Octave FOUQUE.

1

Maoudit sio l'amou   } bis.
La noueyt coumo lou dio!
La noueyt coumo lou dio!
    Moun Diou!
Quoan de larmos me coston
    Aquets adious!

2

Nou m'bouillos counsoula   } bis.
Lèchom dens la tristesso.
Lèchom dens la tristesso
    Ploura!
Ma boulatye mestresso
    Bien dem quitta

3

U nabèt aymadou,   } bis.
Quoan plus èro besiado,
Quoan plus èro besiado
    D'amou,
Que la m'a capbirado :
    Praoubé de you!

4

Nou m'en parles pas mey,   } bis.
D'aquero malhurouso,
D'aquero malhurouso
    Yamey!
La bito m'ey affrouso
    Quoan you la bey.

TRADUCTION

1

Maudit soit l'amour } bis.
La nuit comme le jour ! }
La nuit comme le jour,
    Mon Dieu !
Que de larmes me coûtent
    Ces adieux !

2

Ne cherche pas à me consoler ; } bis.
Laisse-moi dans la tristesse. }
Laisse-moi dans la tristesse
    Pleurer !
Ma volage maîtresse
Vient de me quitter.

3

Un nouvel amant, } bis.
Alors qu'elle était le plus aimée, }
Alors qu'elle était le plus aimée
    D'amour,
Lui a tourné la tête :
    Pauvre de moi !

4

Ne m'en parle plus, } bis.
De cette malheureuse, }
De cette malheureuse
    Jamais !
La vie m'est odieuse
Quand je la vois.

ARTZAÑA (Le Berger)

CHANT POPULAIRE BASQUE

TRANSCRIT AVEC ACCOMPAGNEMENT DE PIANO PAR Octave FOUQUE.

CHANT POPULAIRE BASQUE.

CHANT POPULAIRE BASQUE.

1

Bortian artzaña eta
Ez jeisten ardirie;
Ontza jan edan eta
Equin lo zabalic.
Enune desiratzen
Bizitze hoberic;   } bis.
Mundian ez ahalda
Ni bezaiñ iruric.

2

Epherrac bazitizu,
Saihetset an hegaloe,
Bai eta burun gañen
Kukula eigerbat;
Zuc ere balin bazunu
Gaztetarzun ederbat
Neskatilen gogatzeco } bis.
Bilho hori propibat.

La la la la ...

3

Zankhoua mehe eta
Buria pelatu;
Hori duzu señale
Zirela zahartu.
Zahartu izan eta
Ezorano conzatu,   } bis.
Oficiotto hori
Beharduzu kitatu.

4

Egunac luze dira,
Arra maiatzian,
Ekhia ere bero
Zohardi denian;
Erremarc eguin dizut
Ene bihotzian
Plazer pena gaberic } bis.
Eztela mundian.

La la la la.....

TRADUCTION

1

Berger, sur la montagne,
Ne trayant pas de brebis,
Bien mangeant, buvant,
Faisant de profonds sommeils,
Je ne désirerais pas
De meilleure vie.
Il n'y a pas sans doute au monde
(D'homme) aussi heureux que moi. } bis.

2

La perdrix a, je vous le dis,
Deux ailes au côté,
Et aussi au sommet de la tête
Une jolie crête ;
Si vous aviez, vous aussi,
Une belle jeunesse
Pour engager les jeunes filles,
Une belle chevelure blonde. } bis.

La la la la.....

3

La jambe grêle et
La tête chauve,
Cela est la marque
Que vous êtes vieilli.
Vieilli étant et
Pas encore raisonnable,
Vous devez abandonner
Ce joli métier (de soupirant). } bis.

4

Les jours sont longs
Au mois de juin ;
Le soleil est chaud aussi
Quand le ciel est clair.
J'ai fait la remarque
Dans mon cœur
Qu'il n'y a pas de plaisir sans peine
En ce monde.

La, la, la, la.....

ATHARRATZ JAUREGIAU

CHANT POPULAIRE BASQUE

TRANSCRIT AVEC ACCOMPAGNEMENT DE PIANO PAR Octave FOUQUE.

1

Atharratz jaurégian bi zitroiñ doratü ;
Ongriako Erregek batto dü galthatü ;
Arrapostü ükhen dü eztirela huntü,
Huntü direnian batto ükhenen dü.

2

Atharratzeko hiria hiri ordoki,
Hur handi bat badizü alde bateti ;
Errege bidia erdi erditi,
Maria — Maidalena beste aldeti.

3

— Aita, Saldü naizü idi bat bezala ;
Ama bizi ükhen banü, aita, zü bezala,
Enündüzün ez juanen Ongrian behera,
Bena bai ezkuntüren atharratze Salala !

4

Ahizpa, juan zite portaliala,
Ingoiti horra düzü Ongriako Erregia ;
Hari erran izozü ni eri nizala,
Zaspi urthe hunthan ohian nizala.

5

— Ahizpa, enükezü ez sinhetsia,
Zaspi urthe huntan ohian zirela ;
Zaspi urthe huntan ohian zirela ;
Bera nahi dükezü jin zü zien lekhila.

6

Ahizpa jaunts ezazü arrauba berdia,
Nik ere jauntsiren dit ene churia ;
Ingoiti horra düzü Ongriako Erregia ;
Botzik kita ezazü zure sor etchia.

7

— Aita, zü izan zira one saltzale,
Anaie gehiena dihariren harzale,
Anaie artekua zamariz igaraile,
Anaie chipiena ene lagüntzale.

8

Aita, juanen gira oro alkharreki ;
Etcherat jinen zira changri handireki,
Bihotza kargatürik, begiak bustirik,
Eta zure alhaba thumban ehortzirik.

9

Ahizpa, zuza orai Salako leihora,
Ipharra ala hegua dinez jakitera ;
Ipharra balimbada goraintzi Salari.
Ene Khorpitzaren, cherkha jin dadila sarri.

10

Atharratzeko, zeñiak berak arrapikatzen ;
Hanko jente gazteriak beltzez beztitzen,
Andere Santa-Klara hantik phartitzen ;
Haren peko zamaria ürhez da zelatzen.

TRADUCTION

1

Au château de Tardets sont deux citrons dorés ;
Le Roi de Hongrie [1] en a demandé un ;
On lui a répondu qu'ils ne sont pas (encore) mûrs,
Que lorsqu'ils auront mûri, on lui en donnera un.

---

1. Une version sans doute corrompue de ce beau chant nous avait d'abord passé sous les yeux, et, dans le texte, au chapitre de Tardets, nous avons dit que le fiancé malgré elle de Sainte-Claire était un seigneur basque espagnol du nom d'Onriagaray.
Il paraît que le texte vrai, rétabli par M. Sallaberry, porte « le roi de Hongrie » — Ongriako Erregek. Cette deuxième version est, d'ailleurs, plus poétique.

2

La ville de Tardets est en plaine ;
Elle a une rivière d'un côté,
Le chemin royal (la traverse) par le beau milieu.
(La chapelle de) Marie-Magdelaine est de l'autre côté.

3

— Père, vous m'avez vendue comme un bœuf ;
Si ma mère avait été (encore) en vie, père, comme vous,
Je ne serais pas allée, non, au fond de la Hongrie,
Mais je me serais mariée chez Sala de Tardets.

4

(Ma) sœur, allez au portail (d'entrée),
Sans doute le Roi de Hongrie arrive déjà ;
Dites-lui que je suis malade,
Que depuis sept ans je suis alitée.

5

— (Ma) sœur, je ne serai pas crue,
(Si je dis) que vous êtes alitée depuis sept ans ;
(Si je dis) que vous êtes alitée depuis sept ans ;
Lui-même il voudra venir à l'endroit où vous êtes.

6

(Ma) sœur, revêtez-vous de (votre) robe verte,
Moi, de mon côté, je mettrai ma (robe) blanche ;
Sans doute le Roi de Hongrie arrive déjà ;
Quittez, joyeuse, la maison qui vous a vue naître.

7

— Père, c'est vous qui m'avez vendue.
(Mon) frère aîné a touché le prix (de la vente).
(Mon) frère puiné m'a aidée à monter à cheval,
(Et mon) plus petit frère m'a accompagnée.

8

Père, nous irons tous ensemble;
(Puis) vous reviendrez à la maison avec grande douleur,
Le cœur gros, les yeux mouillés de larmes,
Et votre fille sera mise au tombeau.

9

(Ma) sœur, allez maintenant à la fenêtre de chez Sala,
Savoir si c'est le vent du nord ou du sud qui souffle.
Si c'est le vent du nord, faites mes compliments à Sala,
Et qu'il vienne tantôt chercher mon corps.

10

Les cloches de Tardets carillonnent toutes seules;
La jeunesse de cette ville s'habille de noir,
(Parce que) sainte Claire part ;
Le cheval qui la porte a une selle d'or.

TABLES

TABLE DES MATIÈRES

LE PAYS BASQUE — LA COTE

	Pages.
Bayonne.	3
La ville.	3
Histoire et Légendes.	16
L'Adour.	26
Biarritz.	39
La station.	39
Les deux saisons.	48
La côte basque.	59
Saint-Jean-de-Luz.	66
Hendaye.	87
La Bidassoa.	105
Fontarabie.	105
L'île des Faisans.	120

LE PAYS DE LABOURD

La vallée de la Nivelle.	137
La vallée de la Nive.	155
Irissary, Saint-Etienne de Baïgorry, les Aldudes.	174
Hasparren, Saint-Jean-Pied-de-Port.	189
La Bidouze, Bidache, Saint-Palais.	207
Peyrehorade, Puyôo, Bellocq.	223
Orthez et le Gave de Pau.	237

LE PAYS DE LA SOULE

Le Pays de la Soule.	253
Mauléon.	253
Tardets et Larrau.	264

	Pages.
Le Gave d'Oloron, Navarrenx.	285
La lisière basque, Sauveterre, Salies.	297
Oloron.	311
La vallée d'Aspe.	331
La vallée d'Ossau, Arudy, Louvie, Laruns.	356
Les Eaux-Chaudes et le pic d'Ossau.	382
Les Eaux-Bonnes.	404
Le Col d'Aubisque, le Gabizos, la vallée de Ferrières.	426
Pau.	447

CHANTS BASQUES ET BÉARNAIS

Maoudit sio l'amou.	475
Artzana. — Le berger.	478
Atharratz Jaurégiau.	484

TABLE DES GRAVURES HORS TEXTE

Vue de Bayonne.	3
Le cloître de la Cathédrale de Bayonne.	13
Intérieur du cloître de la Cathédrale de Bayonne.	21
Les allées marines.	29
Biarritz vu du cap Saint-Martin.	43
Saint-Jean-de-Luz.	76
Le château d'Hendaye.	101
Fontarabie. — La grande rue.	112
Les rochers de Sainte-Anne.	121
Ainhoë.	140
Le Pas de Roland.	165
Saint-Jean. — Le pont et la tour de l'église.	197
Saint-Jean-Pied-de-Port vu de l'Arradoy.	201
Château de Bidache.	215

	Pages
Château de Bellocq..	230
Le pont d'Orthez.	244
Tardets-Sorholus.	267
Sauveterre.	301
Oloron. Le Gave d'Ossau.	323
Oloron. — Le Gave d'Aspe.	326
Accous.	339
La gorge et le fort d'Urdos.	351
Castets.	360
La vallée d'Ossau à Louvie.	367
Laruns et le pic de Ger.	375
Les Eaux-Chaudes.	393
Le pic du Midi d'Ossau.	397
Vue des Eaux-Bonnes.	406
La vallée du Valentin.	428
Le pic de Ger et le Pène-Médéa.	435
Pau. — Le château.	451
Pau. — La cour d'honneur du château.	458
La vallée et le Gave à *Pau*.	467

TABLE DES GRAVURES DANS LE TEXTE

Bayonne et l'Adour.	3
Les quais de la Nive.	7
La Cathédrale.	9
Le château vieux.	16
La fontaine de Saint-Léon.	25
Le Réduit.	26
Sur l'Adour.	37
Le Pavillon des Bains à Biarritz.	39
Port Hart et la côte des Basques.	48
Le phare Saint-Martin.	53

	Pages.
La Roche percée.	58
Guethary.	59
Tour de guet à Guethary.	63
La Maison Louis XIV.	66
Le fort du Socoa.	70
La Maison de l'Infante.	73
Une rue à Saint-Jean-de-Luz.	79
La fontaine de Ciboure.	84
Vue d'Hendaye.	87
La tour de Bordagain.	89
Vue d'Urrugne.	91
Bénitier à l'église d'Urrugne.	94
Le porche de l'église d'Hendaye.	100
Une tour du château d'Hendaye.	103
Maison à Hendaye.	104
Vue de Fontarabie.	105
La porte de Fontarabie.	108
Les vieux remparts.	110
L'entrée du château.	114
Croix à Fontarabie.	119
Le pont d'Hendaye.	120
Irun.	125
L'île des Faisans.	128
Le Monument de l'île.	129
Biriatou.	132
La Rhune et la Nivelle.	137
Château de Saint-Pée.	145
L'église d'Ainhoue.	150
Ainhoue, le porche de l'église.	152
Maisons basques.	154
La Nive à Bayonne.	155
La vallée de la Nive à Cambo.	160
Le pont de Bidarray.	171
La Maison d'Ossès.	172
Costumes basques.	173
La porte de l'église d'Ossès.	174
L'église de Saint-Etienne de Baïgorry.	178

	Pages.
Le pont de Baïgorry.	184
Les Aldudes.	186
Le château d'Etchaux.	187
Paysanne basque.	188
Une des portes de Saint-Jean-Pied-de-Port.	189
Saint-Jean. La Nive de Béhérobie.	193
La rue de la Citadelle.	196
L'église d'Huart-Cize.	200
Un coin des murs de Saint-Jean.	205
Le château de Guiche et la Bidouze.	207
Le château de Bidache.	211
Bidache. La cour de la terrasse.	220
La Maison Carrée de Peyrehorade.	223
Ruines d'Aspremont.	226
La porte de Bellocq. Tour du Midi.	232
Orthez.	237
La Maison de Jeanne d'Albret.	241
Le donjon d'Orthez.	249
Le château de Mauléon.	253
L'hôtel d'Andurrain.	256
L'église de Mauléon.	261
L'église de Sorholus.	264
Le Bostmendi.	274
Larrau.	279
Le Gave à Navarrenx.	285
La porte d'Espagne.	289
Sauveterre. Le vieux château.	297
Sauveterre. Le grand donjon.	302
Une rue à Sauveterre.	307
Sauveterre. L'église.	310
Oloron. — L'église de Sainte-Marie.	311
L'église Sainte-Croix.	316
Maisons sur le Gave d'Ossau.	321
Maison à Oloron.	329
Oloron. La rue de la Justice.	331
Le Gave à Bédous.	342
La place de Bédous.	344

	Pages.
Etsaut.	350
La Maison d'Etsaut.	355
Louvie-Juzon.	356
La porte de l'église de Laruns.	379
Le Bénitier de Laruns.	381
Les Eaux-Chaudes.	382
Route des Eaux-Chaudes.	386
Ustensiles de ménage basque.	403
Les Eaux-Bonnes et le jardin Darralde.	404
Le val de la Sourde.	410
Cascade sous la route d'Arrens.	415
Cascade du Serpent.	420
Un Guide aux Eaux-Bonnes.	426
Cascade de Larrieusec.	431
La Maison Carrée de Nay.	441
Petit logis à Nay.	444
Porte de l'église de Coarraze.	445
Attelage béarnais.	446
Vue de Pau.	447
Ancienne fenêtre de la cour.	455
Porte dans la cour du château.	457
Statue de Henri IV.	464
Maison de Bernadotte.	469

LES
PYRÉNÉES FRANÇAISES

formeront 3 volumes absolument indépendants les uns des autres dont voici la division

---

EN VENTE :

PREMIÈRE PARTIE

LOURDES — ARGELÈS — CAUTERETS — LUZ
SAINT-SAUVEUR — BARÈGES

1 beau volume in-8° . . . . 10 fr.

POUR PARAITRE EN 1883

TROISIÈME PARTIE

TARBES — BAGNÈRES-DE-BIGORRE — LUCHON
SAINT-GIRONS — AULUS
FOIX — USSAT-LES-BAINS — AX
MONT-LOUIS — URGELS — AMÉLIE-LES-BAINS
PERPIGNAN — PORT-VENDRES

www.ingramcontent.com/pod-product-compliance
Lightning Source LLC
Chambersburg PA
CBHW050239230426
43664CB00012B/1753